U0164099

儒家哲學的
典範重構與詮釋

劉述先　著

自　序

　　這部論文集收入的主要是我近四、五年的作品。令人感到欣慰的是,七十歲(二〇〇四)以後思想還沒有僵化,繼續有重要的發展與變化,由這部論文集可以看得出來。不算英文著作,結集的近作有二十篇左右。論文集總共收入了二十五篇文章,分為兩個部分與附錄:

　　第一部:當代新儒家義理的闡發與拓展(九篇)

　　第二部:宋代理學的精神傳統與我的學術淵源(八篇)

　　附錄:(八篇)

　　第一部收入的是份量較重的論文。篇首的〈現代新儒學發展的軌跡〉是我應浙江省儒學學會的邀請,為《儒學天地》創刊號寫的一篇稿子,提供了一個統觀。接下來的兩篇文章:首先〈超越與內在問題之再省思〉,意在回應部分論者對這一永恆問題之質疑;但在與波士頓儒家南樂山(Robert Neville)和白詩朗(John Berthrong)討論之後,感覺到意猶未盡,乃又寫〈論「迴環」的必要與重要性〉一文,這篇文章很能夠反映出我在近時思想發展的走向。在大量有關「理一分殊」的討論之後,我曾經提醒大家不要忽視對於「兩行之理」的關注:「超越」是一行,「內在」是一行,兩行兼顧實貫串在儒釋道三教的精神傳統之內。而我近時更憬悟到「迴環」的普遍性:必由內在到超越,才能突出哲學與宗教的嚮往,又必由超越回歸內在,才能落實文化的

創造和實務的關注；兩方面迴環不已，永無止息。而在動態之中，超越與內在結為整體，它也呈現在存有、知識、價值不可分割的緊密關聯之上。由〈舉隅〉與〈詮釋〉二文，把西方文化與中國文化比觀，可以清楚地看到儒家傳統對於知識與價值的理解的特色。由這個視域作進一步的探索，二〇〇五年九月第七屆「當代新儒學」國際學術會議在武漢召開，邀請我作一場主題演講，我宣讀了〈中國傳統知識與價值整體觀之現代、後現代闡釋〉一文。

　　無可諱言，近年來我思想的發展與變化無疑是受到積極推動全球倫理與宗教交流的影響。天普大學的斯維德勒（Leonard Swidler，又譯史威德勒）和我在這方面是同道。他的大著：《全球對話的時代》的中譯本於二〇〇六年在北京比英文本還先出版。雖然譯文有許多錯誤，但大意不失，我仍選擇第一時間在二〇〇六年八月在韓國首爾（漢城）舉行的「第二十六屆中國學」國際學術會議的基調演講對之作出回應。如今進入新的世紀與千禧，在全球意識覺醒下，傳統的「排他主義」（exclusivism）不合時宜，乃至「包容主義」（inclusivism）也不足夠，「多元主義」（pluralism）雖廣泛流行，卻又有墮入「相對主義」（relativism）的危險。在這種情況下，我提議由上一代新儒家如牟宗三先生之過分強調儒家為「常道」，表面上近乎排他主義的表達方式轉出一條新的途徑，為「理一分殊」作出新的詮釋，以利於儒家哲學的「典範重構」，才能促進宗教交流，在日益狹小的地球村，見到不同精神傳統和平共存的曙光。二〇〇七年秋季香港浸會大學宗教哲學系邀請我訪問一個學期，作進一步的儒

耶交流,並在十一月中開「當代儒學與精神性」學術研討會,由我作「當代儒學精神性的傳承與開拓」的主題演講,多少有一點總結的意味。

第二部回歸宋代理學的精神傳統(以朱子為中心)。自一九九五年我的《朱子哲學思想的發展與完成》增訂三版出版之後,我對朱子的見解並沒有什麼大的改變。但近年來有關朱子的研究成果不斷在出版,研討會也不斷在召開,還是有必要對之作出適時適切的回應。正好二○○八年十月上海復旦大學開「宋代新儒學的精神世界——以朱子學為中心」國際學術研討會邀請我作一場主題演講,我發表了論文,總結了我晚近的見解。此前我作了「朱子對四書與易經的詮釋」和「朱子在宋明儒學的地位」重探。朱子建構道統,過去一向被推崇為集大成,雖然受到牟宗三先生的質疑,以朱子「繼別為宗」,但也未否認其「大宗」的地位。到了明代,經陽明與蕺山,道統的內涵雖有所變易,但朱子建構的濂、洛、關、閩的線索並未動搖,到當代才得到進一步的詮釋與闡發。猶有進者,晚近的研究已突破了既往的故域。最令人興奮的是,余英時兄以中文寫:《朱熹的歷史世界》的扛鼎大著竟然贏得國際矚目的「克魯吉獎」(Kluge Prize)。他的視域由哲學轉到政治歷史,通過豐富的史料與嶄新的詮釋恢復了「慶元黨禁」失去的一頁:原來朱子並不只是僻處邊陲一窮儒,也是有志「得君明道」,在野的道學集團的領袖。此書發人所未發,令人欽佩。但英時兄的視域由內聖轉往外王,講「哥白尼的迴轉」,引起了我的質疑。我寫長篇書評,得到英時兄的回應,往復數回,真理越辯越明。我們

同意「內聖—外王」為連續體，英時兄的重點放在「得君明道」的外王事業，而我認為哲學的大傳統雖然在近時被過分偏重，但作為聖學的核心，是有其「自主性」（autonomy）的，仍然內聖為主，外王為從。故象山代表道學者面聖，未獲任用，乃回江西，「君子居易以俟命」，不改常道。緊接著我評狄百瑞（Theodore de Bary）新著：《高尚與禮儀》，狄百瑞是國際知名的朱子專家，重點放在文化與教育，有寬廣的東亞視域，可收他山之石之效。

第二部最後的三篇文章講我的學術淵源。在學術上，我雖然被歸為當代新儒家第三代，但我年輕時深受方東美師影響，也繼承了他寬廣的文化哲學的架構，這由論方師一文可以得其梗概。接著論香港中文大學的四位儒者一文，說明了錢穆、唐君毅、牟宗三、徐復觀四位先生與我在學術上的淵源。結尾〈香港中文大學哲學系與我〉一文，是為了紀念哲學系成立六十周年提供的特稿，由實存的關懷追溯了我與新亞不可分割的關聯。

附錄收了一些未經結集的短文，不受時間的限制。〈七十感言〉第一次在這裡發布。近年來我已不寫時論。十年前我曾應《開放》雜誌之請寫了一篇中華人民共和國成立五十周年感言，這是關聯著我的一生留下的感想。轉眼十年過去，大家正紛紛發表成立六十周年感言，我並不感覺有另寫一篇感言的必要，於是把我十年前的感想再一次刊布在這裡。一九八二年我們一批熱中自由民主的學者在宜蘭棲蘭山莊，於颱風侵襲的情況之下，有一次畢生難忘的聚會。轉眼二十年過去，《中國時報》又邀請我們這批學者回來作一回

顧。這兩篇文章宣洩了我對海岸兩岸的回顧與前瞻。

最後收了幾篇我在世界各地作學術文化交流的遊記,目的在過分嚴肅沉重的氣氛之下,提供一點調劑。最後一篇短文由韓國之旅看到儒學的復興,多少可以留下一點正面的期盼。其實兩年前我就構想出一本論集,卻拖延到現在才著手編纂。感謝政治大學由二○○五年起聘請我為講座教授,讓我得以繼續每學期教一門研究院課程,並指導研究生。七十歲之後由中研院文哲所退休,改為兼任,留所繼續做研究。也特別感謝同事林慶彰教授,通過他的幫助,本書才得以順利由萬卷樓出版。是為序。

劉述先

二○○九、十一、十九於
中央研究院、中國文哲研究所

目 錄

自序

附錄

第 一 部

當代新儒家義理的
闡發與拓展

現代新儒學發展的軌跡

　　1986 年國家教委「七五」規劃，確定「現代新儒家思潮」為國家重點研究項目之一，由方克立、李錦全主持。[1]在這一衝擊之下，臺灣中央研究院中國文哲研究所在 1993 年也開始做「當代儒學主題研究計劃」，每三年為一期，現在換了個名稱，研究還在繼續進行中。[2]海峽兩岸展開了良性的學術競爭、交流互動，成績斐然。由 1986 年到現在不覺已超過二十年，我自己是現代新儒學思潮的參與者與研究者，願意在這裡提出我自己的省思。

　　1987 年 9 月在安徽宣州省首次開全國性會議。經過廣泛討論，首先確定了一個十人名單：梁漱溟、熊十力、張君勱、馮友蘭、賀麟、錢穆、方東美、唐君毅、牟宗三、徐復觀。後來老一代又補上了馬一浮，較年輕一代則加上了余英時、劉述先、杜維明，最後還補上了成中英。正因為一開始大家對「新儒家」並沒有一個清楚的概念，過去也很少人用這一個詞，所以澳洲學者梅約翰（John Makeham）認為，把「新儒家」當作一個學派，是二十世紀 80 年代以後倒溯

1　參方克立：《現代新儒學與中國現代化》，天津人民出版社，1997 年版。

2　參李明輝：〈中央研究院「當代儒學主題研究計劃」概述〉，《漢學研究通訊》總第 76 期（2000 年 11 月），頁 564-571。

回去重新建構的結果，這種說法不無他的見地。[3]現代新儒學在 90 年代忽然成為顯學，甚至在西方引起迴響。白安理（Umberto Bresciani）出版了第一部全面介紹與研究這一思潮的英文論著。[4]他也接受前面提到的那份十五人名單。這份名單雖不很理想，卻是迄今為止海內外主流意見共認的名單。我就這一條線索，綜合各家之說，提出了一個「三代四群」的架構：[5]

第一代第一群：梁漱溟（1893～1988），熊十力（1885～1968），馬一浮（1883～1967），張君勱（1887～1969）。

第一代第二群：馮友蘭（1895～1990），賀麟（1902～1992），錢穆（1895～1990），方東美（1899～1977）。

第二代第三群：唐君毅（1909～1978），牟宗三（1909～1995），徐復觀（1903～1982）。

第三代第四群：余英時（1930～），劉述先（1934～），成中英（1935～），杜維明（1940～）。把這個架構與現代新儒家思潮的四波——由 1920 年開始，每 20 年為一波——發展配合起來，就可以把握到這一思潮的脈動。

首先要對所用的名言作一簡要的概說。「儒家」一詞有諸多歧義。「制度的儒家」（institutional Confucianism）隨清

3 Cf. John Makeham, "The Retrospective Creation of New Confucianism", in *New Confucianism:A Critical Examination*, edited by John Makeham (New York: Palgrave Macmillan, 2003), pp.25-53。

4 Umberto Bresciani, *Reinventing Confucianism:The New Confucian Movement* (Taipei:Taipei Ricci Institute, 2001)。

5 參劉述先：《現代新儒學之省察論集》，臺北，中央研究院中國文哲研究所 2005 年修訂版，頁 137-138。

廷的滅亡而終結。但「精神的儒家」（spiritual Confucianism）並沒有死亡。先秦的孔孟是第一期，宋明的程朱陸王是第二期，當代新儒家是第三期，正是我們要討論的對象。另外還有「政治化的儒家」（politicized Confucianism），自漢代以來的當政者即利用儒術統治天下，如今新加坡實行柔性的威權體制，還有相當吸引力。而「民間的儒家」（popular Confucianism），被社會學者認為乃是日本與亞洲四小龍（臺灣、香港、韓國、新加坡）在二十世紀 70 年代造成經濟奇蹟背後的真正動力之所在，現在還展現著巨大活力。四者互相關聯而有分別。很明顯，我們的探索只能集中在「精神的儒家」，特別在哲學的方面。而前面提到的「現代新儒家」（Contemporary New Confucianism），是大陸流行的術語，取其廣義的意思。臺灣則流行「當代新儒家」（Contemporary Neo-Confucianism）一詞，取其狹義的意思：熊十力是開祖，第二代是他的三大弟子唐君毅、牟宗三、徐復觀，第三代是杜維明、劉述先、蔡仁厚等。兩個概念和詞經過這樣清楚的界定以後，可以並行不悖，不會構成問題。

　　二十世紀 20 年代新儒家對「五四」運動作出回應。40年代新儒家嘗試創建自己的哲學系統。60 年代流亡港台的新儒家由文化的存亡繼絕轉歸學術，為之放一異彩。80 年代海外新儒家晉升國際，倡議與世界其他精神系統交流互濟。這便是現代新儒家思潮發展的指向。

　　就二十世紀來說，20 年代是第一波，關鍵人物是梁漱溟與張君勱。梁漱溟被公認為當代新儒家的先驅人物，但很少人注意到，他的思想形成幾乎與「五四」同時，其構思與

著作《東西文化及其哲學》實始於 1919 年 6 月。[6]他 1920
年就在北大演講，講詞在《北大日刊》連載發表，但未完
成，也未定稿。他的書在 1921 年先由財政部印刷局付梓，
但要到 1922 年由商務印書館出新版，這才洛陽紙貴，名噪
一時。他把問題放在整套文化哲學的架構下來考慮。他認為
人類基本上有三種意欲：西方文化是以意欲向前要求為其根
本精神的，中國文化是以意欲自為調和持中為其根本精神
的，印度文化是以意欲反身向後要求為其根本精神的。雖然
他年輕時最嚮往佛教的解脫道，但後來感覺到印度與中國文
化有早熟之弊，於是他才娶妻生子，作儒家的志業，為國家
民族文化的持存而努力。他主張在現階段，首先要毫無保留
地全盤西化，但發展到一個階段之後，西方那種專講功利競
爭的文化不免漏洞百出，就要轉趨中國重視人際關係、社會
和諧的文化。到最後人終不能避免生死問題，仍要皈依印度
的解脫道。但梁漱溟並沒有說明，這樣的轉變如何可以在實際
上做得到。在「文革」時期，他展現了儒者的風骨。「文
革」以後，出版《人心與人生》，又回到原來的觀點，以為
必須回歸中國文化強調社會和諧的泉源。梁一生尊崇孔子。
西方學者艾凱（Guy Alitto）著書論梁，書名《最後的儒
者》。[7]等到他有機會在 1980 年親訪梁時，梁卻告訴他，佛
家的境界比儒家更高，令他大為驚訝。[8]梁在事實上也絕非

6　參王宗昱：《梁漱溟》，臺北，東大圖書公司 1992 年版，頁 308。

7　Guy S. Alitto, *The Last Confucian:Liang Shu-ming and the Chinese Dilemma of Modernity* (Berkeley:University of California Press, 1979)。

8　艾凱：〈中國文化形成的要素及其特徵〉，《文化的衝突與融合》，北京大學出版社 1997 年版，頁 271。

最後的儒者，但他在 1917 年進北大教書，就說要為孔子、釋迦說幾句話。他所提出的觀念儘管粗疏，但還是不能不肯定他為開風氣人物的地位。

梁漱溟在《東西文化及其哲學》的附錄中，轉載了梁啟超在《時事新報》發表的《歐遊心影錄》。一向傾慕西方文化的梁啟超親眼目睹一次世界大戰後殘破的歐洲，深深感覺到不可以把它作為我們的楷模。梁啟超的觀察不只啟動了梁漱溟的文化思考，也激發了 1923 年的科玄論戰。[9] 張君勱與丁文江曾隨同任公去歐洲。返國之後，在清華的一次演講中，張君勱指出科學背後機械決定論的限制，而強調人生觀要靠直覺，引起了丁文江的反擊，好多學者均捲入論戰，成為一時盛事。張君勱援引的資源是倭伊鏗（Rudolf Eucken）與柏格森（Henri Bergson），丁文江則是馬赫（Ernst Mach）與皮爾生（Karl Pearson）。這場筆戰的水平並不高，可謂情勝於理。張君勱過分強調人生觀的主觀性而不免受到攻擊，被譏為「玄學鬼」。而丁文江辯論背後的立場其實是一套科學主義，並非科學本身。然而就當時的聲勢言，似乎支持科學一邊的人數眾多而占了上風。但事後檢討，張君勱的想法與做法，絕不是反科學，而人生的意義與價值問題並不能由科學來解決。張君勱後來涉足政治，1949 年後流寓海外，成為海外新儒家的代表人物之一。

40 年代是第二波，關鍵人物是馮友蘭、熊十力、方東

9　D.W.Y.Kwok, *Scientism in Chinese Thought, 1900～1950* (New Haven and London:Yale University Press, 1966)。

美。[10]馮友蘭是北大畢業生，曾受學於梁漱溟，雖未上過胡適的課，但應該有他《中國哲學史》的講義。他也和胡適一樣到哥倫比亞留學，但影響他最深的不是杜威的實用主義，而是新實在論。他以英文發表第一篇論文，解答中國為何不發展科學。認為西方文化外向（extrovert），東方文化內向（introvert），故中國文化不發展科學，是自動選擇的結果。持論與梁漱溟相同。但他研究世界哲學，不再和梁一樣推重柏格森的創化論，認為「直覺」（intuition）的觀念模糊，無助於哲學系統的建構，而轉趨新實在論的哲學分析。他的博士論文作天人損益、人生哲學理想的比較研究，討論了十派不同的觀點，廣泛取材自東西哲學。他的同情是在孔子所倡導的儒家的中庸之道。1923 年馮束裝回國。由 1926 年至1931 年，他集中心力做中國哲學史的工作。《中國哲學史》兩卷分別在 1931 與 1934 年出版，是中國哲學界的一件大事。馮受惠於胡適的新方法，但胡只在 1919 年出版了論古代中國哲學的一卷，沒法由他的著作看到中國哲學發展的全貌。馮的哲學史一出，立刻取代了胡的地位。胡乃謂馮所取為正統派的觀點，馮也坦然受之，並無異議。馮書以孔子之前無私家著述之事，的確提升了孔子的地位。馮論先秦名家，以惠施合同異，公孫龍離堅白，比胡更細緻。他最富原創性的說法是以新實在論的「共相」（Universals）闡釋朱熹的「理」，其實大有問題，後來受到港臺新儒嚴厲的批評。

....

10 我的英文書對他們的思想有比較全面的闡述，參 Shu-hsien Liu, *Essentials of Contemporary Neo-Confucian Philosophy* (Westport, Conn. and London:Praeger Publishers, 2003), chs.3,4,5。

《中國哲學史》由他的學生卜德（Derk Bodde）譯為英文，在普林斯頓出版（1952 年、1953 年），一直到現在還是標準的教科書，在國際上影響之大無與倫比。

　　但馮友蘭從不以作哲學史家為滿足。抗戰軍興，在最艱困的情況下，馮出版了他的「貞元六書」，用的是《易經》「貞下起元」的意思。1939 年首出《新理學》，然後又出《新事論》、《新世訓》、《新原人》、《新原道》、《新知言》，最後一書出版於 1946 年。《新理學》是他的哲學總綱。他的機巧在於他吸納了新實在論的概念對邏輯實徵論之攻擊形上學作出回應。邏輯實徵論認為形式邏輯只是符號演算，缺乏內容，自然科學的律則必須得到經驗的實證。只有這二者有認知意義，傳統形上學只是概念的詩篇，僅有情感意義，沒有認知意義。馮友蘭卻認為他能夠用沒有內容的邏輯概念建構一個形上學系統，哲學之用在無用之用。他首先分別「真際」、「實際」。前者是抽象的，有普遍性，後者是具體的，有具體性。古代並沒有飛機，但人能造出飛機，就必有飛機之「理」。以此馮認為只要斷述有物存在，則存在必有存在之「理」，這是他的第一個邏輯概念。其次，具體存在不能只有理，把抽象化為具體必有材質，故必有「氣」，這是他的第二個邏輯概念。而存有不孤離，此處中國傳統與希臘傳統迥異，《易經》所謂「形而上者謂之道，形而下者謂之器」，道器相即，體用不離，「道體」是他的第三個邏輯概念。最後存有發展顯示一個秩序，所謂「宇宙」，故「大全」是他的第四個邏輯概念。由此可見，科學研究實際，建立通則。哲學不能增益知識，故無用。但分析可以澄清我們

的心智，提升我們的境界，進入超越的理念的領域，乃有所謂無用之用。

　　馮接著出《新事論》、《新世訓》二書。他主張共相是可以轉移的，故現代化是有可能的。我們可以把西方文化有普遍性的部分轉移過來，也可以把傳統文化之中有普遍性的東西重新加以闡釋，仍然可以有現代的意義。在《新原人》中，他提出四重境界說。人最初只能依賴「本能」，這一境界與禽獸沒大差別。然後人知道計算利害，提升到「功利」境界。更高一層會犧牲小我，關注群體的利益，而進入「道德」境界。最後與宇宙道通為一，體證「天地」境界。《新原道》是他整個哲學系統的綜述。《新知言》則對他的方法論有所闡釋。這構成了他整個的哲學系統。

　　1947 年馮友蘭在美國訪問，朋友勸他不要回去，他卻堅決返國。1949 年中華人民共和國建立，在共產黨的統治之下，知識分子面臨嚴峻的考驗。由 1950 年開始，馮不斷寫自白，徹底否定自己的哲學。他學習用新的馬克思主義觀點改寫中國哲學史，但他仍提議用「抽象繼承法」，主張傳統中有普遍性的東西，可以有現代的意義。

　　但因他不明白階級鬥爭的原理，以至受到嚴厲的批判。到 1966 年，他忽然「憬悟」為何不站在「人民」的一邊，乃參與了反孔的行列，得到毛與「四人幫」的認可，成為「梁效」寫作班子的顧問。然而「文革」終於結束，鄧小平撥亂反正，對外開放。1982 年馮到夏威夷參加國際朱熹哲學會議。他親口自承在「文革」時期未能「修辭立其誠」。此後他致力寫《中國哲學史新編》，總共七卷。他以馬克思

主義的觀點寫這套書，1992 年第七卷《中國現代哲學史》單獨在香港中華書局先行出版。他雖仍讚揚毛，但以他晚年背離了自己的原則，左傾冒進，以至犯了嚴重的錯誤。馮自己則回返以前的觀點，引張載「仇必和而解」，不贊成毛「仇必仇到底」的看法。當然這套書已無可能有什麼重大的影響。

《新理學》雖一出版即獲獎，然而馮在西南聯大的同事賀麟卻批評該書只有理氣論，沒有心性論，有嚴重的疏失；而他預言中國哲學的未來在「新心學」的建構。[11]但他自己並沒有做這件工作，他的預言沒有應驗在大陸本土，卻實現在港、臺新儒家，而且來自一個想像不到的源頭：熊十力比馮友蘭大十歲，但起步遲，在社會上藉藉無名。他早年參加革命，但民國肇建以來，軍閥割據。他痛感革命不如革心，轉向內在的精神世界。因他謗佛而受到梁漱溟的斥責，然而他卻不以為意。梁把他介紹到支那內學院，跟歐陽竟無（1871～1944）學唯識。兩年之後，梁因志不在學術，要離開北大，乃薦熊以自代。熊於 1922 年進北大當講師教唯識。他認真編講義，三易其稿。後來發現唯識論把生滅與不生滅截成兩片，難以自圓其說，乃歸宗大《易》，造《新唯識論》，引起佛教界的撻伐。但他毫不在意，孤軍奮戰。到1944 年商務出版《新唯識論》的語體文本，中國哲學會譽之為最富原創性的哲學論著，聲名大噪。門下有唐、牟、徐諸人，被推尊為狹義當代新儒家的開祖。熊同意佛家的觀

---

11 賀麟：〈儒家思想的新開展〉，《思想與時代》創刊號（1941 年 8 月）。

察：世間現象剎那剎那變動不居，不守故常。但世界的源頭不能是佛家的「無明」，《易》所謂「生生之謂易」，要闡明「體用不二」之旨，不能不回到儒家的意思。《易》所謂「乾知大始」，乾謂本心，亦即大體。知者明覺義，非知識之知。乾以易知，而為萬物所資始。提到一心字，應知有本心、習心之分。唯吾人的本心，才是吾身與天地萬物所同具的本體。習心虛妄分別，迷執小己而不見性。孟子所謂「盡心、知性、知天」，回返吾人的本心，即已得萬物之本體。相應於此，熊又作出性智與量智的分別。性智者，即是真的自己的覺悟，雖不離感覺經驗，卻不滯於感官經驗而恒自在離繫。它原是自明自覺，虛靈無礙，圓滿無缺，故雖寂寞無形，而秩然眾理已具，能為一切知識之根源。量智者，即思量和推度，或明辨事物之理則，亦名理智，由此可以建構科學知識。此智原是性智的發用，然性智作用藉官能而發現，即官能得假之以自用。迷以逐物，而妄見有外，由此成習，外馳不返。熊又借《易》的「翕闢成變」來鋪陳他的宇宙論。創造的天道「至誠無息，無時或已」。翕以成物，這本是創生的結果，但物化迷途不返，以至造成障礙。闢乃回返本心，自我淨化，即用顯體，體用不二。由於心物皆用，不是本體，故他一生堅拒唯心論與唯物論。熊喜歡借海水與眾漚的比喻來發明體用二者之間的關係。這是由證會把握的實得，由此而立形上學，不是經由理智通過科學研究所能建立的智慧。

熊十力既立內聖學，又進一步立外王學。他晚年著《原儒》（1956 年），發為非常怪異之論。他將儒學思想劃分成

為大同、小康（禮教）兩派。認定孔子在五十歲以後，決定消滅統治階級，廢私有制，而倡天下為公之大道，始作六經，以昭後世，不幸為後世奴儒竄亂，於是真相不明。《易》乾謂「群龍無首」，即是民主社會主義。《春秋》根據《易經》而作，述三世義：「據亂世」、「升平世」、「太平世」，最後國界、種界，一切化除，天下一家。禮的方面則獨取〈禮運〉、《周官》，「均」、「聯」即為民主與社會主義開先路。他不只斥《公羊》與《繁露》說三世，專就君臣恩義立論，並斥孟子為孝治派。這樣的說法多胸臆之見，得不到學者乃至親炙弟子的支持，或謂熊趨炎附勢，曲學阿世，這是缺乏根據的誣枉。他是沉浸在自己構畫出來烏托邦理想之中，建構一套思想引導時政，卻受到當局的漠視。熊在人民共和國肇建之後，正因為他之缺乏影響力，被容許著書，印少量流通。據說他沒有寫過自白書，但還是逃不過文革的災難，遭到紅衛兵凌辱而死。

抗戰時期，與熊交好，另一位特立獨行人物是方東美。年輕時留學美國，一度喜好實用主義、新實在論，後轉趨柏格森、懷德海（A. N. Whitehead）而回歸柏拉圖。抗戰軍興，藏書存稿盡失。1937 年透過中央廣播電台，向全國青年宣講中國先哲的人生哲學，並在重慶受到印哲拉達克里希南（S. Radhakrishnan）的激勵，矢志以英文著述中國哲學。1976 年巨著 *Chinese Philosophy: Its Spirit and Its Development* 完稿，身後於 1981 年由聯經出版。方回歸《尚書‧洪範》的「皇極大中」理想，以及《易經》「生生而和諧」的原始儒家的哲學。方早年曾著《哲學三慧》，比觀古希臘、近代歐洲以

及中國文化之智慧，後來又加上印度，擬寫一部《比較人生哲學導論》，惜乎只留存目，令人惋惜。方在早年，曾在中央大學教過唐君毅，晚年在臺灣大學執教，學生有劉述先、成中英、傅偉勳等。他的文化哲學留下了深遠的影響。

60 年代是第三波，關鍵人物是唐君毅、牟宗三。1949年唐君毅、錢穆流寓香港，建立新亞書院，方東美、牟宗三、徐復觀則到臺灣，下開了港臺新儒家的線索。唐君毅主要的著作多完成於香港，[12]有廣泛影響力的《中國文化之精神價值》出版於 1953 年。在序中他坦承受到熊十力的深刻影響，年輕時因「神無方而易無體」一語誤以中國先哲之宇宙論為無體觀，只有熊先生函謂開始一點即錯了，必須「見體」，後來才明白熊先生的深切。他自己著力的是建立道德主體，友人牟宗三著力的則是建立認識主體。他們流寓港臺，懷抱著孤臣孽子的心境。不想韓戰爆發，海峽兩岸成為長期對峙之局，於是由文化的擔負轉歸學術的探究，皇皇巨著相繼出版，造成當代新儒家光輝的成就。1957 年在海外張君勱的推動之下，唐負責起草 1958 年元旦發表的〈中國文化與世界宣言〉，由張、唐、牟、徐四位學者簽署。這篇宣言呼籲西方漢學不能只取傳教士、考古學者或現實政客的態度看中國文化，而應該對之有敬意，深刻了解其心性之學的基礎。中國文化的確有其限制，必須吸納西方文化的科學與民主，但西方文化也可以向中國文化吸收「當下即是」之精神與「一切放下」之襟抱，圓而神的智慧，溫潤而惻怛或

---

12 關於唐君毅的思想，參 Shu-hsien Liu, *Essentials of Contemporary Neo-Confucian Philosophy*, ch.6。

悲憫之情，使文化悠久的智慧，以及天下一家之情懷。這篇宣言在當時雖然沒有人理會，後來卻被視為新儒家的標誌。西方如今流行多文化主義，新儒家可謂有先發之明，不是當時可以預料的情況。

唐君毅晚年著卷帙浩繁的《中國哲學原論》（1966～1975），詳細綜述分析中國哲學之內涵與源流。其最後一部大著為出版於 1977 年的《生命存在與心靈境界》。通過橫觀、順觀與縱觀，分別體、相、用之所觀，相應於客、主與超主客三界，發展出了心靈活動的九境：(1)萬物散殊境；(2)依類成化境；(3)功能序運境；(4)感覺互攝境；(5)觀照凌虛境；(6)道德實踐境；(7)歸向一神境；(8)我法二空境；(9)天德流行境。唐由淺入深，把中西印各種哲學與宗教觀點都納入他的系統之中，最後歸宗於儒家的天德流行境。由此可見，其哲學之歸趨並未改變初衷。他的哲學有類黑格爾的綜述，但沒有取演繹的方式，避免了黑格爾過分勉強遷就其正反合的辯證架構所產生的削足就履的毛病。

牟宗三可能是當代新儒家中最富原創性也最有影響力的思想家。[13]他也一樣受到熊十力的深刻影響。他回憶在大三時有一次聽到熊和馮友蘭有關良知的討論。熊對馮說，你怎麼可以說良知是假定。良知是真真實實的，而且是個呈現。牟感覺到這一聲，真是振聾發聵，把人的覺悟提升到宋明儒者的層次。由此可見，港臺的海外新儒家的源頭是熊，不是馮。新儒家的後學做學問都不走熊由佛入儒的路子，但熊直

---

13 關於牟宗三的思想，參上書，ch.7。

接體證乾元性海，卻是最重要的精神源頭。牟的《認識心之批判》兩大卷（1956～1957），填補了熊的《新唯識論》只作成境論，未能完成量論的遺憾。牟發展出所謂「三統之說」：「道統之肯定」，衛護孔孟所開闢的人生宇宙的本源；「學統之開出」，轉出「知性主體」以融攝客觀學術的獨立性；「政統之繼續」，由治統轉出政統，通過「良知的坎陷」，以肯定民主政治制度之必然性。就精神傳統而言，先秦孔孟是第一期，宋明儒學是第二期，當代儒學是第三期。學術專著方面，《才性與玄理》（1963 年）把握魏晉的玄理，《心體與性體》（1968～1969）把握宋明的性理，《佛性與般若》（1977 年）把握隋唐的空理。這些論著把缺乏概念清晰的中國哲學提升到向來未有的高度。故此，我認為未來研究中國哲學可以超過牟宗三，卻不能繞過牟宗三。

　　牟宗三晚年著《智的直覺與中國哲學》（1971 年），用康德作對比，以中土三教均肯認「智的直覺」，不似康德囿於基督宗教傳統，把智的直覺歸於上帝，故他只能成立「道德底形上學」（metaphysics of morals）與「道德的神學」（moral theology），而不能像儒家之成立「道德的形上學」（moral metaphysics）。接著牟又著《現象與物自身》（1975年），用海德格作對比。海德格只能建立「內在的形上學」，不能建立「超絕的形上學」。只有儒家才能建立既內在而又超越的形上學。總結而言，東西文化各有勝場，西方建構的是「執的形上學」，東方體證的是「無執的形上學」，由這裡也可以看到融通東西的可能性。他最後一部大著是《圓善論》（1985 年），也是通過康德哲學的線索，抉發中國哲學

由孟子到王龍溪的睿識，由境界形上學或實踐形上學的線索，才能解決「德福一致」的難題。

80 年代是第四波，關鍵人物是杜維明以及我自己。第二代新儒家發展於存亡繼傾之際，護教心切，不期而然突出了道統的擔負。特別是牟宗三，引起了強烈的反激。第三代新儒家像杜維明、余英時等長年流寓海外，面對的自然是十分不同的處境，增加了一個國際的面相，也有不同的資源可以援用。[14]杜維明的道、學、政繼承了牟宗三的三統之說。而他在重視個人的「體知」之外，也著重文化在實際上的表現，注視 70 年代亞洲四小龍在日本之後創造了經濟奇蹟，均有儒家的背景，[15]認為現代化不必一定走西方的模式。他極力推廣「文化中國」的理想，既可以回歸中國文化的傳統，又可以由現代走往後現代，而不陷入相對主義的泥潭。杜維明預設了西方現代的多元架構，並沒有任何必要去證明儒家傳統比別的精神傳統更為優越，只需要說明自己的立場，在世界上佔有一席之地即可。他也效力於與其他傳統展開對話，互相溝通，希望收到交流互濟的效果。近年來我自己的思想也往同一方向發展，並積極參與全球倫理的建構，由新儒家的立場作出適當的貢獻。1993 年由孔漢思（Hans Küng）起草的〈世界（全球）倫理宣言〉在芝加哥的世界宗教會（Parliament of the World's Religions）獲得通過，其

---

14 關於第三代新儒家，參上書，ch.8。澳洲學者梅約翰認為劉述先與杜維明為第三代關鍵人物，Cf. John Makeham, "The New Daotong" in *New Confucianism:A Critical Examination*, p.71。

15 Tu Wei-ming, ed., *Confucian Traditions in East Asian Modernity* (Cambridge, MA:Harvard University Press, 1996)。

原則為金律的「己所不欲，不施於人」或「己立立人，己達達人」，以及不殺、不盜、不淫、不妄四個禁令的現代表達。我由新儒家「理一分殊」的存異求同對孔漢思提出來的人道原則（Humanum, humanity）加以進一步的闡揚。[16]

　　第三代的新儒家還在發展之中，第四代也在成形之中，並致力於崇高理論的落實，且讓我們拭目以待吧！

※本文原刊於《儒學天地》，創刊號（2007、11），頁 5-10,13。

16　參劉述先：《全球倫理與宗教對話》，河北人民出版社，2006 年版。

超越與內在問題之再省思

　　超越與內在是一個永遠不會終結的議題，我曾多次撰文討論這個問題。[1]最近第四次儒耶對話國際會議論文集出版，有香港青年學者郭鴻標的論文，對我的一些觀點提出質疑。[2]同時近年來因歷屆儒耶對話促使「波士頓儒家」（Boston Confucianism）成形，觸發了一些相關的問題，[3]

....

1　較近的一篇是〈論宗教的超越與內在〉，原刊於《二十一世紀》，總第 50 期（1998 年 12 月），現收入拙著：《儒家思想意涵之現代闡釋論集》（臺北：中央研究院中國文哲研究所籌備處，2000 年），頁 157-177。

2　郭鴻標：〈基督教的「內在與超越」神觀：對劉述先「純粹超越神觀」的回應〉，收入賴品超、李景雄編：《儒耶對話新里程》（香港：中文大學崇基學院宗教與中國社會研究中心，2001 年），頁 302-320。我的文章寫完以後才看到羅秉祥：〈上帝的超越與臨在〉，收入何光瀘、許志偉主編《對話二：儒釋道與基督教》（北京：社會科學文獻出版社，2001 年），頁 243-277。羅文自較郭文成熟得多，本文可說已包含了對於羅文主要論點的回應。

3　所謂波士頓儒家，最初只是一種想法，不想後來卻逐漸成形，認真考慮儒家思想進入世界哲學的可能性。第一屆儒耶對話國際會議於 1988 年在香港中文大學舉行，規模最為宏大。由於大陸容許教士來與會，海峽兩岸首度交流，一時成為傳媒報導熱點。英文論文集早已出版，Peter K. H. Lee, ed., *Confucian-Christian Encounters in Historical and Contemporary Perspective* (Lewiston, Queenston, Lampeter: The Edwin Mellon Press, 1991)。第二屆會議於 1991 年在加州柏克萊舉行，簡短工作論文收入 *Pacific Theological Review*, vol.24/25 (1993)。第三屆會議於 1994 年在波士頓大學舉行。第四屆會議於 1998 年回到香港舉行，中文版論文集已出版，即註 2《儒耶對話新里程》；英文版論文集尚待出版。我自己四次會議都參加了，卻未能預見「宗教之多重認同」（multiple religious identify）竟然會在海外引發這樣豐富的意涵的開拓。所謂「波士頓儒家」是指在查理士河北邊哈佛的杜維明，與南邊波士頓大學的南樂山（Robert C. Neville）、白詩朗（John H. Berthrong），分

擬在此一併加以回應。

　　在作出進一步的討論之前，我先要說明我自己對於問題的三項「先行理解」（preunderstanding）：（一）我認為，每一個偉大的宗教或精神傳統，都必照顧到「超越」與「內在」兩個層面。[4]（二）我也認為，每一個偉大的宗教或精神傳統，往往凌越古今，不斷地「傳承」與「創新」，只要有人不斷承載某一個傳統，所謂萬變不離其宗，這個傳統就還是一個活的傳統。（三）最後我認為，每一個偉大的宗教或精神傳統，由於涵蓋面廣闊，往往包含由極端保守到極端開放的整個光譜，通過解釋的差異，同一傳統內部的差異可以遠大過與不同傳統中思緒相近的流派的差異。由這樣的先行理解，我一貫認為，儒家雖非組織宗教，但由於其「天人合一」的信念，有豐富的宗教意涵。而儒、耶兩大傳統都是源遠流長，在不斷傳承與創新的過程中。到了今天，二者都必

別提倡孟學（重仁）與荀學（重禮），通過互相對話交流，開拓了宗教哲學的新境界。南樂山乃神學院院長，是自成一家的神學家，白詩朗則是副院長，乃精通朱熹、陳淳的漢學家。與我當前討論有密切關係的兩本代表作是：John H. Berthrong, *All under Heaven: Transforming Paradigms in Confucian-Christian Dialogue* (Albany, N. Y.: State University of New York Press, 1994); Robert Cummings Neville, *Boston Confucianism: Portable Tradition in the Late-modern World* (Albany, N. Y.: State University of New York Press, 2000)。對於南樂山之說，我另有專文加以討論，參拙作：〈作為世界哲學的儒學：對於波士頓儒家的回應〉，《哲學與文化》，第 30 卷第 5 期（2003 年 5 月），頁 3-18。

4　我曾討論「宗教」（religion）的定義問題。我大體遵循田立克（Paul Tillich）的提示，把宗教當作「終極關懷」看待，但加上了「超越於日常經驗世界之外，對於神靈或精神的祈嚮」的條件，這樣就可以排除一些「偽似宗教」，如拜金教、國家主義崇拜、共產主義信仰、無神論之類，在宗教的範圍以外。參拙作：〈論宗教的超越與內在〉，《儒家思想意涵之現代闡釋論集》，頁 157-162。

須面對「現代化」，乃至「後現代化」的問題。⁵像當代新儒家哲學與「過程神學」（process theology）及其流亞，彼此間的交流互濟，確可結為盟友，關係之緊密人所共見。反而它們與抱殘守缺之輩或原教旨主義者顯示的偏執，彼此間的距離遙隔，根本無可調停，實不可同日而語。然而同道盟友，雖然在精神上可以互相呼應，畢竟彼此源流不同，脈絡有異，在精微處仍不免有所區隔，需要提到檯面上來互相辯難切磋，這正是我決定寫作本文的微衷，希望能夠由此收到進一步交流互濟的效果。

還是先由郭鴻標的文章說起。郭君認為，我把基督宗教解釋成為一種「純粹超越神觀」是過分簡化與片面的結果。他接受了許多當代基督教神學的闡釋，特別強調必須重視對於「三一」（trinity）的理解，而將基督教了解為一種「內在超越」神觀。我既非基督徒，又不專門研究基督教，由外部作觀察，自難有全面與深入的了解，這是不在話下的。由郭君的介紹，可以看到，當代基督教神學對於「內在」層面的強調，日益增長，這對一個儒家學者來說，當然是一種樂見的趨勢。但彼此之間的區隔與距離雖然是縮小了，但並不能完全取消。尤其對於「三一」的信仰，由儒家觀點看來，不只不能提供解決問題的道路，反倒恰恰是問題困難之所在。而且我對基督教提出的批判與質疑，絕不止於其神觀，譬如

5 參拙作：〈由當代西方宗教思想如何面對現代化問題的角度論儒家傳統的宗教意涵〉，原刊於《當代儒學論集：傳承與創新》（臺北：中央研究院中國文哲研究所，1995 年），現收入拙著：《當代中國哲學論：問題篇》（紐澤西：八方文化企業公司，1996 年），頁 81-112。

在十多年前我對田立克（Paul Tillich, 1886～1965）的「基督學」（christology）就曾提出相當嚴厲的批評，[6]可惜郭君沒有看到。但南樂山（Robert C. Neville）曾經作出回應，[7]而我一直沒有對他的回應作出回應。不想後來因為幾次儒耶對話國際會議的契機，促使「波士頓儒家」成形，我現在就利用這個機會對這一思潮的代表人物，南樂山與白詩朗（John H. Berthrong），作出總的回應。

　　其實郭君所謂「純粹超越神觀」絕不是我的創見。我只是順著主流的觀點突出幾個面向，師韋伯（Max Weber, 1864～1920）的故智建構「理想型」（ideal type），與儒家思想形成對比，易收眉目清楚之效。在策略上，對基督宗教的闡釋並不求周延，我是有意的簡化，其目的在找尋一個沒有多大爭議性的起點。我把基督宗教的神觀定為「純粹超越」（pure transcendence），意思是上帝創造世界，並不是世界的一部分。上帝有這種超越在世界以外的性格，的確是基督宗教傳統的信仰，可不是我可以杜撰出來的。而中國傳統相信，道流行在天壤間，一方面「形而上者謂之道，形而下者謂之器」（《易・繫辭上》第十二章），另一方面，「器亦道，道亦器」，[8]道既是形而上，非一物可見，故超越；但道又必

<hr />

6　Shu-hsien Liu, "A Critique of Paul Tillich's Doctrine of God and Christology from an Oriental Perspective," in *Religious Issues and Interreligious Dialogues*, ed. by Charles Wei-shun Fu and Gerhard E. Spiegler (New York, Westport, Conn. and London: Greenwood Press, 1989), pp.511-532.

7　Robert Cummings Neville, "A Christian Response to Shu-hsien Liu and Peijung Fu," in ibid., pp.555-570.

8　「形而上為道，形而下為器。須著如此說。器亦道，道亦器。但得道在，不繫今與後，己與人。」見《二程全書》遺書第一、二先生語。端伯傳師

須通過器表現出來，故內在，這樣便是一種「內在超越」
（immanent transcendence）的型態。道之默運與亞伯拉罕
（Abrahamic）傳統位格神之彰顯意志，恰好形成一鮮明的
對比。其次，耶穌基督既謂其王國不在此世間，而十字架的
信息，依田立克所說，是一個生命的終結乃另一個更豐富的
生命的開始，當然有一強烈的「他世」性格，與儒家的「現
世」性格適成對比。這些都不應該有什麼爭議性。至於我引
巴特（Karl Barth, 1886～1968）的「完全相異者」（the wholly
other）來了解上帝，郭君認為不是對巴特或基督教的上帝
觀念的全面性的了解，我當然不會否認這一點。但我所以要
突出巴特這樣的說法的用意是，「例外」正好證明了規律的
適用性（"The exception proves the rule."）。即使巴特這一說
法只是他一個階段的一種說法，但這種說法只能在基督教的
脈絡之下才能出現，根本不可能在儒家的脈絡之下出現。由
此也可以清楚地看出兩個傳統的差異與區隔之所在。

　　但最重要的是，我雖然是由文化不同的脈絡來建構兩個
對比的理想型，但我是由動態的發展觀來看文化，並不接受
史賓格勒式定命論的文化型態學。[9]一個偉大的宗教或精神
傳統像儒、耶那樣，是在不斷傳承與創造的過程中，它可以
照顧得更為全面，挖掘得更為深化，當然也可以變得拘執片
面，趨於流俗。像郭君那樣，有心於深遠的探索，就動機而

　　說，未注明誰語。依牟宗三先生說，《宋元學案》列入「明道學案」，是也。
　　見氏著：《心體與性體》，第 2 冊（臺北：正中書局，1968 年），頁 21-22。
　　朱熹也接受這種看法，謂：「器亦道，道亦器，有分別而不相離也。」見黎
　　靖德編：《朱子語類》（臺北：文津出版社，1986 年），卷 75，頁 1935。
[9]　參拙著：《文化哲學的試探》（臺北：臺灣學生書局，1985 年新版）。

言是可嘉的，但就方法而言則有嚴重瑕疵，頗有可議之處。
他只是把他喜歡的東西全部堆砌出來，但缺少批評揀擇，更
談不上融攝綜合了。我在南伊大受學於魏曼教授（Henry
Nelson Wieman），他一方面批巴特，另一方面打田立克，來
建構他自己的「經驗神學」的思路。[10]但巴特和田立克的走
向南轅北轍，郭君卻未加甄別，漫加徵引，好像由一個工具
箱內，隨意取出自己好用的東西，在方法上未夠謹嚴，不能
構築成為一條真正融貫的思想，那就缺乏足夠的基礎，作更
有深度的比論。我正是由魏曼那裡學到他在芝加哥大學的同
事赫桑（Charles Hartshorne）的「過程神學」，通過懷德海
（A. N. Witehead, 1861～1947），由感通講上帝，開啟了一
些可能溝通東西思想的線索。[11]赫桑企圖建立他所謂「新古

10 魏曼的思想受杜威和懷德海的影響，轉往宗教哲學的神學方面發展，參
Robert W. Bretall, ed., *The Empirical Theology of Henry Nelson Wieman* (New
York: Macmillan, 1963)。他講「創造性的交流」（creative interchange），意旨
與《易》相通，參拙作：Shu-hsien Liu, "Henry Nelson Wieman and Chinese
Philosophy," *American Journal of Theology & Philosophy*, vol.12, no.1 (Jan.,
1991), pp.49-61。可惜這一條線索並未得到充分發展，令人感到遺憾。魏曼
即認為田立克的上帝超越於一切存在之上；巴特的上帝內在於存在、歷史
之中，但「理性的照明」是奇蹟，直接由上帝而來，有主觀主義、信仰主
義的傾向。兩方面都受到魏曼的質疑與批判。

11 關於赫桑的思想的介紹，參拙作：〈有美國特色的當代美國宗教哲學〉，原
刊於《當代》雜誌，第 23、49 期，現收入拙著：《理想與現實的糾結》（臺
北：臺灣學生書局，1993 年），頁 289-331。我曾經有兩次和赫桑本人打交
道的機會。1977 年 4 月美國哲學會西部分會在芝加哥開會，亞洲與比較哲
學會安排了一個節目："Theism in Asia and West"，由赫桑宣讀論文講華嚴
宗的哲學，由我擔任評論。他以華嚴哲學為決定論，我不客氣地加以駁
斥。他雖然是前輩，卻也自承這不是他研究的領域，而有如履薄冰的感
覺。後來他改寫了論文，我的評論則照舊印出，二文均刊於 *Philosophy East
and West*, vol.28, no.4 (Oct., 1978)。1983 年在加拿大蒙特利爾開世界哲學
會，在會場上遇見他。他特別高興聽到我講孟子的「心」（mind-heart），在

典的有神論」（neoclassical theism）思想，明白地向神學正統以上帝為永恆不變的存有的看法挑戰。索西納斯（Fausto Socinus, 1539～1604）早就反對不變的上帝，認為由靜態理解的神的全知與人的自由互不相容。他的教派因受到迫害而被消滅，但二十世紀卻有了新的轉機。白詩朗系出芝加哥大學，他可不像郭君那樣混漫，完全明白赫桑的神學與正統聖多瑪神學的差異，[12]而由赫桑的「雙重超越」（dual transcendence）觀找到與儒家「人能弘道，非道弘人」（《論語・衛靈公》第十五章）的看法相通的線索。[13]在發展的過程中，有些原似乎互不相容的思想，通過新的詮釋，其實並不真的那麼互不相容。誠如郭君所指出的，正統基督宗教觀點上帝是通過耶穌基督而內在於存在、歷史之中，此所以「三一」的信仰有關鍵性的重要性。但並不因此正統基督宗教的立場便轉成了「內在與超越」神觀，上帝仍然是「純粹超越」，郭君的思想層次似乎有些混亂，難以令我苟同。

由此可見，郭君歸之於我的所謂「純粹超越神觀」是取一極小式（minimalist）的進路，並不妨礙任何人在這一基礎理解之上作進一步的拓展與深化，應無爭議性。而我建構

思想和情感兩方面未作截然的分別。那時他正在作有關「電腦是否能夠思想」問題的探索，他的結論是，電腦既不能「感」，故也不能「思」。他是一位典型的「心不在焉的教授」（absent-minded professor），在追隨者的圈子中流傳著許多有趣的軼事。他的思想正是白詩朗思想的源頭。

12 Berthrong, *All under Heaven*, pp.31f.
13 Ibid., pp.157-160。所謂雙重超越的意思是，神性的超絕一方面表現在其無窮、絕對、不動、內在而必然，另一方面又表現在其有限、相對、變動、一時而偶然。兩方面都是獨一無二的。第二方面彰顯在耶穌的有限與受難之上，參 ibid.,p.149。這是一個有爭議性的說法，迄今並無定論。

的理想型，屬型態學的領域，配合上發展觀，屬生態學的領域。[14]兩面兼顧，不會倒向一偏。中西文化在不同的環境、脈絡下分別發展，當然有鮮明的性格差異。但正如孟子所謂「鈞是人也」（《孟子‧告子上》第十五章），就不免也會有一些共性。就今日觀點看來，對於「超越」的祈嚮正是其中之一，雖然彼此對「超越」的理解很不一樣。故我不取安樂哲（Roger T. Ames）與郝大維（David L. Hall）那種極端的觀點，認為只有西方式的「純粹超越」才是真正的「超越」觀念，主張中國古代到漢代天人交感的信仰，所謂「內在超越」，根本就是缺乏「超越」觀念。[15]他們雖不否認後起的宋明理學因受到佛教的衝擊而有某種「超越」觀念，但認定其並不能溯源到先秦或漢代儒學。他們的動機是反對把西方的觀念強加在中國的思想之上，這自無可厚非。但白詩朗即批評他們推論過分而失當。[16]南樂山則認為他們取了一個極狹窄的「超越」的定義，以至難以自圓其說，而詳細地加以駁斥。[17]我的英文書更由當代新儒家觀點闡發由孔、孟到程、朱、陸、王一脈相承的線索，均突顯出對於「超越」的

....

14 我排拒史賓格勒的定命論，取卡西勒的發展觀，有關型態學與生態學的分別，參拙著：《文化哲學的試探》（臺北：臺灣學生書局，1985 年新版），特別是頁 226-232。

15 Roger T. Ames and David L. Hall, *Thinking through Confucius* (Albany: State University of New York Press, 1987), and *Thinking from the Han: Self, Truth, and Transcendence in Chinese and Western Culture* (Albany: State University of New York Press, 1998)。法國學者 François Jullian 與香港學者馮耀明由不同角度切入，也有類似見解，此處不贅。

16 Berthrong, *All under Heaven*, p.138.

17 Neville, *Boston Confucianism*, pp.147-158.

祈嚮，[18]立論適與安樂哲、郝大維相反，讀者可以參看，當可以辨明孰是孰非，此處就不贅了。故此過分誇大了兩個傳統的同或異，都不免誤入歧途。既是異就不能勉強說成同，既是同也不能勉強說成異。我一方面相信在時間的過程中兩個傳統交流互濟，是可以增長趨同的態勢，但另一方面也相信，彼此間還是有一些不可忽視的差別，不容我們漫忽過去。而這恰正可以由對基督學與「三一」觀念的檢討顯發出來。下面我們接著就來做這一方面的省思與討論。

基督宗教信仰往往通過神話來表達，像《舊約》的失樂園，耶穌基督復活之類。此所以新近逝世的史瑪德（Ninian Smart）撰文比較耶、佛時，[19]坦承佛教的神秘主義屬於另一型態，其優勢在容易下貫到道德倫理，每每以耶教為迷信，但佛教一味忽略基督教神秘經驗之「臨在（神聖）」（Numinous）面，似乎也有其限制。而佛教徒質疑為何聖保羅、穆罕默德的「啟示」竟指向了十分不同的內容，不能不說的確有其一定道理。依他之見，啟示是可以出錯的，但關鍵在，畢竟不是啟示保證上帝存在，而僅只是為「臨在」所「確認」（validated）而已！而佛教進入中土與儒、道合流，有更積極正面的自然觀，這一面也應為基督教所吸納。只不過佛教還應更進一步整合科學的世界觀，才能趕上時代的步調。史瑪德講的雖然是佛教，也可以延伸到儒家，有些

18 Shu-hsien Liu, *Understanding Confucian Philosophy: Classical and Sung-Ming* (Westport, Conn. and London: Greenwood Publishing Group, 1998).
19 Ninian Smart, "Learning from One Another: Buddhism and Christianity," *Global Dialogue*, vol.2, no.1 (Winter, 2000), pp.82-88.

理論效果是差不多的。

　　基督宗教的教義最有特色者，依史密士（Huston Smith）之見，有下列三項：「道成肉身」、「贖罪」，與「三位一體」。[20]史密士指出，這些教義都是經過很長的時間才得到定位的，而且不乏激烈的爭議。郭鴻標君提醒我們，從三一論的角度看，上帝既「超越又內在」，這是不錯的。但這也恰恰好是問題之所在，引起了耶教內外的爭辯，不能像郭君那樣點到為止，好像問題已經有了答案，那是不符合實際的情況。我在這裡只能提供一些線索，便可以看到這裡所牽涉到問題的複雜性。先由耶教內部說起，資深學者希克（John Hick）就明白反對「道成肉身」、「贖罪」、「三一」的主流看法。[21]他認為最根本的關鍵在於對「道成肉身」的誤解，因此他提議用批評、考慮的方法去解構這一說法。希克入室操戈，直指「道成肉身」以耶穌為神子根本是後起的說法，在四福音書中，它僅見於〈約翰福音〉，最遲出也最不可靠的一個文獻。歷史上的耶穌從來沒有作過自己為神的宣示。所謂「神子」、「道成肉身」在當時猶太用語中只有「隱喻」（metaphor）的意味。將之轉為實質的理解，才有三位一體，贖罪的說法。破除了這種錯誤的理解，則耶穌固然「體現」（incarnate）了道理，但並不獨佔道理，不能把他神化。這和其他宗教，如回教、印度教、佛教以他為先知、化身、

20　參休斯頓‧史密士著：《人的宗教》（臺北：立緒文化出版公司，1998年），頁464-473。

21　John Hick, "Religion, Violence and Global Conflict: A Christian Proposal," *Global Dialogue*, vol.2, no.1, pp.1-10.

覺者的看法也完全可以符合。依希克之見，只有容許宗教的歧異性（religious diversity），才會有真正的寬容。

希克這樣的觀點對於非基督徒來說，當然是值得歡迎的。但這種說法即便在學者之中也只是少數意見，更不要說一般信眾了。然而有這樣的觀點提出，就已經是一個突破了。對於希克多元論點的支持，來自一個想像不到的來源。猶太教學者柯恩—薛波（Dan Cohn-Sherbok）曾撰文，無保留地讚揚希克在信仰宇宙之內掀起了一場哥白尼式的革命。[22]他承認上古的猶太教是有排他主義傾向，但異端並未受到嚴厲譴責，基本上是持寬容態度。今日需要對世界宗教持更為開放的態度。托勒密地中心說既倒，猶太教也不必是世界宗教的中心，而轉採取「神中心」（theo-centric）的觀念。終極真實為一，但世間宗教的表達則僅只是通過折光以後人的影像，受到歷史、社會、文化條件的限制。新的多元模式鼓勵與其他宗教交流。表面上看這似有流入相對主義之嫌，其實不然。所謂 "unity in diversity"（異中之同），這樣正好可以接上當代新儒家「理一而分殊」的睿識，有交流互濟之效。[23]

事實上我對田立克的神觀與基督學在 1966 年完成的博士論文中就已提出反省與批判，後來應好友傅偉勳之約寫成文章於 1989 年發表，並由南樂山作出回應。[24]到現在我基本的看法並沒有改變，但在不同視域觀點的衝擊之下，在表達

....

22 Dan Cohn-Sherbok, "Judaism and the Copernican Shift in the Universe of Faiths," ibid., pp.25-36.

23 我也以英文撰文收於同一專輯之中，參拙作，Shu-hsien Liu, "The Openness of Confucianism," ibid., pp.89-98.

24 參註 6 與註 7。

上也自有了相應的變化，將在下面闡發出來。我一向對田立克懷抱著一種複雜的心情（mixed feelings）。一方面我激賞他對系統神學所作出的一些嶄新的闡釋頗可以為吾人借鏡，另一方面則仍不能掩儒、耶之間的一些根本差別，不能不加以辨正。就神學而言，田立克認為人世間充滿了曖昧（ambiguities），觸處都是問題，只有在「超越」的上帝那裡才有答案。由此可見，在主觀的意願上，田立克是一力要衛護傳統的「超越」神觀。然而有趣的是，田立克這種神人感應（correlation）的觀點，從一些正統主流的觀點看來，破壞了上帝的自本自根性（aseity）與由神到人的單向性，而減弱了上帝的超越性。但由儒家的觀點看來，田立克的毛病恰好在另一方向。《中庸》所謂「天命之謂性」，孟子講四端的擴充，問題的答案何須像田立克說的往彼岸去求。田立克的上帝不免過分超越，不能表達出天人不可須臾離的緊密關係。而田立克之明白劃分「耶穌」與「基督」，固然消解了神話（demythologize）的糾纏，也擺脫了考據的負擔，那種霹靂手段真令人耳目一新。但「十字架」的象徵意義既為「現實生命的終結是另一個更豐富的精神生命的開始」，那就不免依然帶有一種強烈的「他世」（otherworldly）情懷。則基督宗教的基調畢竟是更適合於「二度出生」（the twice born）的人，與儒家的基調更適合於「一度出生」（the once-born）的人，的確在指向上有巨大的差別。[25]而基督教義一

----

25 在基督宗教內部，關於這兩種型態差異的討論，參 William James 著名的吉福特講座（Gifford Lectures），*The Varieties of Religious Experience*。此書最近在臺灣重譯出版：威廉・詹姆士著，蔡怡佳、劉宏信譯：《宗教經驗之種

旦成形，基督「道成肉身」同時兼具有神、人的性格。由這
個前提出發，則「失樂園」墮落後的人本不值得救，但上帝
慈悲，讓神子降世，代為「贖罪」，人可以通過對基督的信
仰，由上帝的「恩寵」而得救，最後乃有神、子、聖靈的
「三位一體」說，而超越進入內在，由此而來了整套的基督
史觀。就西方而言，整部歷史的興衰莫不與順從或違逆上帝
的意旨相關，而基督之降臨成為西方歷史的分水嶺，基督宗
教乃被稱為一歷史宗教。

　　由此可見，對於神、人、世界，儒、耶均有全然不同的
視野。先由神說起，由孔子的無言之教起，儒家傳統所強調
的是天道之默運，絕無超自然的干預，而基督教則一貫強調
位格神的意志，神人之間是「盟約」（covenant）的關係，
由其履行或違逆來解釋事態的變化。再看孔子和耶穌的對
比。孔子畢竟只是人，不是神，他雖有強烈的使命感，但卻
接受其命限，每有道窮之嘆。他之被尊為聖人，所謂「天不
生仲尼，萬古如長夜」，完全是歷史偶然（contingency）的
結果。而耶穌基督由聖母的處女生殖一直到復活是一連串奇
蹟的集合，在超自然與自然，宗教信仰與俗世情懷之間，形
成了強烈的對比。儒者可以欣賞乃至佩服耶穌的智慧與作
為，但至多只能尊他為偏至之聖，還不如孔子之圓融。由儒
家的立場看，絕不可能以任何人——無論孔子、耶穌——為
神。[26]而中國人之「三一」只能是天、地、人之互濟，絕不

種》（臺北：立緒文化出版公司，2001年）。

26 參唐君毅：〈孔子與人格世界〉，《人文精神之重建》上冊（香港：新亞研究
　　所，2冊，1955年），頁220-235。

可能是基督教神、子、聖靈之三位一體。在中國的傳統中，
道無所不在，於聖凡無別，而命運義的天命既不可測，君子
只有憑著自己的秉賦，率性而為，自強不息，過化存神，但
求行道於天下，如是而已！孔子對中國的歷史文化發生這樣
重大的影響，完全是非預期的偶然的結果，雖然由事後追溯
回去，似乎有一些跡象透露了某種必然性，其實並無任何保
證必然如此。但耶穌基督就完全不同了。他的降世成為歷史
的中心，此前為準備階段，指向他的降臨，而此後則指向最
後審判日，決定誰能夠獲得永生或者是下地獄。正因神子為
人贖罪，由超越進入內在，故謂基督宗教為歷史的宗教。然
而真實的歷史是一個不容斬斷的永續的長流，就存在的體驗
來說，每一個瞬間是同樣的重要，故當下即是，雖然歷史事
件形成之後在客觀上的價值有大有小，並不一樣。由這樣
看，耶教把歷史以外的因素強加到歷史之上，恰恰是非歷史
的。南樂山曾笑承，完全想不到儒家可以由這個角度來攻基
督教的歷史觀念。他當時是以脈絡化的觀點對我作出回應。
他坦承兩個傳統在不同的文化脈絡發展出來，原始的意符確
有巨大的差異，不可共量。但在後續發展的過程中，彼此可
以清楚地看出自己傳統的限制所在而可以交流互濟。在
1989 年他的神學思想還沒有充分發展出來。如今轉眼十多
年過去，他已自成一家言說，並進一步由新的視域對「多重
宗教認同」的問題作出回應，提倡所謂波士頓儒家的論旨，
不免令人刮目相看。但南樂山不是漢學家，並不能直接閱讀
中文，他是通過大量的二手資料，來建構他的論旨。但他的
盟友，波士頓儒家的另一位代表人物白詩朗，卻是朱熹專

家。他已作了先行的工作，南樂山才緊接著作出進一步的拓展。二人意見也有細微差別處。我就順著由白詩朗到南樂山提出的線索，一併由新儒家的視域，作出我自己的回應。

1994 年白詩朗出了：*All under Heaven:Transforming Paradigms in Confucian-Christian Dialogue*（《普天之下：儒耶對話之典範轉移》）一書，正面提出了我們在當前所關注的論題。白詩朗屬於「過程神學」的譜系。他認為基督宗教經歷一個長久發展的過程，到了今天，對於許多人，特別是年輕人，已經缺乏吸引力。必須因應今日的新情勢作出改革，因此他響應孔漢思「典範轉移」（Paradigm Shift）的呼聲，[27] 而作出了他自己的努力。這是一個多元主義（pluralism）的世代，各個種族、宗教的信徒混居雜處，絕不容許我們視而不見，聽而不聞。而今日的典範轉移必定牽涉到宗教之間的對話，他認為通過過程神學的線索，可以找到儒、耶會通的途徑。

借助於屈雷西（David Tracy）的神學論述（theological discourse）三分架構（tripartite division）：基礎（fundamental）、系統（systematic）與實踐（practical）神學，[28] 白詩朗展開了他的論述。對話由生活層面開始，隔壁可能就住一家印度人，思想禮俗都不一樣，有實際的需要作相互的理解與會通。在思想反省的層次，既不能流於相對主義，乃有真理

....

27 See Hans Küng, *Theology for the Third Millennium: An Ecumenical View* (New York: Doubleday, 1988).

28 See David Tracy, *The Analogical Imagination: Christian Theology and the Culture of Pluralism* (New York: Crossroad, 1991).

訴求（truth claims）。系統神學是各宗教內部的事，當代基督宗教承受到巨大壓力要作出相應的變革，然成效未彰；基礎神學並不預設任何特定的傳統，作普世性的考慮。[29]正是在這個層面，自懷德海至赫桑的過程神學新思潮可以與當代新儒家由牟宗三到杜維明的思想線索作出對話，收到交流互濟的效果。

　　但在進行比論之前，白詩朗首先要回答一個先決問題：為何找儒家做對話的夥伴？就一般理解而論，「儒家究竟是否宗教？」已有爭議，而儒家似乎是個死去的傳統，[30]值得花大力氣去作論述嗎？白詩朗斬釘截鐵地回答，當代新儒家在今日是一個活力充沛的思潮，而代表人物如牟宗三等均肯定儒家思想有宗教意涵，無疑可以作對話的夥伴。但大多數西方人對儒家傳統並無了解，故他有必要先講由孔子到朱熹的思想，而後才能講當代牟宗三到杜維明的思想。他通過當代新儒家的反省，回溯儒家傳統有四個中心觀念，即「仁」、「天命」、「心」與「性」。[31]這些對於中國學者自耳熟能詳，不必多贅。他所要突出的是儒家思想的「超越」層面。安樂哲與郝大維曾質疑中國儒家傳統在秦與兩漢是否有「超越」觀念，白詩朗曾作出如下的回應：

　　　　無論郝〔大維〕與安〔樂哲〕的論證之哲學、語言學與

29 Berthrong, *All under Heaven*, pp.185-187.
30 See Joseph P. Levenson, *Confucian China and Its Modern Fate: A Trilogy* (Berkeley: University of California Press,1968).
31 Berthrong, *All under Heaven*, p.73.

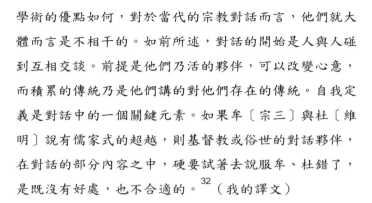

學術的優點如何，對於當代的宗教對話而言，他們就大體而言是不相干的。如前所述，對話的開始是人與人碰到互相交談。前提是他們乃活的夥伴，可以改變心意，而積累的傳統乃是他們講的對他們存在的傳統。自我定義是對話中的一個關鍵元素。如果牟〔宗三〕與杜〔維明〕說有儒家式的超越，則基督教或俗世的對話夥伴，在對話的部分內容之中，硬要試著去說服牟、杜錯了，是既沒有好處，也不合適的。[32]（我的譯文）

　　有趣的是，安樂哲和郝大維原意是反對西方的自大的態度，把西方的觀念強加在中國傳統之上，不想結果卻逾越了範圍，反而顯示了另一種一樣源自西方的自大的態度，白詩朗的駁正，不亦宜乎！事實上西方並不能強佔「超越」的觀念，先秦儒已有其不同於西方的超越觀念。[33]到了朱熹，即安樂哲與郝大維也不否認其有超越觀念，將之闡發出來，乃成為了白詩朗的工作重點之一。在建構其所謂「先設系統」（metasystem）的過程中，他又採用了一條三分線索（triple thread）：所謂「形式」（form）、「動力」（dynamics）與「統一」（unification）。[34]這似相當費解，所幸在一條腳註之中，

----

32 Ibid., p.155.
33 舉例說，我曾撰文，只用《論語》中的資料，就可以證明孔子思想中已有隱涵的「天」（超越）「人」（內在）合一的觀念。參拙作：〈論孔子思想中隱涵的「天人合一」一貫之道〉，現收入拙著：《儒家思想意涵之現代闡釋論集》（臺北：中央研究院中國文哲研究所籌備處，2000 年），頁 1-26。
34 白詩朗用 metasystem 一詞代替了傳統的 metaphysics（形上學）一詞，並採用一三分線索，See Berthrong, *All under Heaven*, pp.8-12.

他指出這正相當於赫桑之把握「真實」（reality）有「本質」
（essence）、「存在」（existence）與「現實性」（actuality）三
個層面。而這也恰恰好與朱子的「理」、「氣」、「心」（理氣
之結合）相當。[35]兩個傳統之契合處在，都重視「創造性」
（creativity），「相關性（relationality），與存有、價值之融
貫性。而赫桑的一項重大貢獻在他提出了「雙重超越」
（dual transcendence）說。[36]也就是說，在基督宗教傳統
中，向來突出上帝的永恆性，只是其超越的一個面向而已！
而耶穌基督降世，所突出的是另一種超越性，在有限之中顯
現出來的無限性。赫桑以此強調上帝的相關性、同情性，自
然可以與儒家傳統相通。

　　白詩朗明白牟宗三的一套與朱熹不同，對朱子有嚴厲的
批評。但由外部看來，二者之間的差別並沒有那麼大。而牟
宗三突出「道德的形上學」（moral metaphysics），重視「憂
患意識」（concern-consciousness），的確可以針對時弊，有
振聾發聵的功效。他的表述似有排他傾向，但更重要的是他
的思想的普世性，直接面對當代意義失墜的處境。比之於安
樂哲與赫大維之側重脈絡意識的進路（ars contextualis），有提
不上去的感覺，要深刻得多。[37]當然牟的思想有其限制，他
的重心放在仁，而不在禮，但這也是他所處的時代脈絡造成
的限制。[38]而這一缺點由牟的弟子杜維明加以改正。杜預設

....

35　Ibid., no.6, p.216; pp.85-87.
36　Ibid., pp.157-160.
37　Ibid., pp.84-85, 105-116.
38　Ibid., p.123.

了牟的道德形上學，卻把眼光放在社會改造上。他最重要的
貢獻在發展了「信託社會」（fiduciary community）的說法。[39]
現代西方社會建築在個人主義的基礎之上，各種利益集團互
相牽扯，如今產生的流弊乃至惡果已不可掩。儒家的社會倫
理建築在不同的基礎之上。儒學雖是「為己之學」，但回歸
《中庸》的參和（mutuality）之道，《大學》的修、齊、
治、平的理想，人與人的關係建築在彼此的信託之上。這有
可能發展出另一種更為合理的社會的形態。白詩朗的貢獻
在，他由基督教的內部，發展出來一條與儒家思想會通的途
徑，雖不可必，但指出了一個方向。他也提出了「多重宗教
認同」的問題，他對這個問題並沒有一定的答案，卻鼓勵人
往這個方向作進一步的探索。

　　白詩朗證明了我一貫認為「宗教內的對話」（intra-
religious dialogue）比「宗教間的對話」（inter-religious
dialogue）更有效的看法。每個人由自己的傳統出發，去吸
納另一傳統的菁華，結合在地與普世的需求，才是最有可能
收穫豐碩成果的途徑。另一個例證恰好是白詩朗的好友和同
事南樂山，他進一步發展了「波士頓儒家」的說法。南樂山
的背景和白詩朗十分不同，他是哲學家兼神學家，並不是漢
學家，雖不能閱讀第一手的中文資料，但他廣泛徵用英文中
有關儒家傳統的資料，成為他宏闊的哲學與神學的架構中的
一個重要的有機成分。1994 年他在 *Daedalus* 季刊組織的
「在轉變中的中國」（China in Transformation）的會議中，

....
39　Ibid., pp.37-38, 122-123.

發表了 "The Short Happy Life of Boston Confucianism"（〈波士頓儒家的短暫而快樂的生命〉）一文，這成為他 *Boston Confucianism*（《波士頓儒家》）一書的第一章。[40]出乎他自己和別人的意料之外，「波士頓儒家」的生命並不那麼短暫。接著他又由「文化」、「當代處境」的不同角度提出兩篇論文，說明儒家是個可轉移的傳統（portable tradition），成為世界哲學的一部分。這成為書的第二和第三章。然後他撰文論儒家的精神性及其與宗教的關聯性，這就直接關涉到當代新儒家由牟宗三到杜維明一系的論旨，有專章討論杜維明的思想，這構成了第四和第五章的內容。第六章他提議用「主題分析」（motifs analysis）來作東西的比較。下面三章，他討論了「存有」、「超越」、與「自我概念之資源」等三個主題。最後一章乃論儒、耶，與多重宗教認同的問題。此書在 2000 年出版，把一時的趁興轉成了一個正式提出來的嚴肅的論旨，可以說是一個突破，值得我們注意。

　　由於篇幅有限，我不可能詳細討論書中的內容，只有抄一捷徑，來作出對「波士頓儒家」的回應。正好在過去數年中，南樂山和我應邀參加了兩個共同的項目。一是「現存哲學家圖書館」（Library of Living Philosophers）第二十八卷邀請了南樂山和我，對伊斯蘭哲學家納塞（Seyyed Hossein Nasr）的思想分別由新教和儒家的觀點提出質疑，並得到了納塞的回應。[41]同時由牟博（Bo Mou）主編討論在西方哲學

40　Robert C. Neville, "The Short Happy Life of Boston Confucianism," in *Boston Confucianism*, pp.1-23.

41　*The Philosophy of Seyyed Hossein Nasr*, edited by Lewis E. Hahn, Randall E.

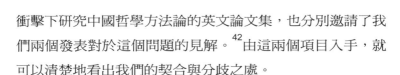

衝擊下研究中國哲學方法論的英文論文集，也分別邀請了我們兩個發表對於這個問題的見解。[42]由這兩個項目入手，就可以清楚地看出我們的契合與分歧之處。

關於納塞思想的討論，我的文章已經發表，此處不贅。[43]納塞自稱傳統主義者，對文藝復興以後的西方哲學思潮之失落「智的直覺」批判不遺餘力。他是「永恆哲學」（philosophia perennis）理想的衛護者。南樂山與我對於這樣的哲學理想都寄予深切的同情，但也都覺得納塞之徹底排拒現代的態度並不稱理，必須加以彈正。

南樂山熟悉美國主流思想，他長年努力在懷德海、赫桑之後重新建構神學，雖不必令人景從，至少受到尊敬與容納。他擔心的是，納塞的進路似乎過分主觀，惹人反感，以至不屑一顧，深感遺憾。他作出三方面的提議，首先採取普爾斯（C. S. Peirce, 1839～1914）的「記號學」（semiotics）架構。[44]普爾斯雖被歸入實用主義潮流，但他與流俗的唯用

Auxier, and Lucian W. Stone, Jr. (Chicago and La Salle, Illinois: Open Court, 2001). Robert Cummings Neville, "Perennial Philosophy in a Public," pp.169-201; Shu-hsien Liu, "Reflection on Tradition and Modernity: A Response to Seyyed Hossein Nasr from a Neo-Confucian Perspective," pp.253-276.

42 *Two Roads to Wisdom?: Chinese and Analytic Philosophical Traditions*, edited by Bo Mou (Chicago and La Salle, Illinois: Open Court, 2001). Robert Cummings Neville, "Methodology, Practices, and Discipline in Chinese and Western Philosophy," pp.27-44; Shu-hsien Liu, "Philosophical Analysis and Hermeneutics: Reflections on Methodology via an Examination of the Evolution of My Understanding of Chinese Philosophy," pp.131-152.

43 參拙作：〈新儒家與新回教〉，收入拙著：《當代中國哲學論》（紐澤西：八方文化企業公司，1996 年），頁 113-137。

44 關於普爾斯記號學的介紹，參朱建民著：《普爾斯》（臺北：東大圖書公司，1999 年），頁 117-151。

主義者實不相干，其思想與中世紀以來之實在論（realism）互相融貫，這與歐洲記號學由索緒爾（Saussure, 1857～1913）到德里達（Derrida）的傳統，只重文本解釋，不講實指（real reference）不同。由此而建構永恆哲學乃易為美國主流思想所接納。南樂山指出，建構永恆哲學有兩個可能的方向，一由上而下，這是納塞回歸柏拉圖（Plato, 427～347 BC.）、奧古斯丁（Augustine, 354～430）所取的方式，另一是由下而上，即南樂山自己所取的方式。他的神學回歸基督教創世所謂「無中生有」（ex nihilo）的方式。強調現實世界的創生有偶然性（contingent），並無先在的決定性，則天人互相感通。最後，通過現代「懷疑的詮釋學」（hermeneutics of suspicion）的衝擊，不能不正視中世紀神權統治觀念的危險與限制。有趣的是，除了我取資於卡西勒（Ernst Cassirer）的「符號形式哲學」有別於他取資於普爾斯之外，我們對納塞的批評與質疑用語雖然不同，指向卻是一致的。我改造宋明儒學「理一分殊」的觀念，強調在現代不能由「理一」直貫下來，而要重視「分殊」倒溯回去，乃可與當前流行的「多元主義」有會通的可能性，卻又不會墮入「相對主義」的深淵。而當代新儒家以曲通的方式接上西方民主理念，適與納塞衛護中世紀神權政治的理想背道而馳。由此可以看到南樂山與我思想之契合處。

　　然而南樂山論方法論一文雖然在起點上和當代新儒家一致，在舖陳上卻取了不同的途徑，以此有所區隔。深一層思考，這種差異絕非偶然，下面由脈絡、資源、根本意符、形上基源、自我轉化、社會實踐等各個視域略陳己見，作為文

章的結尾部分，並盼由此激發進一步的省思與討論。南樂山指出，方法學只是中國哲學很小的部分，而方法不離實踐、修養，這是完全正確的。但他依美國哲學的傳統把中國哲學的睿識也當作「訴求」（claims）與「假設（hypotheses），在回應時以荀子的性論、天論為例，由荀子的隆禮找到接通美國實用主義記號學途徑的通道，那就不免引起質疑，這樣的會通的努力還未能令雙方達致水乳交融的地步。

　　先由脈絡上來說，中國近二百年來喪權辱國，制度崩潰，意義失墜，當代新儒家乘弊而起，在灰燼之中如鳳鳥之浴火再生，所突顯的正是白詩朗所敏銳地察覺到的「憂患意識」，那是比郝大維與安樂哲由懷德海哲學轉出來所掌握到的 ars contextualis 更為深刻的一條線索，南樂山也對此有相當領會，但舖陳出來，就失去了新儒家感受的急迫性。這種情況一點也不難理解。美國雖然經歷二次大戰，但戰火從未延燒到本土，如今成為世界唯一超級霸權，所面臨的問題是「為富不仁」，抑或「富而好禮」的抉擇。難怪由孔子到荀子的線索特別為「波士頓儒家」所激賞，以其可以切中時弊，而成為了南樂山思想的一個重要的有機組成分。

　　由於脈絡不同，彼此所援用的資源也就完全不同了。美國自杜威（John Dewey, 1859～1952）以來，主流思想是「自然主義」（naturalism）。杜威思想格局宏偉，雖主張改造西方哲學的傳統，與古代、中世紀思想形成對比，然仍未遺漏宗教層面，著 A Common Faith（《一個共同的信仰》）

一書，由理想的嚮往的角度說明宗教經驗的根源。[45]但對美國神學有更深刻影響的是由英國移民過來的懷德海，由此開創出魏曼、赫桑的新神學。南樂山的思想正是這一思潮的流亞。他先躍過威廉‧詹姆士（William James, 1842～1910），追溯到普爾斯，而後回歸到古代亞里士多德，中世紀聖多瑪（Thomas Aquinas, 1225～1274），以至鄧‧司各脫斯（Duns Scotus）的線索，而發展了他的「無中生有」創造的神觀。他不取康德現象、本體分離的二元觀點，以辯證的方式重新建構「玄想的形上學」（speculative metaphysics），自成一家言說，漸漸得到各方的推重。[46]南樂山的成就固然難能可貴，但畢竟是美國長期太平、哲學幾流為學術遊戲（academic exercise）的時代的產物，與港、臺、海外新儒家被迫離開故土，在花果飄零之餘於借來的時間與空間從事哲學省思，實在不可同日而語。新儒家是絕無可能滿足於自

45　參拙作：〈有美國特色的當代美國宗教哲學〉，《理想與現實的糾結》，頁289-331，以下所論也根據這篇文章。

46　我不能說我對南樂山的神學有什麼深刻的了解，參 Robert Cummings Neville, *God the Creator*, New Edition (Albany: State University of New York Press,1992)。杜維明在 *Boston Confucianism* 一書的前言 (Foreword, p.xvii) 之中，頗推崇他的三部曲：*Reconstruction of Thinking* (1981), *Recovery of the Measure* (1989), *Normative Cultures* (1995)，三書均由 State University of New York Press (Albany) 出版。白詩朗並曾著書比論朱熹、懷德海與南樂山，參 John H. Berthrong, *Concerning Creativity: A Comparison of Chu Hsi, Whitehead and Neville* (1999)，也由紐約大學出版。南樂山曾當選國際中國哲學會 (International Society for Chinese Philosophy)、美國宗教學會 (The American Academy of Religion) 與美國形上學會 (The Metaphysical Society of America) 之會長 (President)，可見他撰文回應納塞時謂，所作學術努力以衛護創世神學至少可以得到學界的尊敬 (at least respectable)，洵非虛語，參註41，Neville, "Perennial Philosophy in a Public," p.180.

然主義哲學的線索。

　　舉出實例就可以明白了。像我的業師方東美（1899～
1977）教授，年輕時在金陵大學曾受學於杜威，留學美國威
斯康辛大學寫博士論文是比較英美的新實在論。但後來他絕
口不提這些。他愛懷德海與柏格森，而回歸到柏拉圖與孔子
和《易傳》。[47]成中英繼承了這一條線索，他的博士論文寫
普爾斯，第一本英文書是翻譯戴震的《原善》，與「波士頓
儒家」有許多交集處。南樂山書即有一節討論成中英的思
想，[48]彼此之間有互通的可能性與進一步拓展的空間。然而
由方東美到成中英卻只是現代新儒學中一個邊緣性的支流，
狹義當代新儒家由熊十力（1885～1968）到唐君毅（1909～
1978）、牟宗三的主流思想，並不能滿足於懷德海一系列由
自然哲學與宇宙論轉出的玄想形上學的線索。有趣的是，
唐、牟在年輕時均雅好懷德海，但在思想發展的過程中，卻
不甘停止在懷德海。青年時代的唐君毅有「分全不二」的睿
識，解《易》的「神無方而易無體」為無體法，受到熊十力
先生的批評，後來轉歸理想主義的思想。[49]牟宗三曾潛修懷
德海哲學，欣賞其美感與直覺，但感到這種泛客觀主義、泛

47　我應國史館之邀寫〈方東美傳〉，刊於《國史擬傳‧第 10 輯》（臺北：國史
　　館，2001 年），頁 87-113。讀者可以參看。Library of Living Philosophers 主
　　編韓六一（Lewis E. Hahn）教授於 1987 年 8 月在臺北舉行的國際方東美研
　　討會作主題演講："Thomé H. Fang and the Spirit of Chinese Philosophy" 曾指
　　出，脈絡主義（contexualism）的哲學與方先生的思想有許多相通之處。

48　Neville, *Boston Confucianism*, pp.50-52.

49　參唐君毅：〈自序〉，《中國文化之精神價值》（臺北：正中書局，1953 年），
　　頁 2。

宇宙論的思想並不能真正面對「主體」的問題，[50]以後乃不再提及其思想。這清楚地指陳，新儒家不能安於自然主義的思想，必須不斷超昇，接上「理想主義」（idealism）的思路。當代新儒家由此而體認到儒家哲學的宗教意涵，在由唐君毅起草，牟宗三、徐復觀（1903～1982）、張君勱（1887～1969）簽署在 1958 年元旦於《民主評論》與《再生》雜誌同時發表的〈中國文化與世界宣言〉明白地表述了出來。

　　正如白詩朗所指出的，就新儒家的自我認識而言，由先秦，到宋明，到當代，儒家思想有一「超越」層面是不成問題的，但其型態明顯與基督宗教不同，由此乃可以進行有關儒、耶的比較。南樂山坦承，兩個精神傳統對於主題的表達採取了完全不同的方式。用方東美的話來說，儒家的基本意符突顯的是，《尚書‧洪範》的皇極大中，《周易》的生生之德，熊十力則特別強調乾元性海，六十四卦終於「未濟」，終極的意境是乾卦用九：「見群龍無首」。[51]而耶教崇信上帝創世由無中生有，人類失樂園背負原罪，耶穌降世被釘十字架，復活三位一體，通過恩寵獲得救贖，末世論指向最後審判。這一連串的神話與儒家「子不語：怪、力、亂、神」（《論語‧述而》第七章）的傳統，實在有巨大的區隔。所謂「內在超越」的現世傾向與「純粹超越」的他世傾向，的確走向了兩個完全不同的方向。當然每一個偉大精神傳統必定兼顧超越與內在兩個層面，但彼此的差異乃絕不可掩者。

　　毫無疑問，在長期發展的過程中，兩個傳統都有了很大

50　參牟宗三：《五十自述》（臺北：鵝湖出版社，1989 年），頁 51-59。

51　參熊十力：《原儒》（香港：龍門書店，1970 年），頁 78-79、89-91。

的變化，而中西的交流促成了思想的轉型。不少孕育於儒家
傳統的知識分子崇信了基督教，但以新儒家為終極關懷者是
不可能改宗的，儘管他們可以吸納一些基督教的睿識來擴大
與豐富自己的傳統。但更值得注目的是，孕育自新教傳統的
宗教哲學與神學家如白詩朗與南樂山不只內化了許多儒家的
價值，甚至採取了多重宗教認同，把問題放上檯面，實在是
一個重大的突破，值得我們密切注意與重視。

　　當代這樣的發展的確令人興起一種光怪陸離的感覺。堅
持天人合一傳統理念的當代新儒家卻反過來強調了理想與現
實之二元，拒斥自然主義。像牟宗三那樣，借康德的現象、
物自體分離的二元為跳板，由「道德底形上學」（metaphy-
sics of morals）翻上一層，闡發「道德的形上學」（moral
metaphysics）的論旨，通過「智的直覺」的肯定把理想主義
推到了一個新高點。[52]在另一面，嚴分「上帝之城」與「俗
世之城」的基督教傳統反而孕育了「波士頓儒家」，和美國
的自然主義以及儒家的現世主義接軌，有一個新的統合的視
域，實足令人驚詫。很明顯，由懷德海而赫桑而南樂山，確
可以在新教內部產生一條「內在超越」的思路，與新儒家思
想在很多方面有若合符節之處，但還未能達致水乳交融的地
步，下面就略為指點所牽涉到的理論效果。

　　前面已經提到，新儒家所以不能停止於懷德海之故。赫
桑開創了「過程神學」思想，又把彼此間的距離拉近了一

------

52 參牟宗三：《智的直覺與中國哲學》（臺北：臺灣商務印書館，1971 年）；
　　《現象與物自身》（臺北：臺灣學生書局，1975 年）；《圓善論》（臺北：臺
　　灣學生書局，1985 年）。

步。但赫桑以模態邏輯重構「上帝存在的本體論證」，消解「變」與「不變」的矛盾，倡「雙重超越」說，極盡思辨之能事，以上帝是在變中維持其不變以及「其大無外」的神智，這種切入的方式並非新儒家首要關懷之所在。即牟宗三在大學時代專攻邏輯與知識論，思想受到嚴格的訓練，他仍只以思辨為餘事。在他寫完三大卷的《心體與性體》之後，在自序中乃謂：「莊生有云：『聖人懷之，眾人辯之以相示也。』吾所作者亦只辯示而已。過此以往，則期乎各人之默成。」[53]由此可見，他仍以智慧的冥契高於詳密的思辨。而赫桑以神智為直解的，人智才是類比的（analogical）這樣的說法也完全不能為新儒家所接受。[54]儒家必以人為出發點，上通於天，不能倒轉過來，由天到人，赫桑的思路仍有未能真正突出「主體」之嫌。南樂山仍繼承這一思辨傳統，他認為新儒家應該加強這一層面才能更進一步與西方對話，這是不錯的。但這畢竟是承平時代做的第二序的工作，不可輕重倒置，以至未能清楚體認形上基源之所在。而南樂山因反對懷德海以上帝為 actual entity（具體存在者），乃脫離過程神學的規模。那樣的確比較可以保住上帝的超越性，自有其卓識。但他衛護「無中生有」的說法雖言之甚辯，成為一家言說，卻難以為新儒家所接受。鄧‧司各脫斯的傳統有別於聖多瑪在突出了「意志的嚴命」（fiat of will），強調上帝之創世並非前定。而中國哲學傳統強調的是天道之默運，從

53　參牟宗三：《心體與性體》第 1 冊（臺北：正中書局，1968），頁 2。

54　赫桑思想之簡介，參拙作：〈有美國特色的當代美國宗教哲學〉，同註 11，此文中也介紹了懷德海的生成變化的上帝觀念，讀者可以參看。

不彰顯意志。南樂山為了保住上帝的「自由」，必須付出一定的代價，而這個代價使其區隔於新儒家的傳統。杜維明在書的前言中只很客氣的說，南樂山以創世神話與超越上帝為儒家精神性的必要條件，這樣強的論旨使他感到遲疑。[55]我很坦白說，我不接受這樣的論旨。中國的傳統是，「六合之外，聖人存而不論」（語出《莊子‧齊物論》），對我們最重要的是體證在我生命內在的創造性與呈現在我面前的世界中的創造性，而無須勉強去玄想創造性的根源。由流溯源，固然必有一創造性之天，此無疑義。但天如何創則有不可測者在，我們不能仰賴盤古開天闢地、女媧造人一類的神話，更不能接枝到外來由無中生有的創世神話。我並不反對思辨與玄想，它們可以拓寬故域，為儒家思想增加一宇宙論與玄想形上學的面向。但正如牟先生所說，這些玄思還只停留在外延的層次，絕不是儒家精神傳統賴以挺立、缺少它們便會崩塌的最核心的層次。[56]

　　正如郭鴻標君所指出的，儒、耶之別不只在其神觀與天道論之別，還在超越如何與內在發生關聯的理解。正因為儒家主流不信超自然的奇蹟，根本難以接受耶穌復活、三一、贖罪一類的神話。南樂山在書中並沒談這方面的比論。他倒是由衛斯理（John Wesley）對 imago dei（上帝的形象）的特別理解來接通新教與宋明儒思想，[57]這樣多少可以拉近雙

....

55 同註 46，頁 xviii。南樂山認為「無中生有」的創世神話的三大特點是 ecstatic contingency（忘神的偶然性）、infinite plenitude（無窮的豐富）與 the productive fire of nothingness（無之創造之火），頁 138。
56 同註 50。
57 Neville, *Boston Confucianism*, pp. 158-165.

方的距離。他也欣賞羅德尼‧泰勒（Rodney L. Taylor）著書論儒家的宗教性，經過這樣闡釋的儒家乃以天為絕對，而人能夠作終極的變化（ultimate transformation）與天關聯，[58]這就不能不牽涉到自我轉化的問題。中國傳統根據《中庸》首章「天命之謂性，率性之謂道，修道之謂教」的說法，強調的是發揮出每個人內在的性分，希賢希聖，體證一與天地參的境界。[59]由這一角度切入，不免會以基督教傳統之他力救贖傾向只能吸引一些死後希望往生天國的信眾，對於真實自我的體認未能鞭辟入裡，也未能正視精神修養的工夫。有趣的是，南樂山指出，西方認為儒家傳統缺乏轉折，未能面對「自欺」（self-deception）以及自我矛盾的問題，不免流於淺薄。[60]南樂山倒過來要為儒家傳統辯護，並不缺乏對於「自欺」的體認，不能只由社會的層面來了解儒家。在長期的修養過程中，君子才能把握內在的「中」（個體、理一），與外在的「和」（萬物、分殊），而嚮往一個天地萬物一體的境界。中國走的不是西方對於矛盾作自我反省（self-reflexivity）的道路，而是走一連續不斷逐漸深化的道路。[61]

....

58 Ibid., p.57。所提到泰勒的著作為：Rodney L. Taylor, *The Religious Dimensions of Confucianism* (Albany: State Universitv of New York Press, 1990)。而泰勒通過「終極變化」來界定宗教的說法，則是根據史德朗（Frederick Streng），參所著：*Understanding Religious Life*, 3rd ed. (Belmont, Calif.: Wadworth, 1985), pp.1-8.

59 Cf. Tu Wei-ming, *Centrality and Commonality: An Essay on Chung Yung*, revised and enlarged edition (Albany: State University of New York Press, 1989).

60 Neville, *Boston Confucianism*, pp.169-175.

61 Ibid., pp.175-185.

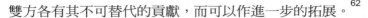

雙方各有其不可替代的貢獻，而可以作進一步的拓展。[62]

　　南樂山自承受到杜維明的啟發，第一步要強調個體存在的相關性格，有一定的指向（orientations），第二步乃不斷努力致和（poise），第三步付之於實際行動（actions），最後乃回歸「仁愛的上帝」（loving God）之源。[63]由實踐層面的重視乃可以了解波士頓儒家何以會那麼重視荀子的禮教。南樂山承認儒、耶傳統對於仁愛的表達是有相當差異。但他強調，只要能認識耶穌的大愛，了解他的工作，以他為楷模，則與儒家傳統之通過禮教把理想落實到整個社會的努力不難接軌，確可以開拓出一個新境界，由基督徒的立場不妨可以接受多重宗教之認同。[64]

　　南樂山在這部書裡表達的思想無疑深具卓識，為我們帶來極有意義的衝擊，而加強了當代儒學所亟需要的活力。然而我仍不能把他的提議照單全收。留在基督教門牆的外面，我非常欣賞南樂山作出這樣的轉化的努力，令儒、耶雙邊的距離縮短了不少。然而基督宗教的主流，無論是梵蒂岡，或者是 Billy Graham 的佈道，還與南樂山提出的思想有巨大的區隔。而我還沒有辦法把基督宗教的意符扭轉過來，作儒家式的內在超越的解讀。我們可以欣賞基督宗教為他力救贖提出一條可能的道路，但這並不是宗奉儒家義理、以之為終極關懷、相信自力救贖的人的道路。[65]我們實無須完全消解

<hr />

62　Ibid., pp.185-186.
63　Ibid., pp.186-192.
64　Ibid., pp.193-209.
65　參陳特：〈天國與人間的緊張關係：比較基督教與儒家的處理方法〉，《儒耶對話新里程》，頁 282-301。

儒、耶之間某種程度的緊張關係，而這才可以真正保留一個多元的架構。依我的淺見，所謂「理一而分殊」，採取「理一」的規約原則並無須取消彼此之間所有的區隔或差異。而在表面上互相排斥的修辭下面，也可以看到彼此會通的可能性。[66]再回到新儒家本身的視域來看，到目前為止，還是必須走一迴環的道路。也就是說，在哲學上必須先排拒自然主義，由每個人自己出發，不斷超昇，貞定一理想主義的方向，義無反顧，本體既立，然後回歸現實，全幅肯定自然與人生的內容，方始可以避免「情識而肆」的弊病。由這個觀點出發，我們不可能像南樂山那樣一開始就突出荀學的地位。荀子的性論和天論都是有嚴重的偏失的。故必由孔子的「仁」、孟子的「義」開始，而後擴充到荀子的「禮」，不可以把歷程逆轉過來。不過我可以承認迄今為止，新儒家對荀學的重視還嫌不足，此有待於未來進一步的開拓。然而清楚的一點是，儒、耶必須深深根植在自己的土壤之內，不斷超越故域，才能打開以往無法夢想的新境界。

※本文原刊於《當代儒學與西方文化：宗教篇》，劉述先、林月惠主編（臺北市：中央研究院中國文哲研究所，2005）。

66　參鄭宗義：〈批判與會通：論當代新儒家與基督教的對話〉，《儒耶對話新里程》，頁 323-347。

論「迴環」的必要與重要性

　　1983 年我在香港中文大學發表哲學系講座教授就職演講：〈系統哲學的探索〉，[1]提出了開放系統的可能性，指出哲學家所嚮往的乃是一種通過分化以後的全觀，中國傳統的資源是「理一而分殊」。1990 年我發表〈「理一分殊」的現代解釋〉，[2]說明了這個觀念提出來的背景，給與嶄新的解釋，以回應當代哲學所提出的一些問題的挑戰。在文章的結尾，我指出「超越」（理一）是一行，「內在」（分殊）是一行，兩行而得天下之理。緊接著在 91 和 92 年，我發表〈「兩行之理」與安身立命〉，[3]進一步探索了道家、佛家與儒家思想所隱涵的對於兩行之理的體認及其現代意義。1993 年開始，我關注全球倫理與宗教對話的問題，對於孔漢思（Hans Küng）在世界宗教會提出的〈世界倫理宣言〉作出了積極的回應：在 1999 年發表〈從當代新儒家觀點看世界

1　劉述先：〈系統哲學的探索〉，現收入拙著：《中西哲學論文集》（臺北：臺灣學生書局，1987），頁 315-342。

2　劉述先：〈「理一分殊」的現代解釋〉，現收入拙著：《理想與現實的糾結》（臺北：臺灣學生書局，1993），頁 157-188。這篇文章和〈系統哲學的探索〉被收入《百年中國哲學經典 80 年代以來卷（1978-1997）》（深圳：海天出版社，1998），頁 541-591，不免溢美，實不敢當，但說明了這兩篇文章被視為我的代表作，或者不無道理罷！

3　劉述先：〈「兩行之理」與安身立命〉，現收入拙著：《理想與現實的糾結》，頁 189-239。這篇文章較深入地探索了儒釋道三教所隱涵的兩行之理的體認以及現代涵義，可惜並未得到如理一分殊文那樣的注意。

倫理〉，並在 2000 年發表〈「理一分殊」的規約原則與道德倫理重建之方向〉。[4]在二文中我認為由方法論的觀點看，「理一分殊」的「存異求同」比歸納的「取同略異」更適合闡發全球倫理的論旨。2000 年南樂山（Robert Neville）出版《波士頓儒家》一書。[5]2002 年我即撰文加以回應，在文中我指出，新儒家走的是一「迴環」的道路，必先由「內在」走向「超越」，而後由「超越」回歸「內在」。[6]近年深深感覺到意猶未盡，於是乃有本文之作。

當代新儒家第二代唐君毅與牟宗三高舉理想主義的旗幟。兩位雖從未出國留學，卻熟諳西方哲學。在一段時間之內，牟先生受到唐先生的影響，激賞黑格爾的絕對唯心論（absolute idealism），與自然主義（naturalism）可謂格格不入。而我在二十世紀 60 年代中葉留學南伊大的時候，美國的主流是分析哲學與實用主義（pragmatism）。前者是外來的，後者是本土的思潮。二者有合流的傾向，代表人物如奎因（W. V. Quine）。南伊大是杜威遺孀指定保存杜威（John Dewey）遺稿的學府，很自然地成為杜威研究的中心。南伊大哲學系的特色在美國哲學，也致力發展東西比較哲學。我選了好幾門杜威哲學的課程，雖承認杜威為一大家，不像胡

4　此二文均收入拙著：《全球倫理與宗教對話》（臺北：立緒文化，2001），頁 55-85, 203-229。此書以第一時間把最新最尖端有關世界倫理與宗教對話的討論介紹到華文世界，並作出自己的反省。

5　Robert Cummings Neville, *Boston Confucianism: Portable Tradition in the Late-Modern World* (Albany: State University of New York Press, 2000)。

6　劉述先：〈作為世界的儒學：對於波士頓儒家的回應〉，現收入拙著：《現代新儒學之省察論集》（臺北：中央研究院中國文哲研究所，2004），頁 17-38。

適介紹的那樣淺薄，但還是感到他的實用自然主義（prag-matic naturalism）思想有很不足的地方，[7]彼此之間還是有所扞格，未能達到水乳交融的地步。但美國哲學自杜威、懷德海（A. N. Whitehead）以來，特別在宗教哲學方面，有了前所未有的發展，[8]也就為兩個不同精神傳統會通的可能性提供了契機。

先由杜威談起，一般認為他的宗教情懷十分薄弱，但並未將宗教價值完全剔除在他的哲學以外。他有一本小書：《一個共同的信仰》（A Common Faith），承認現實人生有種種缺陷與限制，儘可以有無窮的理想與嚮往，這就是宗教經驗的根源。杜威的興趣只在「宗教性」（the religious）。對他而言，「上帝」的觀念代表一種理想價值的統一，其根源是想像的，我們所面對的，既非徹底落實的理想，也非無根的空想。但杜威迴避了上帝存在的問題，也不講終極托付的超越根源，當然不能令人滿意。業師魏曼（Henry N. Wieman）乃進一步發展了「經驗神學」（empirical theology）的觀念。表面上看，「上帝」不是「經驗」可以把握的對象，似乎陷入了自語相違的困境。但魏曼所謂經驗並不是英國經驗論者所說的感覺經驗，而是經過杜威改造的整體有機的經驗。魏

7　參艾慕士（S. Morris Eames）著，朱建民譯：《實用自然主義導論》（臺北：時英出版社，2000）。艾慕士夫婦長期在南伊大哲學系執教，對華裔學子照顧不遺餘力。我曾選過他教的一門課，後來同事十多年，有良好的合作關係與友誼。此書是有關實用自然主義最佳的導論，由形上學、知識論、價值論和教育四方面，討論了普爾斯（C. S. Peirce）、詹姆士（William James）、杜威（John Dewey）與米德（George H. Mead）四大家的思想。

8　參拙作：〈有美國特色的當代美國宗教哲學〉，現收入拙著：《理想與現實的糾結》，頁289-331。下面所言多取資於該文。

曼也不認為「上帝」是超自然、與世無涉的永恆存有，祂與世間息息相關，其功能可為經驗所把握。依魏曼，「創造性的交流」（Creative Interchange）活躍於天壤間，能發揮我們自己無法做到的拯救力量，故為我們「終極託付」（ultimate commitment）的對象，無以名之，就稱之為「上帝」（God）。祂也不是萬能，人神的夥伴關係發生作用就是善的泉源，不能發生作用，就不免產生破壞性甚至毀滅的效果。魏曼的背景是基督宗教，所論卻與大易生生之旨若合符節，故與我論學極相符。我是他在南伊大指導的最後一個博士生，我卒業時他也在南伊大獲得榮譽學位。

令人感到意外的是，對當代美國神學發展影響最大的是在英國退休之後才來美國教哲學的懷德海。他批判古典物理學的世界觀犯了「錯置具體性的謬誤」（fallacy of misplaced concreteness），像牛頓的原子、洛克的單純觀念（simple ideas）之類都是抽象的結果，不是具體存在的真實。依懷德海，經驗是有機的整體，旨意與杜威相通。懷德海的哲學最富原創性的是提出了「生成變化」（becoming）的上帝觀念，而暢論上帝的「原初性」（primordial nature）與「後得性」（consequent nature）。赫桑（Charles Hartshorne）繼承了懷德海的思緒而發展了「過程神學」。赫桑與魏曼在芝加哥大學同事，互相支持。這一思潮在美國有持續性的影響。譬如現在波士頓大學神學院的副院長白詩朗（John Berthrong）即承繼這一思緒，他又是朱熹專家，與同事好友南樂山一同

提倡「波士頓儒家」，肯定了基督宗教與儒家的雙層認同。[9]
南樂山更強調非決定論（indeterminism），而建構了他自己
「無中生有」（creation *ex nihilo*）的神學。我對南樂山的創
思由方法論、形上學、踐履論三方面作出了有建設性的批評
與回應。[10]正是在這篇文章之中我首先提出了新儒家取「迴
環」的道路（a roundabout approach）的意旨，但意猶未
盡，於是才有本文之作。

　　很明顯，從一個比較寬泛的觀點看，不難在杜威、懷德
海與中國哲學之間找到相契之處。杜威的思想是徹底現世性
的，崇尚實踐，重視教育，難怪他有現代孔子之稱。但他對
超越的祈嚮不足，由理想主義的觀點看，難免有透不上去的
感覺。懷德海的思想反對機械唯物論，倡有機自然主義
（organic naturalism）。李約瑟（Joseph Needham）即明言，
朱熹思想也屬於有機自然主義的形態，[11]兩方面有所契合，
自不待言。這在中國哲學家方面也有感應，業師方東美即雅
好懷德海。新儒家第二代唐君毅、牟宗三在年輕時也受到懷

9　John Berthrong, "Boston Confucianism: The Third Wave of Global Confucian-ism," in *Confucianism in Dialogue Today: West, Christianity & Judaism* (Philadelphia: Ecumenical Press, 2004), pp.26-47。白詩朗和南樂山認為波士頓儒家有兩個支脈，查理士河北邊哈佛的杜維明是孟學的一支，南邊波士頓大學是荀學的一支。

10　Shu-hsien Liu, "Confucianism as World Philosophy: A Response to Neville's Boston Confucianism from a Neo-Confucian Perspective," in *Confucianism in Dialogue Today*, pp.59-73。此文之中文版，參拙作：〈作為世界哲學的儒學：對於波士頓儒學的回應〉，現收入拙著：《現代新儒學之省察論集》，頁17-38。

11　Joseph Needham, *Within the Four Seas: The Dialogue of East and West* (London: George Allen & Unwin Ltd., 1969), pp.66-67。

德海的吸引。但為何到他們思想成熟時卻決定與懷德海分道
揚鑣，必定有他們的理由，值得作進一步的探索。幸好在牟
宗三《認識心之批判》的序言中留下了重要的線索，[12] 讓我
們回顧他的反思：

> 人之心思發展，了解過程，常是易於向「所」，而難於
> 歸「能」。向所，則從客體方面說；歸能，則從主體方
> 面說。向所則順，歸能則逆。古賢有云：順之則生天生
> 地，逆之則成聖成賢。吾可藉此順逆兩向以明科學與哲
> 學之不同。向所而趨，是謂順。「順之」之積極成果惟
> 科學。若哲學而再順，則必錦上添花，徒為廢辭，故哲
> 學必逆。由逆之之方向以確定其方法與領域；其方法必
> 皆為反顯法與先驗法，其領域必為先驗原則、原理、或
> 實體之領域，而非事實之世界或命題之世界。維特根什
> 坦曾說：哲學只是一種釐清活動，科學則是一組命
> 題。……然所謂釐清活動，有消極與積極之別。向所而
> 趨，順既成事實而釐清之，則為消極意義。逆而反之，
> 其釐清為積極的，蓋能顯示一先驗原則之系統也，故能
> 獨闢一領域。（下略）
>
> 向所而趨，亦可由所而逆，此則古希臘之傳說，以及康
> 德前之理性主義，皆然。然由所而逆，則正康德所謂獨
> 斷的，非批判的。順所而逆，而不知反，則必有羅素所
> 謂推不如構，以構代推。而至以構代推，則由所而逆之

---

12 牟宗三：《認識心之批判》（香港：友聯出版社，1959-1957），上冊，頁 2-
　5。此書現收入由聯經所出之《牟宗三先生全集》，第十八、十九冊。

形上學即不能立，……則今人之以科學為唯一標準者，亦不足怪矣。故吾常云：今人言學只有事法界，而無理法界：無體、無理、無力。此是休謨之精神，而亦為消極釐清之所必至者。

吾初極喜懷悌〔德〕海。彼由現代物理數學邏輯之發展，上承柏拉圖之精神，建立其宇宙論之偉構。此確為當代英美哲人中之不可多得者。然自吾邏輯書寫成後，吾即覺其不行。蓋彼亦正是由所而逆也，而其所使用之方法又為描述法。此雖豐富可觀，實非入道之門。蓋其「平面」的泛客觀主義之宇宙論實未達「立體」之境，故未能盡「逆之以顯先驗原則」之奧蘊也。彼於此平面的泛客觀主義之宇宙論上渲染一層價值觀念之顏色，而不知價值何從出，價值之源何所在，此則尚不如羅素等人之「事實一層論」、「道德中立論」之為乾淨也。價值之源在主體。如不能逆而反之，則只見價值之放射，而不知其源頭之何所在。此則「超越的分解」缺如故也。（下略）

主體有二：一曰知性主體，一曰道德主體。茲所言之「認識心」即知性主體也。……由主而逆，則彰超越之分解。順所而趨，則只邏輯分析，所謂消極意義之釐清也。

在這一段話中，最重要的分別即順、逆。順則可以成就知識，逆則惟有仰仗智慧。知識在經驗的領域，知識的根源則必上溯到先驗原則、原理或實體之領域。由主而逆，則必凸

顯「主體」之觀念。這些概念分析都是西方式的，但其睿識卻蘊涵在中國傳統之內。為何一定要講「主體」？這是因為只有這樣才能鞭辟入裡，當下即是，無需向外攀緣，陽明所謂「拋卻自家無盡藏，沿門托缽效貧兒」是也。牟先生寫《認識心之批判》其實是在抗戰時期，緊接著打內戰，遭逢時代劇變，無人承印，以至延誤到 1956、57 年才由友聯出版。根據他自己的回憶：

> 當吾由對於邏輯之解析而至知性主體，深契於康德之精神路向時，吾正朝夕過從於熊師十力先生處。時先生正從事於《新唯識論》之重寫。辨章華梵，弘揚儒道。聲光四溢，學究天人。吾遊息於先生之門十餘年，薰習沾溉，得知華族文化生命之圓融通透，與夫聖學之大中至正，其蘊藏之富，造理之實，蓋有非任何歧出者之所能企及也。吾由此而漸浸潤於「道德主體」之全體大用矣。時友人唐君毅先生正抒發其《道德自我之建立》以及《人生之體驗》。精誠惻怛，仁智雙彰。一是皆實體之流露，卓然絕虛浮之玄談。蓋並世無兩者也。吾由此對於道德主體之認識乃漸確定，不可搖動。如是，上窺孔、孟，下通宋明儒，確知聖教之不同於佛老者，乃在直承主體而開出，而華族文化生命之主流確有其獨特之意義與夫照體獨立之實理，不可謗也。[13]

---

13 同上註，頁 5。

熊先生學問由唯識宗轉歸大易，唐、牟都不走這樣的路數，
何以他在當代新儒家有這麼重要的地位呢？這由《新唯識
論》語體本文（1944 年）即可找得線索。此書開宗明義即
作出「性智」與「量智」的分別。他說：

是實證相應者，名為性智。性智，亦省稱智。這個智是
與量智不同的。云何分別性智和量智？性智者，即是真
的自己底覺悟。此中真的自己一詞，即謂本體。……他
元是自明自覺，虛靈無礙，圓滿無缺，雖寂寞無形，而
秩然眾理已畢具，能為一切知識底根源的。量智，是思
量和推度，或明辨事物之理則，及於所行所歷，簡擇得
失等等的作用故，故說名量智，亦名理智。此智，元是
性智的發用，而卒別於性智者，因為性智作用，依官能
而發現，即官能得假之以自用。……量智即習心，亦說
為識。……量智是緣一切日常經驗而發展，其行相恆是
外馳。……性智全顯，量智乃純為性智之發用，而不失
其本然，始名真解。此豈易言哉？……量智唯不易得真
解故，恆妄計有外在世界，攀援構畫。以此，常與真的
自己分離，……。今在此論，唯欲略顯體故。[14]

熊先生不諳西學與符號邏輯，故只能完成境論，一生想寫量
論而未果。牟先生著《認識心之批判》是替老師完成了心
願，但根本睿識並未超越熊先生。很明顯，量智為順，性智

14 熊十力：《新唯識論》（語體文本），現收入《熊十力全集》第三卷（武漢：
　湖北教育出版社，2001），頁 15-17。

為逆。見體所謂實證相應者即牟先生所謂主體。《新唯識論》附錄有〈答謝幼偉〉論中西哲學之差異與會通云：

> 中學以發明心地為一大事，借用宗門語，心地謂性智。西學大概是量智的發展，如使兩方互相了解，而以涵養性智，立天下之大本，則量智皆成性智的妙用。研究科學，經綸事業，豈非本體之流行而不容已者耶？孰謂量智可廢耶？（下略）
>
> 昨臘，吾應南庠講演之請，方、何諸先生亦斷斷致辨，謂吾薄西學不見體為未是。及講後燕談，方先生暢論西哲工夫，不外努力向外追求，吾笑謂之曰：本體是向外追求可得耶？君毋乃為我張目乎？今縱退一步言之，如賢者所說：西哲自昔即有言體認者，然此必非西洋哲學界中主要潮流。猶如晚周名家，似亦偏尚量智，然在中土哲學界終不生影響，可以存而不論。凡辨章同異，只約大端別異處較論而已。（下略）
>
> 吾不能讀西書，向者張東蓀嘗謂《新論》意思與懷黑德〔德海〕氏有不謀而合處，未知果然否？賢者所述柏氏〔F. H. Bradley〕語，似與《新論》有融通之點，然骨子裡恐不必相近也。西洋學者所謂本，畢竟由思維所構畫，而視為外在的。《新論》則直指本心，通物我內外，渾然為一，正以孟氏所謂「反身而誠」者得之，非是思維之境。柏氏是否同茲真髓，吾不能無疑也。[15]

....
15 同上註，頁 530-532。

熊先生雖不諳西學，然思想透闢，不輕易附和時流的意見。事實上，西方哲學的主流在思辨，中國哲學的主流在實證相應，熊先生不誤也。函中提及方先生即業師方東美教授。我曾追隨東美師學柏拉圖，他暢論《宴會篇》（*Symposium*）講「辯證的超昇」（dialectical ascendency），不斷追求境界的提昇，〈國家篇〉（*Republic*）洞窟之寓言（allegory of the cave）要人不要惑於壁上的影像而要嚮往精神的太陽，東美師所謂努力向外追求者，自有其理據。東美師也雅好懷德海之宇宙論，而盛張大易「生生而和諧」之旨。但這和當代新儒家繼承宋明理學，特別是孟子到王陽明心學的線索，的確有一間之隔。熊先生之被尊為當代新儒家的開祖，良有以也。東美師在早年也曾教過唐君毅先生，而唐先生著《道德自我之建立》（1944 年），卻和牟先生一樣也是繼承熊先生所開出的線索。唐先生以為真正的道德生活應為自覺地支配自己，自作主宰，自律生活。道德行為超越現實的自己的限制，是現實自我之解放的表現，亦是道德自我的呈現。此即為中國哲人所謂的本心本性。人自外部看，為一物質身體之存在，受時空的限制。人的精神卻可超越任何特定的時空，而通上下四方與古往今來。精神的自覺常為自覺地求真、善、美等價值的表現，在此義下即可謂人性善。惡乃由於一念的陷溺，一念之警醒即為善。故善與惡相對，為要對治惡，人要常常警醒，人的精神要不斷上昇以去惡而存善。道德自我為其學問探求的開始，亦為其學問所要歸向之所在。這樣的思想與熊先生之對比本心與習心是血脈貫通的。唐先生後來起草〈中國文化與世界宣言〉，由他和牟先生、徐復

　　觀以及張君勱四位學者簽署，成為當代新儒家最重要、也最
富有代表性的文獻。[16]此處不贅。

　　由以上所說，可見狹義當代新儒家以人的自然生命為起
點，拒絕隨軀殼起念，作由主而逆的反思，不斷向上提昇，
不達到精神主體之建立，體現與天地萬物一體的境界，絕不
罷休。這樣必然揚棄自然主義的思想，歸向理想主義的境
界，義無反顧。但一旦見體，找到安心立命之所，難道便無
餘事嗎？熊先生早就提出警告，他說：

　　　孰謂一旦悟入自性，便可安享現成，無所事事哉！明季
　　　王學末流之弊，甚可戒也。一旦有悟，便安享現成，流
　　　入猖狂一路。晚明王學，全失陽明宗旨，為世詬病。夫
　　　陽明自龍場悟後，用功日益嚴密，擒宸濠時，兵事危
　　　急，絕不動心。此是何等本領，然及其臨歿，猶曰「吾
　　　學問纔做得數分。」後學空談本體，非陽明之罪人
　　　哉！[17]

陽明清楚分別「見聞之知」（經驗層面）與「德性之知」（先
驗層面），即他所謂良知，卻深刻了解二者之間的辯證關
係，他說：「良知不由見聞而有，而見聞莫非良知之用，故
良知不滯於見聞，而亦不離於見聞。」《傳習錄中》，〈答歐

....

16　〈中國文化與世界宣言〉，發表於 1958 年元旦的《民主評論》與《再生》
　　雜誌，後收入唐君毅：《中華人文與當今世界》（香港：東方人文學會，
　　1975），下冊，頁 865-929。
17　熊十力：《新唯識論》（語體文本），頁 419-420。

陽崇一〉）此即熊先生所謂「量智莫非性智之發用」之所本。樹立精神本體，找到安心立命之所，是一個問題的終結，同時也是另一個問題的開始。走「迴環」的道路，「超越」要融貫於「內在」之中，所謂「內聖外王」，恰正是儒家嚮往的目標，奮勉以求，終生不懈，生生而不容已，孟子所謂過化存神，具體的生命只能完成於不完成之中。由個體道德生活的實踐，到國家民族文化的開拓，政事之長治久安，世界秩序之建立，以至環境之保育，天地萬物各得其所，這是一個永遠無窮無盡的過程，蘊涵上下昇降之機，端賴吾人之智慧作出正確的選取。而謀事在人，成事在天，我們只能謙卑地接受無法完全預知的命運，知其不可而為，如是而已！

理想要實踐，就不能不重新考慮「精神」與「自然」的關係，不能將之兩極化成為對立的二元，而必須由一個新的視域看理想主義與自然主義會通的可能性。正是在這裡我們才得以看到「迴環」的必要與重要性。下面我就選取幾個我在近年來關心的論題來展示出，為何必須在進入新的世紀與千禧的當兒，探索新儒家上一個世代所未充分加以注視的問題與可能性。

首先看我的背景，牟先生就說：其實我是方東美的弟子，只是他的半個弟子，這是完全符合事實的說法。我的幸運在，兩位老師從不干預我的思緒的發展，而聽任我自己作出取捨。就宋明理學的理解與終極關懷的選取而言，我歸向了新儒家，這是眾所周知之事。但這不是說，東美師對我沒

有重大的影響。[18]我在去東海執教受到牟先生深刻影響之
前，早就由東美師那裡繼承了一個寬宏的文化哲學架局，也
正因為我有不同的資源，才會經常提出一些與牟門弟子不同
的異見，而且我覺得有責任向牟先生提出異見，而牟先生也
不以為忤，反而感覺與我談論比較有興味。如所周知，東美
師不特別喜歡宋明儒，認為受到二氏的影響，過分內轉，格
局偏狹，而回歸原始儒家。就心性論而言，我認為內轉有其
必要，乃與東美師不同調。但他以宋明儒開拓不足，卻是恰
中要害，聖學的追隨者必須深切反省才行。東美師對《易
傳》所蘊涵的一套「生生而和諧」的宇宙論與人生觀作出了
創造性的闡釋，發揮得淋漓盡致，這是我所佩服的。我認為
東美師掌握了《易傳》的「宇宙論符示」，新儒家則掌握了
「道德形上學符示」，兩方面互補，才能把握全貌。[19]東美
師比觀古希臘、近代歐洲、印度、中國四大哲學傳統，他狠
批隱涵在近代歐洲哲學後面的虛無主義，而回歸柏拉圖的智
慧，並盛讚原始儒家健康的生命情調。如前所說我在大學時
聽東美師講到柏拉圖，東美師以柏拉圖中期思想鄙棄眼前的
感覺世界，依辯證的超昇，不達到永恆的理型世界，絕不罷
休。是在這裡他看到柏拉圖對精神本體的追求。但柏拉圖缺

....

18 我對東美師思想的理解與吸收，參拙作：〈方東美傳〉與〈方東美哲學與當
代新儒家思想互動可能性之探究〉，現收入拙著：《現代新儒學之省察論
集》，頁 211-251。

19 1987 年 7 月在聖地牙哥舉行第五屆國際中國哲學會，我作會長演說：〈論周
易思想的四個層面〉就講了這個意思。此文後來刊出，參 Shu-hsien Liu,
"On the Functional Unity of the Four Dimensions of Thought in the Book of
Changes", *Journal of Chinese Philosophy*, vol. 17, no.3 (Sep., 1990), pp.359-
385。

少宋明儒心性論的一環，未能體現每一個人內在的乾元性海，所謂本心本性，故不為熊先生所首肯。但柏拉圖所嚮往的既是精神的太陽，也未必一定是純外；他以御者駕馭良馬、控制劣馬的比喻，象徵以理馭欲的指向，實與中國哲學宋明理學的傳統若合符節。最重要的是，東美師指出，在柏拉圖晚期的思想有一重要的轉向，不再像中期思想那樣指向超越，一往而不返。到了晚期，柏拉圖看到現實宇宙人生相對的價值，而作出了「拯救現象」的努力，由「超越」迴轉「內在」，而展示了柏拉圖哲學另一個重要的面向。我在這方面深深受到東美師的啟發。在新儒家追求的過程中，的確不能停止在懷德海宇宙論的層面，還要更進一步鞭辟入裡，掌握到人人內在的本心本性。但道德形上學既立，又不能停滯在超越的心性上面。不只個體的道德實踐需要知識，世界也不能像休謨那樣，看成理（cognitive）、情（emotive）分離之二分架構。懷德海超越古典物理學與英國經驗論的「錯置具體性的謬誤」，建構一套有機的自然觀，實有其劃時代的意義。故在體現到本體的根源之後，生生而不容已，必呈現一生生而和諧、存在與價值統一的宇宙。這樣在迴環之後，中國哲學實可以吸納懷德海宇宙論的睿識以拓展自己的架局。事實上牟先生在《認識心之批判》就留下了發展「宇宙論」的可能性。在此書最後第四卷之第二章即言「宇宙論的構造」，讀者可以參看，此處不贅。

　　由以上所說，可以看到東美師與新儒家並非互不相容，既有差異，也有彼此可能融通之道。東美師一生不屬任何門派，後來被歸入現代新儒學的陣營完全是偶然的結果。余英

時就不同了，他曾撰文宣稱乃師錢穆不是新儒家，當然表示
他自己也不是新儒家。但後來主流意見認為，錢穆、余英時
雖不是狹義的「當代新儒家」，卻屬於廣義的「現代新儒
學」的陣營。錢穆與唐君毅創辦新亞書院，長期合作，余英
時是史家，曾受業二人，彼此之間有千絲萬縷的關聯，故論
者以他們與當代新儒家的分別有似程朱理學與陸王心學的分
別，是同一思潮下面的兩個分支。我一向以余英時為當代新
儒家之諍友，他的批評雖還是有隔閡處，但提出了一些重要
的問題不容加以忽視。我曾經與他有過兩場大論辯，[20]卻無
損於彼此間的友情，堪稱異數。英時兄對新儒家的道統觀提
出批評，他引錢先生的說法，以道統觀念由韓愈提出，顯然
來自禪宗；又以宋明儒所爭持為主觀的、單傳孤立的、易斷
的道統，其實紕繆甚多，若真道統則須從歷史文化大傳統
言，當知此一整個文化大傳統即是道統。這樣的批評明顯缺
乏相應的理解。朱子建立道統，所取的是與禪宗了無關涉的
另外一種方式。儒家並無衣缽可傳，道之承載存乎其人，隨
時可傳，也隨時可以中斷。儒家傳統向來是以先知覺後知，
心性之體認可能是少數，然而知識分子的擔負正是要把道推
擴到天下，並不存在與廣大文化傳統對立的問題，宣言名為

....

20 第一場即辯論錢穆是否新儒家問題，參余英時：〈錢穆與新儒家〉，收入氏
　　著：《猶記風吹水上鱗》（臺北：三民書局，1991），頁 31-98。我的回應，
　　參拙作：〈對於當代新儒家的超越內省〉，現收入拙著：《當代中國哲學論：
　　問題篇》（紐澤西：美國八方文化企業公司，1996），頁 1-67。第二場辯論
　　有關朱子內聖外王思想的理解，相關文獻見《九州學林》一卷二期
　　（2003，冬季），二卷一期（2004，春季），與二卷二期（2004，夏季），有
　　興趣的讀者可以參看。

「中國文化與世界」即其明證。英時兄以當代儒學有由「尊德性」轉往「道問學」的傾向，這是我同意的。當代名家者多是聖學的學者，並不即是聖賢；而聖學的研究者也不比其他學問的研究者高人一等。但知識分子有家國天下的抱負，與純粹只顧專業的學者，畢竟有所不同。英時兄批評教主的心態，如果有的話，當是人病，並非法病。牟先生即曾對我明言，絕無以教主自任的意思。英時兄批判反智論，這也是我贊同的。但我明確指出，陽明本人絕非反智論，陽明後學之蕩越，始有此弊。英時兄提出「良知的傲慢」的警告，這是深刻的。牟先生每稱頌象山心學之直貫，而以朱子之橫攝有一間之隔。這當然有他一定的根據。但就修養工夫而言，過分強調良知的直下承擔，缺少省察的慎思明辨，只講篤行，則朱子謂象山門人竟以氣稟之雜都把做心之妙理，後果堪慮，不能說沒有他的道理。故象山之頓必須輔之以朱子之漸，兩方面不可偏廢，方是正理。而象山早逝，陸學未成顯學，為害不大，到王學末流，人欲橫流，就不可收拾矣！前引熊先生說也不懍見成良知，可以思過半矣！

2003 年英時兄出了他的扛鼎大作：《朱熹的歷史世界》。他重構朱熹時代的政治文化，開拓了新的領域，這是我所佩服的。但他對思想史的詮釋雖有相當啟發，也有一些說法，因為視域不同，引起了我的質疑，往復數回，所謂真理越辯越明，彼此都有益處。在這裡我只提一個與我們當前相干的一個論題，加以討論。英時兄認為，長期以來，在道統「大敘事」的浸潤之下，我們早已不知不覺地將道學或理學加以抽離，理解為專講心、性、理、氣之類的「內聖」之

學。至於「推明治道」的「外王」之學，雖非全不相干，但在道學或理學中則處於非常邊緣的地位。然而英時兄認為，道學雖以「內聖」顯其特色，「推明治道」仍是道學的中心關懷，宋代儒學的整體動向是秩序重建，而治道——政治秩序——是其始點，故需要在概念上進行一次「哥白尼式的迴轉」（Copernican revolution）。我對這樣的說法表示難以苟同。我不認為此處存在「哥白尼式的革命」開創了地動說那樣重大的論題。《大學》的三綱領是：明德、親民、止於至善；八條目是：格、致、誠、正、修、齊、治、平。很明顯，內聖為本，本立而道生。就內聖與外王的關係來看，必定是內聖為主，外王為從。凡儒者莫不有推明治道的嚮往，並作出這方面的努力，但不因此可以倒轉過來說外王為本。孤懸地談心性固不稱理，但修心養性是儒者修身所謂「為己之學」，自己可以下工夫的範圍，而治國、平天下卻有待外在的機緣，有許多不由自己掌控的因素。故陸象山上殿輪對之後，沒有得到聖上積極正面的回應，即有「君子居易以俟命」的感想。英時兄雖不否定內聖的重要性，主要的關注始終在秩序重建方面。經過往復的辯論之後，他明言「外王」與「秩序重建」之間不能劃等號。我們同意「內聖—外王」為連續體，不能加以割裂。但哲學與史學的關注始終有差別，只不過我們也都同意，中國傳統經史並重，文史哲不可分家；理想不可脫離實際，現代新儒學不免要面臨一種困境。依英時兄的觀察，現代新儒有似「遊魂」。我並不以此為貶辭，而以之為有意義的現象學的描繪，所呈現的問題必須加以正視，才是正理。

　　自滿清覆亡，制度化的儒家劃下句點之後，少數儒者苦心孤詣，勉力維繫儒家精神於不墜。然而理想與實際之間的差距是巨大的。大陸文革之反孔達到最高潮，台灣近年也因政治有台獨的傾向，而有所謂「去中國化」的呼聲，孔子又無端受到牽累，被視為「外國人」。這雖不成氣候，不至影響學術公義，仍然令人感到遺憾。然而弔詭的是，反而在外國，不但不反孔，反倒尊孔，如南樂山打出「波士頓儒家」的旗號，把儒家當作可以轉移到世界其他地區的精神傳統。南樂山並不是漢學家，對中國傳統的了解只能依賴第二手的資料，卻在精神上有如許感通，令人感奮，我即對之作出批評的檢討以及積極的回應。首先要指出的是南樂山是杜威、懷德海、赫桑的流亞，孕育於自然主義的傳統；對儒學的理解則受到芬格雷（Herbert Fingarette）的影響，[21]重點放在禮，不在仁；很明顯，他的出發點與當代新儒家有很大的差距。他在方法論上完全是美國自然主義的進路，他取經於實用主義者普爾斯（C. S. Peirce）的「記號學」（semiotics），採取「主題」（motif）分析的方式來作三大文明傳統的比較研究，他說：

　　　在東亞，陰陽與人文化成自然的主題結合，使得人的情狀必須與道協調，既符合而又實現道的要求，有了文明上的重要性。東亞文明缺少西方與南亞對於創世的強

....

21　Cf. Herbert Fingarette, *Confucius: The Secular as Sacred* (New York: Harper & Row, 1972)。芬格雷以禮有魔術般的效用、孔子思想以俗世為神聖而名噪一時。

調。它分享的是，命的規範主題的眾多表態，既相關於
天命，也相關於帝王儀規的指令。但與西方不同的是，
命的規範絕非外於人內在的本性與傾向；正好相反，要
和人內在的道一致才能達到。東亞文明與南亞所分享的
主題是，自然由交織在一起的過程所組成，不講整全的
物或實體；但東亞主題絕少把自然的歷程當作幻化，或
外於真我者，相反，乃以之為自我最中心的成分。[22]

我指出，南樂山以「陰陽感應」為東亞的主題是錯誤的，正
因為他缺少了當代新儒家對於自然主義與理想主義的分疏才
會有這種不諦的說法，而提議以「天人合一」為主題，此詞
雖後起，卻可以貫串儒、道、墨、名、陰陽諸家，只法家被
排除在外。至於人文化成，這確是中國文化的主流思想。新
儒家也由禮開始，但必逆反至禮之本，找到了仁心。一旦本
心本性既立，新儒家必走「迴環」的道路，則南樂山的考慮
都是很有道理的。他認為德性一定要通過禮儀造成習慣才會
有效，孟子的仁義必須要輔以荀子的禮智才能落實。事實上
在當前的脈絡下，我們的確必須吸納波士頓儒家宇宙論的玄
想與禮儀的重視，才能有進一步的開拓與推廣。而南樂山和
我都應「現存哲學家圖書館」（Library of Living
Philosophers）之邀對伊斯蘭哲學家納塞（Seyyed Hossein
Nasr）作出回應。

　　南樂山對納塞 perennial philosophy（萬古常新的哲學）

....

22 拙譯，轉引自拙文：〈作為世界哲學的儒學：對於波士頓儒家的回應〉，頁
　 29。

的理想是贊同的。但他覺得策略是錯誤的，以至為當前西方主流哲學所漠視乃至輕視，這是十分可憾的。南樂山認為，常新哲學其實可以有兩條不同的進路。納塞取傳統的方式，先層層超昇到超越存有之境，然後才下降，把智慧傳佈給信眾。這種方式與當前西方思想格格不入，難怪缺乏正面的回應。南樂山建議，常新哲學其實可以有另一進路，不妨將傳統顛倒過來，由下而上，就可收到完全不同的效果。南樂山的批評與建議也同樣適用於上一世代的新儒家。再看我對納塞的批評與回應，似有兩極化的反應。[23]一方面納塞由蘇菲派（Sufism）的傳統肯定「智的直覺」，與新儒家有所呼應，應加肯定。但另一方面納塞籲求回返中世紀的「神治」（theonomy），否定近代西方的民主與科學，卻與新儒家的走向背道而馳。正因此，新儒家既通過曲通的方式肯定科學與民主，那就不會像納塞那樣斬釘截鐵拒絕南樂山的提議。新儒家見體之後走「迴環」的道路，本心本性既立，在策略上取由源及流或由流溯源的道路，儘可以作有彈性的變通。如此則古今中外不必陷入矛盾衝突之境地，而留下了會通的餘地與契機。這恰正是我們這一代努力的目標。

事實上我們這一代與上一代的處境不同，脈絡有異，在精神上繼承上一代，在作為上卻必須與時推移，改弦更張，才有進一步的開拓的空間。上一代新儒家適逢大陸易手存亡繼傾之際，甘當孤臣孼子，有必要強調儒家道統之正當性。我們這一代海外的新儒家多到外國留學，在異域謀求一枝之

23 參拙作：〈新儒家與新回教〉，現收入拙著：《當代中國哲學論：問題篇》，頁113-137。

棲，預設了一個民主、自由、多元的架構。我們無需證明儒家比其他傳統優越，只要闡明我們的精神傳統自有其立足之所即可。而進入新的世紀、千禧在思想上也有了新的動向。孔漢思起草〈世界倫理宣言〉，奇蹟似地在 1993 年在芝加哥舉行的世界宗教會通過。[24]我也立即給與積極正面的回應。孔漢思認為由現代進入後現代。當今世界已成為一個日益狹小的地球村，資源有限，如果不同的族群、國家、文化、宗教互相衝突，未能產生一種嶄新的「全球意識」（global consciousness）之覺醒就會導致徹底破壞性的後果。因此他極力鼓吹各精神傳統不可固步自封，或者隨波逐流，甚至認為兼容並包也有所不足，而必須深切自反，對自己的傳統提出坦誠的批評，而努力推動宗教對話（interreligious dialogue）。與他同有天主教背景的好友史威德勒（Leonard Swidler）更提出了「不對話，即死亡」（Dialogue, or death!）的戲劇化的警告。[25]2001 年紐約雙子塔的恐怖襲擊，與 2005 年 7 月倫敦的爆炸說明這絕不是知識分子的杞人憂天或者危言聳聽。我們在今日確有必要在各個不同精神傳統之間謀求低限度的共識，或者才能避免世界毀滅的惡果。孔漢思以「Humanum」（humanity）為此一共識，這是我樂意支持的睿識。但在方法論上，他讚許的「歸納」（induction）指出，古往今來各精神傳統均有類似「金律」的不同表述，故

24 Hans Küng and Karl-Josef Kuschel, eds., *A Global Ethic, The Declaration of the Parliament of World's Religions* (London: SCM Press, 1993)。

25 Leonard Swidler, ed., *For All Life: Toward a Declaration of a Global Ehtic: An Interreligious Dialogue* (Ashland, Oregon: White Cloud Press, 1999)。

我們建構的全球倫理不是由上而下的指令，而是各傳統由下而上的共識。這個方向是不錯的。但我認為，西方的歸納向來著重「取同略異」，不如儒家傳統的「理一分殊」存異求同，更能闡發當前建構全球倫理的意旨。當然正因為全球倫理是低限度的倫理，它並不能夠解決所有現在人類必須面對的問題，如墮胎、幹細胞培養、基因圖譜、安樂死之類，還留下了很大的空間容許我們去作創意的發揮。但由這樣的起點，知其不可為而為，就有希望可以找到契機，超克我們在今日面臨的困境。這篇文章當可視為我在「理一分殊」、「兩行之理」之後的第三部曲，由此可以看到我對當前脈絡的理解，也指示了貫串我近年來所作努力的方向。

※本文宣讀於 2006 年 1 月 12～14 日由台北中央研究院、中國文哲研究所主辦之「理解、詮釋與儒家傳統」國際研討會，作為附錄，刊於拙著：《論儒家哲學的三個大時代》（香港：中文大學出版社，2008）。

跨文化研究與詮釋問題舉隅
——儒家傳統對於知識與價值的理解

　　卡西勒（Ernst Cassirer）指出，在芸芸萬類之中，只有人類開創了文化，其特色在符號（symbols）的應用，[1]當然也就無可避免地會牽涉到詮釋問題。[2]我們把文化當作一個不斷在變化的歷程，在發展中會湧現某種主流的思想，不同時期可能呈現不同的特色。而不同文化在相對隔離的情況下發展，當然更會呈現十分不同的特色。就哲學來說，有西方、中國、印度三大傳統。早在 1922 年梁漱溟就在他的名著《東西文化及其哲學》之中對這三大傳統提出了他自己的理解與詮釋，以及反省與評價。[3]在今日世界，西方無疑是最強勢的文化，要了解中國傳統，有必要與西方作比觀。正好 *Journal of Chinese Philosophy* 創刊三十周年，以知識與價值為主題向我們徵稿，我寫了一篇文章已經在紀念特刊發表

1　Ernst Cassirer, *An Essay On Man* (New Haven, CT: Yale University Press, 1962）。此書有我和甘陽兩個譯本。有關卡西勒的思想的介紹與分析，參拙著：《文化哲學的試探》（臺北：臺灣學生書局，1985 年）。

2　當代詮釋學（Hermeneutics）思潮流行，參 Richard E. Palmer, *Hermeneutics* (Evanston: Northwestern University Press, 1969)，尤以海德格（M. Heidegger）與高達美（H. G. Gadamer）為時尚。但我寧取卡西勒的進路，參拙作：〈哲學分析與詮釋：方法的反省〉，《鵝湖》，總 318 期（2001 年 12 月），頁 11-25。

3　梁漱溟：《東西文化及其哲學》（上海：商務印書館，1922 年）。

出來，[4]又寫中文本：〈儒家傳統對於知識與價值的理解與詮釋〉，在文哲所宣讀。裡面提出了一些觀點，正好可以拿來作為我對跨文化研究與詮釋問題思考的舉證，下面就是我對這一主題的反省。

中西哲學均源遠流長，有非常豐富的內容，絕不容許作簡單化的論斷。我有意強調一些面相以收對比之效，但絕不排斥其他可能的詮釋。我提議在本文之中只處理中國文化主流之中儒家的哲學傳統，舉此一隅，若能觸類引申，就不會茫茫無下手處了。但即使只論儒家哲學傳統，仍是一個十分複雜的題目。我一向服膺牟宗三先生所提出的儒家哲學三大時期的看法：[5]

（一）先秦：以孔、孟、荀為代表。

（二）宋明：以周、張、程、朱、陸、王為代表。

（三）當代：以熊十力先生開出的當代新儒家的統緒：唐　（君毅）、牟（宗三）、徐（復觀）為代表。

有關這三期儒學的要領，要在西方哲學思想的比觀之下凸顯出來，容後再議。現在把西方哲學的主流思想，古代、近代與當代不同的特色略加勾勒，描繪出來，作為討論的背景。據西方文德爾班（W. Windelband）與柯普斯頓（F. Copleston）的哲學史，古希臘經宇宙論、人事論到系統論時期，以柏拉圖、亞里士多德為主流思想。柏拉圖中期著

4　Shu-hsien Liu, "An Intergrative Understanding of Knowledge and Value: A Confucian Perspective," *Journal of Chinese Philosophy*, vol. 30, nos. 3&4 (Sept/Dec,2003), pp.387-401.

5　參牟宗三：〈儒家學術之發展及其使命〉，《道德的理想主義》（臺北：臺灣學生書局，1982年修訂五版），頁1-12。

《理想國》，倡超越之理型論，將超越的理型與經驗之事物打成兩橛。亞里士多德則倡內在的法式論，法式（form）與材質（matter）相互依存。但他仍保留「純粹法式」（Pure Form）的概念，以之為「上帝」（God），「不動之動者」（the Unmoved Mover）。對亞氏來說，理論科學比實用科學如倫理學仍佔優位，最高的思維是對於永恆對象的玄思默想（contemplation），這樣就在「理論」（theoria）與「實踐」（praxis）之間仍然留下一道不可跨越的鴻溝。古希臘的學術，側重邏輯、修辭學、文法的訓練，頗顯現其特色。古代哲學最後兩個時期，倫理與宗教時期，往個人的安心立命方面傾斜，由知識的追求轉往信仰的關注。而西方文化有不同的淵源，到了中世紀，源出希伯萊的基督教信仰席捲西歐。中世紀的神學也可劃分成為三個階段，第一個階段的代表人物奧古斯丁深刻受到柏拉圖的影響，對比俗世的羅馬與超越的上帝之城。第二個階段的代表人物聖多瑪則有亞氏重視經驗實在論的傾向。但他還是在希臘的德性如節制、勇氣、智慧、正義之外，增加了信、望、愛的德性，也在啟示神學與自然神學之間劃下了一道不可跨越的鴻溝。但聖多瑪仍致力調和知信。到了第三階段的代表人物威廉‧奧鏗乃徹底分離「信仰」（Faith）與「理性」（Reason）。耶穌既曾明白宣示「把凱撒的歸之於凱撒」，文藝復興以後西歐進入近代，乃分開國家與教會的權責，只不過時代的鐘擺擺向了俗世人文的一邊。以後近代西方的科技商業文明不可復抑，成為了宰制世界的潮流，一直到今日為止，西方的美國還是世界唯一的超強霸主。就哲學思想來看，十七世紀笛卡兒把心身割裂

成為兩截，十八世紀的休謨對比「實然」（Is）與「應然」
（Ought），啟蒙時代康德劃分「純粹理性」與「實踐理
性」。十九世紀有唯心、唯物兩種路線的鬥爭。到了二十世
紀，邏輯實徵論流行一時，堅持只有形式科學如邏輯、數
學、經驗科學如理化、生物等在原則上可以徵驗者有認知意
義（cognitive meaning），倫理、道德、審美只有情感意義
（emotive meaning）。這樣知識與價值被徹底打成兩橛，凡
以進步的西方馬首是瞻者莫不以此為圭臬。不幸的是，人類
歷經兩次世界大戰與韓戰、越戰，進入新的世紀與千禧之
際，仍然飽受恐怖主義襲擊的威脅，地區性的紛爭不斷，越
來越有深刻的危機感，逼著我們作進一步的省思。事實上敏
銳的西方知識分子已經察覺到，由現代進入「後現代」
（post-modern），新的「典範轉移」（paradigm shift）促成了
全球意識的覺醒。史威德勒（Leonard Swidler）指出，孔漢
思（Hans Küng）把科學史家孔恩（Thomas Kuhn）的這一
觀念應用到宗教、文化的領域，來說明新時代的來臨。受到
了這樣的啟發，史威德勒提出了他自己的見解。[6]在十八世
紀啟蒙時代以後，西方便已走上了典範轉移的過程。直到十
九世紀，西方的真理觀念還大體是絕對的、靜態的和獨白式
的，但不斷演化為非絕對的、力動的和對話式的。這種新真
理觀念，至少在下列六個不同而互相關聯的潮流中顯發了出

----

6 Leonard Swidler, *For All Life: Toward a Universal Declaration of a Global Ethic:
An Interreligious Dialogue* (Ashland, Oregon: White Cloud Press, 1999), pp.4-
16。有關史威特勒見解的介紹與討論，參拙著：《全球倫理與宗教對話》
（臺北：立緒文化，2001 年），頁 88-115。

來：

一、歷史主義（Historicism）：真理被非絕對化了，乃由於知覺到，實在的描繪總是受到表達出來的時代環境所限制。

二、意向性（Intentionality）：追求真理帶有依之行動的意向，乃將陳述非絕對化了。

三、知識社會學（Sociology of Knowledge）：真理為地理、文化與社會地位非絕對化了。

四、語言的限制（Limits of Language）：真理既是某物意義，故特別像有關「超越」之言談，乃為語言的性質非絕對化了。

五、詮釋學（Hermeneutics）：一切真理，一切知識，都被視為經過解釋的真理、知識，故為永遠作為解釋者的觀察者所非絕對化了。

六、對話（Dialogue）：能知者通過其語言與實在對話，乃將一切有關實在的陳述非絕對化了。[7]

依史威德勒的解讀，這些來自不同領域的思潮，不約而同地帶給我們「非絕對化」（deabsolutized）的信息。我們在拒絕了「絕對主義」（absolutism）的同時，也拒絕了「相對主義」（relativism）。各人有各人的觀點，卻有必要互相溝通。由「獨白時代」（Age of Monologue）走向「對話時代」（Age of Dialogue），而這恰正是史威德勒所提倡的「全球對話」，而他認為我們今日的選擇乃是：「對話或死亡」

....

7　我的譯文，引自同上，頁91-92。

（Dialogue or Death）。[8]

對話必須要有夥伴，所幸有識的中國知識分子早已跳出了「全盤西化」的窠臼，不再亦步亦趨追隨在近代西方的後面，而通過一種批判的眼光看自己傳統與西方傳統的宇宙觀。在西方受教育的方東美教授早在 1957 年就作了這樣的觀察：

> 從中國哲學家看來，「宇宙」所包容的不只是物質世界，還有精神世界，兩者渾然一體不可分割；不像西方思想的二分法，彼此對立，截成互相排斥的兩個片斷。[9]
>
> 宇宙在我們看來，並不只是一個機械物質活動的場合，而是普遍生命流行的境界，這種理論可以叫做「萬物有生論」，世界上沒有一件東西真正是死的，一切現象裡面都孕藏著生意。[10]
>
> 只有近代大多數的歐洲哲學家才是另一種想法，他們因為深受物質科學的影響，不得不認定宇宙只是一個冥頑的物質系統，照他們講法，這宇宙只是由質與能的單位，依照刻板機械定律，在那兒離合變化所構成，無可諱言，這種講法若是從科學驗證的方面來看，確實能成功的引發出許多抽象精密的思想系統。

8 參同上，頁 93。
9 引自方東美：《中國人生哲學》（臺北：黎明文化，1979 年），頁 115，馮滬祥譯，原文見 Thomé H. Fang, *The Chinese View of Life* (Hong Kong: The Union Press, 1957)。
10 同上，頁 116。

但是，如果拿這種科學唯物論來解釋人生，那就極為枯燥困難，格格不入，所以近代歐洲哲學家為了圓滿的探求人生意義與價值，便非要另起爐灶不可。麻煩的是他們永遠在精神與物質之間劃出一條鴻溝，壁壘分明，難以融合。在西方歷史中他們絞盡腦汁，想要建立一種哲學體系，以便世界觀與人生觀能夠和諧並進，但是我恐怕他們的努力，即使不失敗，也會產生矛盾。

對於這個問題，中國哲學家卻有一套十分圓通完滿的看法。「宇宙」，從我們看來，根本就是普遍生命的大化流行，其中物質條件與精神現象融會貫通，毫無隔絕。因此，當我們生在世上，不論是以精神寄物質色相，或以物質色相染精神，都毫無困難，物質可以表現精神意義，精神也可以貫注物質核心，簡單地說，精神與物質恰如水乳之交融，圓融無礙，共同維繫著宇宙與人類的生命。[11]

或者我們無須亟亟在中西哲學之間作出價值高下的評判，無論如何中國哲學的確表現出一種不同的型態。正如前所述，邏輯實徵論割裂知識與價值，中國儒家傳統三個時期卻都把知識與價值當作不可分割的整體看待，展現了完全不同的特色。

讓我們回到中國哲學的源頭，首先要回到孔子，由《論語》略作徵引，就可以看到傳統中國思想的特色。孔子對於

---

11 同上，頁 116-117。

人智有頗符合實際的觀察。他說:「生而知之者上也,學而知之者次也,困而學之又其次也,困而不學民斯為下矣。」(〈季氏第十六〉)他對自己的了解是:「我非生而知之者,好古敏以求之者也。」(〈述而第七〉)故此他一輩子都把重點放在「學」上。但他所謂學絕不只是學完全客觀的知識。現在通行的《論語》本子開宗明義便說:「學而時習之,不亦說乎」(〈學而第一〉),是有重要指標意義的。由這句話可以看到知行一脈相連,絕不可互相割裂開來。知識的積累與價值的體現緊密地關聯在一起。孔子的中心關注是「為己之學」,故答覆顏子問仁曰:「克己復禮為仁。一日克己復禮,天下歸仁焉。為仁由己,而由人乎哉!」(〈顏淵第十二〉)內在的仁必外現為禮,上行下效,乃有風行草偃的效果。仁是孔子的終極關懷,而知也是孔子的重要關注,兩方面要互相配合,所謂知及仁守(〈衛靈公第十五〉)。而《論語》末章乃謂:「不知命無以為君子也,不知禮無以立也,不知言無以知人也。」(〈堯曰第二十〉)由知命,孔子了解人有的是一個有限的生命,所謂「死生有命,富貴在天」(〈顏淵第十二〉),天意始終有其不可測的一面。但天人之間確實有著十分緊密的連繫,故孔子以無言的創生的天為楷模。[12]他一生知其不可而為,一點也不會喪失內在堅強的信念,而自謂「不怨天,不尤人,下學而上達」。即便世無解人也不在意,正因為他堅信「知我者其天乎!」(〈憲問第十四〉)這是一種知識與價值、理想與實踐緊密關聯的思想,對於純

....

12 參拙作:〈論孔子思想中隱涵的「天人合一」一貫之道——一個當代新儒學的闡釋〉,《中國文哲研究集刊》,第 10 期(1997 年 3 月),頁 1-23。

理、自然科學的關注不足，孔子思想所樹立的基調的確對於後世發生了莫大的影響。

在孔子以後，先秦儒最重要的無疑是孟、荀兩家。孟子發揚光大了孔子思想理想主義的一面，暢發心性之旨，後來被宋明儒尊崇為正統。荀子則別闢蹊徑，有自然主義的傾向，由於下開法家思想，不免受到貶抑，然傳經之外，宏揚禮教，對於漢代文明的廣佈，有很大的貢獻，也不應加以漠視。孟子思想值得大書特書處，隱涵在孔子的天人合一思想，通過心性的論述，整個地顯發了出來。[13]孟子道性善並不是由經驗歸納出來的結果，現實上人儘可以為惡，這由牛山濯濯的比喻就可以看得明白。牟宗三先生嘗說，孔子思想的綱領是「踐仁以知天」，孟子則是「仁義內在，性由心顯」。孟子言心之四端是指點語，兼存在與價值而言。由這要反身，孟子乃曰：「盡其心者，知其性也，知其性則知天矣。」（〈盡心上〉）這裡的心、性只能作本心、本性解，配合上孟子對大體、小體的討論就可以得到相應的了解。反思才能找到自己超越的泉源，所謂「反身而誠，樂莫大焉。」（〈盡心上〉）又說：「誠者，天之道也，思誠者，人之道也。」（〈離婁上〉）由此可見，天人之間有一種互相應和的關係。必定要由超越的稟賦才可以道性善。孟子以後論性都由氣質立論，以至他的思想一千多年都無解人，到了宋儒才接上這一思緒：尊為正統，可謂異數。荀子提出性惡論，對天則取自然主義的看法，對超越的性與天道都有所睽隔，故

---

13 參拙作：〈孟子心性論的再反思〉，現收入拙著：《當代中國哲學論：問題篇》（紐澤西：八方文化，1996 年），頁 139-158。

被宋明儒擯棄在道統之外。他的思想實屬另一型態，不走反身的道路向上體證存在與價值的創造性的根源，而往下落，強調具體價值的實踐。荀子重智心，通過它把握到正確的道理而依之行事，改造自然，以開創出人類偉大的文明。他的思想其實與孟子相反相反。他的所謂「認知心」的中心關注也畢竟不在自然科學，而在人文化成，知識與價值一樣緊密地關聯一起，與亞氏只有少分相似，與近代西方的二元分割更不可以道里計了，這是不在話下的。

宋代儒學由對抗二氏（老子、釋迦）而開創了中國哲學第二個黃金時代。朱熹建立道統，[14]尊周濂溪為開祖，但二程（明道、伊川）才是真正的開創者，張橫渠自承聞道後於二程，然而他提出了許多新的觀念、新的見解，就知識與價值的題旨而言，他的說法更能凸顯出北宋理學的特色，故以他為代表。他所作的第一個重大的區分是：見聞之知與德性之知的分別。〈大心篇〉曰：「見聞之知乃物交而知，非德性所知。德性所知，不萌于見聞。」這樣的思想明顯由孟子發展而來。牟宗三先生即引〈大心篇〉來闡明其「智的直覺」的說法。[15]他所作的第二個重大的區分是，氣質之性與天地之性的分別。由這一分別才能凸顯出孟子的本性，而程子認定只有兼顧兩面才能把握性的全貌，所謂「論性不論氣不備，論氣不論性不明」是也。朱子最欣賞的是橫渠「心統性

....

14 參拙著：《朱子哲學思想的發展與完成》（臺北：臺灣學生書局，1995 年增訂三版），第 8 章第 3 節，〈朱子建立道統的理據〉，頁 413-427。

15 參牟宗三：《智的直覺與中國哲學》（臺北：臺灣商務印書館，1971 年），頁 184-186。

情」一語，而給與了他自己的解釋。[16]最後略綴數語講橫渠
的〈西銘〉，這是朱子認為與濂溪〈太極圖說〉同樣影響深
遠的大文章。伊川答龜山對此文之質疑，提出了「理一而分
殊」的論旨，別於墨氏「二本而無分」的進路，以後成為了
宋明儒的共法。〈西銘〉結語謂：「存吾順事，歿吾寧也。」
橫渠的本體——宇宙論把知識價值結合在一起，固不待言者
也，而「天道性命相貫通」，自此成為宋明儒學共同的睿
識。[17]

　　朱子可以說是中國哲學家中知識傾向最濃厚的一位思想
家。朱子一生用力最勤在〈大學〉，臨死前還在改〈大學‧
誠意〉章，而〈大學〉講三綱領、八條目，朱子深入探究了
格物、致知的問題，雖是漸教，卻有一定的指向。而朱子有
充分自信，〈大學〉有缺文，乃作著名的補傳如下：

　　所謂致知在格物者，言欲致吾之知，在即物而窮其理
　　也。蓋人心之靈，莫不有知，而天下之物，莫不有理；
　　惟於理有未窮，故其知有不盡也。是以大學始教，必使
　　學者即凡天下之物，莫不因其已知之理，而益窮之，以

....

16　《近思錄》卷 1 引橫渠曰：「心統性情者也。」張伯行集解依朱子的意思加
　　以疏釋：「此言人心之妙，包乎性情，發前聖之所未發，而大有功於後學者
　　也。統，主宰之謂。性者，心之理；情者，心之用。心者，性情之主
　　也。」又引朱子曰：「未動為性，已動為情，心則貫乎動靜而無不在。」
　　（頁 28）
17　〈誠明篇〉云：「天所性者通極于道，氣之昏明不足以蔽之。天所命者通極
　　于性，遇之吉凶不足以戕之。」牟宗三先生謂：「此四句即是天道性命相貫
　　通之最精切而諦當之表示者。」《心體與性體》第 1 冊（臺北：正中書局，
　　1968 年），頁 417。

求至乎其極，至於用力之久，而一旦豁然貫通焉，則眾物之表裡精粗無不到，而吾心之全體大用無不明矣。此謂物格，此謂知之至也。

由此可見，朱子自己有一套通貫的思想，他真正的意思是，人必須就事上磨練，久之乃可以有一異質之跳躍，掌握到通貫之理，由人事而至於自然，通天下莫非此理之呈現。對朱子來說，修養工夫、知識、價值的踐履，是緊密不可分的。很明顯，他所謂知，絕不是西方式嚴守價值中立、通過經驗推概建立的科學知識。但因他未如張、程那樣明白作出德性之知、見聞之知的分疏，以致引起了王陽明的誤解，而另外發展了一條心學的線索。

陽明清楚地理解到，見聞之知的累積，不可能達到明明德的境地。他的精神是更接近象山，但他的學問的舖陳卻由朱子轉手，故朱子也是他的一個重要淵源。[18]他不認為〈大學〉有缺文，而提倡恢復〈大學〉古本，釋「致知」為「致良知」。依他之見，「良知不由見聞而有，而見聞莫非良知之用，故良知不滯於見聞，而亦不離於見聞。」（《傳習錄》〈答歐陽崇一〉，頁 168）陽明的思想其實是一種感應模式，俗見卻將之誤解成為了主觀唯心論的見解，我已詳細加以駁正。[19]我曾指出，陽明在四百年前就已把「世界」了解成為意義結構。他有一段很重要的談話：

---

18 參拙作：〈論陽明哲學之朱子思想淵源〉，《朱子哲學思想的發展與完成》，頁 566-598。
19 參拙作：〈陽明心學之再闡釋〉，同上，頁 485-520。

人一日間，古今世界都經過一番，只是人不見耳。夜氣
清明時，無視無聽，無思無作，淡然平懷，就是羲皇世
界。平旦時，神清氣朗，雍雍穆穆，就是堯、舜世界。
日中以前，禮儀交會，氣象秩然，就是三代世界。日中
以後，神氣漸昏，往來雜擾，就是春秋戰國世界。漸漸
昏夜，萬物寢息，景象寂寥，就是人消物盡世界。學者
信得良知過，不為氣所亂，便常做個羲皇以上人。（《傳
習錄》下，頁311）

但陽明不只像海德格在《存在與時間》中那樣，只描寫
人的世界架構，還作出了簡別與選擇。人如相應於天理是一
番世界，相應於人欲又是一番世界。在陽明思想中，修養工
夫、知識、價值仍然緊密地結合在一起，把知行合一之旨較
朱子發揮得更為淋漓盡致。程朱、陸王都是聖學的苗裔，只
分殊的表現有所不同，均體現了「天道性命相貫通」的睿
識。可惜王學末流有所蕩越，劉蕺山所謂「參之以情識」，
「蕩之以玄虛」。[20]明亡之後，清儒思想轉向，造成典範轉
移，此學遂成絕響，一直到當代新儒家才重拾舊緒，返本開
新，開創了一片新天地，而牟宗三先生乃有先秦、宋明、當
代三期儒學的說法。[21]

如所周知，狹義當代新儒學由熊十力先生開山，他造
《新唯識論》，回返大易生生之旨，分別量智與性智，斷定
在知識之外，更有默然自識之一境，但每自嘆僅能作成境

----

20 〈證學雜解〉，《劉子全書及遺編》，解25，頁113。
21 參牟宗三：《道德的理想主義》，頁1-2。

論，未能完成量論。[22]這一個心願由他弟子牟宗三先生完成，著《認識心之批判》，由當代之懷德海、羅素、維根斯坦回返康德，晚年更著《智的直覺與中國哲學》、《現象與物自身》、《圓善論》闡明康德睿識不足之處，而指示了一個中西哲學會通的方向。[23]正由於當代新儒家分別知識、智慧兩個層次，由學統的拓展可以吸納西方傳統的形式科學（邏輯與數學）與經驗科學（自然科學與社會科學），卻無需排拒超越、淪全之智慧。當然第二代新儒學家為了存亡繼傾，不免有過分凸出正統的意識之嫌。下一代的新儒家針對現時的新脈絡，又作出新的努力，在多元架構的預設之下，積極推動新儒家與其他精神傳統的對話。我個人即試圖對「理一分殊」作出新釋，超越的「理一」絕非儒家所獨有，全球倫理的追求即指明了各不同精神傳統所指向的乃是一超越這些傳統的「理一」。[24]同時在不廢分殊的前提之下，積極進行作多元互濟的對話，對修養功夫、知識與價值有一通貫的理解。[25]

　　總結來說，中國思想特別是儒家傳統，從來就視修養功夫、知識價值為一體，而拒絕將其互相割裂。這樣的思想在

22 關於熊先生思想的簡介，參拙作：〈當代新儒家的探索〉，現收入拙著：《文化與哲學的探索》（臺北：臺灣學生書局，1986 年），頁 281-284。熊的全集由湖北教育出版社於 2001 年出版。

23 關於牟先生思想的簡介，參拙作：〈當代新儒家的探索〉，同上，頁 294-299。他的全集 32 卷由臺北聯經出版公司發行。

24 參拙著：《理一分殊》，景海峰編（上海：上海文藝出版社，2000 年）。

25 參拙作：〈作為世界哲學的儒學：對於波士頓儒家的回應〉，宣讀於 2002 年 12 月 28 日在臺北舉行，由中國哲學會主辦之「中國哲學與全球化」學術研討會。並刊於《哲學與文化》，革新號 347 期（2003 年 5 月），頁 3-18。

分殊方面不足，故必須吸納西學以開拓學統。但近代西方思想發展到當代不免分崩離析，漏洞百出，有識的知識分子發出呼聲，重新嚮往通貫的統觀與共識，像懷德海、柏格森、過程神學都給予了我們重大的啟發。在今日由源溯流，追蹤思想觀念發展的途轍，檢視儒家傳統對於知識與價值的理解與詮釋，或者不無其適切的時代意義罷！

※本文曾宣讀於 2003 年 11 月 14 日，由中央研究院中國文哲研究所主辦、臺灣大學東亞文明研究中心合辦之「理解、詮釋與儒家傳統」第一次小型研討會。原刊於《臺灣東亞文明研究學刊》vol 1, no.1 (2004.6)。

儒家傳統對於知識與價值的
理解與詮釋

　　如果在邏輯實徵論當令的時候，這篇文章的題目就會受到質疑，知識被視為客觀、可以徵驗、有認知意義，價值則被當作主觀、隨意、只有情緒意義的東西，兩方面怎麼可以牽合在一起講。[1]但這種割裂知識與價值的看法很快就成為明日黃花。如今後現代主義（post-modernism）、多文化主義（multi-culturalism）流行，有一些前現代（pre-modern）傳留下來的東西經過新的省思與創造性的闡釋之後，又有了重要的當代意義（contemporary significance）。[2]我們要在這一新的脈絡之下重新來反思儒家傳統對於知識與價值的理解與詮釋。

　　我們把文化當作一個不斷在變化的歷程，在發展中會湧現某種主流的思想，不同時期可能呈現不同的特色。而不同文化在相對隔離的情況下發展，當然更會呈現十分不同的特色。在今日世界，西方無疑是最強勢的文化，要了解中國傳

1　Cf A. J. Ayer, *Language, Truth and Logic* (London: Victor Gollancz, 1936, rev. ed., 1946).

2　參卜松山（Karl-Heinz Pohl）：〈中國和西方價值：關於普遍倫理的跨文化對話的反思〉，收入劉述先主編：《中國思潮與外來文化》（臺北：中央研究院中國文哲研究所，2002 年），頁 83-103。

統思想，有必要與西方作比觀。而西方思想，古代、近代與當代，既各有不同的特色，自應略加解說，作為我們討論的背景。西方古代主流思想可以柏拉圖與亞里士多德為代表，存在與價值形成層疊的階梯，正確的認識在於永恆不變的客觀對象之把握。中世紀的聖多瑪，除了增加上帝的信仰之外，大體一仍其舊。但到近代，笛卡兒二分心物，造成了認識論的轉向，休謨懷疑，康德批判，邏輯實徵論之割裂知情，即其流亞。到了當代，才又有了語言學的轉向，羅蒂（Richard Rorty）猛烈抨擊笛卡兒以降流行的呈現論（representationalism）的思想。[3] 羅蒂入室操戈，自暴露了分析哲學主流思想的偏執與毛病，他提倡的新實用主義卻又有流入相對主義的弊病。中國傳統自有其線索，不可以化約成為任何一派西方哲學的成說，以下略述先秦、宋明、當代儒學一些有代表性的見解，許多重要的理論效果自然而然就會顯露出來了。

中國哲學第一個黃金時代在先秦的春秋戰國時期，正如牟宗三先生所指出的，適當「周文疲弊」之際。[4] 由此可以看到中國哲學的實用性格，不同於希臘哲學的重智傳統。主流思想儒、道兩家，儒家的孔孟仁智雙彰，道家的老莊則強調超知性的面相。在漫長的中國歷史中，形成了儒、道互補的局面。在這個傳統中，沒有發展出形式邏輯，也缺乏純粹

3　參理查‧羅蒂著，李幼蒸譯：《哲學和自然之鏡》（*Philosophy and the Mirror of Nature*）（北京：三聯書店，1987 年），原書由普林斯頓大學於 1979 年出版。

4　參牟宗三：《中國哲學十九講》（臺北：臺灣學生書局，1983 年），頁 60。牟先生認為，儒、墨、道、法四家都是針對周文之疲弊而發。

的理論興趣，更沒有發展出近代西方的科學與民主。很明顯，先秦儒對知識與價值有十分不同於西方的理解與詮釋，在後面將給與比較詳細的解說。

到了宋明，為了面對道、佛的挑戰，乃發展了理學，成為中國哲學第二個黃金時代。宋明儒喜歡談理、氣、心、性，概念與名言都遠遠超過先秦儒學的範圍，但自認為精神上與孔孟是貫通的。[5]無論程朱、陸王，對格物致知有不同的理解與詮釋，均強調聖學是實踐的學問，倡知行合一，重修養工夫，顯然不同於近代西方割裂知識與價值之傾向。在後面也會給與比較詳細的解說。

到了當代，面對強勢西方文明的挑戰，儒家傳統被視為將來只能在博物館才能找到的東西。[6]不想新儒家卻浴火重生，成為當前的顯學之一。[7]第二代的新儒家代表人物如唐君毅、牟宗三雖承認傳統中國文化有嚴重的缺點與限制，必須向西方學習，但也有一些萬古常新的成分，不可聽其失墜，西方也有必要向中國傳統學習。[8]他們對於西方傳統已

---

5 參牟宗三：《心體與性體》（臺北：正中書局，1968～1969 年，共 3 卷）。牟先生對宋明理學的研究有前所未有的突破。也可以參閱我的英文著作：Shu-hsien Liu, *Understanding Confucian Philosophy: Classical and Sung Ming* (Westport, Conn, and London: Greenwood Pub., 1998)。

6 Cf. Joseph R. Levenson, *Confucian China and Its Modern Fate: A Trilogy*, (Berkeley: University of California Press, 1968), vol.3.

7 參方克立：《現代新儒學與中國現代化》（天津：天津人民出版社，1997 年）；Umberto Bresciani, *Reinventing Confucianism: The New Confucian Movement* (Taipei: Ricci Institute, 2001)。並參拙作：〈現代新儒學研究之省察〉，《中國文哲研究集刊》，第 20 期（2002 年 3 月），頁 367-382。

8 參著名的〈中國文化與世界宣言〉，於 1958 年元旦同時發表於《民主評論》與《再生雜誌》，由唐君毅、牟宗三、徐復觀、張君勱四位學者簽署，

有相當了解，仍堅持中國傳統對於知識與價值的理解與詮釋
自有其不同於西方的特色，並有其不可及處。他們並建構了
自己的理論。[9]有西方學者認為，這是對當前西方知識主流
觀點的挑戰。[10]第三代的現代新儒家代表人物如杜維明、成
中英與西方學者有更多互動與交往，儒家不只不再被視為過
去的東西，在鮮活的對話中甚至引發了「多重宗教認同」
（multiple religious identity）的思想，而有所謂「波士頓儒
家」（Boston Confucianism）的新發展，[11]值得我們重視，需
要作進一步的省思。[12]

現收入唐君毅：《中華人文與當今世界》（臺北：臺灣學生書局，1975
年），下冊，頁 865-929。這當然不是他們獨有的看法，其他未簽署的學者
如錢穆、方東美也有類似的觀點。

9 唐、牟二位先生著作宏富。唐先生全集由學生書局出版，牟先生全集由聯
經出版。除本人著述外，可參閱李杜：《唐君毅先生的哲學》（臺北：臺灣
學生書局，1982 年）；蔡仁厚：《牟宗三先生學思年譜》（臺北：臺灣學生
書局，1996 年）。西方率先重視唐先生思想者為墨子刻，Thomas A. Metzger,
Escape from Predicament (New York: Columbia University Press, 1977)。我則
介紹了由熊十力先生開創而牟先生加以發揚的知識論，Shu-hsien Liu, "The
Contemporary Development of a Neo-Confucian Epistemology," *Inquiry*, vol.14
(1971), pp.19-40.

10 Cf, Thomas A. Metzger, "Tang Jun-yi and the Chinese Response to the Great
Modern Western Epistemological Revolution." 此文收入劉述先主編：《中國文
化的檢討與前瞻——新亞書院五十周年金禧紀念學術論文集》（River Edge,
N.J.: Global Pub. Co., 2001），頁 565-621。墨子刻認為，當代西方主流思想
持「知識論的悲觀主義」（epistemological pessimism）立場，有代表性的現
代化理論是「海耶克-波普模型」（Hayek-Popper），新儒家以之為窮途末
路，加以批判，而秉持「知識論的樂觀主義」（epistemological optimism）
立場，拒斥懷疑主義、相對主義的傾向，而對之提出了有力的挑戰。

11 Robert Cummings Neville, *Boston Confucianism* (Albany: State University of
New York Press, 2000).

12 我對波士頓儒家的初步回應，見我在 2003 年 1 月 15 至 17 日在中央研究院
文哲所舉行之「當代儒學與西方文化」國際研討會宣讀之英文論文：Shu-

回到中國哲學的源頭，首先要回到孔子，由《論語》略作徵引，就可以看到傳統中國思想的特色。孔子對於人智有頗符合實際的觀察，他說：「生而知之者上也，學而知之者次也，困而學之又其次也，困而不學民斯為下矣。」(〈季氏第十六〉)他對自己的了解是：「我非生而知之者，好古敏以求之者也。」(〈述而第七〉)故此他一輩子的努力在「溫故而知新」(〈為政第二〉)，把重點放在「學」上。現在通行的《論語》本子開宗明義便說：「學而時習之，不亦說乎」(〈學而第一〉)，是有重要的指標意義的。由這句話可以看到知行一脈相連，絕不可互相割裂開來。而學絕不是機械地依樣畫葫蘆，要點在於能獨立思想，將所學與自己的經驗配合起來，故曰：「學而不思則罔，思而不學則殆。」(〈為政第二〉)舉一反三，才是善學。知識的積累與價值的體現緊密地關聯在一起。知是重要的，但不是孤立的離存，也不是最重要的價值。孔子說：「知及之，仁不能守之，雖得之必失之。」(〈衛靈公第十五〉)又說：「志士仁人，無求生以害仁，有殺身以成仁。」(同上)可見仁才是孔子的終極關懷所在，而仁智雙彰。再擴大來說：「智者不惑，仁者不憂，勇者不懼。」(〈子罕第九〉)智、仁、勇成為儒家傳統的三達德。孔子的中心關注是「為己之學」，故答覆顏子問仁曰：「克己復禮為仁。一日克己復禮，天下歸仁焉。為仁由己，而由人乎哉！」(〈顏淵第十二〉)內在的仁必外現為禮，上行下效，乃有風行草偃的效果。孔子的知顯示了同樣

hsien Liu, "Confucianism as World Philosophy: A Response to Neville's Boston Confucianism from a Neo-Confucian Perspective." 參本書第三章註 10。

的關注，《論語》末章乃曰：「不知命無以為君子也，不知禮無以立也，不知言無以知人也。」（〈堯曰第二十〉）「知命」是一個困難的概念，包含了十分豐富的義蘊。據孔子自敘：「五十而知天命」（〈為政第二〉），大概他所知的不只是天給與吾人的稟賦，也同時體證到了有限生命的命限，所謂「死生有命，富貴在天」（〈顏淵第十二〉）也是。天意始終有其不可測的一面，也沒有什麼可多說的，故子貢證詞曰：「夫子之言性與天道，不可得而聞也。」（〈公冶長第五〉）但天人之間確實有著十分緊密的聯繫，故孔子以無言之天為楷模。[13]他一生知其不可而為，一點也不會喪失內在堅強的信念，而自謂「不怨天，不尤人，下學而上達」。即便世無解人也不在意，正因為他堅信「知我者其天乎！」（〈憲問第十四〉）同時智珠在握，可以知道歷史文化發展的大方向，故曰：「殷因於夏禮，所損益可知也。周因於殷禮，所損益可知也。其或繼周者，雖百也可知也。」（〈為政第二〉）這是一種知識與價值、理想與實踐緊密關聯的思想，對於純理、自然科學的關注不足，孔子思想所樹立的基調的確對於後世發生了莫大的影響。

在孔子以後，先秦儒最重要的無疑是孟、荀兩家。孟子發揚光大了孔子思想理想之義的一面，暢發心性之旨，後來被宋明儒尊崇為正統。荀子則別闢蹊徑，有自然主義的傾向，由於下開法家思想，不免受到貶抑，然傳經之外，宏揚禮教，對於漢代文明的廣布，有很大的貢獻，也不應加以漠

---

13 參拙作：〈論孔子思想中隱涵的「天人合一」一貫之道——一個當代新儒學的闡釋〉，《中國文哲研究集刊》，第 10 期（1997 年 3 月），頁 1-23。

視。孟子思想值得大書特書處在，隱涵在孔子的天人合一思想，通過心性的論述，整個地顯發了出來。[14]孟子道性善並不是由經驗歸納出來的結果，現實上人儘可以為惡，這由牛山濯濯的比喻就可以看得明白。牟宗三先生嘗說，孔子思想的綱領是「踐仁以知天」，孟子則是「仁義內在，性由心顯」。孟子的說法是：「人皆有不忍人之心。〔……〕無惻隱之心，非人也。無羞惡之心，非人也。無辭讓之心，非人也。無是非之心，非人也。惻隱之心，仁之端也。羞惡之心，義之端也。辭讓之心，禮之端也。是非之心，智之端也。人之有是四端也，猶其有四體也。〔……〕凡有四端於我者，知皆擴而充之矣，若火之始燃，泉之始達。苟能充之，足以保四海，苟不充之，不足以事父母。」（〈公孫丑上〉）孟子此處言心之四端乃指點語，兼存在與價值而言，這裡的仁、義、禮、智四德是分殊地講。由這要反身，追溯到存在與價值的源頭，孟子乃曰：「盡其心者，知其性也，知其性則知天矣。」（〈盡心上〉）這裡的心、性只能作本心、本性解，配合上孟子對大體、小體的討論就可以得到相應的了解。他說：「從其大體為大人，從其小體為小人。〔……〕耳目之官不思而蔽於物，物交物則引之而已矣。心之官則思，思則得之，不思則不得也。此天之所與我者，先立乎其大者，則小者弗能奪也，此為大人而已矣。」（〈告子上〉）由此可見，孟子思想不可以用西方經驗主義的方式來

....
14 孟子心性論放在當代哲學討論的脈絡裡，參拙作：〈孟子心性論的再反思〉，現收入拙著：《當代中國哲學論：問題篇》（River Edge, NJ: Global Pub., 1996），頁 139-158。

了解，感官是對外的，反思才能找到自己內在的超越的泉源。孟子乃說：「萬物皆備於我矣，反身而誠，樂莫大焉。」（〈盡心上〉）又說：「誠者，天之道也。思誠者，人之道也。」（〈離婁上〉）由此可見，天人之間有一種互相應和的關係。必定要由超越的稟賦才可以道性善，與他同時的告子講性無善無惡，其後荀子講性惡，董仲舒講性有善有惡，揚雄講善惡混，韓愈講性三品，都由氣質立論，以至他的思想一千多年都無解人，到了宋儒才接上這一思緒，尊為正統，可謂異數。孟子由此而講良知良能，以後為陽明所繼承而發揚光大。他說：「仁、義、禮、智，非由外鑠我也，我固有之也。」（〈告子上〉）又說：「人之所不學而能者，其良能也。所不慮而知者，其良知也。孩提之童無不知愛其親者，又其長也，無不知敬其兄也。」（〈盡心上〉）這些都是指點語，不可當作經驗歸納的結果看待，才不至於誤解了他的命意。而孟子講「知言」、「養氣」，拒絕「揠苗助長」（〈公孫丑上〉）又講「存夜氣」，謂「苟得其養，無物不長，苟失其養，無物不消」，而引孔子操存捨亡之語（〈告子上〉），可見孟子非常重視修養工夫，此處不及深論。但明顯地王學末流對所謂「滿街皆聖人」一語的誤解所造成的流弊，實與孟子思想毫無關聯。孟子的思想追求上達，所謂「君子所過者化，所存者神，上下與天地同流」（〈盡心上〉），又謂「充實之謂美，充實而有光輝之謂大，大而化之之謂聖，聖而不可知之之謂神」（〈盡心下〉），由本身的稟賦擴而充之，終可嚮往一超知見的境界。而他指出，「形色，天性也，惟聖人然後可以踐形」（〈盡心上〉），畢竟這是一個難以企及的境界，

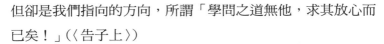

但卻是我們指向的方向，所謂「學問之道無他，求其放心而已矣！」（〈告子上〉）

荀子針對孟子，提出性惡論，但兩方面並沒有交集。因為荀子講性惡，是由經驗實際的觀察立論，「性者，本始材朴也。偽者，文理隆盛也」（〈禮論篇〉）。順著所與的自然狀態走，必定會出大問題，故主張：「人之性惡，其善者偽也。（偽同為）」（〈性惡篇〉）他對天也取自然主義的看法，所謂：「天行有常，不為堯存，不為桀亡。應之以治則吉，應之以亂則凶。」（〈天論篇〉）並說：「大天而思之，孰與物畜而制亡？從天而頌之，孰與制天命而用之？」（同上）正因為他對超越的性與天道都有睽隔，故被宋明儒摒棄在道統之外。荀子的思想實屬另一型態，他不走反身的道路向上體證存在與價值的創造性的根源，而往下落，強調具體價值的實踐。但荀子一樣重心知，只不過他不像孟子把重點放在仁心或惻隱之心上面，而是放在智心上面，所謂「隆禮義而殺詩書」（〈儒效篇〉），所彰顯的可以說是一種客觀的精神，適與孟子之彰顯道德主體形成對比。通過智心，才能把握到正確的道理而依之行事，所謂「天生人成」，[15] 通過人為的加工改造自然，以開創出人類偉大的文明。

荀子斷定：「心，生而有知。」（〈解蔽篇〉）人天生就有知的能力，而且不只是枝節之知，還能夠知「道」。在〈解

----

15 此義由牟宗三先生揭出，參氏著：《荀學大略》（臺北：中央文物供應社，1953 年），頁 15-27；此書後收入《名家與荀子》（臺北：臺灣學生書局，1979 年），頁 213-228。文獻的根據在〈富國篇〉：「天地生之，聖人成之。」

蔽篇〉中，荀子明白宣示：「人何以知道？曰：心。」「心何
以知？曰：虛壹而靜。」這樣不只指出了知所要把握的對象
是道，還指出了知道的方法。一旦把握到道，就可以表達出
來並付之於行為實踐，故曰：「心知道然後可道，可道然後
能守道以禁非道。」由此可見，知識與價值有著緊密的關
聯。心有主宰的作用，故〈天論篇〉云：「心居中虛，以治
五官，夫是之謂天君。」〈解蔽篇〉則云：「心者，形之君
也，而神明之主也。」現實的心並不一定是虛靜的，故曰：
「心未嘗不臧也，然而有所謂虛。心未嘗不兩也，（兩原作
滿，依楊倞校改）然而有所謂壹。心未嘗不動也，然而有所
謂靜。」經過訓練之後，「虛一而靜，謂之大清明。」「凡人
之患，蔽於一曲，而闇於大理。治則復經，兩疑則惑矣。天
下無二道，聖人無兩心。」由此可見，荀子要隆禮而殺詩書
是有他的道理的。詩書之博，散雜而無統，欲博而有統，必
須至乎禮。故〈勸學篇〉云：「學惡乎始，惡乎終？曰：其
數（數，術也，程也），則始乎誦經（詩書），終乎讀禮。其
義，則始乎為士，終乎為聖人。真積力久則入，學至乎沒而
後止也。〔……〕故書也者，政事之紀也。詩者，中聲之所
止也。禮者，法之大分，類之綱紀也。故學至乎禮而止矣。
夫是之謂道德之極。」由此可見，荀子的用心在知統類，承
接孔子「因革損益」之觀念而提供了一個具體的原則，從禮
義法度的演進中，發現其不變的共理，[16]乃可以「知上世」
（〈非相篇〉），「法後王，一制度，隆禮義」（〈儒效篇〉）。總

---

16 參蔡仁厚：《孔孟荀哲學》（臺北：臺灣學生書局，1984年），頁460。

結來說，荀子的自然主義思想型態與孟子的理想主義思想型態走了一條不同的途徑，表面上相反。其實各有其定位，有互補的作用，也可以相成。但荀子的所謂「認知心」的中心關注畢竟不在自然科學，而在人文化成，知識與價值緊密地關聯在一起。他與希臘的亞里士多德只有少分相似，與近代西方的二元分割更不可以道里計了，這是不在話下的。

先秦儒的重要文獻包括〈學〉、〈庸〉，或謂〈中庸〉是思孟系統，〈大學〉是荀子系統，[17] 這裡就不深論了。另一重要文獻為《易經》。方東美先生提議將詩三體的說法也應用到易，而「可謂之『易三體：賦、比、興』，即事實描述之語言，隱喻意蘊之語言，與創造幻想力之語言，後者尤賴諸象徵化妙用，使意義充分發揮而彰顯。」[18] 這樣才可以化腐朽為神奇，讓一部卜筮之書轉化成為一部哲學的寶典。孔子及其後學乃著《易傳》，將原有之陳事文句化作一套義理文句，完成了化賦體為比興之鉅任，其要義可析為四個方面：

一、高揭一部萬有含生論之新自然觀，

二、提倡一種性善論之人性觀，

三、發揮一部價值總論，

----

17 馮友蘭謂：「〈中庸〉大部分為孟學，而〈大學〉則大部分為荀學。」《中國哲學史》上冊，收入《三松堂全集》（鄭州：河南人民出版社，1988 年），第 2 卷，頁 346。馮氏以〈學〉、〈庸〉為秦漢之際之儒家書，現在學者則傾向於以之為先秦的文獻。

18 方東美：《中國哲學之精神及其發展》卷上，孫智燊譯（臺北：成均出版社，1984 年），頁 142。

四、完成一套價值中心之本體論。[19]

照方先生的說法：

> 茲據儒家文獻種種原始資料而觀之，其形上學體系含有兩大基本主要特色：
> 第一、肯定乾元天道之創造力。
> 第二、強調人性之內在秉彝、即價值。
> 茲二者自遠古以迄今日結合構成儒家哲學之骨幹。表現此種思想型態最重要者莫過《易經》。[20]

由於儒家蔚為傳統中國文化的主流，所以是我討論的焦點所在。當然先秦中國哲學絕不限於儒家，下面我會略談墨家、名家、道家，點撥所涉理論效果，作為對比或參考之用。陰陽家的睿慧已被《易傳》所吸收並進一步加以提升，就不贅了。先由墨家說起。墨家在孟子時為顯學，似乎是由儒家分出來，不滿意儒家的繁文末節，而倡尚儉節用、兼愛非攻之旨。這自並非我們關注的重點所在，我們想要知道的是，墨家以什麼方法來建立知識、價值。墨家崇尚「功」、「利」，提倡所謂「言三表」法，子墨子言曰：

---

19 同前註，頁 146-147。

20 同前註，頁 123。雖然也有學者以《易經》為道家文獻，但《易‧繫辭》曰：「一陰一陽之謂道，繼之者、善也；成之者、性也。」這明顯地是儒家的觀點。方先生之考據雖未令人完全信服。但近時帛書《易》出土，文獻如未收入十翼的〈要〉指明孔子晚年確與《易》有關，則太史公謂孔子晚而喜《易》的說法是有根據的，也為方先生的說法作出了有力的佐證。

> 有本之者，有原之者，有用之者。於何本之？上本之於
> 古者聖王之事。於何原之？下原察百姓耳目之實。於何
> 用之？發以為刑政，觀其中國家百姓人民之利。此所謂
> 言三表也。(〈非命上〉)

第三表最重要，國家百姓人民之利，乃墨子估定一切價值之
標準。凡事物必有所用，言論必可以行，然後為有價值。這
近於實用主義的觀點，故在被漠視多年之後，到了現代又重
新被重視。第二表重眾人之耳目，後期墨家進一步發揮這樣
的說法，《墨經·經上》云：「知，聞、說、親。」也就是
說，吾人有三種知識之來源。「聞」謂吾人由「傳受」而得
之知識。「說」謂吾人所推論而得之知識。「親」謂吾人親身
經歷所得之知識，即吾人能知之才能與所知之事物相接而得
之知識也。〈經下〉云：「知其所以不知，說在以名取。」能
以名取者，即能以知識應用於行為也。這還是維持了其實用
主義的性格。[21]第一表再作進一步的解釋是：「考之天鬼之
志，聖王之事。」(〈非命中〉)這是上同，訴之於天志、聖
王的權威，也與功利互相符合。總之，在墨家，知識與價值
的來源也是統一的，並未割裂開來，只不過是取了一條與儒
家不同的途徑罷了！而墨家之衰微，十分弔詭的是，反而是
因為兼愛非攻理想之過高難以實行，到漢代乃回歸儒家的道
路。

　　至於名家，惠施合同異，公孫龍離堅白，均能言善辯，

---

21 後期墨家的看法，參馮友蘭：《中國哲學史》，上冊，頁 242-245。

很有點像希臘的辯士。其說全在所謂名理上立根據，故漢人稱之為名家。辯者之書，除《公孫龍子》存一部分外，其餘皆佚。今所知惠施及其他辯者之說，僅《莊子・天下篇》所舉數十事。而〈天下篇〉的考語是：

> 桓團、公孫龍，辯者之徒，飾人之心，易人之意。能勝人之口，不能服人之心，辯者之囿也。〔……〕然惠施之口談，自以為最賢。〔……〕以反人為實，而欲以勝人為名，是以與眾不適也。

司馬談也說：

> 名家苛察繳繞，使人不得反其意，專決於名，而失人情。故曰：使人儉而善失真。若夫控名責實，參伍不失，此不可不察也。(《史記・太史公自序》)

名家號稱一時顯學，卻迅速衰微。這剛好反證中國文化傳統不能忍受與實際脫離，徒繚繞於名言的辯論。而又正因為中國先哲拒絕形式與內容之分離，未能像希臘哲學傳統那樣發展出形式邏輯、純理的思辨，那又不能不說是我們傳統文化的缺失與限制，此不可以不察。

　　最後我要講一講道家。道家一般包括老、莊在內，我在這裡無意捲入老、莊年代的論爭之中，也無意對老、莊哲學作出別異的分疏。我只想指出，就現在流行的《老》、《莊》書看，其思想都有一種明顯超知見的傾向。《老子》開宗明

義便說：「道可道，非常道；名可名，非常名。」（第一章）
回到根源，「有物混成，先天地生。寂兮寥兮，獨立不改，
周行而不殆，可以為天下母。吾不知其名，強字之曰道，強
為之名曰大。大曰逝，逝曰遠，遠曰反。」（二十五章）了
解道的人必定是：「致虛極，守靜篤。萬物並作，吾以觀
復。夫物芸芸，各復歸其根。歸根曰靜，是謂復命。復命曰
常，知常曰明。不知常，妄作凶。知常容，容乃公，公乃
全，全乃天，天乃道，道乃久，沒身不殆。」（十六章）這
裡的「知」，絕非知見之知，那恰好是老子要超脫的。「天下
皆知美之為美，斯惡已；皆知善之為善，斯不善已。」（二
章）故吾人必須「知其白，守其黑，為天下式。為天下式，
常德不忒，復歸於無極。」（二十八章）超出了知見的二元
對立，「是故聖人處無為之事，行不言之教。萬物作焉而不
辭，生而不有，為而不辭，功成而不居。夫唯弗居，是以不
去。」（二章）莊子的說法比老子更進一層，根本無須歸根
復命，內篇之一首倡〈逍遙遊〉，茲引內篇之二〈齊物論〉
的一節，就以看到莊子如何超越世俗的知見，與學派之間的
爭論：

　　夫言非吹也，言者有言，其所言者，特未定也。果有言
　　邪？其未嘗有言邪？其以為異於鷇音，亦有辯乎，其無
　　辯乎？道惡乎隱而有真偽？言惡乎隱而有是非？道惡乎
　　往而不存？言惡乎存而不可？道隱於小成，言隱於榮
　　華。故有儒墨之是非，以是其所非，而非其所是。欲是
　　其所非而非其所是，則莫若以明。物無非彼，物無非

> 是。自彼則不見,自知則知之;故曰:彼出於是,是亦
> 因彼。彼是方生之說也。雖然,方生方死,方死方生;
> 方可方不可,方不可方可。因是因非,因非因是。是以
> 聖人不由而照之於天,亦因是也。是亦彼也,彼亦是
> 也。彼亦一是非,此亦一是非。果且有彼是乎哉?果且
> 無彼是乎哉?彼是莫得其偶,謂之道樞。樞始得其環
> 中,以應無窮。是亦一無窮,非亦一無窮也。故曰:莫
> 若以明。

要超越知見、是非之二元對立,必須要「明」,這是一種智
慧,與對象知識無關。有了這樣的智慧,就不會再滑落兩
邊,「是以聖人和之以是非,而休乎天鈞;是之謂兩行。」
(〈齊物論〉)我曾經撰文論道、佛、儒三教之兩行之理而作
出了創造性的闡釋。[22]道家雖超越而不離內在,故老子曰:
「為學日益,為道日損。損之又損,以至於無為,無為而無
不為。」(四十八章)這是道家的兩行,佛家的兩行是「真
俗雙融」,宋明儒學則是「理一分殊」。本文以題旨與篇幅所
限,不及論源出印度的佛家的看法,現在接著討論由佛家的
挑戰而起的宋明儒學的觀點,以張載、朱熹、王陽明為代
表。

　　宋代儒學由朱熹建立道統。[23]他和呂祖謙合編《近思

....

22 參拙作:〈「兩行之理」與安身立命〉,《理想與現實的糾結》(臺北:臺灣學
　生書局,1993 年),頁 189-239。

23 參拙作:《朱子哲學思想的發展與完成》(臺北:臺灣學生書局,1995 年,
　增訂 3 版),第 8 章第 3 節〈朱子建立道統的理據〉,頁 413-427。

錄》條分類別，選錄周（濂溪）、張（橫渠）、二程（明道、伊川）之言，凡十四卷。葉采（平巖）〈近思錄集解序〉謂：「嘗聞朱子曰：四子，六經之階梯；《近思錄》，四子之階梯。」通過他們四位，「聖學湮而復明，道統絕而復續。」[24]但濂溪雖被尊為開祖，二程才是真正的開創者，明道所謂「天理二字卻是自家體貼出來」是也。[25]橫渠自承聞道後於二程，然而他提出了許多新的觀念、新的見解，就知識與價值的題旨而言，他的說法更能凸顯出北宋理學的特色，故以他為代表。

張載所作的第一個重大的區分是：見聞之知與德性之知的分別。[26]〈大心篇〉曰：「見聞之知乃物交而知，非德性所知。德性所知，不萌于見聞。」這樣的思想明顯由孟子發展而來。〈大心篇〉云：

> 大其心，則能體天下之物。物有未體，則心為有外。世人之心止於聞見之狹。聖人盡性，不以見聞梏其心。其視天下，無一物非我。孟子謂盡心則知性知天，以此。天大無外，故有外之心，不足以合天心。

〈大心篇〉又云：

---

24 引自〈葉平巖先生近思錄集解原序〉，《近思錄》（臺北：臺灣商務印書館，1967 年），頁 1。

25 見《二程全書》（臺北：臺灣中華書局，1976 年），第 2 冊，〈外書第十二〉傳聞雜記，上蔡語錄，頁 4 前。

26 有關這一問題的討論，參牟宗三：《心體與性體》，第 1 冊，頁 543-546。

> 天之明莫大于日，故有目接之，不知其幾萬里之高也。
> 天之聲莫大于雷霆，故有耳屬之，莫知其幾萬里之遠
> 也。天之不禦莫大于大虛，故心知廓之，莫究其極也。

牟先生即徵引這一段話來闡明其「智的直覺」的說法。[27]緊
接著上文橫渠又說：

> 人病其以耳目見聞累其心，而不務盡其心。故思盡其心
> 者，必知心所從來而後能。耳目雖為性累，然合內外之
> 德，知其為啟之之要也。

由此可見，橫渠是心性一起說，他所作的第二個重大的區分
是：氣質之性與天地之性的分別。〈誠明篇〉曰：「形而後有
氣質之性。善反之，則天地之性存焉。故氣質之性，君子有
弗性者焉。」這也明顯地是由孟子思想發展而來。他首先提
出氣質之性的觀念。蓋人受形體之限，不能不有氣質之偏。
性體之不能呈現，或時有微露而不能盡現，皆氣質之偏限之
也。天地之性意即天地之化所以然之超越而普遍的性能，後
來程朱亦名為義理之性，而天地之性之名遂不被常用。但橫
渠的意思是清楚的，孟子道性善，講的是本性，也即天地之
性或義理之性。氣質之性雖也可稱為性，且並不是君子所謂
的性，那只能是本性。由此乃可以做工夫。〈誠明篇〉續上
復云：

---

27 牟宗三：《智的直覺與中國哲學》（臺北：臺灣商務印書館，1971 年），頁
184-186。

人之剛柔緩急，有才與不才，氣之偏也。天本參和不
偏。養其氣，反之本而不偏，則盡性而天矣。性未成，
則善惡混。故亹亹而繼善者，斯為善矣。惡盡去，則善
因以亡。故舍曰善，而曰成之者性。

橫渠或者語有未瑩，[28]但他的意旨還是可以明白的。修養工
夫未到家，在現實上不免善惡混雜，故要勤勉做工夫，到了
一個地步，就可以超越這種善惡混雜的境界，惡既去，也就
不必言善，這樣才是他所謂「成性」的意思。而成性之關鍵
最後還是落在心志之盡上。故〈誠明篇〉又有云：「心能盡
性，人能宏道也。性不知檢其心，非道宏人也。」心能盡
性，即是盡心以成性，而性之實全在心處見。這樣的思路非
朱子所契，朱子欣賞的是橫渠「心統性情」一語，而給與了
他自己的解釋。[29]最後略綴數語講橫渠的〈西銘〉，這是朱
子認為與濂溪〈太極圖說〉同樣影響深遠的大文章。伊川答
龜山對此文之質疑，提出了「理一而分殊」的論旨，別於墨
氏「二本而無分」的進路，以後成為了宋明儒的共法。〈西
銘〉結語謂：「存吾順事，歿吾寧也。」橫渠的本體——宇
宙論把知識價值結合在一起，固不待言者也，而「天道性命

---

28 牟先生在此有詳細的分析，參《心體與性體》，第1冊，頁513-515。
29 《近思錄》卷1引橫渠曰：「心統性情者也。」張伯行集解依朱子的意思加
以疏釋：「此言人心之妙，包乎性情，發前聖之所未發，而大有功於後學者
也。統，主宰之謂。性者，心之理；情者，心之用。心者，性情之主
也。」又引朱子曰：「未動為性，已動為情，心則貫乎動靜而無不在。」
（頁28）

相貫通」，自此成為宋明儒學共同的睿識。[30]

　　二程對於張載的《正蒙》雖有微辭，對於〈西銘〉則推崇備至，也讚揚他的性論，所謂「論性不論氣，不備：論氣不論性，不明」是也。明道「識仁」，為一本之論，伊川「涵養須用敬，進學則在致知」，重分解表示。[31]伊川說為朱子所繼承，譬之如車之兩輪，鳥之兩翼。關於朱子，因為我寫了整本書論他的哲學思想的發展與完成，此處只簡略指點出與我們中心論旨相關的理論效果。朱子可以說是中國哲學家中知識傾向最濃厚的一位思想家。朱子一生用力最勤在〈大學〉，臨死前還在改〈大學〉「誠意」章，而〈大學〉講三綱領，八條目，朱子深入探究了格物、致知的問題。但需要指出的是，大學並非為學的始點，前面還要經歷小學的階段。[32]《語類》有曰：

　　涵養、致知、力行三者便是以涵養做頭，致知次之，力行次之。不涵養則無主宰。〔……〕既涵養，又須致知，既致知，又須力行。若致知而不力行，與不知同，亦須一時並了。非謂今日涵養，明日致知，後日力行也。要當皆以敬為本。（115，此條楊驤錄）

<hr />

30　〈誠明篇〉云：「天所性者通極于道，氣之昏明不足以蔽之。天所命者通極于性，遇之吉凶不足以戕之。」牟宗三先生謂：「此四句即是天道性命相貫通之最精切而諦當之表示者。」《心體與性體》，第 1 冊，頁 417。

31　二程之間的分疏，參牟宗三：《心體與性體》，第 2 冊，有詳細的析論。

32　有關朱子晚年對於涵養、致知問題之定見，參拙著：《朱子哲學思想的發展與完成》，頁 118-137。

《文集》卷四十二答吳晦叔（第三書之第九書）說得更明白：

> 夫泛論知行之理，而就一事之中以觀之，則知之為先，行之為後，無可疑者。然合乎知之淺深，行之大小而言，則非有以先成乎其小，亦將何以馴致乎其大哉？〔……〕故〈大學〉之書，雖以格物致知為用力之始，然非謂初不涵養履踐而直從事於此也。

既進入〈大學〉，做格致的工夫，雖是漸教，卻有一定的指向。而朱子有充分自信，〈大學〉有缺文，乃作著名的補傳如下：

> 所謂致知在格物者，言欲致吾之知，在即物而窮其理也。蓋人心之靈，莫不有知，而天下之物，莫不有理；惟於理有未窮，故其知有不盡也。是以〈大學〉始教，必使學者即凡天下之物，莫不因其已知之理，而益窮之，以求至乎其極，至於用力之久，而一旦豁然貫通焉，則眾物之表裡精粗無不到，而吾心之全體大用無不明矣。此謂物格，此謂知之至也。

由此可見，朱子自己有一套通貫的思想。他真正的意思是，人必須就事上磨練，久之乃可以有一異質之跳躍，掌握到通貫之理，由人事而至於自然，通天下莫非此理之呈現。對朱子來說，修養工夫、知識、價值的踐履，是緊密不可分的。

很明顯，他所謂知，絕不是西方式嚴守價值中立、通過經驗推概建立的科學知識。但因他未如張、程那樣明白作出德性之知、見聞之知的分疏，以至引起了陽明的誤解，而另外發展了一條心學的線索。

陽明清楚地理解到，見聞之知的累積，不可能達到明明德的境地。他的精神是更接近象山，但他的學問的鋪陳卻由朱子轉手，故朱子也是他的一個重要淵源。[33]他不認為〈大學〉有缺文，而提倡恢復〈大學〉古本，而釋「致知」為「致良知」。依他之見，「良知不由見聞而有，而見聞莫非良知之用，故良知不滯於見聞，而亦不離於見聞。」（《傳習錄》中，〈答歐陽崇一〉，168）。陽明的思想其實是一種感應模式，俗見卻將之誤解成為了主觀唯心論的見解，我已詳細加以駁正。[34]我曾指出，陽明在四百年前就已把「世界」了解成為意義結構。他有一段很重要的談話：

> 人一日間，古今世界都經過一番，只是人不見耳。夜氣清明時，無視無聽，無思無作，淡然平懷，就是羲皇世界。平旦時，神清氣朗，雍雍穆穆，就是堯舜世界。日中以前，禮儀交會，氣象秩然，就是三代世界。日中以後，神氣漸昏，往來雜擾，就是春秋戰國世界。漸漸昏夜，萬物寢息，景象寂寥，就是人消物盡世界。學者信得良知過，不為氣所亂，便常做個羲皇以上人。（《傳習錄》下，311）

....
33 參拙作：〈論陽明哲學之朱子思想淵源〉，同上書，頁 566-598。
34 參拙作：〈陽明心學之再闡釋〉，同上書，頁 485-520。

但陽明不只像海德格在《存在與時間》中那樣，只描寫人的
世界架構，還作出了簡別與選擇。人如相應於天理是一番世
界，相應於人欲又是一番世界。在陽明思想中，修養工夫、
知識、價值仍然緊密地結合在一起，只把知行合一之旨較朱
子發揮得更為淋漓盡致。程朱、陸王都是聖學的苗裔，只分
殊的表現有所不同，均體現了「天道性命相貫通」的睿識。
可惜王學末流有所蕩越，劉蕺山所謂「參之以情識」，「蕩之
以玄虛」。[35]明亡之後，清儒思想轉向，造成典範轉移，此
學遂成絕響，一直到當代新儒家才重拾舊緒，返本開新，開
創了一片新天地，而牟宗三先生乃有先秦、宋明、當代三期
儒學的說法。[36]

　　如所周知，狹義當代新儒學由熊十力先生開山，他造
《新唯識論》，回返大易生生之旨，分別量智與性智，斷定
在知識之外，更有默然自識之一境，但每自嘆僅能作成境
論，未能完成量論。[37]這一個心願由他弟子牟宗三完成，著
《認識心之批判》，由當代之懷德海、羅素、維根斯坦回返
康德，晚年更著《智的直覺與中國哲學》、《現象與物自
身》、《圓善論》，闡明康德睿識不足之處，而指示了一個中
西哲學會通的方向。[38]正由於當代新儒家分別知識、智慧兩

....

35　《劉子全書及遺編》，〈證學雜解〉解25，頁113。
36　參牟宗三：《道德的理想主義》（臺北：臺灣學生書局，1982年，修訂5
　　版），頁1-2。
37　關於熊先生思想的簡介，參拙作：〈當代新儒家的探索〉，現收入拙著：《文
　　化與哲學的探索》（臺北：臺灣學生書局，1986年），頁281-284。熊的全
　　集由湖北教育出版社於2001年出版。
38　關於牟先生思想的簡介，參拙作：〈當代新儒家的探索〉，同上書，頁294-
　　299。他的全集32卷剛由聯經出版公司發行。

個層次，由學統的拓展可以吸納西方傳統的形式科學（邏輯與數學）與經驗科學（自然科學與社會科學），卻毋須排拒超越、渾全之智慧。當然第二代新儒學家為了存亡繼傾，不免有過分突出正統的意識之嫌。下一代的新儒家針對現時的新脈絡，又作出新的努力，在多元架構的預設之下，積極推動新儒家與其他精神傳統的對話。我個人即試圖對「理一分殊」作出新釋，超越的「理一」絕非儒家所獨有，全球倫理的追求即指明了各不同精神傳統所指向的乃是一超越這些傳統的「理一」。[39]同時在不廢分殊的前提之下，積極進行作多元互濟的對話，對修養工夫，知識與價值有一通貫的理解。[40]

總結來說，中國思想特別是儒家傳統，從來就視修養工夫、知識價值為一體，而拒絕將其互相割裂。這樣的思想在分殊方面不足，故必須吸納西學以開拓學統。但近代西方思想發展到當代不免分崩離析，漏洞百出，有識的知識分子發出呼聲，重新嚮往通貫的統觀與共識，在今日由源溯流，追尋思想觀念發展的途轍，檢視儒家傳統對於知識與價值的理解與詮釋，或者不無其適切的時代意義罷！

※本文原刊於《理解、詮釋與儒家傳統：理論篇》，劉述先、楊貞德主編
　（臺北市：中央研究院、中國文哲研究所，2007）

---

39 參拙著：《理一分殊》，景海峰編（上海：上海文藝出版社，2000 年）。

40 參拙著：〈作為世界哲學的儒學：對於波士頓儒家的回應〉，宣讀於 2002 年 12 月 28 日在臺北舉行，由中國哲學會主辦之「中國哲學與全球化」學術研討會。此文也已寫成英文本，參註 12。

中國傳統知識與價值整體觀之現代、後現代闡釋

一、引言

　　中國哲學傳統與西方迥異。西方哲學傳統主流呈現一種二元對立的方式，特別到了近代，休謨切割實然與應然，當代邏輯實證論乃分離知識與價值。一直到晚近懷德海、新實用主義思想流行，全球意識覺醒，才有與過去十分不同的省思。但中國傳統以儒家思想為主流，一向把知識與價值當作不可分割的整體看待。本文繼承牟宗三、方東美開出的睿識作出現代／後現代的闡釋以融通中西，並寄望於未來。

二、中西哲學傳統主流思想不同的特色[1]

　　人類文明在上古分別在不同的區域發展，形成了十分不同的特色，這是很自然的現象。中西哲學傳統迥異，通過比觀，才可以凸顯出彼此不同的特質。據文德爾班（W.

1　本節所論，參拙作：《跨文化研究與詮釋問題舉隅：儒家傳統對於知識與價值的理解》，《臺灣東亞文明研究學刊》第一卷第一期（2004 年 6 月），頁119-132。

Windelband）與柯普斯頓（F. Copleston）的哲學史，古希臘
經宇宙論、人事論到系統論時期，以柏拉圖、亞里士多德為
主流思想。柏拉圖中期著《理想國》，倡超越之理型論，將
超越之理型與經驗之事物打成兩橛。亞理士多德則倡內在的
法式論，法式（form）與材質（matter）相互依存。但他仍
保留「純粹法式」（pure form）的概念，以之為「上帝」
（God），「不動之動者」（the Unmoved Mover）。對亞氏來
說，理論科學比實用科學如倫理學佔優位，最高的思維是對
於永恆對象的玄思默想（contemplation），這樣在「理論」
（theoria）與「實踐」（praxis）之間仍然留下一道不可跨越
的鴻溝。古希臘的學術，側重邏輯、修辭學、文法的訓練，
頗顯現其特色。古代哲學最後兩個時期：倫理與宗教時期，
往個人的安身立命方面傾斜，由知識的追求轉向信仰的關
注。

　　而西方文化不只有一個淵源。到了中世紀，源出希伯來
的基督教信仰席捲西歐。中世紀的神學也可劃分成為三個階
段：第一個階段的代表人物奧古斯丁，深刻受到柏拉圖的影
響，對比俗世的羅馬與上帝之城。第二個階段的代表人物聖
多瑪，則有亞氏重視經驗實在論的傾向。但他還是在希臘的
四達德（cardinal virtues）──節制、勇敢、智慧、正義之
外，增加了仰望超世的信、望、愛的德性，也在啟示神學與
自然神學之間劃下了一道不可跨越的鴻溝。但聖多瑪仍致力
於調和知、信。到了第三階段的代表人物威廉‧奧鏗那裡，
乃徹底分離「信仰」（faith）與「理性」（reason）。

　　耶穌既明示「把凱撒的歸之於凱撒」，文藝復興以後的

西歐進入近代，乃分開國家（state）與教會（church）的權責，只不過時代的鐘擺擺向了俗世人文的一邊。以後近代西方的科技商業文明不可復抑，成為宰制世界的潮流，一直到今日為止，西方的美國還是舉世唯一的超強霸主。就哲學思想來看，17 世紀笛卡兒把心身割裂成為兩截，18 世紀休謨對比「實然」（is）與「應然」（ought），啟蒙時代康德劃分現象與本體，純粹理性與實踐理性。19 世紀黑格爾建造了一個亙古未有的大系統，由主觀精神到客觀精神到絕對精神，卻不免過河拆橋。自此以後，西方哲學變成了分崩離析的局面。馬列講唯心、唯物兩條路線的鬥爭。20 世紀英美流行分析哲學，歐陸流行現象學、存在主義、詮釋學的思潮。直到如今，多元主義（pluralism）在西方仍為時尚。如何面對絕對主義（absolutism）與相對主義（relativism）的夾擊？這成為當代必須面對的最關緊要的哲學問題，尚待我們作進一步的探索。

　　而中國哲學傳統自始就走上了一條十分不同的途徑。中國哲學第一個黃金時代是在周朝末年的春秋戰國時期，所謂周文疲弊，百家爭鳴，有哲學重要性的不外儒、道、墨、法、名、陰陽六家而已！有這樣的背景，可見中國哲學的興起，一開始就和實踐問題脫離不了關係，分別提出了自己解決人生、世界問題的實際方案。有趣的是，在發展的過程中，墨家倡兼愛，與基督教倡大愛（agápe）相近，名家擅詭辯，似希臘辯士，這兩派到了漢代幾消失無蹤，到晚清才重新受到注目。據說漢武帝用董生之策，獨崇儒術，罷黜百家，這不免太誇張，並不符合事實情況。陰陽家源出儒家，

通過對《易》的關注，又與儒家合流。法家助暴秦統一天下，背負惡名，但未絕跡，自漢以來，成為陽儒陰法的局面。儒、道則始終互補，兩千年來一直是中國文化的主流。然而漢代立五經博士，的確肯定了儒家正統的地位。儒家源遠流長，制度化的儒家到滿清覆亡才落幕。西風東漸，儒家一度被視為落後的根由，受到排擊。不想日本與亞洲「四小龍」興起，都有儒家的背景，到了 20 世紀 70 年代，又有復甦之勢。我一向對儒家的理解採取一個三分架構：(1)精神的儒家；(2)政治化的儒家；(3)民間的儒家。三方面互相關聯而取向有別，必在概念上有所區分才能作出有意義的討論。當然我的重點是放在精神儒家方面，漢代似羅馬，實行政治化的儒家，朝廷意理強調一元正統，在哲學上並沒有超卓的成就。儒家不像基督教那樣有強烈的超世的祈向，而展示了徹底的現世的性格。漢代以來，孔子的地位不斷上升，被今文經學家尊為「素王」（沒有王位的聖王），成為中國文化傳統最有象徵性的人物，略加闡釋如下。

孔子從來不聲稱有任何原創性，他強調的是學習（《論語》，〈學而第一〉，回歸周公所建構的禮教，通過道德教化，建立一個和諧的社會秩序。但在傳承之中卻有了前所未有的突破。所謂「克己復禮為仁」（〈顏淵第十二〉），禮的實踐乃發自內在的仁。仁才是孔子的終極關懷。他拒絕與一般人崇信的鬼神打交道，一般人看不到天的作為而不畏天，但他畏天（〈季氏第十六〉）。可見他強調的不是傳統的人格神的天的面相。而他深信在無形之中天的生力默運其間，所謂「四時行焉，百物生焉，天何言哉！」（〈陽貨第十七〉）人

以天為楷模，倡導無言之教。人的生命雖有限，所謂「死生有命，富貴在天」（〈顏淵第十二〉），但「君子憂道不憂貧」（〈衛靈公第十五〉），抑且「人能弘道，非道弘人」（〈衛靈公第十五〉）。由此可見，孔子所建立的絕非一寡頭的人文主義，而是一種既內在而又超越的思想形態。在孔子以後，先秦儒最重要的無疑是孟、荀二家。孟子思想值得大書特書處，隱含在孔子的天人合一思想，通過心性的論述，整個地顯發了出來。所謂「盡心、知性、知天」（《孟子》盡心上），孟子仁義內在，性由心顯，發揚光大了孔子思想理想主義的一面，後來被宋明儒尊崇為正統。荀子則別開蹊徑，有自然主義的傾向，由於下開法家思想，不免受到貶抑，然傳經之外，弘揚禮教，也有很大貢獻，不應加以漠視。孟子重仁心（所謂惻隱之心），荀子重智心（所謂虛壹而靜，見〈解蔽〉篇），前者走反身的道路向上體證存在與價值的創造性的根源，後者往下落，強調具體價值的實踐，二者實相反相成。荀子所謂「認知心」的中心關注也畢竟不在自然科學，而在人文化成，開創文明，知識與價值一樣緊密地關聯在一起，與亞氏只有少分相似，與近代西方的二元分割更不可以道理計，這是不在話下的。孔、孟、荀加上《禮記》的〈大學〉、〈中庸〉，以及《易傳》。先秦儒學基礎已備，是儒學的第一個大時代。[2]

　　經歷兩漢經學、魏晉玄學、隋唐佛學的階段，宋代儒學由對抗二氏（老子、釋迦）而開創了中國哲學第二個黃金時

2　2005 年 3 月我應邀到香港中文大學新亞書院作第十八屆錢賓四先生學術文化講座：《儒家哲學的三個大時代》（先秦、宋明、現代），讀者可以參看。

代。朱熹建立道統，所謂濂、洛、關、閩，尊周濂溪為開
祖，但二程（明道、伊川）才是真正的開創者。張橫渠自承
聞道後於二程，然而他提出了許多新的觀念、新的見解，就
知識與價值的題旨而言，他的說法更能凸顯出北宋理學的特
色。他區分開見聞之知與德性之知，氣質之性與天地之性，
所謂「天道性命相貫通」（參〈誠明篇〉），成為宋明儒學共
同的睿識。朱子號稱集大成，但牟宗三先生指出，朱子繼承
的是伊川，並非明道，他把握的「理」只存有而不活動，已
經偏離了濂溪、橫渠、明道以理為既存有亦活動的正統，而
形成了「繼別為宗」的奇詭的現象。[3]朱子建構了一個理氣
二元不離不雜的大系統，[4]但與之並世，象山即斥其支離，
回歸孟子。明代陽明龍場頓悟之後，排擊俗學，心學大盛。
而程朱理學、陸王心學互相頡頏。然二者無疑都是聖學的分
支，只前者以心具眾理，後者以心即理。陽明固明言：「良
知不由見聞而有，而見聞莫非良知之用。故良知不滯於見
聞，而亦不離於見聞。」（《傳習錄》下）良知無疑不在經驗
知識的層面。然而朱子雖講格物、致知、窮理的漸教，重認
知心，但他著名的大學補傳講「豁然貫通」，通過一異質的
跳躍，掌握到通貫之理，由人事至於自然，通天下莫非此理
之呈現。對朱子來說，修養工夫、知識、價值的踐履，是緊
密不可分的。很明顯，他所謂知，也絕不是近代西方嚴守價

---

3 參牟宗三：《心體與性體》第一冊（臺北：正中書局 1968 年），頁 42-60。
　牟先生在程朱、陸王之外，還有胡五峰、劉蕺山一系回歸北宋三家的三系
　說，此處不贅。
4 參拙著：《朱子哲學思想的發展與完成》，臺北學生書局 1995 年增訂三版。

值中立、通過經驗概括建立的科學知識。宋明儒講理氣、心性，表達不同於先秦儒，卻繼承其睿識，通過與老、釋二氏的對較，把「內在超越」的思想形態發揮得淋漓盡致。宋明儒學發展到明末清初，即難以為繼。[5]清儒如陳確、顏元、戴震流失了超越的層面，發生了典範的轉移。但戴東原的思想雖轉向為自然主義，仍維持知識、價值的整體觀，不與西方近代二元分割的思想同調。

宋明儒學「天道性命相貫通」的睿識要到當代新儒家才重拾舊緒，開創了一片新天地，而牟宗三先生乃有先秦、宋明、當代三期儒學的說法。但民國創建以後，制度化的儒家已逝，儒家的地位由中心到邊緣，理論效果容後再議。[6]

三、由邏輯實證論到懷德海、實用主義的轉變

20 世紀初西方流行邏輯實證論思潮，和傳統的實證主義不同，標明以邏輯為形式科學，經驗科學如理化、生物要通過「可證驗性」（verifiability）的驗證，才有「認知意義」（cognitive meaning）可言。傳統的形上學玄想只是概念的詩篇，僅有「情感意義」（emotive meaning）。這樣的二元分割把東方哲學傳統的內容摒棄在認知意義的範圍以外，知識

---

5 我以黃宗羲（梨洲）為宋明儒學的殿軍，參拙著：《黃宗羲心學的定位》，臺北允晨文化 1986 年版。

6 參拙作：〈從中心到邊緣：當代新儒家的歷史處境與文化理想〉，《現代新儒家之省察論集》（臺北中研院文哲研究所 2004 年），頁 101-124。

與價值被徹底打成兩橛。如果邏輯實證論當道，要講中西哲學的會通是不可能的事。所幸西方思想多元，20世紀也流行柏格森（H. Bergson）、懷德海（A. N. Whitehead）的思想，有整體的視野（vision of the whole），不與分析哲學的分崩離析（lure of the part）同調。[7] 到了晚近，邏輯實證論的宰制地位已然煙消雲散。由現代到後現代，啟蒙理性的霸權受到嚴重的挑戰。近代西方直線的進步觀飽受質疑，後現代雖莫衷一是，但重新肯定了一些前現代的睿識，也反對歧視非西方文化，而流行多文化主義（multi-culturalism）的觀點，開啟了一些新的機運。面臨這一關鍵性的轉型時刻，我覺得懷德海的案例特別值得我們重新加以省思。

就我的理解，懷德海的思想象徵一個時代的終結，也開啟了另一個時代嶄新的可能性。懷德海是一位有深刻文化素養的科學哲學家。他把近代西方科學的淵源追溯到希臘的命運觀、羅馬法、中世紀的理性主義。但西方科學的突飛猛進要到文藝復興以後，由伽利略到牛頓發展了一整套有普世意義的世界觀，上天下地，由簡單的幾條律則所統御。然而近代西方偉大的科學的成就卻犯了懷德海所謂「錯置具體性的謬誤」（fallacy of misplaced concreteness）。[8] 舉例說，古典物

....

7　這是利瓦伊（A. W. Levi）《哲學與現代世界》一書最後兩章的標題，參 *Philosophy and the Modern World*（Bloomington: Indiana University Press, 1959）。利瓦伊書最後一章講懷德海，可以看到他心目中現代西方哲學的走向。對於20世紀西方哲學的鳥瞰，可以參看我的少作《新時代哲學的信念與方法》，新近剛出簡體字本（湖北教育出版社2005年版）。

8　Cf. A. N Whitehead, *Science and the Modern Wrold* (New York: Macmillan, 1925), pp.75-82, p.85.

理學原子的單一位置（simple location），其實是誤把抽象的結果當作具體的真實。受到相對論與量子論的啟發，懷德海致力於建構新的宇宙論，而完成了《歷程與真實》的偉構。[9]可惜的是世乏解人，愛因斯坦就不明白他的意旨何在。而現代科學日新月異，建築在科學知識上的宇宙論也不可能作成定論，所以我才會認為懷德海的宇宙論象徵一個時代的終結，以後恐怕不會再看到這樣的偉構了。然而懷德海的睿識卻繼續傳留下去，他破斥古典物理學預設的機械唯物論思想，而倡導有機主義的哲學。世界不是原子的組合，整個宇宙通體相關，存在與價值結為整體，他特有的表達方式與中國哲學迥異，而睿識相通。最出人意表的是，懷德海在他宇宙論的大系統中，發展了一套有關上帝的新觀念，論所謂上帝的「原初性」（primordial nature）與「後得性」（consequent nature），不期而然對於當代宗教哲學發生了巨大的衝擊而造成了深刻的影響。[10]自中世紀援用希臘哲學的概念闡釋神學以來，上帝長久被理解為永恒的存有（Eternal Being），在「生成變化」（Becoming）的過程之外。但懷德海卻開啟了一條全新的思路，竟然可以容許講生成變化的上帝。通過懷德海的啟發，赫桑（Charles Hartshorne）窮一生之力提倡「過程神學」（process theology），如今已蔚然成風，成為當代神學之中的一個重要流派。赫桑在芝加哥大學的同事魏曼（Henry Nelson Wieman）則提倡「經驗神學」

9　A. N. Whitehead, *Process and Reality* (New York: Macmillan, 1929).
10　參拙作：〈有美國特色的當代美國宗教哲學〉，《理想與現實的糾結》（臺灣：學生書局，1993年），頁289-331。

（empirical theology），與之相互羽翼。魏曼講的並不是休謨的原子式的經驗，而是杜威的廣闊的經驗的觀念。杜威的自然也不是機械的自然，而是開放的、力動的、有機的自然。杜威的宗教情操不在信仰一個超世的永恆的上帝，而在嚮往一個比現世更為完善的理想境界。[11]杜威的說法過分簡略，明顯不足。魏曼受到他的影響，不把上帝當作一種超自然的存有，而是在自然以及人文世界之中發生作用的力量。他對懷德海有關上帝的原初性一類的宇宙論玄想並沒有特別的感應，但他把上帝當作此世以內的創造性力量，拯救人類脫離墮落、毀滅的道路，則有很深的體認。[12]依魏曼，上帝的力量雖是永遠不竭的，但不能保證惡的蹂躪不會降臨到我們身上。要避免徹底毀滅，只有寄望人終極托付給上帝的創造的力量，而人的拒絕救贖可以使人墜入萬劫不復的境地。

　　略加總結，懷德海的宇宙論啟人遐思，很少人對他建構的系統照單全收，而他的睿識最深遠的影響是在神學方面。杜威缺乏像懷德海的玄思，但他對「經驗」與「自然」取寬廣、開放的理解，也留下了空間，在宗教的層面可以作更進一步的拓展。杜威重視整體的經驗，強調實用與價值的重要性，對於美國教育造成了深遠的影響，一度曾被譽為美國的孔子。但美蘇太空競爭，蘇聯先把火箭送入太空，美國輿論一度譴責杜威提出的自由教育是美國落後的一個主要原因，

....

11 Cf. John Dewey, *A Common Faith* (New Haven: Yale University Press, 1934).

12 魏曼是我的博士論文導師，我們之間曾經有很好的創造性的交流（creative interchange）。我是他在南伊大指導的最後一個博士生。關於對他的思想的介紹以及與中國哲學，特別是《易》的生生不已的哲學之間的關聯，參拙著：《文化與哲學的探索》（臺灣：學生書局，1986 年），頁 111-162。

使得杜威的聲譽在一段時間之內一落千丈。但如今事過境遷，蘇聯解體，極權專制可以贏得短暫的優勢，長久來說，終究無法抗拒自由、開放的趨勢。杜威的影響沉潛了一段時間之後並未真正消失。而杜威並未像懷德海那樣建構一個系統，只是指點了一個方向，反而更有利於新的創造與拓展。晚近美國「新實用主義」（Neo-Pragmatism）流行，雖然像羅蒂（Richard Rorty）那樣不免有相對主義的傾向，但懷德海、杜威合流，的確開拓了一些新的可能性。一個象徵是，英文的《中國哲學季刊》（*Journal of Chinese Philosophy*）的三十周年特刊，「作為知識與價值的中國哲學，回顧（1973～2003年）與前瞻」，竟然有安樂哲（Roger T. Ames）、葛蘭傑（Joseph Grange）、白詩朗（John Berthrong）與南樂山（Robert Neville）等四篇文章講美國哲學——特別是杜威與懷德海——與儒家哲學的會通，適與我論《中國傳統對於知識與價值的理解與詮釋》的文章互相呼應，值得吾人注視。[13]

四、牟宗三與方東美的啟發

當代中國哲學固然普遍受到西方哲學的衝擊，英、美的

---

[13] See *Journal of Chiness Philosophy*, Vol. 30, nos. 3&4 (September & Dec. 2003): Roger T. Ames, *Confucianism and Deweyan Pragmatism: A Dialogue* (pp. 403-417), Joseph Grange, *John Dewey and Confucius: Ecological Philosophers* (pp. 419-431), John Berthrong, *From Xunzi to Boston Confucianism* (pp. 433-450), Robert Cummings Neville, *Metaphysics in Contemporary Chinese Philosophy*, (pp.313-326), Shu-hsien Liu, *An Integral Understanding of Knowledge and Value: A Confucian Perspective* (pp. 387-401).

影響顯然遠大於歐陸。一個原因是，中國學者的英文程度比
較好，掌握英文的資料勝過其他語文的資料。羅素與杜威訪
華，一時掀起熱潮。相形之下，現象學只沈有鼎有單篇論
文，並未引起廣泛注意。海德格更是受到漠視，和日本京都
學派之與海德格有緊密的關係與交流，根本不能同日而語。
而 20 世紀中國哲學三大潮流：西方、馬列與現代新儒學，
因救亡壓倒啟蒙，馬列思想脫穎而出。[14]中共在毛澤東的領
導下，1949 年建立中華人民共和國。一些知識分子流亡
港、臺地區和海外。現代新儒學的代表人物如牟宗三、方東
美，主要對話是英美為主，歐陸為輔。下一代如我們更是以
英文為主，事實上英文已成為唯一通行的國際語言，這是一
個無可阻擋的趨勢。下面略談我自己由這一條線索所得到的
啟示。

　　牟宗三先生是我的父執。他的第一部少作是：《周易的
自然哲學與道德涵義》，[15]那時他吸收了懷德海宇宙論的睿
識，用以釋漢易的象數之學，以及清代胡煦與焦循的易學，
1988 年在臺北文津重印該書。《誌言》自承對於《易傳》之
作為孔門義理，形成儒家的道德形上學，尚無相應理解。然
後他的興趣轉移到邏輯，著《邏輯典範》，也非成熟之作。[16]
一直到《認識心之批判》兩卷出版，才真正建立了自己思想

....

14 參見李澤厚：〈啟蒙與救亡的雙重變奏〉，《中國現代思想史論》（北京：東
　　方出版社 1987 年），頁 7-49。
15 此書原名為《從周易方面研究中國之玄學及道德哲學》，因嫌冗長，改易今
　　名。現收入《牟宗三先生全集》第 1 卷，臺北聯經出版事業有限公司 2003
　　年版。
16 此書出版 1941 年，現收入全集第 2 卷。

的綱維，在序言中流露了自己的心聲。[17]他由當代的羅素、維特根斯坦開始，吸納了中國傳統缺乏的邏輯學。但哲學的反省卻不滿意流行的形式主義、約定主義的見解。後來才明白自己所走的是反身的道路，所作的是一超越的分解，所契者乃是康德之精神與路向，而非其哲學之內容。回歸理性主義、先驗主義、主體主義，一方面復活康德，一方面扭轉時風，亦復活哲學。他說：

> 人之心思發展，了解過程，常是易於向「所」，而難於歸「能」。向所，則從客體方面說；歸能，則從主體方面說。向所則順，歸能則逆。古賢有云：順之則生天生地，逆之則成聖成賢。吾可藉此順逆兩向以明科學與哲學之不同。向所而趨，是謂順。「順之」之積極成果惟科學。若哲學而再順，則必錦上添花，徒為廢辭。故哲學必逆。[18]

今之所謂邏輯分析，向所而趨，順既成事實而釐清之，無所開闢，無所增益，其結果便只有科學一標準。落實來看：

> 向所而趨，亦可由所而逆，此則古希臘之傳統。以及康德前之理性主義，皆然。然由所而逆，則正康德所謂獨

---

17 此書於 1949 年大體已完成，然由於歷史變故，無有承印者。一直到 1956-1957 年由香港友聯出版社出版，現收入全集第 18 卷、第 19 卷。

18 《認識心之批判・序言》，頁 10。

斷的，非批判的。順所而逆，而不知反，則必有羅素所
謂推不如構，以構代推。而至以構代推，則由所而逆之
形上學即不能立……正其自然之結果也。則今人之以科
學為唯一標準者，亦不足怪矣。故吾常云：今人言學只
有事法界，而無理法界：無體、無理、無力。此是休謨
之精神，而亦為消極釐清之所必至者。[19]

他特別提到懷德海，說明自己為何不取他的路數：

吾初極喜懷悌[德]海。彼由現代物理邏輯發展，上承柏
拉圖之精神，建立其宇宙論之體構。此確為英美哲人中
之不可多得者。然自吾邏輯書寫成後，吾即覺其不行。
蓋彼亦正是由所而逆也，而其使用之方法又為描述法。
此雖豐富可觀，實非入道之門。蓋其「平面」的泛客觀
主義之宇宙論實未達「立體」之境，故未能盡「逆之以
顯先驗原則」之奧蘊也。……價值之源在主體。如不能
逆而反之，則只具價值之放射，而不知源頭之何所在。
此則「超越的分解」缺如故也……由主體方面逆而反
之，以反觀其先驗之原則，是則「超越的分解」之職責
也。[20]

由這可以明白，為何牟先生必須有進於懷德海，由主而
逆，乃所以彰超越之分解。而主體有二，一曰知性主體，一

19 同上，頁 11。
20 同上，頁 11-12。

曰道德主體。「認識心，智也，道德主體即道德的天心，仁
也。學問之事，仁與智盡之矣。」[21] 牟先生後來致力於闡明
中土明「德」之學，也就不是偶然的了。

由此可見，牟先生是通過西學翻轉過來，遙契聖學而銜
接之者也。懷德海不足，並不是說他開出的思路不能給予吾
人重大的啟發，[22] 曾經和牟
先生討論。他雖不滿懷德海，但盛讚其區分「知覺之二模
式」（two modes of perception）：「因果效應」（causal efficacy）
與「當下呈現」（presentational immediacy）的睿識。懷德海
批判由洛克到休謨的經驗主義傳統過分偏重知覺的因果效應
式，而忽視了知覺的當下呈現式，「自然的二分」（the
bifurcation of nature）也造成了理情的分離。在《認識心之
批判》第一卷《心覺總論》，就可以看到牟先生由經驗主義
入手翻轉出來的線索。當然牟先生並不認為懷德海由所而逆
建構的宇宙論可以克服休謨的懷疑論。但《認識心之批判》
最後第四卷〈認識心向超越方面之邏輯構造〉，也還是保留
了空間給宇宙論的層面。他明言，由邏輯要求而邏輯地表達
之本體不能證明，故為非獨斷的。而由本體論之構造，吾人
亦可推至純邏輯的宇宙論的構造。蓋本體不虛懸，必盡其
責：一為成就現象，一為生化現象。全書的結語曰：

　　隸屬於天心之主體，則以天心為根；由之而顯而發，故

....

21　同上，頁 13。
22　懷德海的思想不易把握，我覺得利瓦伊的闡釋頗能得其啟要，無論在概念
　　分析上，還是在文字表達上都頗能得其神髓。參註 7。

> 欣趣判斷乃真實而必然者。……欣趣判斷對於對象無所
> 增益，自必極成。……但呈現為欣趣判斷之「天心之寂
> 照」，同時亦即為貫徹潤澤而實現萬有者，此即客觀而
> 真實之普遍的自然目的性之實現。……依是，吾人只有
> 形上天心之如如地生化與如如地寂照。自如如地生化言，
> 曰道德世界；自如如地寂照言，曰圓成世界。自如如地
> 生化「所生化者之現實的存在」言，曰命題世界。[23]

由此可見，牟先生的思路必由向所之宇宙論逆反至歸能
之本體論。但一旦本體論立，就會清楚地體現到，這不是知
識所行境。然而宇宙論問題也並不因此被取消。雖然牟先生
並未建構他的宇宙論，卻留下了無窮的想像和可能性，值得
我們作進一步的探索與思考。

我在大學和碩士生階段，在臺大受業於方東美先生，受
到他深刻的影響。他的哲學有一寬宏的架構，他以哲學不能
不是文化哲學的督識，我終生奉為圭臬。但東美師不突出終
極關懷或終極托付的面相，讓我有一種不能饜足的感覺。得
到碩士學位之後，到東海開始我的第一份教職，與牟先生日
夕相處，讓我接上了當代新儒家的思緒。牟先生批評東美師
觀想型的哲學未能鞭辟入裡。而東美師盛讚戴震不只以性
善、心善；還以情善、欲善，這樣的思想未能獲得牟先生的
首肯。而我認為戴震以情挈情，難以解決價值判斷的問題，
故向新儒家傾斜，認同以理挈情的思緒，後來乃被視為當代

---

23 同註17，《認識心之批判》，下冊，頁737-738。

新儒家第三代的代表人物之一。但我孕育自臺大的自由學風，承繼東美師寬廣的比較哲學與文化哲學的架構，留學美國，受到田立克、赫桑、魏曼的衝擊，也展示了不同的特色。我覺得牟先生的主體主義、正統意識過強，科學為道德心坎陷的成果的說法不免誤導，引致泛道德主義一類不必要的批評。我同意牟先生逆覺的取向，但歸向本體之後必須有一迴環，超越的性理才能具體落實到文化的開創與文明的拓展。我認為狹義的道德與科學一樣，也是一種卡西勒（E. Cassirer）所謂的符號形式（symbolic form）。正如牟先生所說，本體不虛懸，必成就、生化現象。由現象至本體，再由本體至現象，這樣的迴環同樣有其必要，才不致因用而遺體，或者有體而無用。[24]由本體的證悟到宇宙論的開創與文明的拓展，讓我不只與當代西方的過程神學與新實用主義接軌，也重新接上了東美師的睿識。東美師說：

> 從中國哲學家看來，「宇宙」所包容的不只是物質世界，還有精神世界，兩者渾然一體不可分割；不像西方思想的二分法，彼此對立，截成兩個片段……宇宙在我們看來，並不只是一個機械物質活動的場合，而是普遍

---

24 這樣的迴環在我波士頓儒家南樂山的回應中清楚地展示了出來，參見我的英文論文，"Confucianism as World Philosophy: A Response to Neville's Boston Confucianism from a Neo-Confucian Perspective", in Confucianism in Dialogue Today: West, Christianity & Judaism, edited by Liu Shu-hsien, John Berthrong, Leonard Swidler (Philadelphia: Ecumenical Press, 2004), pp. 59-73. 此文中文本：〈作為世界哲學的儒學：對於波士頓儒家的回應〉，已收入拙著：《現代新儒家之省察論集》，頁 17-38。

生命流行的境界。[25]

　　在闡釋中國古典隱含的睿智，東美師最富創意處在，把
《詩·大序》所謂「《詩》三體：賦、比、興」移用來講：
「《易》三體：賦、比、興」，實在是神來之筆。這樣才真正
可以化腐朽為神奇。依東美師，《易》原屬紀史之作，由一
套可以表徵血緣社會之組織結構，通過孔子及其後學，遂一
變而為一套發揮易理「生生而和諧」的通盤哲學，其中包含
四個方面：

　　(一) 高揭一部萬有含生論之新自然觀；

　　(二) 提倡一種性善論之人生觀；

　　(三) 發揮一部價值總論；

　　(四) 完成一套價值中心之本體論。[26]

　　如此東美師把《易經》隱含的一套生生而和諧的宇宙人
生觀，發揮得淋漓盡致。無疑地他所展示的睿智與懷德海精
神上是相通的，這一下子打破了古今中外的隔閡。至於實用
主義，杜威訪華時東美師曾作傳譯，並在金陵大學選修了他
的課，但後來卻絕口不提。在南伊大教過我形上學與美學的
老師韓六一（Lewis E. Hahn）教授，也是東美師的好友，在
1987 年 8 月於東美師逝世 10 周年在臺北舉行的「國際方東
美哲學研討會」上作主題演講「方東美先生與中國哲學精

25 引自方東美著，馮瀧祥譯：《中國人生哲學》（臺北：黎明文化 1979 年），
　 頁 115。
26 參方東美著，孫智燊譯：《中國哲學之精神及其發展》（臺北：成均出版社
　 1984 年），頁 123-162。

神」時，曾特別針對這一事提出他的解釋，他指出訪華時的
杜威，代表作為《哲學的改造》（*Reconstruction in Philosophy*,
1920 年），強調的是工具主義，難怪後來的東美師與之格格
不入。但杜威晚年的《藝術即體驗》（*Art as Experience*, 1934
年），強調生動、濃烈、明朗、機體化的經驗，不只展示了
脈絡主義（contextualistic）的特色，更有若干黑格爾的回
響、共鳴，不難邀其欣賞。這有一定的道理。繼承了牟先生
與東美師的睿智，[27] 我會與西方懷德海與杜威的流亞有進一
步的交流與互動，那是意料中事。

五、全球意識的覺醒以及
未來之展望

我們可以了解牟先生之所以要突出主體與正統意識之因
由：在歷史變故之際，抱著孤臣孽子的心境，的確有這樣的
必要。但如今不只第三代的新儒家有更寬廣的國際視野，今
日世界在進入新的世紀與千禧的當兒，更要面對更緊迫的跨
越傳統國家文化藩籬的「典範轉移」（paradigm shift）的問
題，不能不迫使我們捐棄成見，作更進一步突破的省思。

不像昔日的文明在不同的地域分布發展，今日的世界已
在不知不覺之間演變成了一個地球村。在世界任何一個城市

---

27 我對融通東美師與牟先生思想的可能性有一些初步的構想，1999 年 12 月
在臺北由中國哲學會主辦之「方東美先生百歲誕辰紀念學術研討會」曾宣
讀論文：〈方東美哲學與當代新儒家思想互動可能性之探究〉，現收入拙
著：《現代新儒家之省察論集》，頁 233-251，讀者可以參看。

都有不同的族群、文化、信仰的人們雜處在一起。2001 年
「9.11」恐怖分子襲擊紐約的雙子塔，以及今年（2005 年）
「7.7」，倫敦的爆炸，已充分說明，孔漢思（Hans Küng）
所謂的「沒有宗教的和平就沒有世界的和平」是我們必須正
視的事實。[28]美國布希總統的單邊主義（unilateralism）以強
勢軍力攻佔伊拉克，如今事實說明，不但沒有摧毀所謂的恐
怖分子的基地，反而激起伊斯蘭教徒更深的仇恨。令人震驚
的是，執行倫敦爆炸的竟是在英國生長、自幼接受西方所謂
民主自由教育的伊斯蘭移民的下一代。這很清楚地說明，真
正的禍根不是來自境外的飛彈，而是禍起蕭牆。沒有案底、
外貌溫和的年輕人怎麼會因為反感於種族、文化、信仰的歧
視而轉變成為訴諸暴力的激進分子呢!? 由此可見，真正要
解決問題竟繫於「一念」之間，思想與意識的覺醒，不受外
在因素的扭曲而動搖，持之以恒，最後才有一線希望，得以
終結亂源。其實迄今為止，大多數的伊斯蘭教徒是溫和的，
不可以讓他們聽任情緒的牽制，被少數激進分子牽著鼻子
走。而更重要的是，超強的西方，特別是美國，不可以自以
為是（self-righteous），以民主推銷為名，以種族、文化、信
仰的歧視為實，落實的是變相的帝國主義，那就成為培育激
進恐怖分子的溫床。在這樣的情況之下，一些西方知識分子
如孔漢思能夠徹底自省，直探亂源，委實彌足珍貴，應該得
到我們強力支持，這就是我自始就盡力聲援孔漢思推動《全

28 Cf. Hans Küng and Karl-Josef Kuschel, eds.: *A Global Ethic: The Declaration of the Parliament of the World's Religions* (London: SCM Press, 1993).

球倫理宣言》的原因。[29]

　　孔漢思提議，在今日我們再不能固守壁壘，但也不能隨波逐流，乃至兼容並包也有所不足，而必須自我批評。由現代到後現代，雖然肯定多元文化，卻拒絕相對主義。他發現古今中外的精神傳統所共通的，不在「上帝」的信仰，而在「人道」（Humanum）的關注。這與儒家對「仁」的終極關懷若合符節。我提議對宋儒的「理一分殊」給予創造性的闡釋與孔漢思互相呼應。各精神傳統對人道的關注有不同的展示，分別有其豐富的資源以及缺點與限制，不必強調正統，這才能夠平等對待，交流互濟，指向超越的「理一」，不能為任何一個傳統的「分殊」——包括儒家——所獨佔。

　　孔漢思固然得風氣之先，被尊為「全球倫理」之父，但他的努力絕不是孤立的，得到了廣泛的回響。譬如柯慎士提倡「第二樞軸時代」（The Second Axial Period）的來臨。耶斯柏斯（Karl Jaspers）注意到，在公元前 8 世紀到公元 2 世紀之間，世界各地發生意識轉變、混沌爆破，個體意識（individual consciousness）由集體意識（collective global consciousness）分離出來。如今在世紀之交又發生了意識轉變，一種新的全球意識（global consciousness）正在滋生出來。孔漢思的盟友，同屬天主教信仰的史威德勒（Leonard Swidler）則指出，在 18 世紀啟蒙時代以後，西方已走上了典範轉移的過程。約言之，直到 20 世紀，西方的真理觀念

....

29 參拙著《全球倫理與宗教對話》，臺北立緒文化事業有限公司 2001 年版。下面相關議題的討論均請參閱這本書。此書以第一時間把這一新的動向向中文世界作了全面的報導與檢討。

還大體是絕對的、靜態的和獨白式的，但不斷演化為非絕對
的和對話式的，也可以說是「關係式的」（relational）。來自
不同區域的思潮不約而同地帶給我們「非絕對化」
（deabsolutized）的信息。我們同時拒絕「絕對主義」與
「相對主義」，而肯定「相關性」（relationality）。正因為大家
來自不同的草根層面，各人有各人的觀點，卻有必要互相溝
通。現在我們明白，無論伊斯蘭教、基督教、俗世觀、佛教
等不同傳統，都有侷限性，彼此之間必須通過對話以擴大、
深化、增富自己。由「獨白時代」（age of monologue）走向
對話時代「（age of dialogue）。而他認為我們今日的選擇乃
是：「對話或死亡」（dialogue or death）。[30]由「9.11」雙子塔
的恐怖襲擊與倫敦爆炸的現況來看，這絕不是知識分子的杞
人憂天或者危言聳聽，而是我們必須正視的一種情境。

最近史威德勒、白詩朗和我共同主編一部英文的論文
集──《在對話中的儒家》，我們合撰導言，並分別提出論
文以促進彼此之間創造性之交流。[31]史威德勒現在天普大學
宗教系任教，主持一個全球對話中心。他是在歐洲受到訓練
的美國神學家，雖然有天主教的背景，卻能夠吸納懷德海與
杜威的睿識，我曾經撰文介紹他大力推動世界倫理的努

30 Leonard Swildler, ed., *For All Life: Toward a Universal Declaration of a Global Ethic: An Interreligious Dialogue* (Ashland, Oregon: White Cloud Press, 1999), pp. 15-16.
31 該論文集與我的論文，參注 24。他們二人的論文是：John Berthrong, Boston Confucianism: The Third Wave of Global Confucianism, pp. 26-47, Leonard Swidler, What Christianity Can Offer China in the Third Millennium, pp. 153-170. Swidler 還為西方讀者提供了一篇介紹性的論文，Confucianism for Modern Persons in Dialogue with Christianity and Modernity, pp. 12-25.

力。[32]他的文章盡量彰顯耶穌的人性，無疑可以促進雙邊的交流。白詩朗現任波士頓大學神學院副院長。他出身於芝加哥大學，有過程神學的背景，也是研究朱熹的專家。他是波士頓儒家的代表人物之一，他雖然激賞牟宗三，但卻與杜維明相反，致力弘揚的不是孟學，而是荀學，意識到在現代社會重新建立禮儀的重要性。我自己如前所述，近年來致力於「理一分殊」的創造性的闡釋。我們三人來自完全不同的背景，但從 1988 年在香港舉行的第一屆儒耶對話的國際研討會開始，通過長時間創造性的交流，已經凝聚了相當的共識。我們都拒絕自然的二分，深信存在與價值不可分割，體現天人合一的睿識（an anthrocosmic vision），分別由不同的視域展示對於「超越」的終極關懷，絕不隨波逐流。我們積極推動全球倫理的發展，致力於文明的拓展，知其不可為而為，正視世界人生的危機，謀求救贖之道。

在不斷開展的過程中，我深切了解自己傳統的寶貴的資源與嚴重的限制，正如梁漱溟所指出的，中國文化太過早熟，分殊的拓展嚴重不足，一元正統的意識過強，以至未能充分具現《易傳》所揭示的生生不已的理想，使得文化出現長期呆滯的現象。到了西學東漸，疾捲神州，幾乎遭遇亡國滅種之痛，這才幡然醒悟。「五四」高舉「德先生」、「賽先生」的旗幟乃是正途，但不免落入文化虛無主義的深淵。新儒家如牟宗三由道德心的直貫轉往認知心的坎陷，的確指示了一個正確的方向，但對傳統現代化必須面對脫胎換骨的困

------

32 參拙作〈宗教情懷與世界倫理——以史威德勒為例〉，現收入拙著《全球倫理與宗教對話》，頁 87-115。

難,顯然估計得非常不夠。故我放棄這樣的說法,也避免了泛道德主義的誤導。終極的「理一」根本超越名相,潛藏的生力要具現卻必須通過對偶性,客觀化(objectivize)成為「科學」(真)、「道德」(善)、「藝術」(美)等等的不同「文化形式」(cultural forms),以及東西文化的「分殊」。但分殊而不流於相對主義,萬變不離其宗,仍指向超越的「理一」。在今日沒有人能建構一個永恒不變的系統,只有面對具體的時空,隨感隨應,萬古常新,才能具現「生生而和諧」的動態的均衡,只有在這樣的終極托付下才可以看到未來希望的曙光。

※本文原刊於《人文論叢:2006年卷》,馮天瑜主編(武昌:武漢大學出版社,2007)。

對於「全球對話的時代」的回應

一、引語

　　這次大會的主題是「衝突與調和於中國學」。其實在 1985 年 3 月 11 至 16 日我還是香港中文大學哲學講座教授的時候，就已經在中大召開過「調和與衝突」的國際哲學研討會（International Philosophy Conference on Harmony/Strife），英文的論文集由中文大學出版社在 1988 年出版。[1]但如今已過了近二十年，我們已進入新的世紀與千禧，問題展現了前所未見的新視野。1993 年由孔漢思（Hans Küng，又譯漢斯・昆）起草的「世界（全球）倫理宣言」在芝加哥舉行的「世界宗教會」（Parliament of the World's Religions）獲得通過。[2]在文藝復興以後，孔漢思指出，我們現在正經歷新的「典範的轉移」（Paradigm shift），[3]最重要的轉變在全球意

1　Shu-hsien Liu and Robert E. Allinson, eds., *Harmony and Strife: Contemporary Perspeetives: East and West* (Hong Kong: The Chinese University of Hong Kong Press, 1988).

2　Hans Küng and Karl-Joscf Kushel, eds., A *Global Ethic, The Declaration of the Parliament of the World's Religions* (London: SCM Press, 1993).

3　Cf. Leonard Swidler, ed., *For All Life: Toward a Universal Declaration of a Global Ethic: An Interreligious Dialogue* (Ashland, Oregon: White Cloud Press, 1999), pp.4-11.

識的覺醒。孔漢思認為，沒有宗教之間的和平就沒有世界的
和平。[4]斯維德勒（Leonard Swidler，又譯史威德勒）加以
呼應，更戲劇化地宣稱：「不對話，就死亡」（Dialogue or
Death）。我也由中國，特別是儒家的觀點，全力給與聲援。[5]
這就是我們在當前面對大會主題必須加以回應的處境。

二、斯維德勒的《全球對話
的時代》

孔漢思對全球倫理的貢獻是眾所周知的，他被聯合國主
持「普遍倫理計劃」的金麗壽（Yersu Kim）博士譽為「世
界倫理之父」，可謂實至名歸。但長年與孔漢思並肩作戰、
同有天主教背景的斯維德勒在這方面的努力卻未受到充分的
注意，不免令人感到惋惜。最近人民大學的劉利華翻譯了他
的《全球對話的時代》，[6]我選擇以第一時間對斯維德勒的大

....

4　參拙作：〈宗教信仰與世界和平〉，現收入拙著：《全球倫理與宗教對話》
　　（臺北：立緒文化，2001），頁 1-13。

5　Shu-hsien Liu, "Reflections on World Peace through Peace among Religions—A
　　Confucian Perspective, " *Journal of Chinese Philosophy*, vol.22, no.2 (Jun. 1995),
　　193-213;Shu-hsien Liu, "Reflections on Approaches to a Universal Ethics from a
　　Contemporary Neo-Confucian Perspective, " in Leonard Swidler, ed., *For All Life*,
　　pp.154-171.
　　拙著：《全球倫理與宗教對話》在 2001 年出版（參註 4），是第一部有關這
　　方面的中文論著，第一時間把聯合國教科文組織（UNESCO）成立「普遍
　　倫理計劃」（Universal Ethics Project, 1997-1999）以來世界在這方面的關
　　注、發展和動態介紹到中華文化圈，並由新儒家的觀點作出積極的回應。

6　斯維德勒著，劉利華譯：《全球對話的時代》（北京：中國社會科學出版
　　社，2006）。我把全書很快地通讀一過，發覺譯者對於斯維德勒的思想脈絡

著由新儒家的觀點在國際會議上作出回應，希望大家能夠重
視他提出的議題。可惜譯文有許多問題，不能用嚴格學術觀
點衡量，不免令人遺憾，祈學者亮詧。

和問題有大體的掌握，已屬難能可貴。可惜譯者的專業不是漢學與中國哲
學，常識不夠廣博，又不肯向人請教，以至未用一些慣用的譯名，甚至有
些錯誤，不免令人感到遺憾，盼再版能夠改正過來。舉例說，頁38日本禪
佛的宗派如 Rinzai（臨濟）、Soto（曹洞），概念如 Anicca（無常），沒有譯
出來。頁86 Jungians 譯為「支持易雍的人們」，其實應作「榮格（Jung，著
名心理分析學者）的追隨者」。頁149 Maimonides 譯為「麥諾尼德斯」，這
位大師的名字沒有「諾」音，顯係誤譯。頁207，「沒有屬性的 Nirguna 婆
羅門」，婆羅門一般指種姓階級，此處指本體，應譯為「梵」。Advaita 應譯
為「不二」，註文 Tillich 名著 *Courage To Be* 譯為《是的勇氣》，當作《生存
的勇氣》。頁210 Avidya 譯為「無知」，當作「無明」。頁211第六種體系未
附原文，譯為「吠陀哲學」，我猜想是 Vedanta（吠檀多），當係誤譯。頁
216 未譯 anatta（無我）。最糟糕的是華裔學者與漢學家習用的中文名，疏
失連連，甚為可憾。Julia Ching 是秦家懿，誤作秦「嘉」懿。頁229
Neville 的中文名是「南樂山」，Berthrong 是「白詩朗」，這是他們自己取的
名字。（註1）林何是「賀麟」，Wing-tsit Chan 是「陳榮捷」，亂譯不如不
譯。Umberto Bresciani 的中文名是「白安理」。他把業師方東美歸於第二代
是錯誤的，東美師教過唐君毅先生（與牟宗三先生同生於1909年），他不
可能與牟先生同輩，譯註應加說明。頁231，de Bary 慣常的譯名是「狄百
瑞」，Legge 是「理雅各」，Pfister 自己取的中文名是「費樂仁」。頁233
〈中國文化與世界宣言〉由港、臺、海外的四位學者簽署，不能說是「在
臺灣的新儒家」；註 Carsun Chang 的中文名是張君勱。頁250日本學者
Masao Abe 的名字是「阿部・正雄」。頁374（註1）清華的錢遜誤作錢迅。
頁321 應當作「世界宗教會」，不是「世界宗教（議）會」。最後佛教的三
身，一般謂「法身」、「化身」、「報身」，書中有時說「應身」，或者無妨，
但至少前後要自圓一致，而我發現頁256/372就有不同的說法。最離譜的
是，頁210商羯羅的生卒年（788-820）誤為公元前。校對也不夠好，有一
些錯字。用嚴格學術標準，像這樣的譯作是通不過的。作為一般讀物，可
以啟發思想，只有勉強接受，希望在將來能夠提升到較高的水平。順便一
提，我反對大陸流行翻譯腳註中的書名和出版者的做法。這樣做會造成無
法還原到原出處的惡果，失去了腳註本來的目的與功效。為了幫助不諳英
文的讀者，即使翻譯，也得保留原出處，以便查究之用。以下凡出處見此
書者，不煩備載。

其實斯維德勒這部書，是長期耕耘日積月累的成果。簡單來說，1990 年他已發出「死亡或對話」的呼號。[7]1992 年他應邀起草了一份「全球倫理宣言」於 1993 年 1 月在奧國舉行的猶太、基督、伊斯蘭教的三邊會議提出，1995 年修正後正式發表出來。1993 年他襄助孔漢思起草、由世界宗教會通過的「世界倫理宣言」，孔漢思的原稿是德文版，英譯即出自他的手筆。孔漢思又再接再厲，起草「人的責任之世界宣言」，由互動會（Interaction Council）於 1997 年 9 月 1 日正式提交給聯合國，斯維德勒和我都有份參與原稿的修訂。更重要的是，他把這三篇宣言收入他編的集子中，廣邀各精神傳統有代表性的人物作出回應，在 1999 年出版，成為這方面最重要的文獻之一。[8]

至於《全球對話的時代》這本書，據譯者說，乃是斯維德勒另一本著作：《走出絕對——宗教反思對話的未來》的擴展本。[9]有意思的是，譯者在譯後記透露：

> 與 1990 年出版的《走出絕對——宗教反思對話的未來》相比，《全球對話的時代》中有三分之一的內容是新的。……這些新增的內容若以字數計，是五萬英文單

---

7 Leonard Swidler, ed., *Death or Dialogue* (Philadelphia: Trinity Press International, 1990).

8 此即他負責編纂的 *For All Life* 一書，也是我寫《全球倫理與宗教對話》最主要的依據之一。另一重要依據是 *Global Dialogue*, vol. 2, no.1 (Winter 2000)「信仰的新宇宙」專輯。

9 Leonard Swidler, *After the Absolute: The Dialogical Future of Religious Reflection* (Minneapolis: Fortress Press, 1990).

詞，十萬漢字，佔到全書的三分之一。因此卅萬漢字的
《全球對話的時代》一書嚴格來說，現在還只有中文
版，而無英文版。[10]

正是因為這樣的情況，即使我想找原文核對，也是沒有可能
的。但譯文雖有一些問題，思想脈絡仍清晰可見，不會造成
障礙。全書共分六篇：

第一篇：對話的基礎

第二篇：宗教（意識形態）的意義

第三篇：「內部」對話

第四篇：「彼此」對話

第五篇：世界中的對話

第六篇：嘗試了的對話

　　我打算要討論的重點不在前三篇。首先我預設對話的必
要與重要性，不必在此多費唇舌。其次，我因為受到田立克
（Paul Tillich，又譯蒂利希）的影響，把宗教寬泛地理解為
「終極關懷」（ultimate concern），[11]所以不會陷入「無神宗
教」一類的爭議。而我寧可用「精神傳統」（spiritual tradi-
tion）一詞，儒家無疑是一個精神傳統，卻不是一個組織宗
教，那就不必捲進「儒家是不是一個宗教」一類無謂的爭論
之中。而 Confucianism 應譯為「儒家」，不作「儒教」。斯

....

10 斯維德勒，《全球對話的時代》，頁 385。譯後記把 1990 年出的書名譯為
　　《走出絕對──宗教反思對話的前景》，我依譯序，把「前景」二字校正為
　　「未來」。不應在同一書把同一資料譯成不同的樣子。

11 Paul Tillich, *Dynamics of Faith* (New York: Harper & Row, 1957), pp.1-4.

維德勒所謂「內部」對話是指基督宗教（包括天主教、新教
與東正教）內部的對話。他要說服不同宗派的基督徒互相對
話，與我們沒有太大的關係。第四篇：「彼此」對話，是我
關注的一個重點所在。裡面包括猶太教、基督教和伊斯蘭教
三方的對話。這對我們來說雖是亞伯拉罕傳統的「內部」對
話，但必須有這樣的基礎才能講東西的對比和異同。其次，
東方的精神傳統又要分成兩個支脈：源出南亞的印度教和佛
教，以及瀰漫東亞的儒家以及道家傳統。[12]斯維德勒的心靈
雖然是開放的，他對於東方，特別是東亞傳統的理解卻明顯
地不足夠，有必要給與回應。第五篇主要的內容是全球倫
理，這已討論得夠多了，此處不贅。第六篇：嘗試了的對
話，裡面包括兩章：「基督教『普世的世界語』的試驗，與
「我們對終極實在的理解塑造我們的行動」，提出了一些很
有意思的觀點與論斷，我也願意給與回應。

三、猶太教、基督教和伊斯蘭教
三方的對話

　　源於西亞的希伯萊信仰（Hebrew Faith）發展成為猶太
教、基督教與伊斯蘭教，這三大西方宗教都可追溯回到始祖
亞伯拉罕，可以稱之為亞伯拉罕傳統。斯維德勒是美國天主

----

12 南樂山在他的《波士頓儒家》一書中採取西亞、南亞、東亞的三分法，這
　樣的分疏有它的方便，Cf. Robert Cummings Neville, *Boston Confucianism*
　(Albany: State University of New York Press, 2000), pp. 115-121.

教徒，在費城的天普大學主持一個全球對話中心。他的心靈開放，秉持二十世紀六十年代梵蒂岡二次大會的精神，推動宗教對話不遺餘力。作為一個基督徒，他首先致力於推動基督宗教（包括天主教、新教與正教）的內部對話，而後擴展到猶太教、基督教與伊斯蘭教的彼此對話。但是對我們東方人來說，這還是亞伯拉罕傳統的內部對話。但我一向認為，一個源遠流長的精神傳統像基督教內部的分疏：如基本教義派和自由份子之間的巨大差別，還遠大於新教徒如波士頓大學神學院的南樂山（Rober Neville）和白詩朗（John Berthrong）與新儒家如哈佛的杜維明之間的差別。令我感到驚詫的是，斯維德勒毫不掩遮基督徒對自己傳統的無知，對猶太教、伊斯蘭教的扭曲和仇恨，坦承一直要到今天，通過尖端知識份子的反省，才出現了一個新局面。

斯維德勒的基本立場是，必須對自己傳統有深切的了解，才能與其他傳統有意味深長的對話。而弔詭的是，正是通過與猶太教的對話，基督徒才能對自己的傳統有比較深入的理解。在《全球對話的時代》一書中，斯維德勒一個中心的關注，即有關基督論的對話。他最有特色的地方在，他有強烈的尊重歷史的眼光，尖銳的批判意識，卻一點也不妨害他對基督教的終極關懷的信仰，突出脈絡思考，而不流於相對主義的謬誤。

一般對於基督教的了解是，耶穌基督把猶太教這樣一個部派的宗教轉化成為了普世的信仰，強調慈悲大愛。而耶穌基督既是人（有限）又是神（無限），引致了邏輯上無法化除的矛盾。法利賽人的庸俗，猶大的背叛，在後世讓猶太教

污名化。最後二次大戰納粹排猶大屠殺，戰後終於促成以色
列建國，到如今中東還陷於熱戰的恐怖之中，令人遺憾。但
如今世界變成了地球村，不對話即死亡，在歷史上互相隔絕
的精神傳統無可避免地有了以往無法想像的接觸，而轉出了
新局。

斯維德勒承認，直到最近，幾乎所有基督教學者對於拉
比（rabbi，猶太教士）文獻還是完全無知，並主張，基督
徒非常需要聽猶太人對基督教說「不」。多少個世紀裡基督
教學者都一直堅持認為，耶穌是反對律法（Torah，舊約聖
經卷首的五書）的。他們忘記了，作為基督教柱石的拿撒勒
的耶穌不是基督徒，他不僅在種族上、人種上，而且在宗教
上也是一個猶太教徒。這意味著他在相當核心的意義下實踐
著律法。絕大多數基督教學者不清楚，耶穌是一個猶太教拉
比，他們也不了解耶穌時代的猶太教。其實在耶穌活著的時
候，至少有六種可識別的主要團體：⑴撒都該教派（the
Sadducees），⑵狂熱派（the Zealots），⑶禁欲派（the Essenes），
⑷希臘派（the Hellenists），⑸法利賽人（the Pharisees），⑹
原型拉比派。法利賽人最早出現於歷史上耶穌誕生一個半世
紀以前，強調成文的和口述的雙重律法。具有諷刺意味的
是，法利賽人在基督教歷史上最經常被描寫成耶穌以及基督
教的敵人，當今許多學者卻確信法利賽人的教派是與耶穌靠
得最近的團體。甚至有時被說成基督教的製作者保羅，也不
僅完全是猶太人，而且他還是一個法利賽人。在《馬太福
音》第五章十七～十九節耶穌說：「不要想我來要廢掉律法
和先知。我來不是要廢掉，乃是要完成。」後世卻偏偏不理

會這樣一目了然的文本的證據。基督徒每每說猶太教是律法宗教，基督教是愛的宗教，當然是高級得多。但耶穌最中心的教誨是，全心全意地愛上帝，愛鄰如己，《路加福音》第十章第 25-28 節耶穌在答覆一個律法師時就明白說這兩條戒律都來自猶太人的《聖經》：〈申命記〉與〈利未記〉。耶穌形成了他自己解釋和運用律法於生活的方式，不同於卷帙浩繁的猶太教法典（Talmud）的簡單化的方式。一些猶太教徒認為耶穌對律法的「自由的」處置更像開明的希勒爾（Hillel, 70B.C.E.~10C.E.），而不像保守的山邁（Shammai, 50 B.C.E.~30C.E.）。無論如何耶穌這樣解釋和運用律法是遵循著好的拉比的實踐要求，並沒有越出猶太教的界外。無論如何，耶穌最與眾不同之處在，他不是按照教律活著，卻是按照他的遠為超越的虛心無我的理想而生活，超出法庭的規定，甚至達到了為了朋友的緣故而痛苦地死去的程度——他的智慧和愛透出了神性的光輝。

由以上所說，可見耶穌雖與眾不同，獨一無二，然而在他的時代並沒有越出猶太教的界限之外。他後來的追隨著對他的信仰才是最終走出猶太教之外的原因所在。不僅耶穌完全是猶太人，他的第一批追隨者的聯合——起初的基督教會，也是猶太人，多方面接近法利賽人的教義和習俗。但是在以色列之外的猶太教堂裡，也有數量眾多的所謂「敬畏上帝者」。他們乃是接受教義、倫理、《聖經》，像安息日一類主要的膜拜儀式，但未行割禮，也不遵守猶太教所有的例行律法的非猶太人。這些人形成了以色列之外第一批道的追隨者。但到後來，對道的理解也有了分歧，對於法利賽人的追

隨者來說，這道是 halacha，而對於耶穌的追隨者來說，這道是 hodos。在開始的時候，基督教和拉比猶太教只是兩種不同的做猶太人之道。道對於基督教是希臘語的，對於猶太教徒是希伯萊語的。基督教既在成員組成上，也在思想模式上都提早地沉浸於希臘文化之中。這帶來了益處，也帶來了問題，最後終於導致全面地拒絕其猶太教之根的結果。

　　這真可以說是差之毫釐，謬以千里。以希臘化的思想去詮釋希伯萊的信仰，不免有本體化的傾向，這問題聚焦於對耶穌的神性的理解之上。回到希伯萊原來的脈絡，耶穌從來沒有光耀他自己，他只是要信眾專注於實踐他所宣示的道。在天上光耀上帝（超越），在人間愛鄰如己（內在）。耶穌是有限的人，卻閃耀著神性的光輝，從來就沒有耶穌是神的問題。但希臘化思想本體化的傾向才把耶穌轉化為神，而在邏輯上產生了耶穌既是「人」（有限）又是「神」（無限）的無可解消的矛盾。這也牽涉到基督教在發展過程中語言的誤用：希伯萊的表達是譬喻式的，希臘化的表達卻轉化為實指式的。於是「神性的」原來只是形容詞，後來卻轉化成為了「神」的名詞。對於「復活」的理解也有同樣的問題。四福音書之中，只有最後起的《約翰福音》，明顯地已經受到了希臘化的影響，才講「道成肉身」（Incarnation），指向後世「三一」（Trinity）第二身「神子」耶穌既是人又是神的說法。而這經過了長期的發展，在尼西亞（Nicaea, 325 年）、君士坦丁堡（Constantinople, 381 年）和卡爾西頓（Chalcedon, 451 年）召開的幾次公會議上對於基督論的教理的理解本來是猶太人的非本體論的方式，後來被希臘化的思想方式所淹

沒了。

當然斯維德勒並無意完全否定這種以本體論的方式對於基督論的教理的理解。他注意到基督教和佛教的對話可以給予重要的啟發。在佛教發展的過程中,從「教人的喬達摩」到「被稱頌的佛陀」,與從「歷史的喬達摩」(釋迦牟尼)到「信仰的佛陀」(彌勒佛與阿彌陀佛),也一樣經過了本體論化的階段,與基督教的從「教導人的耶穌」到「被稱頌的基督」,從「歷史的耶穌」到「信仰的基督」,有著平行的發展。對於「無限」(超越)的信息是通過「有限」(內在)來傳達的。在二十一世紀,有批判思想的基督學者都不再生活在一個以「實體論」的範疇來認知實在的世界裡。這種認知範疇是卡爾西頓的神父們在中世紀的脈絡下所使用的,它主要屬於亞里士多德的思想世界。二十一世紀的基督徒生活於一個後康德、維根斯坦、伽達默爾(又譯高達美)的哲學世界,有新的要求深入研究當時那些神父們的意圖,並將其以當代思想範疇表達出來。說「耶穌是上帝」的意思是,上帝是「光」,而基督徒相信,耶穌是以可能是最完滿的方式得到了覺悟之光。他被光所充滿,是「真光,照亮一切生在世上的人。」(《約翰福音》,第一章第九節)。

斯維德勒不只在思想觀念上肯定宗教對話,還在實際上大力推動猶太教、基督教和伊斯蘭教三方的對話。德國前總理舒密特即坦承,他回憶兒時的教育,身為基督教徒,竟從來不知道另有同源的猶太教與伊斯蘭教。[13]這樣就很容易因

....

13 Helmut Schmidt, "The Abrahamic Faiths and Religious Toleration," *Global Dialogue*, vol. 2, no.1 (Winter, 2000), pp.21-24.

無知與隔閡而把對方妖魔化，在當前的確有必要儘快把情況
加以改善。斯維德勒指出，在這三種閃米特或亞伯拉罕的宗
教至少有下列共同處：(1)它們來自同一個希伯萊人之根並宣
稱亞伯拉罕為始祖，歷史、文化、宗教的傳統為同一源泉。
(2)三者都是倫理的一神論傳統，崇信一位慈愛的、正義的造
物主上帝為所有實在的源頭。(3)三者都是歷史的宗教，都信
上帝通過人類歷史施為，顯著的有摩西（出埃及）、耶穌
（釘十字架）、穆罕默德（從麥加到麥地那的逃亡）來傳達
其意志。(4)三者都是啟示宗教，有兩種特別的傳播媒介：先
知和神聖的經典（《舊約》、《新約》與《古蘭經》）。當然三
者也有重大的分歧：猶太教主張救世主彌賽亞還沒到來，基
督教崇信「三一」，回教徒則相信通過穆罕默德宣示的《古
蘭經》是上帝最後的啟示。在長久歷史發展的過程中，基督
教內部在近代歐洲因實行政教分離而終止了宗教戰爭。排猶
的大屠殺造成巨大的悲劇，但二戰以後情況改善，如前所
述，不通過與猶太教的對話，基督徒對自己的傳統竟難有更
深刻的了解。而當前最迫切的是與伊斯蘭教的對話。不只中
東以色列與巴勒斯坦以及中東各回教國家的敵對是禍亂之
源，如今恐怖主義者對全世界構成威脅。我們不能聽由無知
和偏執所宰割，被少數極端恐怖份子所劫持而把世界和人類
帶往毀滅的邊緣。[14]

14 西方普遍流行對伊斯蘭教的污名化。事實上 Islam 的本義是「服從」上帝，
也有「和平」（salam）的涵義。而 Jihad 則被曲解為「聖戰」。其實它是阿
拉伯語的「鬥爭」，最重要的是針對一個人內心不虔誠的內部鬥爭，又指反
對壓迫真正宗教的外部鬥爭。而「原教旨主義」（Fundamentalism）則是二
十世紀由一群保守的新教徒杜撰出來的名詞。其傾向是對文本作拘泥於字

是在這樣的脈絡之下，產生了「國際學者三方對話年會」（International Scholar's Annual Trialogue，簡稱 ISAT）。經過了好幾年的籌備，第一次年會於 1989 年在費城舉行。第二次年會於 1992 年於亞特蘭大舉行，所面對的僵局是，三者都有一種不可商量的「絕對」堵塞了真正對話的可能性：被揀選的民族和被允諾的土地，基督、《古蘭經》。在持續不斷的重新考慮之下，猶太人所謂被揀選的民族／被允諾的土地只是一種「相對的絕對」。耶穌之所以神聖，是因為他完全地向所有實在（包括終極實在上帝），開放，並為其所滲透。不過，耶穌的人類性被神聖性充滿並不意味著神聖便不會滲透包括其他宗教人物的其他存在。而《古蘭經》雖被理解為上帝的信息，卻必須通過一個人類存在以有限的語言把它傳達給有限的人類。而且它明言，上帝並不希望所有人都遵循伊斯蘭教，只要人們遵循自己的良心，就將被賜福。可見伊斯蘭教的「沒商量的絕對」同樣也常常以一種非絕對的方式被理解。第五次年會於 1993 年 1 月在奧地利的格拉茨（Graz）舉行，斯維德勒應邀發表了他為大會準備的《走向普遍的全球倫理宣言》。

亞伯拉罕傳統的三大一神教一向有排他性的、絕對主義的傾向。但經過他們自己的努力，尖端知識分子已經有了轉向的契機，並把對話擴展到非亞伯拉罕傳統的範圍以外。

面的解釋，把「真理」認為是排他性的，持一種絕對主義的態度。這種僵化的心態在各傳統之內都可以找到。僵化的絕對主義和由之衍生出來的恐怖主義都是我們反對的東西。

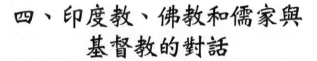

四、印度教、佛教和儒家與
基督教的對話

　　1989 年 2 月我應邀到巴黎參加聯合國教科文組織主辦的
「世界宗教與人權」的研討會，孔漢思提出：〈沒有宗教之
間的和平就沒有世界的和平〉，由六大宗教的代表，包括猶
太教、基督教、伊斯蘭教、印度教、佛教與儒家對之作出回
應。後來我才發現，這個會議正是三方會談，93 年世界宗
教會的「世界倫理宣言」，以及聯合國「普遍倫理計劃」的
共同源頭。在斯維德勒的《全球對話的時代》一書中，他把
主要的關注放在三方會談，只把剩餘的精力兼顧與東方傳統
的對話，當然是十分地不足夠了。[15] 而譯者不熟諳東方哲學
慣用的術語人名，也造成了額外的障礙。

　　斯維德勒一開始便說，源於印度和中國的東方宗教與亞
伯拉罕傳統之間的差別要大得多。南亞的印度教與佛教以及
東亞的儒家有高度自覺的代言人，道家卻沒有，故未立專章
討論，而且只談少數幾個要點便滿足了。但斯維德勒未對印

15　《全球對話的時代》有印度教、佛教、儒家的分章，但份量偏少，而且根
　　本就沒有道家的分章。但應該指出的是，斯維德勒編的 *For All Life* 一書，
　　裡面包括他邀請的東方精神傳統的代表對全球倫理作出的回應，多少可以
　　彌補此書的不足。參拙作：〈從比較的視域看世界倫理與宗教對話——以東
　　方智慧傳統為重點〉，現收入拙著：《全球倫理與宗教對話》，頁 147-173。
　　又參休斯頓・史密士（Huston Smith）著，劉安雲譯：《人的宗教》（臺北：
　　立緒文化，1998），裡面有印度教、佛教、儒家、道家，以及伊斯蘭教、猶
　　太教、基督宗教的分章。

度傳統作一簡單概述，一上來就作有關終實在的理解的比
論，不免叫人摸不到頭腦。我在這裡補上簡單的概述，那就
容易了解多了。

印度最早的聖書是《四吠陀》（The Vedas），崇信多神
教（polytheism），然後經過了尊一神教（henotheism）、交替
神教（kathenotheism）的階段，歸結於一神教（monotheism）
兼泛神教（pantheism）的信仰。奧義書（The Upanishads）盛
張「梵」（Brahman，不可誤譯為婆羅門，那是種姓制度的最
高階級）「我」（Atman，指精神大我，與小我，jiva，截然有
別）一如之旨。梵為終極實在，宇宙萬有之源，顯現為創造
神 Ishvara（上帝），守護神（Vishnu，毗濕奴）和破壞神
（Shiva，濕婆）三個方面。但更終極的是無性相的
（Nirguna）梵。斯維德勒即將之與亞伯拉罕傳統所彰顯的
位格神對比。但他指出，把印度的婆羅門教信仰理解成為採
取一種否定世界的態度，乃是明顯的誤解。

在聖書時代之後，印度又經歷史詩時代。印度有兩大史
詩：《摩訶婆羅多》（Mahabharata）與《羅摩雅那》（Rama-
jana），前者講五河時期的戰爭，後者講羅摩王子南下去找
他的妻子息姐的故事。《薄伽梵歌》（The Bhagavada-Gita）
是由《摩訶婆羅多》抽出來的部分，對於印度人的思想影響
至鉅。克里希那（Krishna，毗濕奴化身）在戰場上教導王
子要勇敢作戰，現世既生而為武士，就要盡力履行自己的職
責，而殺戮不會對「精神的大我」造成任何傷害。其實印度
傳統從不教人避世，人可以追求(1)享樂、(2)成功、(3)服務，
但最高的價值是(4)解脫。

婆羅門教（Brahmanism）在長期宰制印度文明之後變得僵化墮落，而引起了非正統的耆那教、佛教與順世外道的反對與批判。佛教甚至一度成為聲勢浩大的信仰。但旋即衰落，後來在印度本土消失，而有印度教（Hinduism）的復興。然而後世對正統有不同的解釋，於是編纂經書（sutras），形成六派哲學，可以分為三組：(1)勝論派（轄正理派）是實在論；數論派（轄瑜伽派）是二元論；唯有吠檀多派（轄彌曼差派）吸納了佛教的辯證思想，重新豐富傳統，以後與民間流俗結合，形成印度教的信仰。「吠檀多」（Vedanta，意思是 end of Veda，吠陀的終點，不可誤譯為吠陀哲學。）這派最大的宗師是商羯羅（Shankara, 788～820），主不二之吠檀多（Advaita Vedanta），只要超越「迷幕」（maya）的障蔽，就可以體現梵我一如。無性相的「梵」與佛教的「空」其實並沒有那麼巨大的差別。而後世竟然把佛陀當作毗濕奴的第十個化身，故佛教的消失實質上是與印度教的合流。商羯羅無疑佔主流的地位，一直到當代還有深遠的影響，拉達克里希南（Sarvepalli Radhakrishnan, 1888～1975）曾給與不二的吠檀多以全新的詮釋。但吠檀多還有其他不同的詮釋，最重要的是羅摩奴闍（Ramanuja, 1056~1137）的限制不二論與瑪德華（Madhva, 1197~1276）的二元論。斯維德勒把無性相的梵解作亞里士多德的「純粹潛能」（pure potentiality）是不當的，因為這是推出來的概念，也不是比有性相的梵更終極的實在。斯維德勒欣賞限制不二論，不取商羯羅的不二論，因為他拒絕 Mayavada（迷幕論）否定世界的態度。但他這樣的理解不免把商羯羅過分簡單化，沒有正視拉達克里

希南對不二的詮釋：Maya 並不能等同於 unreality（不真實），不二論其實兼顧到「超越」（transcendent）與「內在」（immanent）的「兩行之理」。但斯維德勒的指向是不錯的。如果基督教多強調「否定神學」（negative theology）的面相，以上帝不能以世間的語言來形容，而印度教也強調 Ishvara 之創世，雙方都認定要通過有限去攝受無限的信息，那麼即使彼此側重的面相還是有所不同，卻已有了進一步對話的基礎。

　　如前所述，佛教乃乘婆羅門教之弊而起，正統講「常、樂、我、淨」，相信有永恆不變的本體，非正統的佛教思想卻以之為「無明」與執著的結果，而加以徹底批判。原始佛教的「三法印」即：「諸行無常」（anicca）、「諸法無我」（anatta）、「涅槃（nirvana）寂靜」，整個顛覆了正統的思想。與印度教的一章一樣，斯維德勒對佛教也沒有簡單的概述即進行比論，在理解上造成了困難，我在這裡也得補上必要的背景。佛教源起於淨飯國王子喬達摩（Gautama Siddhartha, 563~483 B.C.E.）看到老、病、死的現象，決心追求解脫道。結果發現苦行不是正途，在菩提樹下悟道，成為歷史上的佛陀（the Buddha），嗣後說法四十九年，終於歸寂。由於釋迦牟尼在不同的時期講不同的道理，佛滅後有三次大結集討論佛理，始終未能取得共識。如今所謂南傳佛教保留了佛教最古老的文獻，即巴里藏，在錫蘭（或斯里蘭卡）被視為正統。他們自稱 Theravada（長老之教），最接近佛陀原來宣講的教理。但在印度，佛學卻有了進一步的發展，自稱 Mahayana（大乘），而把原始佛教稱為 Hinayana

（小乘）。一般而論，二者主要的差別在，小乘求自渡，成就阿羅漢果；在哲學上主多元實在論；崇信歷史的佛陀。大乘求他渡，菩薩（覺有情）留在世間渡化，最後成就佛果（自覺、覺他、覺行圓滿）；哲學上主理想主義一元論；崇信過去、未來諸佛。小乘分為許多部派。大乘主要是空、有兩宗。龍樹（Nagarjuna）通過破實體與因果的辯證體現緣起性空（Sunyata）。有宗則是無著（Asanga）、世親（Vasubandha）兄弟講唯識法相，說明現象世界不外乎八識（Vijnanas，眼、耳、鼻、舌、身、意、末那、阿賴耶識）的變化。

原始佛教講四聖諦（苦、集、滅、道）與八正道（正見、正信、正言、正行、正生、正力、正心、正定）。大乘佛教才通過經論把教理加以繁衍。唐代玄奘到印度取經，大量譯經，造成隋唐佛學盛世。但中土流行的並不是印度的空、有二宗，而是中國式的佛教：華嚴、天台，其根據在釋迦晚年宣說的圓教。而達摩則在梁武帝時一葦渡江，繼承迦葉尊者以心傳心、不立文字的口述傳統，成為中土禪宗初祖，到六祖惠能而大盛，是所謂的頓教。佛教通過中國傳到韓國、日本。在日本淨土宗大盛，與禪宗以及本土的武士道（Bushido）合流。到了當代，鈴木・大拙（D.T. Suzuki）以英文著述，把禪佛（Zen Buddhism）介紹到西方，成為時尚。

佛教源遠流長，不是三言兩語可以說得清楚的。超越了表面上位格神（基督教）與無神（佛教）的對立，斯維德勒的策略是，回到源頭，由耶穌和喬達摩找到驚人的相似處。耶穌繼承拉比們教導的核心比喻：「上帝的君臨」，在《路加

福音》第十七章廿節說，神的國來到，不是眼所能見的，因
為神的國就在你們心裡。而喬達摩不訴之於禁欲或沉思，而
是通過一種深層的內在智慧，斷定那些擺脫無明的人有福
了，因為涅槃（解脫）是他們的，正好像基督徒體證到的情
況，那些虛己的人有福了，因為上帝的國是他們的。而且這
並不是基督徒這一邊單方面的努力，禪宗京都學派的阿部‧
正雄（Masao Abe）在最近就嘗試在有神論的「上帝」和佛
教的「空」之間建造一座橋樑。大乘佛教有三身：化身、報
身、與法身。化身指摩西、耶穌、佛陀、穆罕默德等。報身
指耶和華、神聖的三位一體、真主、梵天、阿彌陀佛等。法
身指「無形的空無，無邊的開放」。這與基督教的「否定神
學」（negative theology，不可譯為消極神學）若合符節，人
間的詞語不可以形容上帝。而虛無、空有其能動的涵義。今
日西方永恆不變、實體、現狀等概念與變化、相關性、進化
相比，價值日益降低。可見當前的文化轉型頗有利於雙方進
步的對話。同時宗教對現世的社會運動的關係也日益密切，
如拉美的「解放神學」與韓國的「圓佛教」（Won Buddism）。

　　最後講到儒家。斯維德勒講南亞宗教傳統與西方的差異
其實是不能與東亞傳統比擬的。古代希臘與印度相通，希臘
講四元素，印度講四大；希臘有形式邏輯，印度有三支、五
支推理。最大的問題是語言的隔閡。印度成為英國的殖民
地，印度教、南傳佛教的典籍有好多已譯成英文，也有許多
很不錯的論著。但中國是漢語系統，有完全不同的典籍與思
維方式，而中國傳統源遠流長，實在不容易處理。難怪譯者
在序言尾就坦言中國的部分既失之於表面，也不夠周延。但

儒教（當作儒家）的一章還差強人意的原因是，斯維德勒主
要是依據下面三位學者的東西，才會有大致相應的理解。首
先是 Julia Ching（秦家懿，誤作秦嘉懿，1935～2001），與
他同有天主教的背景。第二位是 John Berthrong（白詩朗，
誤譯為波斯容），波士頓大學神學院副院長，漢學家兼過程
神學家。第三位是杜維明，哈佛燕京社長。三位都與當代新
儒家有很深的淵源，不會像以往只把儒家當作一套俗世倫
理，而明白儒家雖不是一個組織宗教，卻有深刻的宗教意
涵，乃是可以令人安心（身）立命的終極關懷。中國上古商
周時代崇信「帝」與「天」，確有位格神的涵義。但孔子彰
顯的是「人文主義」（humanism）。只不過儒家的人文主義
講「天」、「地」、「人」三才，上通於天，下通於地，與沙特
（Jean-Paul Sartre）式寡頭的人文主義追隨尼采（Friedrich
Nietzsche）宣稱上帝死亡大異其趣。由《論語》到《易傳》
都有一種「天人合一」的情懷。王陽明所謂「天地萬物一體
之仁」，杜維明有很好的發揮。然而儒家雖有「超越」的面
相，自孔子以後重點轉移到生生不已默運於天壤間的天道。
孔子與常人無異，並無天啟。天道也不像亞伯拉罕的上帝那
樣彰顯意志，創造奇蹟，而「人能弘道，非道弘人」（《論
語》，〈衛靈公第十五〉），天人之間乃是一種夥伴關係。當代
的過程神學講生成變化的上帝，不像希臘化的神學把上帝理
解為「永恆的存在」，與儒家有更大的感通。

再看人，孟子道性善，不講他力救贖。但〈創世紀〉謂
上帝依自己的形象造人，可見由稟賦來說，人性是善的。只
有到失樂園以後，亞當、夏娃受到撒旦的誘惑，背負原罪，

才強調人性的陰暗面。依基督宗教的傳統，要通過上帝的恩賜（grace），神子耶穌釘十字架，為人類救贖，方由基督復活的信仰重新獲致新生命。本來救贖既靠他力，也靠自力，不幸在基督教發展的過程中，過分崇信奧古斯丁（Augustine）的原罪而有了偏向，把偏愛自力的思想家如皮萊鳩斯（Pelagius）判為異端，以至演變成為儒家傳統的對立面。但依斯維德勒的新詮釋，儒家的「為己之學」顏淵所謂「為仁由己，而由人乎哉？」（《論語》，〈顏淵第十二〉）實無違於基督教義，人必須要熱愛自己的生命，才能愛鄰如己，體現金律之「對待別人要如你希望別人對你那樣」。而新儒家也解構「三綱」（君臣、父子、夫婦）的單邊關係，重新給與「五常」（仁、義、禮、智、信）以現代乃至後代的新闡釋。彼此之間無疑有更進一步對話與互相學習的可能性。最後，斯維德勒甚至與無神的馬克思主義嘗試進行對話，而這也形成了《全球對話的時代》的一個很大的特色。

五、結語：普世的世界語與對終極實在的理解

斯維德勒在《全球對話的時代》的序言中，就感覺有必要形成一種通用的語言：「普世的世界語」（Ecumenical Esperanto）。經過他與世界各大宗教與意識形態進行對話的努力之後，在全書的最後一篇，他又回到這個話題，談基督教「普世的世界語」的試驗。他所要面對的難題是：作為一

個基督徒，無疑會以基督論為中心，卻又要對所有宗教的和非宗教的價值觀開放，建構一種「普世的世界語」，並向打造出一種「普世的宗教神學」邁進。

很坦白說，我對這樣的構想是有保留的。先由自然語言說起，人的語言分歧是事實，故早就有世界語的構想，但此路不通。《聖經》巴比爾塔（Babel）的故事就說明，語言分歧的事實就是如此，不可能被超越的。自然語言的流行也不是可以被控制的，儘管法國人對法語感到驕傲，英語的流行卻無可阻擋，如今幾為世界語。現在出人意外的是，「學漢語」成為時尚，上了《時代》雜誌的封面（2006.6.26）全世面用漢語的人數可能世界第一，被重視的程度可能僅次於英語，這不是過去可以想像的。斯維德勒絕無意以世界語代替分歧的母語，但他還是希望存異求同，一方面留在自己的傳統以內，另一方面又通往自己的傳統以外。但真正的「普世性」真是談何容易。譬如他講道德判斷的階段引用到心理學大師科爾伯格（Lawrence Kholberg，又譯寇博，1927～1987）的說法。我早已注意到寇博的思想，他反對相對主義，提出了許多深刻的睿識，但由西方哲學思想建構出來的理想型態並不能直接應用到中國傳統的道德倫理思想，因為中國根本缺乏類似西方契約說那樣的思想，順著西方的模式就會誤判中國傳統滯留在道德倫理的初階，未能達到深刻的階段。

斯維德勒指出，科布（John Cobb）闡述出來開放的基督中心主義，立即得到佛教的喝采之聲。這是誠然。但佛教徒如阿部・正雄還是得由佛教的立場去吸納基督宗教的睿

識。我自己也由斯維德勒、白詩朗學到很多東西，但我還是
通過儒家的傳統通往其他精神傳統，絕不會用耶穌基督來闡
發自己的思想。這樣大家用的世界語的內容與表達都不太一
樣，那又何必叫「世界語」？斯維德勒說，在談到所有宗教
和意識形態都要對付的終極時，我們不再說基督、佛陀或上
帝，我們都說「終極實在」或其變化形式。由此，對於反映
「終極實在」的實體，也許可用「實在論」一詞。這是十分
錯誤的提議。斯維德勒不是專業哲學家，不明白「實在論」
的哲學涵義是主張有獨立於心靈的客觀對象存在，很明顯不
能用這一詞來概括他所謂的宗教和意識形態。

　　斯維德勒說，構想和稱謂終極實在的意識可以根據它們
各自所持的視角被歸入幾個「家族」之中。它們是⑴多神論
（多）；⑵印度教（一和多）；⑶猶太教和伊斯蘭教（一）；
⑷祆教和摩尼教及陰陽（二）；⑸基督教（一和三）；⑹佛教
（無）；⑺儒教和道家（和諧）。在這樣的概括中，陰陽歸入
二元論是明顯的錯誤，因二者是對立而統一的互補結構。儒
道歸為「和諧」在感覺上也是怪怪的，「道體」對於兩家都
是攝對立於統一、無為而無不為、既內在而又超越的終極實
在。但儒家的「生生」與道家的「玄同」畢竟有異。

　　當然我們不可誤會斯維德勒是取一相對主義的立場。他
反對恐怖主義與原教旨主義，與之不可能作任何妥協，也的
確想肯認各宗教與意識形態的睿識而促進彼此之間的對話。
但他的偏向是明顯的，他的重大貢獻畢竟是在基督論的重新
闡釋，在這一基礎上通往其他傳統。只不過他對東方宗教的
理解失之於表面與不夠周延，使他不能躋入比較哲學與宗教

大師的行列。針對大會的主題，我由新儒家的立場作出的回應是孔子的「和而不同」（《論語》，〈子路第十三〉）的睿識與「知其不可而為」的態度（《論語》，〈憲問第十五〉）。而斯維德勒持開放的胸襟向各方學習，回到蘇格拉底自承「無知」的傳統，這的確是貫通古今中外的典範，乃是我們效法的楷模。

※本文宣讀於 2006 年 8 月 18 日至 19 日在漢城（首爾）舉行的第 26 屆中國學國際大會，原刊於《鵝湖》總 377 期（2006.11）。

全球意識覺醒下儒家哲學的典範重構與詮釋

一、前言

　　中國傳統向來突顯一元正統，到了二十一世紀的今天已明顯地不合時宜。在全球意識覺醒下，儒家哲學有必要做典範重構與詮釋，這正是本文所要做的工作。2006 年斯維德勒（Leonard Swidler）著：《全球對話的時代》在大陸出版。[1]由於所提出的議題重要，我選擇以第一時間由新儒家的觀點在國際會議上做出回應。[2]如今即著手做儒家哲學的典範重構與詮釋的後續工作，近年來我致力於對宋儒提出的「理一分殊」做出創造性的闡釋，申論其現代乃至後現代的意義。[3]經過這些年來不斷的對話與探索，現在又有了更進一步的省思，在下面兩節分論「理一」與「分殊」，把自己的想法展示出來，向大家討教。

....

1　Leonard Swidler, *The Age of Global Dialogue*，中文本由劉利華譯出：斯維德勒（又譯史威德勒）著：《全球對話的時代》（北京：中國社會科學出版社，2006）。這書很特別，中譯先於原著出版。

2　韓國中國學會第二十六次中國學國際學術大會邀請我作基調講演，2006 年 8 月 18 日我發表：〈對於《全球對話的時代》的回應〉。此文在論文集刊出後（頁 19-33），徵得主辦單位同意，又刊於《鵝湖》總三七七期（2006.11），頁 1-12。

3　例如〈「理一分殊」與道德重建〉，《台灣儒學與現代生活：國際學術研討會論文集》（臺北：臺灣學生書局，2000），頁 1-18。

二、論「理一分殊」之為規約原則與重新闡釋之必要

　　由現代到後現代，希克（John Hick）指出，就基督宗教來看，大致有三種不同的思路：「排他主義」（exclusivism）、「包容主義」（inclusivism）與「多元主義」（pluralism）。[4]傳統取「絕對主義」（absolutism）的立場，提倡排他主義，如今卻大大地不合時宜。晚近有了巨大的變化，譬如二十世紀60年代中葉，天主教的第二次梵蒂岡會議（Second Vatican Council）轉取包容主義的立場，主張即使不信耶穌基督也有得救的可能性，在態度上已經有了根本的改變。但希克認為還不足夠，世界宗教分別發展，故只有轉取多元主義的立場，才能符合實際的情況。但希克的觀點不免有墮入相對主義（relativism）的危險。雖然也有學者否認希克是一個不作判斷的相對主義者，指出他曾提議由「融貫」（coherence）、「經驗」（experience）、「精神性」（spirituality）與「德性」（morality）等判準來對各宗教的面向做出評估。[5]然而希克畢竟拒絕對它們做出整體的評價，這樣他還未能真正超克相對主義的困難。有趣的是，希克不只支持斯維德勒與孔漢思（Han Küng）分別起草「全球倫理宣言」（a universal

....

4　John Hick, "Religion, Violence and Global Conflict: A Christian Proposal", *Global Dialogue*, vol.2, no.1 (Winter, 2000), p.5.

5　Cf. Dan Cohn-Sherbok, "Judaism and the Copernican Shift in the Universe of Faiths", *Global Dialogue*, vol.2, no.1 (Winter, 2000), pp.31-32.

declaration of a global ethic）的努力，他還提議各宗教應起
草自己不同的宣言，作出多元的表示。[6]這說明希克不只積
極肯定「分殊」，也有心嚮往「理一」。只不過這方面的努力
是由被 UNESCO 尊為全球倫理之父的孔漢思與盟友斯維德
勒在大力推動，他只是扮演從旁協助的角色而已！

　　孔漢思對後現代的理解與時流截然有異。所謂「後現
代」並無一定的說法，最初源起於建築界反對現代只造整齊
劃一缺乏個性的醜陋的大廈，強調多采多姿的不同表達，重
點放在「分殊」上。孔漢思當然也強調對於不同精神傳統的
傾慕與尊重，但他更強調全球意識的覺醒。依他之見，我們
今日又面臨一個典範轉移的時代，世界已成為一個日益狹小
的地球村，沒有宗教之間的和平就不會有世界和平。因此他
呼籲各宗教先對自己的傳統作出徹底的反省和嚴厲的批評，
敞開胸懷與其他傳統平等互待，作精神上的交流，存異求
同，建構一個低限度的全球倫理，以超克當前文明衝突的危
險。他的中心關注乃是對於「理一」的嚮往。而且他劍及履
及，起草了一份宣言，在 1993 年於芝加哥舉行的世界宗教
會（Parliament of the World's Religions）獲得通過。[7]這份宣
言有一個原理；即所謂「金律」：「己所不欲，勿施於人」或

6　John Hick, "Toward a Universal Declaration of a Global Ethic: A Protestant
　　Comment", in *For All Life: Toward a Universal Declaration of a Global Ethic:
　　An Interreligious Dialogue*, edited by Leonard Swidler (Ashland, Oregon:White
　　Cloud Press, 1999), pp.100-104.有關全球倫理與相關問題，請參閱拙作：《全
　　球倫理與宗教對話》（臺北：立緒文化，2001），對之有全面性的探究與考
　　察。

7　Hans Küng and Karl-Josef Kuschel. eds., *A Global Ethic, The Declaration of the
　　Parliament of the World's Religions* (London: SCM Press, 1993).

「己之所欲，施之於人」。又有四個寬廣的指令，即摩西倫理四誡：不殺、不盜、不妄、不淫的現代表述。[8]後來他又起草〈人的責任之世界宣言〉，希望聯合國在 1948 年通過〈人權宣言〉之後五十年再通過這份宣言，然而卻事與願違。原因在 1997 年 12 月在拿波里開會，自由主義者對這一宣言最大的保留甚至非議在：過分強調康德式的責任觀念，會對新聞自由造成不利的影響。無疑孔漢思的母語是德文，康德的「把人當作目的而非手段」是他最重要的一個精神資源。但這樣的質疑未免離譜，不只責任意識來自自我，難道新聞記者寫報導不需要自律嗎？而且孔漢思的宣言只呼籲大家支持一個低限度（minimalist）的全球倫理，那四條寬廣的指令來自自覺，不牽涉任何外在權力的強制。只不過回歸康德，帶著濃厚的德國先驗（apriori）主義的味道，頗不合於英美經驗主義的脾胃。[9]此後全球倫理的推動化整為零，不再通過聯合國教科文組織（UNESCO），而是各地區自行努力追求合乎人道的和諧理想，與恐怖主義以及單向的帝國主義的暴力抗衡，知其不可而為，這就是目前的現況。[10]

回到當代新儒家的傳統，我們就發現完全不同的氛圍。第二代新儒家影響力最大的大師牟宗三教授，持論適與自由主義者相反。他也強力批評康德，但不是以康德過分強調責

8 這四個指令是：對於非暴力的文化與尊敬生命的承諾，對於團結的文化與公正經濟秩序的承諾，對於寬容的文化與真實的生活的承諾，對於平等權利文化與男女之間的夥伴關係的承諾。參拙作：《全球倫理與宗教對話》，頁 24，65-66。
9 我曾詳細報導拿波里開會的經過，參拙作，同上註，頁 39-53。
10 參拙作：〈世界倫理建構的探索〉，同上註，頁 175-202。

任意識，而是指出康德只能把自由意志當作「基設」（postu-late），受限於基督宗教的傳統，僅能建立一「道德底形上學」（metaphysics of morals），未能建立一「道德的形上學」（moral metaphysics），以至於嚴重地不足夠，真正的自律道德未能突顯出來。[11]1949 年大陸易手神州陸沉，牟先生以孤臣孽子的心境飄洋過海到台灣，在當時的師範學院（今師範大學）任教，並組織人文友會，弘揚儒學，力抗時流之「無體、無理、無力」。牟先生第一步由當前的西方自然主義回歸康德的理想主義，以康德打通中西哲學之橋樑。第二步乃指出康德哲學之不足，二分「現象」與「物自身」，認為只有上帝有「智的直覺」（intellectual intuition），人只能有感觸直觀與概念理解，以至與道體有所睽隔。最後一步回歸中國傳統，儒、釋、道三教均肯定人有智的直覺，不只能夠把握「名理」（邏輯）、「物理」（科學），與「事理」（人文），還能體證「性理」（儒）、「空理」（釋）、與「玄理」（道）。依牟先生之見，中西哲學最大的分野在，中國精神傳統通過主體內在的心性，體證終極的道理，非理智、知識所行境。而西方主流思想卻努力向外追求宇宙的本體，或者超越的上帝，在天人之間有所睽隔。而中國傳統的人文主義並不是沙特（J-P Sartre）式的寡頭人文主義，上通於天，下通於地，宋儒倡「天道性命相貫通」，得以體現「常道」，牟先生標示他所謂生命的學問最為充實飽滿。而中西哲學分別有其定

------

11 牟先生的思想體大思精，不易深入其堂奧，簡單的介紹參拙作：〈當代新儒家碩果僅存的大師牟宗三先生〉，收入拙作：《當代中國哲學論：人物篇》（紐澤西：八方文化，1996），頁 183-190。

位。中國傳統體現「無執的形上學」，西方傳統卻建構「執
的形上學」，分別有其勝場。中國哲學必須維護自己原有的
「道統」（道德的形上學），進一步拓展吸納西方的「學統」
（科學）、「政統」（民主），未來才可望走上一康莊大道。在
現實上中國文化沉淪到最低點，新儒家卻奮起，1958 年元
旦發表「中國文化與世界宣言」，由張君勱、唐君毅、牟宗
三、徐復觀四位學者簽署，籲請西方拋開成見，以同情與敬
意的態度理解中國文化，也可以向之學習圓而神的智慧。這
一文獻在當時完全受到漠視，不想由現代到後現代，現代西
方文明歷經兩次世界大戰，超強的美國打韓戰、越戰受挫之
後，尖端知識分子對啟蒙理性提出強烈質疑，孔子的命運也
由五四、毛澤東搞文化大革命的時代徹底逆轉，新儒家如今
在大陸成為顯學，在世界上也成為一個受到尊崇的精神傳
統。這樣的發展固然令人感到興奮，但再往前走，卻出現了
不利的因素，促使我們必須要做進一步的省思。

　　新儒家在現實上無立腳點，卻在理想上有所堅持，在多
文化主義（Multi-culturalism）流行之前就呼籲西方以同情
與敬意的態度理解中國文化，這樣的識見和勇氣令人佩服。
但牟先生詬病西方未能「見體」，斬釘截鐵地宣告只有儒家
得以體現常道，不像近代西方之淪為唯物，馬列史毛的邪魔
外道危害世界，必須加以深闢。而中國哲學的智慧難覓解
人，乃猛烈抨擊天主教學者曲解孔子思想為一種篡奪，以至
引起軒然大波。而牟先生在 1990 年「當代新儒學國際研討

會」發表主題演講：〈客觀的了解與中國文化之再造〉，[12]本
意是要建立客觀的學問，結果他強力批評前輩學者，包括老
師熊十力，給人的印象好像只有他在做客觀的學問，以至於
引起一些非議。余英時在論乃師錢穆不是新儒家的長文中，
甚至提出了「良知的傲慢」的問題，影射牟先生有教主的心
態，這誠然是誤解。[13]但牟先生的表述方式果於自信，很容
易解讀成排他主義的思想，以至於引起強烈反彈，乃是意料
中事。第二代新儒家身當國破家亡之際，對自己熱愛的文化
有所承擔，發為激越之詞，是完全可以理解的。但韓戰之後
海峽兩岸成為長期對峙之局，轉歸客觀學術，正是學者包括
牟先生在內的心願，不想表述方式仍然引發強烈的情緒的激
盪，這當然不是我們想要見到的情況。尤其進至新的千禧與
新的世紀，如果過分突顯自己的正統意識，對不同的傳統，
所謂他者，加以嬉笑怒罵，對於宗教與不同精神傳統的交流
對話必定形成負數，可以斷言。

　　這樣我們必須對牟先生作出雙重評價。由儒家內部的觀
點看，牟先生對儒家由主體的心性通往生生不已的天道之體
證真可謂鞭辟入裡，舉世無出其右者，此不待言。但為宗教
和諧共處交流互濟的目的，則牟先生那種近乎排他主義的表
述必須加以重構，才可望進入一個新的階段，而這正是下一
代新儒家的重大任務。正因為如此我才說，對於儒學的探

12　牟宗三：〈客觀的了解與中國文化之再造〉，《當代新儒學論文集：總論篇》
　　（臺北：文津，1991），頁 1-19。
13　參余英時：〈錢穆與新儒學〉，《猶記風吹水上鱗》（臺北：三民，1991），頁
　　31-98。我撰長文予以回應，參拙作：〈對於當代新儒家的超越內省〉，《當
　　代中國哲學論：問題篇》（紐澤西：八方文化，1996），頁 1-67。

究，我們絕不能繞過牟宗三，而必須超越牟宗三。近年來我
曾努力嘗試賦予「理一分殊」以創造性的詮釋，正是為了這
個原因。在我參與推動全球倫理的過程中，我首先響應孔漢
思的提議，對自己的傳統作出嚴厲的批評。我一向主張傳統
的負擔與資源一根而發。舉例說，儒家有偉大的仁政的理
想，但兩千年來實現的卻是專制的政體，於今對民主、自
由、法治的嚮往要向西方取經。而由內在的心性通往超越的
天道落實下來卻成為「超越」蒙塵，墮落成為一個俗不可
耐，像尼采所說「人性，太人性化」（human, all-too-human）
的社會。反過來，孔漢思是天主教的神父，對中國文化並無
深入的研究，但他卻指出，通貫世界各宗教與精神傳統的，
並不是「上帝」（God）的信仰，而是對 Humanum（humanity
人性、人道）的堅持。而華裔學者陳榮捷（W.T. Chan）恰
正把中文的「仁」字譯為英文的「humanity」一字。[14]這說
明世界文明不止「分殊」，也一樣指向「理一」。沒有人能夠
獨佔「理一」，也沒人能夠給予它完美的表達。此所以孔子
從來沒有嘗試為「仁」下一個定義，他只是以各種具體的例
證來指點「仁」。宋儒則以「生生」（creative creativity）釋
「仁」，無法將之片面地加以定著。這正是《老子》第一
章：「道可道，非常道；名可名，非常名」的境域，也恰好
與西方的「否定神學」（negative theology）互相呼應。猶太
學者科更（Michael. S. Kogan）指出，所謂「上帝的形相」

....

14 Wing-tsit Chan, trans. and comp., *A Source Book in Chinese Philosophy*
（Princeton, NJ: Princeton University Press, 1963）, p.15.

（imago dei）即是無固定的形相。[15]上帝依自己的形相造人，也即意味著人與其他動物如貓狗之有固定的形相不同，並沒有固定的形相。這樣的思想與儒家思想若合符節，依牟先生，儒家所謂「天命之謂性」（《中庸》）即以「創造性」（creativity）之內在化於人而為性，小宇宙（microcosm，人）與大宇宙（macrocosm，天）同構（isomorphism），展示了一種「天人合一」的境界。中國傳統相信，有限可以通於無限，故王陽明講天地萬物一體之仁。然而「分殊」就不能不有限定性，孔孟、程朱、陸王、唐（君毅）牟（宗三）都是「分殊」，都有其限定性。沒有人可以給予「理一」以完美的表達，我們只能嚮往「理一」的境界。它不是現實宇宙的構成分子，故不是「構成原則」（constitutive principle），而是我們嚮往的目標，乃是「規約原則」（regulative principle）。弔詭的是人只有空除「自我」（ego，孟子所謂「小體」），「滅人欲」，去除不合道理的欲望，「存天理」，才能體現「天人合一」的境界。而人在天理面前必定是謙卑的，才能像孟子所說的「上下與天地同流」（〈盡心上〉）。正因為如此，牟先生面對天理天道一樣是謙卑的。當然，在另一方面，儒者也有「仁以為己任」（《論語》，〈泰伯第八〉）的負擔，故孟子稱讚曾子：「自反而縮，雖千萬人，吾往矣！」（〈公孫丑上〉）他自己就顯英氣，牟先生也顯英氣。但這不是儒家嚮往的最高境界，孔子體現「中庸」之道，才是我們的楷模。

....

15 Cf. Michael S. Kogan, "The Universal Declaration of a Global Ethic: A Jewish Response," in Swidler, *For All Life*, pp.105-118.

　　孔子因材施教，從來不勉強改變一個人的方式，這在今日更有它的時代意義。牟先生深刻闡發儒家的意識，有他重大的貢獻，但我們無須追隨他那種睥睨萬類、近似排他主義的表述方式。子張述他所聞，謂「君子尊賢而容眾，嘉善而矜不能。」（《論語》，〈子張第十九〉）就可以打開更為寬廣的道路。亡友陳特，為唐君毅先生弟子，也從學於牟先生，在香港中文大學崇基書院哲學系任教三十年。他既是基督徒，也有儒家的信守，因罹癌症於 2002 年逝世，對儒耶所教都有實存的體證。門人為他編印文集，有一篇比較儒耶的文章，他說：

> 基督教與儒家以及所有大宗教最後的目標與最終境界其實是一致的，都是超脫本能衝動與欲望的限制，使自己的生命突破個體的藩籬，與宇宙萬物相感通，成就真正的自我。但基督教與儒家的進路顯然不同，儒家是順人自然之情，……「親親而仁民，仁民而愛物」，以至無極。基督教則看透人的本性的敗壞與不可靠，……因而要完全放下自己的一切，轉而仰望上帝，從而獲得新生的無窮的力量。[16]

然後抽引出他自己的結論：

　　儒家與基督教的進路哪一個更可取，現在大概可以有一

----

16 楊國榮編：《從人道到天道：陳特文集（下）》（香港：基督教文藝出版社，2005），頁 257。

個答案了；答案是完全因人而異。一個對現實世界有極大的愛，要將天國建立在現實的泥土上，同時有大魄力、大勇氣、能披荊斬棘，不會為世界上的俗情六欲所牽扯的人，是儒家式的人物，適合走儒家的道路。但自認一無所是，憑依自己力量不足與世間上的引誘與壓力相抗衡，必須捨棄世間的一切牽扯，全心全意投身在上帝的光照之下，才能夠立定腳跟，做一個真正的人，那是基督徒式的人物，適合走基督教的道路。[17]

陳特生前與牟先生關係緊密。牟先生會反對他這樣的說法嗎？我想不會。而我所以要引這兩段話，是因為這是用很粗淺的文字為「理一分殊」在今日提供了具體的例證。再進一步省察，難道我們這一代人的體證與牟先生那一代人真有那麼巨大的差別而站立在對反的立場嗎？那又並不盡然，我們儘可以在牟先生本人的說法之中找到資源，作出創造的詮釋來支持我們的說法。剛收到《鵝湖》月刊三月號，有牟先生的「先秦哲學」講演錄，論《周易》大義（1980～81），這雖然不是他的學術論著，只是在香港新亞研究所的講錄，但隨機演講，頗流露了他的心聲。[18]他說：

> 儒家把 becoming process 看成是道德創造的過程，它是一個 cosmological process，同時就是一個 moral

....

17 同上，頁 260。
18 牟宗三主講：〈《原始的型範》第二部分〈周易大義〉〉，盧雪崑整理，《鵝湖月刊》總第 381 期（2007.3），頁 2-9。

process。這個道體用《易傳》的話說就是乾道。道體是一個怎麼樣的體呢？它就是一個創造性的實體嘛。用西方哲學的詞語講，它就是一個 creative reality。這個道體就是天道，說乾道也可以。說乾道是《易傳》的說法、象徵的說法，說天道就是落實地講，實講，就無所謂象徵了。[19]

道體是「創造性自己」，這不能與一般意義的創造性混為一談。牟先生曾作出分疏：

假如我說這個創造性是屬於你的創造性、屬於我的創造性，或者屬於數學家的創造性、文學家的創造性，那不是我說的創造自己。那些創造性是有所隸屬的。譬如說，文學家的創造性隸屬於文學家，他創造什麼呢？他創造小說。這是平常所說的創造，中文系的先生所謂的創造。文學家創造那些小說、作品。但他不能無所不造，這個創造不能是宇宙萬物的本體。假定這個創造性是屬於數學家的，那麼數學家創造甚麼呢？譬如，這個人是數學天才，他可以在數學方面有所創造。但這個創造也不是我說的 creativity itself。那些創造是隸屬到某一個特殊的能力、機能上的。文學天才、數學天才都是屬於這個類的，每一個人的自然生命都有相當的創造性呀，創造完了就完了。這個地方不能說創造性自己，不

能作為宇宙萬物的本體。

我們說創造性自己就是體，就是宇宙萬物的體。不是寫小說的體，也不是發明數學、電腦的那個天才。這個「體」就是儒家所說的天道，那就是說，這個創造性不是隸屬於某一個 subject，某一個 faculty，它本身就是體。[20]

那麼，中（儒）、西（耶）對「體」的不同的理解是什麼呢？牟先生說：

> 照西方的想法，God 就是創造性自己。照平常的想法，把 God personify，說上帝創造天地萬物，上帝有創造性，那麼，你說這個創造性是隸屬於上帝這個 subject。這是一個很笨的語言表示。嚴格講，上帝並不是像我們一樣成一個現成的 subject，這個 subject 有這麼一個 function，有這個創造的作用，這個創造作用是屬於上帝的。這個是你用人稱的詞語來說祂。說穿了，……上帝除創造性以外沒有任何內容。這個創造性就是個主體，所以，上帝就是創造性自己，祂就代表創造性。你把它人格化，就名之曰 God，不把它人格化，就是道體。中國的傳統就是不把它人格化，轉成道體。西方的傳統就是把它人格化，成為宗教。從宗教的立場去看，那就是人格化，人格化就成了 God。其意義一

樣。人格化是象徵的方式講、神話的方式講。[21]

由此可見，牟先生並沒有曲解基督宗教，他和後現代的神學家講上帝之沒有固定的形相，只是創造性自己，並沒有什麼不一樣。但中國傳統通過《周易》，卻選擇了一個完全不同的表示方式。牟先生說：

> 乾卦主要提出創造性的道體這個觀念，從這個觀念來看萬物，看一切東西。所以說，cosmological order 就是 moral order。這個思想不是對於價值作存有論的解釋，正好反過來，對於存在價值的解釋。價值的意識從哪裡發呢？從主體發。這是儒家共許的意思。這是已經假定了的。價值意識的根源從哪裡出呢？從孔子所說的「仁」，孟子所說的「性善」的性，它從主體這裡說。它這個已經是假定了，以這個作規準，他才能這樣看宇宙。這明明是對於存在作價值的解釋。所以，它是一個 moral metaphysics，這不是科學，這沒有科學的根據。這也不是 dogmatic，不是像西方的 theoretical metaphysics 那樣獨斷。[22]

很明顯，牟先生斷定，體證道體（理一）非知識所行境，科學的探究提不出答案。而道德的形上學也不是希臘式實體的

....

21 同上，頁 5。
22 同上，頁 7。這裡我必須指出，此處的「moral」（道德）是指「生生」的廣義，而不是「倫理」的狹義。

形上學，那經康德的批判已經倒塌了。中國傳統體證的是境界的形上學、實踐的形上學。耶教對上帝的信仰是同一個層次的問題，但選擇了宗教的、神話的方式講，以至於有所睽隔。

三、論「坎陷」之為文化創造的普遍形式

但一講到中西文化不同的精神傳統，就已進入了「分殊」的領域。牟先生在這一次的講錄中對中國文化傳統有很特別的講法。他說：

〈大象〉曰：「天行健君子以自強不息。」這更明白了。你如何來了解乾卦呢？如何來了解〈乾彖〉呢？「大哉乾元，萬物資始。」你先從〈乾彖〉來解釋「天行健」，為什麼「天行健」呢？創造性的實體永遠創造嘛，所以它健行。天行是如此，我們人的生命也當該如此，所以說「法天」，這就是「天行健君子以自強不息。」

所以，「天行健」是客觀地講，那麼「君子以自強不息」是主觀地講。這就是儒家的基本精神，從古就是如此。沒有人能夠有其他的解釋。《周易》分開有客觀地講與主觀地講，這也不是《周易》偶然憑空地發出來這樣了解，在《周易》以前就這樣了解。不單單是從儒家

成立以後，發展到〈中庸〉、《易傳》，到《周易‧大象傳》才說出這個話來，《周易》以前就有這個意思了。在哪個經典有這個意思呢？在《詩經》，就是「維天之命，於穆不已。於乎不顯，文王之德之純。」（〈周頌‧維天之命〉）〈中庸〉就引這首詩來說明道體。[23]

再往上追溯，牟先生指出：

《書經》裡〈堯典〉、〈舜典〉最代表中國的文化生命，那是最根源的地方。堯本人是不是如此，這是另一回事，而中國人自古就是這樣體會，了解道德的人品，這就是代表一個傳統，現實上有沒有這個人，那是另一回事。但中國人是從這個線索上看人，這就成中國的文化傳統。這個是我們現在所要注意的，不在於考證現實上的堯舜是不是如〈堯典〉、〈舜典〉所說的那樣。現實上的文王是不是這樣，那不是問題的所在。[24]

由此可見，牟先生並無意要美化現實上的中國歷史文化。堯、舜、文王對他來說成為象徵符號，編織成為中國文化傳統的理想。以前牟先生曾說我們所尊仰的孔子也有理想化的成分，卻從來沒有像這一講錄把聖賢理想由歷史文化的現實提煉了出來，講得這樣露骨、明白，十分令人震撼。

....

23 同上，頁 7。這裡我必須指出，此處的「moral」（道德）是指「生生」的廣義，而不是「倫理」的狹義。

24 同上，頁 7-8。

「維天之命，於穆不已。」是客觀地講；「文王之德之純。」是主觀地講，說文王也可以，說孔夫子也可以，說任何聖人都可以。這就是文化形態，它表現這個文化生命，表現它的智慧是在這個形態下表現、在這個方向下表現，這個代表方向。代表方向就是代表文化。現實上也沒有十全十美的，就像後來所想的聖人那樣的。這是表現生命、表現智慧的方向問題、型態問題。這就是你們現在所說的取向問題，……[25]

最重要的是，要和這個傳統有所呼應！

所以，一方面客觀地講，一方面主觀地講，歷來如此。儒家這個學問就這樣開發出來。從《詩經》有〈大雅・蒸民〉、〈周頌・維天之命〉這兩首詩，孟子引〈大雅・蒸民〉，〈中庸〉引〈周頌・維天之命〉，文化生命就這麼相呼應。……孔子的生命就與這個思想呼應，就與夏、商、周那個傳統的文化模式的方向呼應。〈中庸〉、《易傳》是在孔子以後，它那個生命也自然相呼應、自然相契、若合符節，也沒有誤解的。

……宋儒出來的時候，周濂溪的生命與《易傳》還是相呼應的。〈中庸〉、《易傳》與孔孟的思想、生命相呼應，孔孟的生命與作《詩經》這個人的生命相呼應。所以，他很自然，有黏和性。現在的人受西方的觀念影

----

25 同上，頁8。

響，把中國的東西都支解掉了，偶而有一點也湊合不起
來了，就是沒那個呼應。

所以，我很重視存在主義所說的「存在的呼應」這句
話。前聖後賢的生命互相呼喚。呼喚是新名詞，老名詞
就是呼應。「存在的呼應」就是 existential calling，這是
海德格的名詞。了解一個東西要靠生命的呼應，沒有生
命的呼應不能了解呀。這種呼應就叫作「存在的呼
應」。[26]

這就是牟先生所謂「生命的學問」，天底下再沒有人比他講
得更徹底的。此所以他一定要護衛中國文化的「道統」，不
可以讓其失墜。但中國文化傳統不只在現實上不是十全十美
的，在理想上也不是十全十美的。用牟先生自己的話來說，
中國文化傳統富於「理性之運用表現」，而缺乏「理性之架
構表現」。到了今天，中國文化要現代化，就必須作進一步
的拓展，吸納西方的科學與民主，建立「學統」（科學）與
「政統」（民主）。中國傳統未能像西方那樣建立客觀的學問
的傳統，事至顯然，向西方學步，也無爭議，此處不贅。但
牟先生籲「開新外王」，卻引起許多誤解，不能不在此略加
澄清。依牟先生之見，中國傳統只有「治道」，而無「政
道」。東漢光武以來崇尚吏治，政治為道德倫理之延長，主
權在君，實行的是「民本」政治，從未像西方那樣建立「民
主」制度：主權在民，政教分離，建立權力制衡之機制，崇

....

26 同上，頁9。

尚法治。中土仁政寄望於聖王，理想性高，實際上卻出了不
少專制帝王，缺乏制衡之道，以至兩千年來成為一治一亂的
局面。西風東漸，這才發現，必須由傳統的差序格局改變成
為牟先生所謂「對列之局」，才能避免威權體制的禍害。中
國知識分子終於領悟到，傳統的「內聖外王」實難一貫而
下。故牟先生提議，道德理性必須經過「自我坎陷」（自我
否定）的步驟，才可以走「曲通」的道路實現仁政的理想，
由傳統的民本轉化成為現代「民治、民有、民享」的民主、
自由、法治的社會。這就是牟先生所謂「開新外王」的意
旨。[27]不幸的是，很多人望文生義，誤解牟先生主張由中國
文化本身就可開出民主制度，這是毫無根據的誣枉，必須加
以彈正。但我順著牟先生這一條思路探索，就發現牟先生的
思想也有不徹底的地方，下面就談一談我近年來認為必須有
進於他的提議之處。

　　依牟先生之見，道德主體必須通過自我的坎陷或者否定
才能開出客觀的制度。光就這一點而言，我並無異議。我要
指出的是，「創造性自己」（理一）既如牟先生所言為創造的
源頭，就必須指向具體的文化的創造（分殊）。牟先生所強
調的是，由受造的萬物逆向回歸「創造性」的源頭，突顯生
生不已的天道，通過吾人的心性體現道體，王陽明所謂：
「無聲無臭獨知時，此是乾坤萬有基。」在變異之中體現不
易的「常道」，從此不再逡巡搖蕩，這當然是重要的。然而
「天命之謂性」，人作為創造的主體，要發揮天稟賦給我們

....
27 參牟宗三：《政道與治道》（臺北：臺灣學生書局，增訂新版，1980）。現收
　　入《牟宗三先生全集》第十冊（臺北：聯經，2003）。

的本性，不能只停留在境界的體證，而必須作具體的的創
造，這就要進入到「分殊」的領域。「理一而分殊」，由分殊
到理一，理一到分殊，這是同一個圓圈的兩迴環，缺一不
可。宋儒張橫渠謂：「一故神，兩故化。」（《正蒙・參兩
篇》）一則「清通而不可象為神。」（《正蒙・太和篇》）具體
的創造性則必須通過陰陽二氣的激盪，《易・繫辭》所謂：
「一陰一陽之謂道，繼之者善也，成之者性也。」周濂溪
〈太極圖說〉發揮的正是同樣的意旨，他說：

> 無極而太極。太極動而生陽，動極而靜，靜而生陰。靜
> 極復動。一動一靜，互為其根。分陰分陽，兩儀立焉。
> 陽變陰合而生水火木金土，五氣順布，四時行焉。五行
> 一陰陽也，陰陽一太極也，太極本無極也。……二氣交
> 感，化生萬物，萬物生生，而變化無窮焉。惟人也，得
> 其秀而最靈。形既生焉，神發知焉。五性感動，而善惡
> 分，萬事出矣。聖人定之以中正仁義而主靜，立人極
> 焉。

濂溪把漢儒自然的宇宙論轉化成為牟先生所謂道德的形上
學，蔚為宋明儒學的主流思想。到了今天，濂溪襲用的漢儒
的宇宙論顯已過時，需要加以解構。但「天道性命相貫通」
的意旨卻萬古常新，天人、客主互依，雙向迴環正是千古卓
識，而為當代新儒家所宏揚。

　　牟先生提出的「坎陷」，頗有黑格爾的意味。「精神之在
其自己」無聲無臭，要作具體的展示必與自己對反，由無限

而有限，自我設限轉化成為客觀對象，所謂「精神之對其自己」，經過「客觀化」（objectification），也即「坎陷」的步驟之後，才能建構主客圓成的精神世界，而體現「精神之在其自己與對其自己」。當然中國傳統缺乏黑格爾正反合的演繹法，不至於過分鑿實，削足就履，導致後世的反彈。但牟先生講「坎陷」只限於直貫的「道德倫理」轉化成為橫列的「民主政治」一項，卻未能充分把「理一分殊」所蘊涵的睿識展示出來，有必要進一步加以拓展，才可以把「創造性自己」與具體的「文化創造」有機地連貫起來。

我發現卡西勒（Ernst Cassirer）的文化哲學就某一方面來說正是黑格爾「精神現象學」的進一步發展。[28]他拋棄了黑格爾的演繹法與「絕對」的觀念。人的認知不可以用模擬說來說明，我們必須接受康德所謂哥白尼的革命，是通過人的創造，建構了認知的對象。

卡西勒把康德的純粹理性批判擴大成為了整個人類文化的批判。所有的「文化形式」（culture forms），如語言、神話、宗教、歷史、與科學，都是人通過符號的使用建構的「符號形式」（symbolic forms），正是創造客觀化的結果。而人的意識不斷創發，有一個長期演化的歷程，由渾淪到「實體」（substance）概念以至於「功能」（function）概念的演變。他不用演繹的方式看人類文化的演變，蒐集了大量

---

28 有關卡西勒思想的介紹，參拙著：《文化哲學的試探》（臺北：臺灣學生書局，新版，1985），又參拙譯，卡西勒著：《論人：人類文化哲學導論》（桂林：廣西師範大學出版社，2006）。在此書中，卡西勒以靈長類不能把握「符號」（symbol）的說法雖已過時，但黑猩猩不過四歲幼童的智力，符號使用仍是人類的特色，他定義人為「符號的動物」，還是可以接受的看法。

經驗的資料把他們編織起來，自然形成了一個演化的線索。早期人類文化，語言（文字藝術）與神話同根而生，由神話演化出宗教、藝術、歷史的世界；由語言則演化成為科學的世界。由「知識現象學」（phenomenology of knowledge）的描繪，可以看到由古典物理學到相對論、量子論的演變，正是由「實體觀」到「功能觀」的演化。他不認為人類各文化形式可以化約成為同一實體，但所有的文化形式都必須使用符號建構不同取向的世界而顯示了「功能的統一性」（functional unity）。這和我們中土所謂「理一（創造）而分殊（文化形式）」之旨所蘊涵的睿識若合符節。當然我們在今日對「理一分殊」（one principle, many manifestations）的理解與詮釋也已不同於往昔，這也正是我近來努力求進一步的拓展，有別於上一代的新儒家如牟先生的展示的地方。

　　我近來越清楚地體認到，「理一」是非言意境的領域，道體不是可以用任何語言加以表達的，點到即可，只有默而識之，在我們自己的生命之中發生作用。在現實世界中，我們是文化的載體，「理一」只能理解為由康德到卡西勒這一條線索所理解的「規約原則」（regulative principle）。它不是系統內的「構成原則」（constitutive principle），故不是知識的內容，不能加以證明，卻是我們在追求任何知識時不得不當作「基設」（postulate）的原則。卡西勒的思想當然不是沒有缺點，他把科學當作最高的文化形式，卻忽視了科學並不能作為我們的「終極托付」（ultimate commitment），而於「道統」的體證尚有一間之隔。他也並未窮盡所有文化形式的領域，譬如「道德」即是一例。而他只展示了各文化形式

的功能統一性，現象學地描繪了人類文化演化的過程，但他並未涉及東西文化的比較與會合的問題，顯然照顧得不夠周延，未能直接面對當代文明衝突的危機，當然很不足夠。但他在實際建構他自己思路的過程中，突顯了「執兩用中」、「對立統一」的規約原則，可以給予我們重大的啟發。我近年來努力作各種不同精神傳統的比較和融通的工作，正好可以補足卡西勒在這方面的缺失，而展示出了前賢未能充分加以籠罩的視野。

通過「理一分殊」的睿識，正可以對西方源出亞伯拉罕的三大傳統：猶太教、基督宗教、與伊斯蘭教，與東方的印度教、佛教、儒家以及道家的傳統，存異求同，作出建構低限度的全球倫理的努力，尋求超克今日「不對話、即死亡」的危機。[29]

在這樣做的當兒，我們也就看出，為什麼我們有必要轉化牟先生的展示方式的原因。牟先生強調，中國儒家傳統的理想是展示天壤間的「常道」，這是極為深刻的睿識。但牟先生並沒有說，中國文化在事實上展示了這樣的「常道」，那是我們所嚮往的理想，也是我們所應該遵奉的「規約原則」。在現實上，牟先生對傳統其實有十分嚴厲的批判。正因為「仁政」的理想在現實的中國歷史文化中並未實現，所以才要向西方取經，學習民主法治，開新外王。這就說明，在現實上，西方文化並非一無可取。而我順著這條線索往前

------

29 參拙著：《全球倫理與宗教對話》，特別是第六、七章：從比較的視域看世界倫理的宗教對話——以亞伯拉罕信仰為重點，與——以東方智慧為重點；以及第八章：世界倫理建構的探索。

開拓，乃建議必須把「坎陷」當作文化創造的普遍形式，才
能真正開拓我們的「學統」與「政統」。[30]這就看到了在現
實上中西文化平等互待的基礎，各有所長，各有所短，儘可
交流互濟。而西方在理想上也可認為中國文化未能徹法源
底，如陳特所重視的存在主義基督教神學家祈克果（S.
Kierkegaard）就說，人的意識發展是由審美的階段（感
性），到道德的階段（德性），最後才到宗教的階段（神
性）。那麼康德與中國傳統至多只到第二階段，而到最後，
人必須作 Either/Or 的存在抉擇。[31]而今日天主教的神學家雖
坦承傳統基督宗教文化的缺失，衷心願意向東方學習，仍不
棄其中心的信仰。孔漢思一樣嚮往「理一」，突顯 Humanum
的規約原則，與我們所努力的方向一致。這樣我們就明白，
在今日的多元文化社會，必須由牟先生的展示方式轉化到下
一代如我們的展示方式，才有利於不同精神傳統之間的交流
互濟，寄望超克文明衝突的危機，讓地球與人類免於毀滅的

......

30 具體人類文化的創造乃是張橫渠所謂「兩故化」的領域，在乾道（創造原
則）之外，還要強調坤道（保聚原則）。其實牟先生於 1991 年春在香港新
亞研究所作《四因說演講錄》，盧雪崑錄音整理（臺北：鵝湖出版社，1997
年）就在這方面有十分特別、令人震撼的說法。他說：「在這個時代，你不
要輕視這個『成』字，不要輕視坤元所代表的這個『成』。這個時代就是虛
無主義。雖然你講自由、民主、科學種種漂亮話，實質是虛無主義。無
體、無理、無力。每個人都想開天闢地，毛澤東也想開天闢地，結果是什
麼也沒有，馬克思主義是地道的虛無主義，……。」（頁 39-40）
又說：「坤元代表終，代表成。你把握這個意思，然後讀坤卦，一下子就明
白了。乾元是創造原則，坤元是保聚原則。一定要有這兩個成分，才能完
成『元、亨、利、貞』的生成過程（becoming process）。」這些引文可以充
分支持我把「坎陷」當作文化創造的普遍形式的闡釋。
31 S. Kierkegaard, *Either/Or*, translated by David F. Swenson (Princeton, NJ:
Princeton University Press, 1987).

命運。這就是我寫本文想要表達的微意。

※宣讀於 2007 年 5 月 25 日由東吳大學哲學系主辦之「儒家哲學的典範重構與經典詮釋」國際學術研討會之主題演講。原刊於《鵝湖》總 385 期（2007.7）。

當代儒學精神性之傳承與開拓

　　儒家精神傳統的發展，最關鍵性的一個人物無疑是孔子
（551～479B. C. E）。當然他並不是一位開山的人物，他繼
承了周公制定的禮樂，所謂「述而不作，信而好古。」（《論
語》，〈述而第七〉）如今流傳的《論語》也不是他的著作，
只是學生的筆記匯集在一起，由漢人編成今本，雖然也有問
題，已是最可信賴的資料。《論語》並非有系統的論著，好
像零亂的老生常談，了無深意。西方學者芬格雷（Herbert
Fingarette）追索多年，終於憬悟到，禮儀的施行有魔術般
的作用。[1]所謂他山之石，可以攻玉，不無啟發之處。但芬
格雷由行為心理學的視域肯定孔子的意義並不足夠。禮後於
仁，仁內禮外，仁才是孔子的終極關懷。而孔子的一貫之
道，曾子曰「忠恕而已矣」（〈里仁第四〉），也不足夠。孔子
「下學而上達，知我者其天乎」（〈憲問第十四〉），曾子的理
解只照顧到下達，所以不夠全面，其實還有另外一個方面。
孔子雖拒絕與鬼神打交道，卻謂「君子有三畏：畏天命，畏
大人，畏聖人之言。」（〈季氏第十六〉）天主教學者喜歡
說，孔子仍有人格神的信仰，這並不錯，但忽視了孔子思想
之真有突破處在他的無言之教。所謂「天何言哉？四時行

----

[1] Herbert Fingarette, *Confucius: The Secular as Sacred*, New York: Harper and
Row, 1972.

焉，百物生焉，天何言哉？」（〈陽貨第十七〉）他所默契的是一在天壤間生生不已的天道，並不顯人格性。而且這不是史學家所謂的孤證。由孔子之祖述堯舜的「無為」之治，而聖王以「天」為則，我只用《論語》的材料，就足以證實孔子思想中隱涵了「天人合一」之道，雖然這一詞語要遲到宋儒張載才提出來。[2] 先秦儒家的天道觀在《易傳》中大有發揮，裡面包含了孔子及其後學的思想，此處不贅。

孔子之後，宋儒推崇孟子（371～289 B. C. E.?）為正統。芬格雷卻提出異議，認為孟子把重心轉移到「心」，而有了主觀主義的傾向。近代西方哲學自笛卡兒以來割裂心身，芬格雷由這樣的視域看孟子，不免誤導。同時他不是漢學家，竟謂孔子的德目不是心字邊，以至貽笑大方。事實上孔子自述為學的過程謂：「吾十有五而志于學，……七十而從心所欲，不逾矩。」（〈為政第二〉）立志就必須靠心，到七十才到達「從心所欲」的境界。而孟子說：「學問之道無他，求其放心而已矣。」（《孟子‧告子上》）又說：「我四十不動心。」（〈公孫丑上〉）恰是繼承孔子思想的苗裔。但孟子心學雖直承孔子，性論卻有新的突破。照宋儒陸象山（1139～1193）的說法：「夫子以仁發明斯道，其言渾無罅縫。孟子十字打開，更無隱遁，蓋時不同也。」（《語錄》卷三十四）孟子道「性善」，與告子展開辯論（〈告子上〉）。告

....

2 參劉述先：〈論孔子思想中隱涵的「天人合一」一貫之道〉，《中國文哲研究集刊》第十期（1997 年 3 月），後收入拙著：《儒家思想意涵之現代闡釋論集》（修訂版）（臺北：「中央研究院」中國文哲研究所，2004 年），頁 1-26。

子曰:「生之謂性」,其實是傳統一貫的說法,生下來的是性,故性無善無不善。在這個層次上,人與禽獸並沒有很大的差別。但孟子指出人有心的稟賦,能夠分別大體、小體,如能擴充心之四端,乃可以盡心、知性、知天,「上下與天地同流」(〈盡心上〉)。但孟子既舉「牛山濯濯」為例,顯示他無意否認現實層面上之惡,故不會根據經驗歸納的結果來立論。他彰顯的是仕君子的終級托付與修養工夫。孟子的性善論提出後,千年來並無解人。荀子甚至倡性惡論。漢儒傳經,以禮樂教化百姓,在建造中華文明的過程中,做出了重大貢獻。但學不見體,未能把握本心,董(仲舒)、揚(雄),乃至唐代的韓愈均不識性,故被宋儒排除在「道統」之外。從哲學的觀點看,先秦孔孟打下根基,是第一個大時代。要到宋明,響應二氏(老、釋)的挑戰,理學勃興,是第二個大時代。當代新儒學如鳳鳥浴火重生,是第三個大時代。[3]

宋儒朱熹(1130～1200)建立濂、洛、關、閩的道統。周濂溪(1017～1073)著〈太極圖說〉,是先驅人物。程伊川(1033～1107)以乃兄明道(1032～1085)「天理」二字乃自家體貼出來,才是理學真正的創始者。張橫渠(1020～1077)雖是二程的表叔,但門人謂其自承聞道在後,故關學

3　牟宗三先生首倡儒家哲學三個大時代——先秦、宋明、當代——的說法,參《道德的理想主義》(修訂五版)(臺北:學生書局,1982年),頁1-2。此書現收入《全集》第九冊。此一說法由杜維明廣布於天下。我也接受這一說法,但提出了我自己的詮釋與理解。2005年3月我應香港中文大學之請作第十八屆「錢賓四先生學術文化講座」,我講的即是:《儒家哲學的三個大時代》,此書由香港中文大學出版社出版,讀者可以參看。

的位置排在洛學後面。牟宗三先生以其倡「天道性命相貫通」，成為宋明儒的共法。他想法不純，卻富於啟發性，分別德性之知與見聞之知，天地之性與氣質之性，對後世有巨大的影響，所著〈西銘〉，倡「民胞物與」，重要性不下於〈太極圖說〉。到了南宋，朱子本福建一窮儒，但他的《四書集註》，到元代成為科舉（1313～1905）的基礎，影響之大為孔子以後一人。但牟先生指出，朱子「涵養須用敬，進學則在致知」，繼承的是伊川理只存有而不活動的橫攝系統，脫離了北宋周、張、明道三家理既存在又活動的直貫系統，造成了「繼別為宗」的奇詭現象。[4]但朱子自幼留意「為己之學」，長時期參究中和而後找到自己成熟的思想，無疑是聖學的一支。與他同時代的陸象山不滿朱子的格物窮理為支離，倡「心即理」，但又一傳，即受到壓抑。直到明代，王陽明（1472～1529）繼承了他的精神，弘揚心學，與狹義的理學相頡頏。牟先生以晚明劉蕺山（1578～1645）思想與湖湘學派的胡五峰（1100～1155）「以心著性」同一形態，回歸北宋三家，而有三系之說，[5]此處不贅。

　　明末清初發生典範轉移，像清儒戴東原（1723～1777）乃完全脫落了「超越」的層面，宋明理學的統緒到此而絕。[6]這一條線索到「當代新儒家」才得到恢復。[7]大陸對

<hr />

4　參《心體與性體》卷一導論部分，同註1。

5　同上註，頁1-6。

6　參鄭宗義和筆者合著：〈從道德形上學到達情遂欲——清初儒學新典範論析〉，現收入拙著：《儒家思想意涵之現代闡釋論集》，同註3，頁73-103。

7　狹義的「當代新儒家」是臺灣流行的詞，以熊十力為開祖，第二代為唐君毅、牟宗三、徐復觀，第三代為蔡仁厚、杜維明、劉述先。「現代新儒學」

「現代新儒家」取廣義的解釋，凡肯定儒家的基本觀念與價值有其現代意義者，都可歸入這個範圍；1986 年國家教委七五規劃，確定「現代新儒家思潮」為國家重點研究項目之一，由方克立、李錦全主持，為期十年，經過廣泛討論，採取了一個十五人名單。台灣「中央研究院」中國文哲研究所隨後於 1993 年開始做「當代儒學主題研究計劃」，每三年為一期，現在換了一個名稱，還在繼續進行中。我從一開始就參與這一計劃，兩岸互相交流，作學術上的良性競爭，成績斐然。我接受了大陸主流意見的十五人名單，綜合各家之說，整理成為了一個「三代四群」的架構：[8]

第一代第一群：梁漱溟（1893～1988）、熊十力（1885～1968）、馬一浮（1883～1967）、張君勱（1887～1969）

第二群：馮友蘭（1895～1990）、賀麟（1902～1992）、錢穆（1895～1990）、方東美（1899～1977）

第二代第三群：唐君毅（1909～1978）、牟宗三（1909～1995）、徐復觀（1903～1982）

第三代第四群：余英時（1930～）、劉述先（1934～）、成中英（1935～）、杜維明（1940～）

把這個架構與現代新儒家思潮由 1920 年開始每 20 年為一波的四波發展配合起來看，就可以把握到這一思潮的脈動。20 年代是第一波，梁漱溟是先驅人物，率先為孔子說

是大陸流行的詞，取廣義的解釋，也包括馮友蘭、賀麟與其他人，見下面的申論。

8 參劉述先：〈現代新儒學研究之省察〉，原刊於《「中央研究院」中國文哲研究集刊》第二十（2002.3），現收入拙著《現代新儒學之省察論集》（修訂版）（臺北：「中央研究院」，中國文哲研究所，2005 年），頁 127-142。

話，張君勱則啟動了科、玄論戰。40 年代是第二波，抗戰軍興，在最艱困的環境之下，馮友蘭出版所謂「貞元六書」，完成了他的「新理學」系統。1944 年熊十力在商務出版他的《新唯識論》語體文本，被公認為最富原創性的哲學論著，一時成為狹義當代新儒家的精神領袖。60 年代熊的弟子唐、牟、徐在港、臺，聯合了海外的張君勱，於 1958 年元旦發表了〈中國文化與世界宣言〉，後來被視為當代新儒家的標誌。同時由於韓戰爆發，海峽兩岸成為長期對峙之局，乃由文化的存亡繼絕轉歸為學術傳承與開拓，皇皇巨著不斷出版，為新儒學寫下了光輝的一頁。80 年代第二代新儒家的弟子流寓海外，在異域謀求一枝之棲，而增加了一個國際的面相。他們預設了西方多元文化的架構，正如代表人物杜維明所說，無須證明儒家比其他精神傳統優越，只須說明自己的立足點所在就足夠了。他致力於在海外推廣文化中國。劉述先則為「理一分殊」提出新解，積極參與世界倫理的建構與宗教交流的促進，在全球意識的覺醒之下，希望人類在日越狹小的地球村和平相處，免於毀滅的命運。[9]

　　由以上所說，可見孔子和儒學的命運在二十世紀有了戲劇性的變化。無可諱言，制度的儒家已隨清廷的覆亡而終結。五四時期把中國一切反動、腐敗、貧窮、落後的原因都歸咎於孔子與儒家，文革更把反孔推到極端，如今卻獲得徹底平反。大陸主流意見把現代新儒家與西化派等當作三大思潮，在互相激蕩之中促進了中國的現代化。[10]而梁漱溟之所

9　參劉述先：《全球倫理與宗教對話》，臺北：立緒文化，2001 年。
10　參方克立：《現代新儒學與中國現代化》，天津：天津人民出版社，1997 年。

以能夠在 1919 年五四之後立刻提出他對東西文化及其哲學的反思，正是因為他所繼承的是精神的儒家。當然他並不是西方學者所謂最後的儒家，乃是現代新儒家思潮的先驅人物。他的精神資源是王陽明。到了抗戰時期，賀麟正式打出了「新儒家」的旗號。[11]他並批評馮友蘭的新理學只講理氣論，忽視了心性論，未來中國哲學的前途在新心學。但他自己並未系統建構新心學，這方面的動力來自一個完全想像不到的泉源。熊十力年齡比馮友蘭大十歲，早年參加革命，中年才痛感革命不如革心。他起步遲，在社會上藉藉無名。在南京支那內學院跟歐陽竟無大師學佛兩年，梁漱溟因志不在學術，擬離開北大，薦熊以自代，於 1923 年進北大任講師授唯識。他認真教學，講義三易其稿，卻發現唯識論截生滅與不生滅為兩片，終不可通，乃歸宗大《易》，造《新唯識論》，引致佛教界圍攻，而熊不為所動。但熊要到 1944 年《新唯識論》語體文本在商務出版，才被肯認為哲學界最有原創性的論著。自此聲名日著，四方學子景從，成為當代新儒家的精神領袖。熊在理智向外追逐知識的途徑之外，明白肯定另有默識心通之一途，向內體證乾元性海，生命的源頭絕不是佛家的無明。牟宗三謂在大三時聽到熊駁斥馮友蘭，「你說良知是個假定。這怎麼可以說是假定，良知是真真實實的，而且是個呈現，這需要直下自覺，直下肯定。」這霹靂一聲，真是振聾發聵，把人的覺悟提升到宋明儒者的層次。[12]由此可見當代新儒家的統緒是王陽明的苗裔，制度的

---

11 賀麟：〈儒家思想的新開展〉，《思想與時代》創刊號（1941.8）。

12 參牟宗三：《生命的學問》（臺北：三民書局，1970 年），頁 134。

儒家可以覆亡，精神的儒家卻貫通古今，並無隔閡。抑且今
人可以與古人對話，通過我們自己時空的脈絡，由古人那裡
得到啟發，王陽明正是一個最好的範例。下面我即把自己近
時的體悟鋪陳在這篇文章裡面。

　　陽明的親炙弟子錢德洪（14963～1574）在〈刻文錄敘
說〉說：

> 先生之學凡三變，其為教也亦三變。少之時，馳騁于辭
> 章；已而出入二氏；繼乃居夷處困，豁然有得于聖賢之
> 旨；是三變而至道也。居貴陽時，首與學者為知行合一之
> 說：自滁陽後，多教學者靜坐；江右以來，始單提致良知
> 三字，直指本體，令學者言下有悟；是教亦三變也。[13]

　　這是講陽明前後三變最有權威性的文字。德洪性格謹
厚，最忠於乃師所教。前三變講陽明求道的過程，由內在到
超越。少之時與一般仕人之溺於辭章並無差別。但很快他就
不滿意。他先求之於方外的老釋二氏，甚至為了學打坐而誤
了新婚吉期，結果並無實得。一直要到他貶居龍場，無書可
讀，無人可談，這才頓悟致知不是向外去格物窮理；聖人之

13　這段文字在任何版本的《王陽明全書》都可以找到。我發現黃梨洲《明儒
　　學案》有異文。他說其學凡三變而始得其門，這一部分沒有問題。但不說
　　教亦三變，滑轉成為學成之後又有此三變：首先是默坐澄心，然後是致
　　良知，最後到達最高境界，開口即得本心，更無假借湊泊，如赤日當空而
　　萬象畢照。我撰文剖析此中原委，參拙作：〈論王陽明的最後定見〉，現收
　　入拙著：《儒家思想意涵之現代闡釋論集》，同註 3，頁 47-71。我指出改易
　　的原因在梨洲以乃師蕺山之誠意慎獨教為終法，故以陽明天泉證道之四句
　　教為權法，而忽視了這其實是陽明的最後定見。此處不贅。

道，吾性自足。[14]很明顯，陽明經歷百死千難所體證的超越，是「內在的超越」，不是「外在的超越」。而聖人之道絕不只是空懸的理念，必恭行實踐於身心性命之內。故陽明教學子第一個階段就是「知行合一」。這正是一種由超越到內在的「迴環」。生命一往無前，義無反顧，一旦把握至道，卻原來就在日用常行之中：超越的仁心正體現在孝親那樣的具體行為之內。但聖學不是像科學一樣的客觀學問，建立了一條普遍的律則，就可以永遠適用。道德人倫的實踐絕非一了百了之事。陽明教學生「知行合一」一段時間之後，就發現內在的傾向增強，超越的體證減少。於是他轉教學生默坐澄心，暫時與實事隔離一下，收拾放心，把握本體。哪知過了一段時間之後，又發現學生喜靜厭動，這才單提「致良知」三字，即動即靜，直指本體，令學者言下有悟。此後再無重大的變化。

在陽明逝世前一年，在天泉橋證道，討論他的四句教：「無善無惡是心之體，有善有惡是意之動，知善知惡是良知，為善去惡是格物。」王畿（汝中，龍溪，1488～1583）主心意知物的四無教，方為究竟，錢德洪則主漸教，維持原來四句教的表達，反對王畿的頓教。陽明答語不落頓漸兩邊，分別給予定位，確定四句教是他的最後定見。但王畿在陽明歿後卻不守師說，而有「蕩之以玄虛」之譏。很明顯，陽明本人想在偏向「超越」的頓教與偏向「內在」的漸教之

---

14 對陽明年輕時的轉變的最佳論述是杜維明的博士論文改編的專著，Cf. Tu Wei-ming, *Neo-Confucian Thought in Action: Wang Yang-ming's Youth* (1472-1509), (Berkeley: University of California Press, 1976)。

間維持一種平衡。可惜王學末流反不免過分強調「見成良知」，馴至滿街皆聖人。泰州派後學「參之以情識」，其弊不可勝數。明亡之後，終於導致理學的衰落，令人遺憾！

但陽明本人的識見超卓，還有一些睿識，到今日與西方比觀，才得以清楚地展示出來。陽明有曰：

> 人一日間，古今世界都經過一番，只是人不見耳。夜氣清明時，無視無聽，無思無作，淡然平懷，就是羲皇世界。平旦時，神清氣朗，雍雍穆穆，就是堯舜世界。日中以前，禮儀交會，氣象秩然，就是三代世界。日中以後，神氣漸昏，往來雜擾，就是春秋戰國世界。漸漸昏夜，萬物寢息，景象寂寥，就是人消物盡世界。學者信得良知過，不為氣所亂，便常做個羲皇以上人。（《傳習錄下》）

由此可見，陽明所謂「世界」，並不是塊然獨存、外在客觀的物質世界，而是意義結構。陽明所教絕不是什麼主觀唯心論，而是一種寂感模式。人如相應於天理是一番世界，相應於人欲又是一番世界。這比海德格（Martin Heidegger）之把「世界」當作主客交流把握到的意義結構，[15] 足足早了四百年，令人感到驚異。但海德格對人的世界架構只作現象學

---

15 Cf. Martin Heidegger, *Being and Time*, translated by John Macquarrie and Edward Robinson, (New York and Evanston: Harper & Row, 1962)。海德格認為，人生下來為「此有」（Dasein），被投擲在一「世界」裡，是「世界中的存有」（Being-in-the-world）。而「存有」有不同的模式。

描繪，不作價值上的判斷。而儒者所重乃在建立心的主宰，彰顯了自己的終極關懷，不會落入當代流行「相對主義」的窠臼。

但陽明在追求自己的終極托付的過程中固然義無反顧，不能停止在二氏的境界。然而一旦找到了自己終生的信守，卻對其他信仰採取了寬容乃至肯定的態度。陽明的三教觀，鮮明地反映在他「三間屋舍」的比喻上。嘉靖 2 年癸未（1523）11 月，陽明渡錢塘至蕭山時，曾與張元沖（1502～1563）討論三教關係的問題曰：「說兼取，便不是。聖人盡性至命，何物不備？何待兼取？二氏之用，皆我之用。即吾盡性至命中完養此身謂之仙；即吾盡性至命中不染世累謂之佛。但後世儒者不見聖學之全，故與二氏成二見耳。譬之廳堂三間共為一廳，儒者不知皆吾所用，見佛氏，則割左邊一間與之，見老氏則割右邊一間與之；而己則自處中間，皆舉一而廢百也。聖人與天地萬物同體，儒、佛、老、莊皆吾之用，是之謂大道。二氏自私其身，是之謂小道。」（見《年譜》）

彭國翔指出，這種融合可以說是三教歸儒，陽明晚年在朱得之所錄的《稽山承語》（未收入《傳習錄》）論「三教同異」又有隱微的變化，他說：

> 道大無外。若曰各道其道，是小其道矣。心學純明之時，天下同風，各求自盡。就如此廳事，元是統成一間。其後子孫分居，便有中有傍。又傳漸設藩籬，猶能往來相助。再久來漸有相較相爭，甚至而於相敵。其初只是一家，去其藩籬只是一家。三教之分亦只似此。

儒家本位的色彩大為淡化，三教的本源與全體似乎已不再是儒，而是宇宙間無外的大道。[16]時至今日，進入全球覺醒的時代，正可以給予我們重大的啟發。近年來我致力於對宋儒的「理一分殊」作出創造性的闡釋，強調儒家並不能夠獨佔「理一」，而孔孟、程朱、陸王、唐牟已經是「分殊」的表現。[17]「理一」是我們超越的嚮往，屬於「道可道，非常道」的境域。每個人必生於一特定的時空、文化、社會的脈絡而受其制約（conditioned），雖非受其決定（determined）。在求道的過程中必義無反顧，追尋心之所安。一旦找到了自己的終極關懷，最初很容易展示一種「排他主義」（exclusivism）的情懷。但心量既宏，像陽明的〈大學問〉，體證「天地萬物一體之仁」，就會轉變成為一種「包容主義」（inclusivism）的情懷。然而這還不免隱涵了一種紆尊的態度，不利於各精神傳統的平等互待，雙向交流。由現代進入後現代，很容易助長一種「多元主義」（pluralism）的傾向，卻又不免有墮入「相對主義」（relativism）之虞。因此我建議把「理一」當作我們的「規約原則」（regulative principle），絕不放棄我們對「真理」（Truth）的追求，卻保持在真理面前謙卑的態度，雖自信對至道的體證不謬，然而並不排斥其他可能的進路，盡量保持開放的心智，站在自己

....

16 參彭國翔：《良知學的展開──王龍溪與中晚明的陽明學》，臺北：學生書局，2003 年，頁 474-475。王龍溪（畿）將陽明上述思想進一步明確化，一方面，始終沒有放棄儒家的自我認同；另一方面，又表現了超越儒釋道三家的傾向。這正是全書充分發揚的中心論旨。

17 參拙作：〈從當代新儒家觀點看世界倫理〉，現收入拙著：《全球倫理與宗教對話》，同註9。

本位的基礎上充分加以吸收,「和而不同」(《論語》,〈子路
第十三〉),自然而然會引致積極正面的響應。在西方,這種
「融和主義」(syncretism)的思想在過去被鄙視為缺少原創
性的雜湊,如今在日益狹小的地球村,各宗教傳統交流對
話、和平共存的急迫需求下,竟得到了完全不同的評價。而
當代新儒家在短短的時間之內已達致了前所未有的突破。波
士頓儒家的興起說明不只宗教可以交流對話,甚至「多重宗
教認同」(multiple religious identities)也有其可能性。[18]我
同意孔漢思(Hans Küng)謂,「沒有宗教之間的和平,就
沒有世界的和平」,故此積極參與他推動「世界(全球)倫
理」的努力。[19]也同意他的盟友斯維德勒(Leonard Swidler)
的警告謂,「不對話,就死亡」,而對他的《全球對話的時
代》的中譯本第一時間在國際會議上作出回應。[20]

　　分別來說,儒耶對談早已起步,就我個人參與者而言,
1988 年在香港中文大學舉行第一屆儒耶對話的國際會議,
由於海峽兩岸都有人參加而成為傳媒報導的熱點。我宣讀論
文略陳己見,嘗試指出儒家可以向基督宗教學習什麼。以後
又繼續在加州、巴克萊(1991)、波士頓(1994)、香港
(1998)聚會。第四屆會議論文集:《儒耶對話新里程》已
於 2001 年由香港中文大學崇基書院出版。第三代新儒家明

18 Cf. Robert Cummings Neville, *Boston Confucianism: Portable Tradition in the Late Modern World*, (Albany: State University of New York Press, 2000).
19 參拙著:《全球倫理與宗教對話》,同註 9。
20 參拙作:〈對於「全球對話的時代」的回應〉,此文宣讀於 2006 年 8 月在韓國首爾舉行的第二十六屆中國學國際學術大會,並刊登於《鵝湖》月刊總第三七七期(2006, 11),頁 1-12。

白拒絕排斥主義的立場，適度吸納多元主義的睿識。亡友陳
特為儒化的基督徒，長期在崇基執教，他提的論文結語謂：

> 儒家與基督教的進路哪一個更可取，現在大概可以有一
> 個答案了：答案是完全因人而異。一個對現實世界有極
> 大的愛，要將天國建立在現實的泥土上，同時有大魄
> 力，大勇氣，能披荊斬棘，不會為世界上的俗情六欲所
> 牽扯的人，是儒家式的人物，適合走儒家的道路。但自
> 認一無所是，憑依自己力量不足與世間上的引誘與壓力
> 相抗衡，必須捨棄世間的一切牽扯，全心全意投身在上
> 帝的光照之下，才能從新立定腳跟，做一個真正的人，
> 那是基督徒式的人物，適合走基督教的道路。[21]

　　陳特受學於唐君毅先生，與牟先生也有緊密的關係，我
想牟先生不會反對他這樣的說法。儒耶對談的文獻已汗牛充
棟，陳特以淺顯的白話文，照顧到理想與現實面，作出平情
的論斷，故引述在這裡，可以反映出近時的動向。
　　耶佛對話也已持續多年，《全球對話》季刊曾在「信仰
的新宇宙」專輯邀請史瑪德（Ninian Smart）撰文，由基督
宗教的立場對佛教的觀點作出回應。[22]史瑪德強調的是，耶

21　見陳特：〈天國與人間的緊張關係：比較基督教與佛教的處理方法〉，賴品
　　超、李景雄編：《儒耶對話新里程》（香港：香港中文大學崇基學院，2001
　　年），頁 301。

22　Ninian Smart, "Learning from One Another: Buddhism and Christianity," *Global
　　Dialogue*, vol. 2, no.1 (winter, 2000), pp.82-88。史瑪德為活躍於英美兩地之資
　　深學者，從事比較宗教研究與東西對話多年，可惜在不久之前逝世。我的

佛的確有不同的傳統，應分別由自己的立場問，究竟可以向
對方學到些什麼？佛教的基本教義講貪、嗔、痴三毒，歸結
於無明，重心在智解脫道，歸於涅槃寂靜，並非與神合而為
一。佛家並非否定所有的神，只是以天神並非終極。基督教
則講罪，講創世之上帝。基督教應當明白佛教的神秘主義乃
屬另一種形態，其優勢在容易下貫到道德倫理，每每以耶教
為迷信。對比於佛教，基督教的上帝有兩個面相：一方面是
非人格性的，這與佛教可以會通，另一是人格性的，耶穌既
有神性，又有人性，乃有三一之教義，此處似有扞格處。但
佛教也有法、報、化三身之說，如把耶穌限制在我們的世界
周期之內，耶穌的影響力普及人人，影響有深有淺，則與佛
光普照，有緣渡化之說，未始不可以會通。但佛教完全忽略
基督教神秘經驗之「上帝臨在」（numinous）感受之強烈震
撼，似乎有其限制。當然佛教懷疑「啟示」（revelation）是
有一定道理的，譬如為何聖保羅、穆罕默德的啟示指向了不
同的內容！但現代人在受到批判意識洗禮之後的回應是，啟
示是可以出錯（open to error）的。但關鍵在於必須指出，
畢竟不是啟示保證上帝存在，而僅只是為「上帝臨在」感受
到「確認」（validated）而已！反過來，佛教也應該要正視
一神教所展示的這一重要面相。

　　其次就救贖而言，失樂園自非真實歷史。但人類由於對
愛與死的敏感，乃得面對新的情狀，生於自然之中，又出於
自然之外。救主在一義下表達的是「神聖的空無」（a divine

討論參拙作：《全球倫理與宗教對話》，同註 9，頁 157-160。

emptiness）。耶穌既有創造主的位格，自必了解自由和人的創造力是可能的「痛苦」（suffering）之泉源。這可以給佛教的苦諦添加另一面相。基督教也要重新考慮「不朽」（immortality）問題，教徒分享復活之光，無私無我（self-lessness）恰正是基督教遵奉的楷模，不要求任何回報。輪迴則與事（events）之流變觀相合。事有複雜因素，牽涉到他者。基督教與佛教均側重慈悲、大愛。只前者更強調社會行動，而以他者為中心（heterocentric）與以自我為中心（ego-centric）的確有別。而佛教傳統是有更積極正面的自然觀，它一貫為中國與東亞佛教所強調，乃與儒、道合流，有詩意與美感的表達。這一面應為基督教所吸納。總之，耶、佛根源雖異，確有許多相同之處。二者均有冥想傳統、僧院組織、信仰崇拜、慈悲博愛、和平濟世理想。但二者也被帝國主義利用而有所失墜，造成罪惡結果。由比較觀點看，基督教更近於有神教諸信仰，如猶太教、伊斯蘭教，乃至印度教、錫金教，佛教則近於對宗教持批評態度的俗世人文主義，與道家相合。新儒家則兼容一神教與人文主義的信息。

由史瑪德的比較視域，自然而然又回到對於中土三教的討論。中國自古以來即形成一儒道互補的架構。自漢以來歷經一千年的時間由印度吸納了佛教的睿識，把有出世傾向的原始佛教轉化成為盛張「理事無礙」華嚴的圓教與肯定「當下即是」禪宗的頓教。到晚明乃流行「三教合一」的信仰。到了當代，新儒家大師牟宗三先生雖明白肯認儒家的「性智」為終極關懷，也盛讚道家的「玄智」與佛家的「空

智」，認為中國哲學與西方哲學最大的分別在，中土三教均肯定人有「智的直覺」（intellectual intuition），不似西方的康德受到基督教信仰的影響，相信只有上帝才有智的直覺，以至只能建立「道德底形上學」（metaphysics of morals），不能像儒家那樣建立「道德的形上學」（moral metaphysics）。[23] 牟先生並對海德格作出回應，認為西方建立的是「執的形上學」，中土三教建立的是「無執的形上學」，分別有其定位，而留下了融通的基礎。[24] 最後，牟先生以華嚴「緣理斷九」，為「別教的圓教」，天台以「法性即無明」才是真正的圓教，由此得到啟發，通過孟子與王龍溪論儒家內部的圓教思想。[25]

　　牟先生的思想達到了當代新儒學的一個高峰，但因過分強調只有儒家秉持「常道」，在表述上有傾向「排他主義」之嫌。故我接著牟先生講，充分正視全球意識的覺醒，尋求儒家哲學的典範重構與詮釋，才有利於世界各精神傳統之平等互待與交流互濟。[26] 前面已經提到我積極推動儒耶對談的努力，此處不贅，現只就儒佛對談再說幾句話。其實我出身於一個佛化的家庭。家父靜窗公宗主華嚴，[27] 他由宋明理學

23　牟宗三：《智的直覺與中國哲學》（臺北：臺灣商務印書館，1971 年），現收《全集》第二十冊。

24　牟宗三：《現象與物自身》（臺北：學生書局，1975 年），現收入《全集》第二十一冊。

25　牟宗三：《圓善論》（臺北：學生書局，1985 年）。

26　2007 年 5 月 25 日東吳大學哲學系主辦「儒家哲學的典範重構與經典詮釋」國際學術研討會，邀請我作主題演講：〈全球意識覺醒下儒家哲學的典範重構與詮釋〉，已刊於《鵝湖》月刊總第三八五期（2007.7），頁 15-25。

27　參劉任先：〈劉靜窗先生的精神境界與獨立人格〉，《儒學、文化與宗教——

入佛。幼承庭訓,不追隨時流起舞否定傳統,自來即以儒釋之學如日月經天。但我在讀大學時,因父親之介,讀熊先生《新唯識論》,卻與父親走了相反的方向,由佛歸儒,成為終生的信守,不再有任何變化。我所繼承的正是陽明心學的傳統,而給予現代至後現代的闡釋。數十年來我對佛學並沒有做深入的研究,只是隨機予以適度的關注。儒耶的交流讓我警覺到儒家對生命的負面體證不足,其實佛家在這方面有更親切的體會。近來乃警覺到,熊先生由佛入儒,並不只講「本心」,也講「習心」。而現實生命的習染根深柢固,隨著馬齒徒增,才知道業障之無形的繫縛難以解脫,絕不是浮淺的理性可以分解明白。而儒者的典型也不限於陳特所描述的像象山那樣的直貫形態。劉蕺山《人譜》講「過」的隱微比之於清教徒的體證有過之而無不及。一生寡過已屬難能,焉可輕議聖賢境界。

文章未闢專節講伊斯蘭教,絕不是說這一議題不重要,[28]而是牽涉問題過分複雜,難以三言兩語說明,不如不講,免生枝節。由最近得到的信息,回教極端分子恐怖主義濫殺無辜的惡行雖仍在進行之中,但各地回教信徒支持恐怖主義行動的民間卻大幅下降。這讓我們對未來的世界充滿了希望。

※原刊於《當代儒學與精神性》,香港浸會大學宗教及哲學主編,桂林:廣西師範大學出版社(2009.1)。

劉述先生七秩壽慶論文集》(臺北:學生書局,2006年),頁349-368。
28 有興趣讀者可參拙著:《全球倫理與宗教對話》中的討論,同註9,頁134-137。

第二部

宋代理學的精神傳統
（以朱子為中心）與
我的學術淵源

宋明理學的精神世界

——以朱子為中心

　　如所周知，宋明儒學的主流是理學，緣二氏（老、佛），特別是釋氏的挑戰而起，上接孔孟，開創了一個意義深遠的精神世界。[1]南宋朱熹（1130～1200）號稱集大成，[2]他的哲學格局恢宏，思緒複雜，1982 年在檀島召開國際朱熹會議，個別中國思想家受到這樣的殊榮可謂空前。2003年余英時兄出版大著：《朱熹的歷史世界——宋代士大夫政治文化的研究》，[3]開拓了新的視域，2006 年為他贏得了人文方面的克魯吉獎（John W. Kluge Prize）。這書的出版也引發了新一輪有關朱子的熱烈討論，一直到如今還餘波蕩漾。[4]

....

1 2005 年 3 月我應邀回香港中文大學新亞書院作第十八屆「錢賓四先生學術文化講座」：《論儒家哲學的三個大時代》（香港：中文大學出版社，2008）。全書共分三個部分：先秦儒學、宋（元）明儒學、現代新儒學，特別是其中的第二部分，讀者可以參看。

2 牟宗三先生對這一點提出異議，因朱子的「理」只存有而不活動，已偏離了北宋三家：濂溪、橫渠、明道的直貫思路，而繼承伊川，另外開創了一條橫攝思路，造成了「繼別為宗」的現象。參牟宗三：《心體與性體》二冊，臺北：正中書局，1968～1969 年。但朱子的綜合雖不盡理想，牟先生並未否認朱子在事實上佔據了「大宗」的地位。

3 此書先由臺北允晨文化出版公司出版（二冊）。以後又出了大陸版，這樣的學術專著竟然成為暢銷書，可謂異數。

4 有關「內聖外王」的問題，我對英時兄提出的「哥白尼式的迴轉」有所質疑，他作出了回應；針對我進一步的質疑，他又提出了儒家的整體規劃的

我和英時兄的辯論分別深化了各自對宋明理學與朱熹的了解，我之寫作本文還是為了針對自己最近的思緒作一結算。

　　我們今日對於宋明理學，或者如田浩（Hoyt Cleveland Tillman）所提議的「道學」的理解，絕離不開朱子的建構。[5]而朱子自述自幼即留意「為己之學」，他思想逐漸成熟是長期參悟中和的結果，故毫無疑問的是，他所成就的學問是「聖學」的一支。[6]而「道統」的說法雖可以溯源到孟

　　構想。相關文獻參拙作：〈評余英時：《朱熹的歷史世界──宋代士大夫政治文化的研究》〉，《九州學林》一卷二期，2003 年冬季，頁 316-334；余英時：〈「抽離」、「回轉」與「內聖外王」──答劉述先先生〉，《九州學林》二卷一期，2004 年春季，頁 301-310；拙作：〈對於余英時教授的回應〉，《九州學林》二卷二期，2004 年夏季，頁 294-296；余英時：〈試說儒家的整體規劃──劉述先先生回應讀後〉，同上，頁 297-312。我們兩人都相信真理越辯越明，但因學養不同，彼此的偏重難免有所不同。他強調「秩序重建」是儒學整體規劃的歸宿處，而我強調，宋儒把內聖外王當作整體來看，仍以內聖為主，外王為從。凡學問必抽離，光抽離不是問題，重要的是不把抽象當作具體的現實即不足為患。英時兄也同意，哲學自成一個領域，有它的自主性。但許多理論效果要碰撞之後才能顯發出來。英時兄在同時期在臺灣《當代》雜誌與楊儒賓進行激烈的論辯。同時海內外有多篇書評發表，觀點各異，莫衷一是。餘波蕩漾，一直到最近，吳展良發表了他的〈朱子的世界秩序觀之組成方式：朱子的天人關係思想析論〉，刊於《九州學林》五卷三期，2007 年秋季，頁 2-33；他強調朱子的世界觀及其思維與認知方式，基本上視一切事物為一不可分割的整體，具有「整體觀」的特質。這自言之成理，卻又在分疏方面有所不足，尚待澄清。

5　參田浩：《朱熹的思維世界》，臺北：允晨文化，1996 年，2008 年增訂版。

6　1982 年我出版專著：《朱子哲學思想的發展與完成》（臺北：臺灣學生書局，1982 年初版，1984 年修訂再版，1995 年增訂三版）。我的基本思想並無改易，本文不事繁複微引，所據文本具見該書；本文所拓展的是以往未充分展示出來的理論效果。我所強調的是，儒家哲學傳統與希臘柏拉圖、亞里士多德的哲學傳統不同處在於：我們不是由形上學講到宇宙論、倫理學，恰好倒轉過來，是由人事論，逆反到心性論，而後到天道論。朱子當然有形上學、宇宙論，然只作外在的比對，絕難有鞭辟入裡的理解與證悟。

氏、韓愈，正式的提出卻有待於朱子的〈中庸章句序〉：

> 道統之傳有自來矣。其見於經，則允執厥中者，堯之所
> 以授舜也。人心惟危，道心惟微，惟精惟一，允執厥中
> 者，舜之所以授禹也。……自是以來，聖聖相承，……
> 若吾夫子則雖不得其位，而所以繼往聖、開來學，其功
> 反有賢於堯舜者。然當是時，見而知之者，惟顏氏、曾
> 氏之傳得其宗。及曾子之再傳，而復得夫子之孫子
> 思。……自是而又再傳以得孟氏。……及其沒而遂失其
> 傳焉。……故程夫子兄弟者出，得有所考，以續夫千載
> 不傳之緒。（《朱子文集》卷七十六）

及後黃榦書〈朱子行狀〉，乃曰：

> 道之正統，待人而後傳。自周以來，任傳道之責，得統
> 之正者，不過數人，而能使斯道章章較著者，一二人而
> 止耳。由孔子而後，周程張子繼其絕，至先生而始著。

以後《宋史》引其說，列代學者宗之不乏其人。陳榮捷先生
指出，朱子之立道統是基於哲學性的理由，其言是也。[7]我

7　See Wing-tsit Chan, "Chu Hsi's, Completion of Neo-Confucianism" in Françoise
　　Aubin, ed. *Études Song-Sung Studies in Memoriam Étienne Balazs*., Ser. II,
　　No.1 (1973), pp.75. 1982 年我參加國際朱熹會議提出論文，就是對「道統」
　　問題作出進一步的討論與反思，Shu-hsien Liu, "The Problem of Orthodoxy in
　　Chu Hsi's Philosophy, " in *Chu Hsi and Neo-Confucianism*, edited by Wing-tsit
　　Chan (Honolulu: University of Hawaii Press, 1986), pp.437-460.

們如今熟悉的所謂「濂、洛、關、閩」，就是由朱子精心構造出來的線索。他和呂東萊合編《近思錄》，選錄了周子、二程、張子的著作。西方學者如魏偉森（Thomas Wilson）注意到，《近思錄》的編纂開創了一個新的典範，它由學術觀點選入一些人物與著作，建構了一個傳統，自然就把其他人物排除在外，「道統」在這種方式之下形成了宗派，有向心和排他的雙重作用。[8]

朱子建構道統，影響深遠。1313 年元代科舉以朱子的《四書集註》取士，一直到清末（1905）廢棄科舉為止，七百年來他的地位被視為孔子以後一人，是一點也沒有誇張的。但他的道統觀也一直受到嚴重的誤解，必須加以澄清。首先我要說明的是，〈中庸章句序〉引十六字心傳「人心惟危，道心惟微，惟精惟一，允執厥中」源出古文尚書〈大禹謨〉，清儒閻若璩考證為偽作，似乎動搖了道統的基礎。我曾經借田立克（Paul Tillich）的說法，分別「耶穌學」（Jesusology）的考據與「基督學」（Christology）的信仰，指出朱子建立道統屬於「信仰」的層面，不是「考證」可以推翻的。有關耶穌其人的考證缺少確定性，但耶穌基督釘十字架為人類贖罪之後復活的信仰卻是絕對的。同樣，三皇五帝的傳說缺少確定性，「危、微、精、一」的心傳對道學者而言卻是絕對的。[9]

....

8 Cf. Thomas Wilson, *Genealogy of the Way: The Construction and Uses of the Confucian Tradition in Late Imperial China* (Palo Alto, CA: Stanford University Press, 1995).

9 參拙著《朱子》一書，頁 413-427，同註 6；又參我論「道統」問題的英文論文，同註7。

　　其次，英時兄曾引錢穆先生的說法，以宋明儒的道統觀
念首由韓愈提出，顯然來自禪宗；其所爭持為「主觀的、單
傳孤立的、易斷的道統，其實紕繆甚多，若真道統則須從歷
史文化大傳統言，當知此一整個文化大傳統即是道統」。[10]
我的回應指出，錢先生這樣的說法對於朱子之建立道統缺乏
相應的理解。禪宗的確是單傳的道統，但儒家根本不取這樣
的方式，由古代聖王轉移到孔孟程朱，重心已自覺地由君道
轉移到師道，故朱子才會說：「若吾夫子雖不得其位，而所
以繼往聖、開來學，其功反有賢於堯舜者。」這是何等的氣
概！如果能夠發明本（道）心，修德講學，教化百姓，弘揚
斯學，那就道統有繼，否則隨時可以斷裂、失墜。這裡強調
的是知識分子自覺的擔負。[11]故 1982 年狄百瑞（Wm.
Theodore de Bary）教授應邀來新亞書院作錢穆講座，第一
講論及「道統」問題，所用的英文表達是 "the Repossession
of the Way"，「道之重新把握」，可謂知言。[12]而當代新儒家
從未在人類學家所謂大、小傳統之間作出截然的分別，著名
的〈中國文化與世界宣言〉有曰：

　　……中國文化，在本質上，是一個體系。……中國在政

10 余英時：〈錢穆與新儒家〉，《猶記風吹水上麟》（臺北：三民書局，1991
　　年），頁 31-98。
11 拙作：〈對於當代新儒家的超越內省〉，《當代中國哲學論：問題篇》（紐澤
　　西：八方文化，1996 年），頁 1-67，特別是有關道統問題的再省思，頁 41-
　　45。
12 Wm. Theodore de Bary, *The Liberal Tradition in China* (Hong Kong: The
　　Chinese University Press, 1983), ch.1, Human Renewal and the Repossession of
　　the Way, pp.11-20.

> 治上，有分有合，但總以大一統為常道。且政治的分
> 合，從未影響到文化學術思想的大歸趨，此即所謂道統
> 之相傳。[13]

這樣的說法出奇地與錢先生相似，不知為何錢先生會對
宣言的立場有那麼嚴重的誤解？再次，朱子貶抑漢唐，董仲
舒、韓愈並無與於道統。這說明宋儒以為只有歷史、文化、
政治、社會、經濟的關注是不夠的，必回返心性的源頭，才
能夠承擔道統。由此可見，對宋儒來說，儘管內聖——外王
是連續體，在實際上無法切割，互為先後，但就根源來說，
必定是內聖為主，外王為從，這裡不存在英時兄所謂的「哥
白尼的迴轉」。

最後，朱子在本朝建構道統的線索，雖然重心放在程
子——未分明道、伊川，然而把源頭追溯到周子，卻是他的
創見。事實上濂溪雖在二程少時做過他們的家庭教師，但二
程對他並未特別推重。明道自承：「吾學雖有所受，天理二
字卻是自家體貼出來。」（《二程全書》外書第十二〈傳聞雜
記〉，見〈上蔡語錄〉）。伊川作〈明道先生行狀〉云：

> 先生為學，自十五六時，聞汝南周茂叔論道，遂厭科舉
> 之業，慨然有求道之志。未知其要，泛濫於諸家，出入
> 於老釋者幾十年，返求諸六經而後得之。明於庶物，察

---

13 這篇宣言於 1958 年元旦同時發表於《民主評論》與《再生》雜誌，後收入
唐君毅：《中華人文與當今世界》下冊，附錄（臺北：臺灣學生書局，1975
年），頁 865-929。

於人倫。知盡性至命，必本於孝弟，窮神知化，由通於禮樂。辨異端似是之非，開百代未明之惑。秦漢而後，未有臻斯理也。謂孟子沒而聖學不傳，以興起斯文為己任。（《二程全書》，《伊川文集》卷之七）

照這樣的說法，二程才是理學真正的開創者。但朱子卻強調濂溪是這一思潮的先驅人物。《宋元學案》首列胡安定、孫泰山、石徂徠，其後濂、洛興焉，始趨精微。朱子特別欣賞濂溪的〈太極圖說〉，雖然引起不少爭議，然而後世卻大體接受了這一統緒，儘管細節方面頗有出入。朱子和呂東萊編纂的《近思錄》共十四卷，由「道體」到「觀聖賢」，選錄了濂溪、明道、伊川、橫渠四子的文字，正如宋葉采（平巖）《近思錄集解》原序曰：

嘗聞朱子曰：四子，六經之階梯；《近思錄》，四子之階梯。蓋時有遠近，言有詳約不同，學者必自近而詳者，推求遠且約者，斯可矣。[14]

西方學者如魏偉森注意到，《近思錄》的編纂開創了一個新的典範，所謂濂、洛、關、閩，形成了一個宗派。[15]田浩的研究顯示，張栻與呂祖謙早逝，朱子與陳亮、象山論辯，兼之長壽，由他本人與門人的努力，逐漸塑造成為道學獨一無二領袖的地位，乃至慶元黨禁對道學的迫害，反而更

14 引自朱熹編：《近思錄》，臺北：台灣商務印書館，1967年。
15 Cf. Thomas Wilson, *Genealogy of the Way*，同註8。

提升了他的聲望。到朱子身後，

> 1241 年（理宗）皇帝正式下令承認道學為國家的正
> 統，朱熹與周敦頤、二程、張載等北宋四子進入孔廟陪
> 祀。1241 年的上諭也贊許朱熹與他的《四書》批註使
> 「孔子之道益以明於世」，隨後命令太學生要向傳承道
> 統的學者致敬，並且學習朱熹的經典註釋，又將從
> 1104 年就供奉在孔廟裡的王安石牌位遷出。[16]

日後的發展乃是對道學的理解越來越狹窄：

> 朱熹親選的繼承人黃榦宣稱朱熹的成就超過北宋五子
> （包括邵雍）。北宋五子只延續道統，朱熹扮演的角色
> 則與孟子相同，使道能夠彰顯於世。陳淳甚至排除張
> 載，將朱熹描繪成二程的直接傳人。……對朱熹的門人
> 而言，朱熹與《四書章句集註》使北宋四子相形見絀，
> 處於次要的地位。金華四先生確定由二程，經朱熹、黃
> 榦，再到自己的直接線索，而其他人物則被視為道學的
> 分支。[17]

到了王陽明的時代，朱子早已被世儒視為正統，但已有
一些異聲出現，適徐成之（是朱）、王與庵（是陸）激烈辯
論朱陸異同，陽明在壬午（51 歲時）有答成之二函，意存

16 田浩：《朱熹的思維世界》，頁 447，同註 5。
17 同上書，頁 451。

調停，其第二函有曰：

> 今晦庵之學，天下之人童而習之，既已入人之深，有不
> 容於論辯者，而獨惟象山之學，則以其嘗與晦庵之有
> 言，而遂藩籬之，……則豈不過甚矣乎！……僕於晦
> 庵，亦有罔極之恩，豈欲操戈而入室者。……天下之學
> 術，當為天下公言之。……（象山）學未至於聖人，寧
> 免太過不及之差乎！而論者遂欲以是而蓋之，則吾恐晦
> 庵禪學之譏，亦未免有激於不平也。……此正晦庵、象
> 山之氣象所以未及於顏子、明道者在此。吾儕正當仰其
> 所以不可及，而默識其所未至者，以為涵養規切之方，
> 不當偏私於其間，而有所附會增損之也。夫君子之過
> 也，如日月之食，人皆見之，更也，人皆仰之；而小人
> 之過也，必文。……晦庵之心，以聖賢君子之學期後
> 代，而世之儒者事之以事小人之禮，是何誣象山之厚，
> 而待晦庵之薄耶！僕今者之論非獨為象山惜，實為晦庵
> 惜也。[18]

由此可見，陽明於朱學雖童而習之，也承認朱子對聖學
的巨大貢獻，但對世儒對朱子的盲目崇拜卻大不以為然。陽
明繼承的道統突出顏子、明道，不是伊川，也不以朱子為正
統，而是旁置朱陸，他自己才是綜合兩家、超越向前的一條
線索。[19]陽明之後，牟宗三先生譽之為宋明理學之殿軍的劉

----

18 引自《王陽明全書》（二）（臺北：正中書局，1953 年），頁 75-76。

19 陽明與朱、陸兩家的關係，參拙作：〈論陽明哲學之朱子思想淵源〉，現收

戴山，則繼承濂溪、明道之統，不滿意朱子（格物窮理）、陽明（致良知）的大學解，而歸顯於密，另立誠意慎獨教。[20]到了清代，朝廷雖仍以朱學為正統，但發生了「典範轉移」的變化，清儒由「達情遂欲」、「經世致用」的要求轉趨「文獻考據」；到了滿清末世，西風疾捲，才又被迫作出更徹底的典範轉移的變化，[21]此是後話，暫時按下不提。

現在我們可以回過頭來，看朱子如何建構他心目中的道統，以及幾經辛苦才得以發展完成的哲學的線索。朱子自參悟中和、寫成〈仁說〉之後，思想已趨成熟，發展了一個心、性、情的三分架局，與理、氣二元不離不雜的形上學，我的《朱子》一書已詳加省察，此處不贅。本文的重點放在朱子思想的綜合性格，看他如何通過自己的視域吸納北宋諸家的思想以完成他自己的哲學的建構。首先，他把向無藉藉名的濂溪推到前沿，成為開創理學的一位最具關鍵性的先驅人物，在當時就引起了激烈的爭辯。陸氏兄弟認為〈太極圖說〉非濂溪所作，或者是濂溪不成熟的少作，因文章一開始就言「無極」，而這是老氏語，不可能是儒家的說法。但朱子侃侃而談，說明伏羲畫卦，文王重卦，孔子作十翼，不斷有新的開創，沒有理由周子不能作新的開創。〈太極圖說〉

入拙著：《朱子哲學思想的發展與完成》增訂三版，附錄四，頁 566-598，同註 6。

20 參拙著：《黃宗羲心學的定位》第一章「黃宗羲對於蕺山思想的繼承」（杭州：浙江古籍出版社，2006 年），頁 1-20。

21 參拙著：《論儒家哲學的三個大時代》，同註 1，清代儒學的回顧，頁 183-185。宋明理學至此成為絕響，但到 20 世紀，「現代新儒學」又如鳳鳥浴火重生，讀者如有興趣，可看此書第三部分，頁 186-241。

開宗明義說「無極而太極」，意思是「無形而有理」，不可與道家之說混為一談。[22]朱子的說法可以自圓其說。事實上〈太極圖說〉的義理與濂溪的《通書》相通，後世接受了朱子建構的這一統緒。[23]到《近思錄》廣為流傳，濂洛關閩的說法深入人心，不可動搖矣。張載其實是二程的表叔，因門人作〈行狀〉謂橫渠學於二程，乃將洛學置於關學之前，其實伊川根本否定了這樣的說法。

> 呂與叔作橫渠行狀，有見二程盡棄其學之語。尹子言之。（伊川）先生曰：表叔平生議論謂頤兄弟有同處則可，若謂學於頤兄弟，則無是事。頃年屬與叔刪去，不謂尚存斯言，幾於無忌憚。（按：行狀今有兩本。一本云盡棄其學而學焉；一本云於是盡棄異學，淳如也。恐是後來所改。）[24]

但朱子可能是因為哲學上的理由將洛學置於關學之前。依二程之見，張載的〈西銘〉是粹然儒者之言，他的毛病是

....

22 有關這一辯論，參拙著：《朱子哲學思想的發展與完成》，頁 451-459。同註 6。應該提到的一點是，〈太極圖說〉有不同的版本，一則曰：「自無極而太極」，朱子不取此一版本。他取的版本是：「無極而太極」，以其「無形」，故曰「無極」，以其「有理」，故曰「太極」，乃與他建構的哲學若合符節，順便在此一誌。

23 參拙著：《論儒家哲學的三個大時代》，頁 78-81，同註 1。其實朱子解〈太極圖說〉的問題不在「無極而太極」一句，而在下一句「太極動而生陽」，朱子的理只存有而不活動，那怎麼能夠動而生陽，乃必須曲為之解，牟宗三先生正因此而以之為「別子」，同註 2。

24 引自《二程全書》㈡，外書第十一，（臺北：臺灣中華書局，臺三版，1976年）。

在《正蒙》，講「清、虛、一、大」之旨，容易誤導人的思想。但對我們來說，橫渠與濂溪一樣，也有宇宙論的欣趣，故宜放在一起處理。[25]在北宋初期，對後世影響最大的兩篇文章就是濂溪的〈太極圖說〉與橫渠的〈西銘〉(〈訂頑〉)，分別被採入《近思錄》卷一〈道體〉與卷二〈為學〉。濂溪把漢代的象數易轉化成為了一套宇宙創生論，這是劃時代的貢獻，而橫渠的〈西銘〉講「民吾同胞，物吾與也」，引起了楊龜山的質疑，以為他是墨子兼愛之說，伊川答覆龜山，乃首次揭示橫渠所教乃是「理一分殊」之旨，後來為朱子所繼承，對後世發生了深遠的影響。[26]橫渠的思想極富原創性，在〈誠明篇〉，他首先區分了「天地之性」與「氣質之性」。前者等同於「義理之性」，孟子是在這個層次上道性善，氣性雖不必惡，卻是惡的來源。二程乃謂：「論性不論氣，不備；論氣不論性，不明。」[27]橫渠又在〈大心篇〉作出了重要的「見聞之知」與「德性之知」的分別。「心知廓之，莫究其極也。」牟宗三先生即認定橫渠所言，即康德所謂「智的直覺」(intellectual intuition)。[28]而〈誠明篇〉則隱涵了「天道性命相貫通」的思想，以後成為宋明理學的共識。[29]很明顯，宋明儒學所提供的絕不只是一套俗世的倫理

---

25 參拙著：《論儒家哲學的三個大時代》，頁 82-92。同註 1。

26 我在今日提倡給與「理一分殊」以現代乃至後現代的闡釋，參拙著：《理一分殊》，景海峰編，(上海：上海文藝出版社，2000 年)。

27 此語當作明道語採入《近思錄》卷二，頁 50，同註 14。

28 參牟宗三：《智的直覺與中國哲學》(臺北：臺灣商務印書館，1971 年)，頁 184-202。康德認為只有上帝有「智的直覺」，牟先生即以此比論中西哲學之差異。

29 參牟宗三：《心體與性體》(一)，頁 417，同註 2。

學。宋明儒者通過修養工夫，不斷擴充自己心性的稟賦，就可以體現一個豐富的精神世界。但朱子由北宋濂溪、橫渠、明道的直貫思路脫略了開去，以「理」只存有而不活動，具眾理之心為「氣」之精爽者，才是行動的樞紐。朱子成熟的思想建構了一個「心、性、情」的三分架局。最激賞的即是橫渠的「心統性情」一語。[30]性是理，情是氣，心則貫乎動靜而統御性情為之主宰。

在朱子心目中，二程無疑是理學真正的開創者。但大小程仍有別，朱子繼承的畢竟是伊川，不是明道。二程兄弟性格個別，這是大家熟知的事實。但就是他們本人也不覺得彼此之間有什麼大分別，故二程語錄有很大一部分並未標明是明道或伊川語。但二程兄弟的哲學思想確有差別，這一個問題到牟宗三先生才徹底加以解明。[31]在這裡，我們只需提朱子的〈仁說〉就知道他繼承的是誰的思想。〈仁說〉完成於朱子參悟中和之後，是他成熟的思想，但他受益的並非來自明道。一個直接的證據是，《近思錄》只錄明道的〈定性書〉（見卷二），不錄他的〈識仁篇〉，因朱子感覺明道說話渾淪、學者難看，其心態之不契合如此。明道識仁乃一本之論，伊川則仁性愛情，才是朱子思想之所本。牟宗三先生曾

....

30 橫渠曰：「心統性情者也」，此語引入《近思錄》卷一，頁28，同註14。

31 馮友蘭自詡他的《中國哲學史》分別開明道與伊川的思想，前者是主觀唯心論，後者是客觀唯心論。且不論這一類的標籤沒有什麼意義，事實上一直要等到牟宗三先生的《心體與性體》出版，才得把明道和伊川的語錄明白區分開來。讀者比較二書就可清楚看到馮的功力遠遜於牟，不是屬於同層次的東西。

總括二程言仁之綱領如下：[32]

明道

一、仁者渾然與物同體、仁者以天地萬物為一體，莫非
己也。

二、醫書言手足痿痺為不仁，此言最善名狀。

三、學者識得仁體，實有諸己，只要義理栽培。

四、切脈最可體仁，觀雞雛，此可觀仁，觀天地生物氣
象。

五、萬物之生意最可觀，此元者善之長也，斯所謂仁
也。

伊川

一、愛自是情，仁自是性。

二、仁之道，要之，只消道一公字。公即是仁之理，不
可將公便喚做仁。公而以人體之，故為仁。

三、仁是性也，孝弟是用也。性中只有仁義禮智四者，
幾曾有孝弟來？

四、心生道也。有斯心，斯有是形以生。惻隱之心，人
之生道也。

五、心是所主言，仁是就事言。心譬如穀種，生之性便
是仁也。

....

32 牟宗三：《心體與性體》㈢，頁231-232，同註2。

明道最喜用譬喻以指點仁，只可以內在體證的方式去踐仁。仁心、仁體即與「維天之命，於穆不已」之天命流行之體會而為一，主客合一，是之謂「一本」。這是朱子不能相契之思路。伊川的思路是抽象的，分解的。仁是性（理）愛是情（氣）。理氣二者的關係不即不離，理恒常而氣變化，二者在現實上不可分，在概念上卻必須加以分疏。伊川不像明道那樣在形上層面講心、性、天是一，而是在經驗實然層面講心通過修養與理合一。而修養在伊川有兩個面相，所謂「涵養須用敬，進學則在致知。」這才是朱子相契的思路。故世稱程朱，乃是伊川、朱子、不能把明道包括進去。朱子把伊川開啟的思路發展完成，〈仁說〉即是一例。此文前半直陳己意極圓整而有條理，日後即歸結為：「心之德，愛之理」。後半主要駁斥「物我為一」、「心有知覺」二說，前者直接批評龜山（萬物一體），後者直接批評上蔡（以覺訓仁），而間接則都是在辨駁明道，其實都缺乏相應的理解。依牟先生，孟子本心、本性根本是一回事，一旦發用，乃沛然莫之能禦，這是縱貫系統，到伊川、朱子遂轉變成為了程、朱的橫攝系統，朱子完成的是一個心、性、情的三分架局，以及理、氣二元不離不雜的形上學，此處不贅。朱子的易說還吸納了邵雍的象數之學。[33]

被朱子排除在他的統緒之外的是胡宏。他先由至友張栻學到胡氏「先省察而後涵養」之旨加以信從，後來感到不妥，乃全面加以排擊，不想張栻也加以附和。五峰心性對

----

33 參拙作：〈由朱熹易說檢討其思想之特質、影響與局限〉，現收入拙著：《朱子哲學思想的發展與完成》增訂三版，附錄六，頁 615-638，同註 6。

揚，牟宗三先生斷定為一「以心著性」的形態，盛言盡心以成性，講的是本心本性，二者之間是表裡關係。朱子對之缺乏相應的理解，乃完全無所取，[34]回歸橫渠「心統性情」之說，而完成了他的思想架局。到了朱子同時代與後世，與陸王心學和蕺山誠意慎獨教的對較，可以清楚看出朱子思想的局限，但也證實了朱子哲學的聖學之一分支。朱子的精神世界發生了承先啟後的作用。朱子建構的道統為後世所繼承，但陽明、蕺山並不盲從朱子，而有進一步的拓展與調整。然後宋明理學的統緒到清初遭逢典範轉移而劃下句點。一直到現代新儒學復興，宋明理學「天道性命相貫通」的精神世界才重新展示出來，並通過與西方哲學的對較與融和而出現了全新的面貌。[35]這已逸出了本文的範圍，就此打住。

※原刊於《宋代新儒學的精神世界——以朱子學為中心》，吳震主編（上海：華東師範大學出版社，2009.6）。

34 牟先生對對五峰思想的闡釋，參《心體與性體》(二)，頁 429-512，同註 2。我對他的思想有一簡單撮述，參拙著：《論儒家哲學的三個大時代》，頁 117-127，同註 1。

35 同註 21。

「朱熹對四書與易經的詮釋」重探

一、引語

　　朱子自幼即留意「為己之學」，受李延平之教而回歸「聖學」。但他與同時代的象山不同，不取「尊德性」的進路先立本心，而取「道問學」的進路，一生往「聖經中求義」。由此可見，中國傳統雖然沒有發展現代西方的「詮釋學」（Hermeneutics）那樣的學問，卻有源遠流長的「經典詮釋」的傳統。而朱子因受到二程的啟發與影響，把重心由五經移往四書，並窮一生之力作《四書集註》，自元代以來，成為科舉考試的基礎，影響深遠，為孔子以後一人。朱子的集註，逐條考究，有微觀的細緻；卻又預設一「理氣二元不離不雜的形上學」，以及「心、性、情的三分架局」，他對經典的詮釋，又有宏觀的系統性。過去一向以朱子為儒學的集大成者，但當代新儒家牟宗三卻提出異議，如果以孟子的本心、本性作為判準，則朱子已不能接上大程子（明道）一本之論的睿識，進一步發展的是小程子（伊川）理氣二元的思想，理被視為只存在而不活動，對於道之本統，已有一間之隔，乃判之為「繼別為宗」。[1]牟先生的反思透闢深入，

1　參牟宗三：《心體與性體》（臺北：正中書局，三大卷，1968-1969）。

有重大的啟發，但也引起了巨大的爭議。我沿著這一條線索探索有年，出版了有關朱子與梨洲的專著以及相關論集。[2]近年來對四書與易經的詮釋又有進一步的反思以及通盤的理解，利用這個機會發布出來與大家分享，尚祈不吝賜教。

二、〈大學〉與格物窮理

〈大學〉本來是《禮記》中的一篇，因為內容的重要性，被宋儒提出來作為四書之首。〈大學〉的作者始終是個問題。朱子借程子的權威認定曾子著〈大學〉，從考據的觀點看，並未提出任何令人信服的證據。劉殿爵（D. C. Lau）甚至因〈大學〉講「定、靜、安、慮、得」，認為是道家的修養工夫，乃以〈大學〉為雜家的文獻。這樣的觀點不能成立，因〈大學〉開宗明義講三綱領、八條目，整體來說，無疑是儒家的文獻。儒道有一些共法，不能因《論語》也講「無為而治」，而以之為雜家。「定、靜、安、慮、得」的修養功夫，是儒家的修心養性，不可因表面的相似，而與道家混為一談。馮友蘭則以〈大學〉為荀學，從某些文字表達來看，這樣的推測不為無理，但〈大學〉一開始就講「明明德」，與性惡論不相容，絕不可化約為荀學的思想。朱子一

2　參拙著：《朱子哲學思想的發展與完成》（臺北：學生書局，初版，1982，增訂再版，1984，增訂三版，1995）；《黃宗羲心學的定位》（臺北：允晨文化出版公司，1986）；《儒家思想意涵之現代闡釋論集》（臺北：中央研究院中國文哲研究所籌備處，2000）；《現代新儒學之省察論集》（臺北：中央研究院中國文哲研究所，2004）。本文屬反思性質，故不煩作詳細徵引，尚祈答諒。

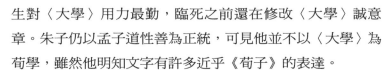

生對〈大學〉用力最勤，臨死之前還在修改〈大學〉誠意章。朱子仍以孟子道性善為正統，可見他並不以〈大學〉為荀學，雖然他明知文字有許多近乎《荀子》的表達。

朱子對〈大學〉的詮釋引起最大的爭議，在他認為〈大學〉有缺文而居然自信到為之作補傳，這表示他認為自己的文字已經可以到達代聖賢立言的地步。但王陽明並不相信〈大學〉有缺文，而主張恢復〈大學〉古本。宋明理學在朱子以「格物窮理」詮釋〈大學〉之外，舉其犖犖大者，還有陽明的「致良知教」與蕺山的「誠意慎獨教」。陸王心學的追隨者一向以朱子「即物窮理」為支離，那麼我們究竟要怎樣才能對朱子的詮釋有一相應的理解，不至陷入門戶陋見，對其得失有公平的估價呢？

順著朱子的思想去探索，舉凡天下之物，莫不有理，故人人一太極，物物一太極。而理一分殊，終極來說，通天下只是一理。在中國傳統中，朱子繼承伊川，是最富有分析性頭腦的一位哲學家。他分別「所以然之理」與「所當然之則」，卻不像休謨（Hume）那樣把「實然」（Is）與「應然」（Ought）切割成為兩個截然分離的領域。物理、事理與人倫日用之理都是一脈貫通的。他最討厭劈空去尋天理，訓廖子晦輩誤以為有個光輝的本體孤懸在外面。所謂「一貫之道」必須要今日格一物，明日格一物，逐漸積累而得，正像一條索子，一個個錢串上去，才成一貫。最後才像〈大學〉補傳說的：「至於用力之久，而一旦豁然貫通焉，則眾物之表裡精粗無不到，而吾心之全體大用無不明矣。」這是一種漸教的工夫論，最後還是要作一「異質的跳躍」，達到一種

「悟」的境界。[3]而且朱子明白這樣的進路可能遭遇的障礙,在〈致陳齊仲書〉(《朱子文集》,卷 39)他提出警告說,不要以為去格一草一木,脫離人倫日用,就會明白道理,這樣好像去炊沙而欲成飯。可見陽明去格竹子,完全是基於對朱子思想的誤解。當然朱子對象山「為學先立其大」,先立本心本性的頓教工夫論,同樣有極大的誤解而攻擊之以為「禪」,其實象山純粹是孟子學,怎麼會和禪拉得上關係呢?而象山則因為朱子講「無極而太極」,而攻擊之以為「道」,一樣是誣枉。宋儒這種隨便給人扣帽子的陋習,不是我們今天所可以接受的態度,必須加以彈正。

朱子的問題在,他沒有充分正視見聞之知與德性之知的分別,以致在經驗科學和聖學兩方面都不能充量發展而有所憾,此所以當代新儒家要指出其虛歉,而要重新闡釋「道統」,並吸納西方的科學,建立客觀學問的「學統」。牟宗三站在道統立場,對程朱理學提出批評。他指出朱子不能正視本心本性,偏離明道一本論之直貫思想,順著伊川二元論之橫攝思想,發展了一套理氣二元不離不雜的形上學。這樣重點由道德心轉為認知心,行為也由自律轉為他律,對於道之本統乃有一間之隔而不免有所憾。

牟先生的批評當然有他的理據,但他的用詞不合一般慣例,如果望文生義,不小心甄別,就會發生嚴重的誤解。朱

---

3 1984 年在新竹清華大學開國際會議,我以英文宣讀〈朱子的性論〉文,首次提出這一觀點,此文後來在《清華學報》新 17 卷 1、2 期合刊(1985 年 12 月)發表。陳榮捷、狄百瑞(Wm. Theodore de Bary)不相信有這樣的跳躍,張灝、杜維明則支持我的觀點。陳老先生肯定朱子的格物窮理在科學方面的貢獻,我則不認為朱子的思想對科學的發展有什麼實際的幫助。

子的確有重智的傾向，他和象山辯論，自承偏在道問學一
邊，不免支離，在踐履上有不得力的毛病。但他反過來攻象
山，只講篤行，完全不讀經書，也造成了另一種障蔽。無論
如何，朱子是聖學的一支，所以他會在一定限度之內承認象
山的批評。他的所謂「認知心」，絕不可以與西方所謂的認
知心混為一談，因為他的終極關懷並不在建立客觀知識系
統。他還是在中國哲學的傳統之中，將超越與內在，知識、
存在與價值融貫成為一體；理情交融。朱子既沒有柏拉圖理
型與事物「分離」的問題，也沒有休謨「實然」與「應然」
打成兩橛的弊病。至於「自律」，牟先生的理解完全不合西
方的慣例。蘇格拉底主張道德為了道德本身的目的（virtue
for virtue's sake），不是為了快樂、功利，就是「自律」道
德。但他強調必須依照「真理」而為，倡導一種「知性的倫
理學」（intellectual ethics），豈能說他乃是「他律」道德！牟
先生的界定不免過於狹窄，他所謂「自律」道德只能適用於
孟子、象山與陽明，朱子依「理」而行，就被判為「他律」
道德，恐怕不是一般可以接受的見解。

　　牟先生最詬病朱子的地方在，朱子的「理」是「但
理」，只存在而不活動，活動的是「氣」，這的確構成嚴重的
問題，暫時擱下不提，到討論形上學、宇宙論時再行處理。
就工夫論而言，朱子取漸教的進路，排拒頓教的進路而以之
為禪。這是不諦的，要這樣推下去，那不只象山是禪，孟子
也是禪，絕不是我們可以接受的立場。朱子不能正視本心，
造成一種自我封閉而有所虛歉，牟先生的批評恰中要害，朱
學者絕不可以迴避這方面的問題。但朱子所以會對頓教的進

路加以排拒，形成忌諱，卻又並非無因而起。他指出陸學者不知氣稟之雜，每每把粗惡之氣當作道之妙用。後來王學末流情識而肆，漫蕩無歸，更可以證實朱子的先見之明。余英時提出「良知的傲慢」的質疑，確實是聖學必須面對的一個問題。我一向對象山採取保留的態度。他自信過甚，難怪陽明也說他「粗」，很多問題根本就看不到。其實陽明的看法最為合理，他以良知不萌於見聞，也不離於見聞，而見聞莫非良知之用。也就是說，良知與見聞雖分屬兩個層次，彼此之間卻有一種緊密的辯證關係。良知要實現還是得依靠見聞。尤其到了今天，這樣的情況就更明白了。近年來生命科學的發展一日千里，我們要建立生命倫理，但沒有起碼的生命科學的知識，能夠建立起合情合理的規範嗎？當然陽明本人以及中國哲學傳統一向偏在德性之知一邊，西方則偏在見聞之知一邊，到了今天，應該在二者之間覓取平衡，才是正理。也就是說，即使良知不假外求，道德倫理超乎實際功利的考慮，良知的實現還是不能脫離格物窮理，不是象山所想象的，為學只要先立其大，便是一了百了。到了今日我們必須明白，頓、漸分別有其定位，在知識方面只有與時推移，趕得上時代的脈動，才能把生命的潛力充分發揮出來。

我以前曾經說過，就教育程序而言，小學所謂灑掃應對進退為先，就本質程序而言，仍然一是皆以修身，包括修心養性為本。最近余英時兄出版他的扛鼎大著：《朱熹的歷史世界》（2003），提議作「哥白尼式的迴轉」，強調「秩序重建」是儒學整體規劃的歸宿處，我提出異議，反覆辯論兩輪，彼此都有進益。我可以承認英時兄對「內聖外王連續

體」的理解，也可以承認宋儒的政治改革以得君行道為鵠
的，內聖的關注退居背景。但就本質程序而言，仍然是內聖
為主，外王為從，不容逆轉，所謂物有本末，事有終始，知
所先後，則近道矣。莊子所謂「內聖外王」更能凸顯出儒
家，特別是〈大學〉的思想形態。所謂修、齊、治、平，無
可爭辯的一點是〈大學〉既明言一是皆以「修身」為本，即
使接受英時兄的解釋，廣義的內聖包括齊家、治國、平天下
的外王仍然不能當作「終極關懷」看待。原因在成就外王事
業畢竟不似內聖修養功夫，許多因素不由個人控制。故象山
面聖之後也只能「居易以俟命」，就這一點而言，朱子與象
山並無差異。二人都亟望得君行道，可憾不為上所用，只有
無可奈何，回歸故里，但在自己的「終極關懷」方面絕不會
有任何改變與動搖。我的立場是，任何學問的建立，不可能
不作某種英時兄所謂「抽離」的步驟，重要的是不把抽象當
作具體的現實，以至犯下懷德海（A. N. Whitehead）所謂
「錯置具體性的謬誤」（fallacy of misplaced concreteness）。[4]
無可諱言，哲學這門學問的中心關注在「終極托付」
（ultimate commitment），自有其立足之所，相信這是當代
新儒家共同的觀點與信念。

　　總結來說，〈大學〉的確是儒家的一篇極為重要的文
獻。牟先生說，〈大學〉不能決定一個系統的理論形態。這
是不錯的，此所以朱子、陽明、蕺山分別提出對〈大學〉的
不同的詮釋。牟先生因朱子偏重〈大學〉而有意減輕對這篇

....
4　A. N. Whitehead, *Science and the Modern World* (New York: Macmillan, 1950), pp.75,85.

文獻的重視，對這樣的態度我是有保留的。我認為〈大學〉
不只對朱子，對陽明蕺山而言，同樣是他們系統中核心的部
分。以上對論〈大學〉不覺已經用了不少篇幅，但重要的一
些問題提了出來，後面的討論預設了這一節的詮釋與理解，
就無須再用很多篇幅進行下一步的探索了。

三、《中庸》與中和的探究

　　〈中庸〉也是《禮記》的一篇，由宋儒提出來成為四書
中極為重要的一環。余英時兄指出，最早注意到這一篇文獻
的，可以倒溯回唐代的僧人，這不足為怪，〈中庸〉是儒家
文獻中在《易傳》之外最富哲學性的一篇，的確有其特殊的
重要性。從考據的觀點看，〈中庸〉的作者同樣是個問題。
由於今本〈中庸〉有漢代的用語，有學者以之為後儒的作
品。但近年來疑古之風不再，漢墓之發掘，郭店楚簡之發
現，都說明很多文獻並非想像的那麼遲出。即使我們不能像
朱子那樣根據程子的權威確定子思是〈中庸〉的作者，這篇
東西是思孟學派的作品，殆無疑義。儘管有後來用語摻入，
其年代早於孟子，並不是不可想像之事。〈中庸〉的內容可
以分為兩個部分。前半部分由未發、已發作修養工夫，達致
中和的境界。後半部分展示一誠之形上學，發揮得可謂淋漓
盡致。朱子哲學思想之發展，參究中和是一個中心的問題。
早歲他由延平學到「先涵養而後察識」，但未加省思。延平
逝世後參究中和變成他最關注的一個大問題，他向南軒學到
湖湘「先察識而後涵養」的不同進路。這一思緒與朱子本人

動察的性向相近而一度加以信從。但不久即發現氣之奔放如洪濤巨浪，不可收攝，想回歸延平遺教卻不得其門而入。正在這種困境之下，讀到伊川與呂與叔、蘇季明有關中和的討論，感到渙然冰釋，找到了自己的思路，從此終生信守，不再改易。伊川以「涵養需用敬，進學則在致知」，朱子後來將其比作車之兩輪，鳥之雙翼。敬貫動靜，無事時涵養，喜怒哀樂之未發，一樣可以做修養工夫。而知雖然是吾人所固有，然不致，則不能得之，〈大學〉謂致知在格物，乃與窮理聯繫起來。如此靜養動察分別有其定位。朱子強探力索，到快四十歲才找到自己的思緒，這樣的精神不能不令人佩服。然而朱子雖充滿了自信，恨不能起延平於地下向之求證，其實他的綜合並不是真正合乎理想的綜合。牟宗三先生指出，延平的默坐澄心承自龜山道南一脈，在靜中涵養中體。朱子始終接不上這一條線索，只把它當作空頭的涵養，後來答覆學生的追問，竟然說延平的靜坐只是一時入處，顯然未能善繼延平傳留下來的線索。而湖湘之察識則是承自上蔡，回歸明道之識仁，並非朱子所理解的動察，那樣才會有急迫浮露的弊病。朱子對程門兩大弟子傳留下來的線索都不能繼承。牟先生指出，二者實殊途而同歸，朱子是順著伊川的糾結而往前進。伊川堅持「中」是狀詞，拒絕以「中」為體，朱子接受了伊川的分疏，對明道傳留下來以直貫方式體證中體或仁體的思路形成忌諱而加以排拒。他所謂靜養，只是未發時把心平靜下來，已發之後是致知事，從事格物窮理。明道把握的是本心，他的縱貫思路被伊川扭轉為橫攝思路。伊川把握得真切的是實然的經驗心，由「心理學地道德

的」進而為「認知地道德的」，乃不免有一間之隔。而伊川朱子所謂「心與理一」，是通過後天的修養工夫達致的成果，不是明道先天一本之論，「只心便是天，盡之便知性，知性便知天」，「窮理盡性以至於命，三事一時並了，無元次序。不可將窮理作知之事。若實窮得理，即性命亦可了」。而道（形而上）、器（形而下）相即。朱子每以明道說話太高，渾淪難看，所相契者實只是伊川的思想。他所作的綜合並不是真正的綜合，明矣！

但「道統」的確由朱子建構起來，自此成為宋明儒所宗奉的正統，如果伊川是別子，那麼牟先生說朱子「繼別為宗」，也的確有一定的道理。朱子的〈中庸章句序〉雖短，卻是一篇十分重要的文獻。道統的傳承上溯到堯舜禹湯文武周公孔子，而夫子雖不得其位，其功反有賢於堯舜者。可見在朱子的心目中，道統更尊於政統。孔子之後是顏、曾、思、孟。到了宋代，程夫子兄弟者出，續乎千載不傳之緒，再上溯到濂溪，旁及橫渠，而建立了濂洛關閩的統緒。理學家的道統論一向受到質疑，所謂十六字心傳：「人心惟危，道心惟微；惟精惟一，允執厥中」係來自《尚書·大禹謨》，但清初閻若璩考據，指出這是出於偽古文尚書，似乎給與道統論一個致命的打擊。但我曾引用田立克（Paul Tillich）所作「耶穌學」（Jesusology）與「基督學」（Christology）的區分，指出考據只具概然性，而「信仰」（faith）具有絕對性，並不會因此而動搖理學的追隨者對於道統的根深柢固的信念。

又朱子因推尊濂溪的〈太極圖說〉，乃以之為北宋理學

之開祖,與東萊合編《近思錄》,確定了濂溪開創的地位。濂溪本無藉藉名,陸氏兄弟則否定〈太極圖說〉,然而後世卻接受了這樣的系譜。明代的陽明、蕺山均以濂溪為開祖,但與朱子不同,明白標示明道繼統,不是伊川,並旁置朱陸,這樣的發展也是一個饒有興趣的現象,在此一誌。

四、孔子與求仁

在探究中和的同時,朱子即展開了對於仁的全面性的探究。他和南軒有一連串的書信討論仁,二人並分別撰寫仁說,數易其稿。我曾經考定,癸巳朱子四十四歲時改定〈仁說〉,這篇文章在朱子思想發展過程中具備有關鍵的重要性。朱子以仁之為道,乃天地生物之心即物而在。天地之心,其德有四,曰元亨利貞,而元無不統,人之為心,其德亦有四,曰仁義禮智,而仁無不包。誠能體而存之,則眾善之源,百行之本,莫不在是。此孔門之教所以必使學者汲汲於求仁也。〈仁說〉開啟了朱子以仁為「心之德、愛之理」的說法,這樣的觀點後面預設了一個心、性、情的三分架局,略加申論如下。自二程到朱子,結合《論語》與《易傳》的睿識,以仁為生道是宋儒的共識。而朱子的鋪陳吸納了漢儒的宇宙論,形成了整套的有機自然觀。但朱子的根據是在伊川,不在明道。牟宗三先生對二程論仁作出了詳細的分疏,他總括明道言仁的綱領如下:[5]

5　牟宗三:《心體與性體》,卷3,頁231。

(1)「仁者渾然與物同體」、「仁者以天地萬物為一體，莫非己也」。

(2)「醫書言手足痿痺為不仁，此言最善名狀。」

(3)「學者識得仁體，實有諸己，只要義理宰培。」

(4)「切脈最可體仁」，「觀雞雛，此可觀仁」，「觀天地生物氣象」。

(5)「萬物之生意最可觀，此元者善之長也，斯所謂仁也。」

明道最善用譬喻以指點仁，依他的方式，只可以內在體證的方式踐仁。仁心、仁體與天命流行之體合而為一，是之謂「一本」。這是朱子不能相契之思路。牟先生也曾總括伊川之綱領如下：[6]

(1)「愛自是情，仁自是性。」

(2)「仁之本，要之，只消道一公字。公即是仁之理，不可將公便喚做仁。公而以人體之，故為仁。」

(3)「仁是性也，孝弟是用也。性中只有仁義禮智四者，幾曾有孝弟來？」

(4)「心生道也。有斯心，斯有是形以生。惻隱之心，人之生道也。」

(5)「心是所主言，仁是就事言。」「心譬如穀種，生之理便是仁也。」

6　同前註，頁231-232。

伊川的思路是抽象的、分解的，這才是朱子相契的思路。故世所謂程朱，只能指伊川，不能把明道包括在內。朱子的〈仁說〉正是根據伊川「仁性愛情」之說進一步發展而成。他指出「程子之所訶，以愛之發而名仁者也。吾之所論，以愛之理而名仁者也」。他又在程氏之徒作出分疏，批判了「以萬物與我為一為仁之體」與「以心有知覺釋仁之名」兩種說法，謂「泛言同體者，使人含糊昏緩而無警切之功，其弊或至於認物為己者有之矣。專言知覺者，使人張皇迫躁而無沉潛之味，其弊或至於認欲為理者有之矣」。這是明批龜山「萬物一體」與上蔡「以覺訓仁」之流亞，而隱批明道一本的論旨。朱子對仁的探究與對中和的探究所達致的結論與立場，是完全一致的。牟先生對朱子思想的理解是無誤的，對朱子的批判也有一定的理據。

五、孟子對心性的理解

儒家傳統由周公之制禮作樂，到孔子的踐仁以知天，到孟子的盡心、知心、知天，有一脈相承的線索。宋儒才確定孟子為亞聖的地位。朱子也無異議，尊孟子為正統。荀子根本不在道統之列，故以朱子為荀學的說法是不能成立的。但宋儒雖肯定孟子道性善，對孟子的性善論卻並不完全滿意。由漢到魏晉，講的都是經驗實際層面的才性。橫渠第一個作出了「氣質之性」與「天地之性」的區分，得到二程的讚賞，所謂「論性不論氣不備，論氣不論性不明」。「性」是「超越」的層面。孟子凸出性善，故大有功於聖門，即橫渠

所謂天地之性。但孟子完全不談經驗實際層面的才性，算不得完備。程朱則相當重視這個層面，即橫渠所謂氣質之性，有一個更寬廣的架局，可以吸納自古以來有關氣質之性的認識與反省。而朱子更激賞橫渠的「心統性情」一語。他批評五峰心性對揚的看法，謂一個「情」字並無下落。他服膺的是伊川「仁性愛情」之說，伊川以性即「理」，情是屬於形而下的「氣」的層面。「心」可以依理馭氣，故佔有一樞紐性的重要地位。牟宗三先生強調，朱子之理只是但理，只存在而不活動，缺少動能。能動的是心，故心不即理，用朱子自己的說法，乃是「氣之精爽者」。以此牟先生斷定朱子的心不是本心，而是經驗實然之心，通過後天的修養工夫，也可以達致「心與理一」的境界。象山繼承孟子學，以心同理同，朱子卻以之為禪。由此可見，朱子實不契於孟子的思路。難為朱子為《孟子》一書作集註，他以理氣二元的思想架構去解《孟子》，確有許多滯礙不通處。孟子講盡心、知性、知天。朱子以〈大學〉的思想方式去解孟子，乃逆轉成為知性以盡心。黃梨洲晚歲著《孟子師說》，依蕺山理氣、心性一元的思路去重新解釋孟子，就把流行的朱學當作箭靶子打，痛加批評。梨洲的解釋似乎順適得多。然而牟宗三先生指出，明道的一本論肯定一超越的即活動即存有的實體，陽明、蕺山尚能維持住超越義，而梨洲卻墮落成為一氣化論者，還不如朱子的二元還能保得住理的超越義。我承認明代心學由陽明到蕺山是有越來越強烈的內在一元論傾向。但牟先生也很清楚，梨洲許多不諦之論乃承蕺山而起，卻極力為蕺山開脫，而貶斥梨洲。但我所要強調的是，在主觀意願

上，梨洲一貫以乃師的思想綱領作為指導原則，這由他和同門陳乾初的辯論可以看得出來。他反對乾初以天理由人欲中見的見解，而力挺蕺山氣質之性之外無義理之性的看法。梨洲思想內在一元論的思想日增，無可避免地超越之義的確會減煞。但無論如何減煞，他還是多少保留了這一層面，絕不能將之比同於王廷相一類的自然主義的氣化論思想。故我與牟先生不同調，把梨洲仍歸入宋明儒學的統緒，在蕺山之後，作為這一思想潮流的殿軍。[7]

六、《易傳》與生生之形上學宇宙觀

宋儒雖把重點由五經移往四書，但在哲學方面，易、庸受到同樣的重視，這由濂溪開始便是如此。朱子推崇周子的〈太極圖說〉，陸氏兄弟卻以之為偽作或不成熟之少作，雙方發生激烈的爭辯。此文一開始謂「無極而太極」，象山以「無極」一辭出於《老子》而加以拒斥。但朱子認為伏羲畫卦並未重卦，文王重卦未作十翼，夫子有所創發，同條而共貫，有什麼可以懷疑的。象山兄弟本非泥書冊之輩，不知為何如此拘執？對於這一爭辯，在哲學上牟宗三一向推崇象山，卻認為朱子贏得了這一場論辯。唐君毅也在《中國哲學原論》之中作出詳細的疏釋，說明〈太極圖說〉與《通書》義理相通，立論與牟宗三如出一轍。看來這個問題在哲學上可以不必再辯了。朱子解「無極而太極」為無形而有理，未

---

7 參拙作：〈論黃宗羲對於孟子的理解〉，現收入拙著：《儒家思想意涵之現代闡釋論集》，頁 27-46。

必合乎原義，但在義理上可以說得通，無極、太極本為一體之兩面，陸氏兄弟的質疑並沒有很好的理據。但牟宗三指出，朱子的困難在無法為下一句話提供合理的解釋。蓋朱子的「理」只存在而不活動，那麼怎麼可能「太極動而生陽」呢？照牟宗三的了解，濂溪是直貫式的思路，太極、陰陽、五行一貫而下，並無問題。朱子卻依伊川把「理」變成了但理，活動的是「氣」。那麼「太極動而生陽」就費解了，這才是對朱子解〈太極圖說〉恰中要害的批評。

朱子一向對《易》有濃厚的興趣，[8]弟子蔡季通更是研《易》的專家。他不只肯定象數易，連民間流行的火珠林也加以研究，並且重新建構筮法。就這方面來說，他與伊川的立場迥然有異。伊川追隨王弼，盡棄象數，並扭轉王弼以道家釋易的方向，著《伊川易傳》，改以儒家的立場釋易。但朱子在哲學上雖以伊川的馬首是瞻，對易的解釋卻與伊川不同調。他認為《易經》原來是卜筮之書，伊川如果要談義理，應該另著一書，不必與易拉上關係。如今坊間流行的朱著《周易本義》、《周易啟蒙》二書，都不是朱子本人的著作。朱子研易尚未撰寫成書，因與陸氏兄弟辯〈太極圖說〉，部分講義流出。今本包括所附圖解乃由後人編造而成，並非成於朱子之手，但可以由之窺見其思想之大旨。

朱子既認為易是卜筮之書，乃重新建構了卜筮的方法，並以之有一定的效驗。他也兼容象數，由邵康節那裡繼承了

8　拙著《朱子哲學思想的發展與完成》一書初版於 1982 年，那時對朱子易說缺少研究，未敢置喙。1986 年到新加坡做研究，才填補了這一缺漏，我論朱子易說文現收入增訂三版的附錄之內，一定要看這篇文章，才能把握我論朱子哲學思想的全貌。

易圖像。他明知像河圖一類的東西乃由道士陳摶流傳下來，卻主張為儒家故物，採取一種開放的態度。朱子由參究中和開始，一向有濃厚的宇宙論的欣趣。他的理氣二元不離不雜的形上學自成體系，我以之為一種構造上的二元論與功能上的一元論。朱子誠如牟宗三先生所說不能正視本心，與道之本統有一間之隔，但不失為聖學之一支。經過曲折的解釋，還是可以闡發「天道性命相貫通」的論旨。朱子的頭腦雖然擅長分析，但還是中國哲學知識、存在、價值融貫的傳統；他雖強調認知，終極追求的還是聖學的實踐，不是建立西方式的無色彩的客觀知識的系統。

七、結語

我曾經說，牟宗三先生頭腦清楚，體證深入，通過他的探索，把宋明儒學轉變成為一門概念清晰、不只是依賴主觀的聯想的學問，而展現了與以前完全不同的視域。我順著牟先生提供的線索往前探索，但除了哲學的分析與體證之外，還兼顧思想史的線索。我覺得牟先生純粹用哲學的視域所作的判斷有時過分斬截，未必完全符合當時的實際情況，尤其流俗望文生義，根本不明白牟先生的意旨，而產生泛道德主義一類的誤解，每思加以彈正。我已多年未寫有關朱子的論文，藉此機會，把近年所思整理出來寫成本文，尚盼不吝賜教。

※原刊於《中國哲學與文化》第三輯：「經典詮釋之定向」，劉笑敢主編（桂林：廣西師範大學出版社，2008.11）。

朱子在宋明儒學的地位重探

一、引語

宋明儒學的主流無疑是理學。[1]理學有廣狹二義，廣義兼賅程朱理學與陸王心學，狹義專指伊川、朱子一系的理學。朱子一向被推崇為集大成的地位。[2]朱子（1130～1200）在逝世時雖因政治原因被誣為偽學，但很快到宋理宗時就得到平反。1313 年元代科舉以朱子的《四書集註》取士，一直到清末（1905）廢棄科舉為止，七百年來他的地位被視為孔子以後一人，是一點也沒有誇張的。令人驚異的是，大陸自文革（1966～1976）以後撥亂反正，走開放的道路，朱子，連帶儒學，又再一次得到平反。1982 年 7 月在檀島開國際朱熹會議，個別中國思想家在西方受到這樣的殊榮可謂空前。拙著《朱子哲學思想的發展與完成》分送與會

---

1 我對宋明儒學的概述，參考我在 2005 年在新亞書院所作的「錢穆講座」第二部分：〈「宋（元）明儒學」〉，《論儒家哲學的三個大時代》（香港：中文大學出版社，2008 年）。此書第一部分為「先秦儒學」，第三部分為「現代新儒學」。

2 錢穆先生即對朱子推崇備至，著《朱子新學案》（臺北：三民書局，1971 年）五大卷。牟宗三先生對朱子思想持批判態度，著《心體與性體》（臺北：正中書局，1968～1969 年）三大卷，因朱子的「理」只存有而不活動，已偏離了北宋三家：濂溪、橫渠、明道的直貫思路，而繼承伊川，另外開創了一條橫攝思路，造成了「繼別為宗」的現象。但朱子的綜合雖不盡理想，牟先生並未否認朱子在事實上佔據了「大宗」的地位。

學者，不期而然讓我變成了國際知名的朱熹學者。[3]2003 年余英時兄出版大著：《朱熹的歷史世界——宋代士大夫政治文化的研究》，開拓了新的視域。[4]2006 年此書為他贏得了國際注目的克魯吉獎（John W. Kluge Prize），人文方面的中文著作受到肯認，這還是第一次。而 20 多年來，有關朱熹的學術會議一個接著一個，今（2008）年 10 月 25 至 26 日復旦開「宋代新儒學的精神世界——以朱子學為中心」的大型國際會議，邀請我作一場主題演講。[5]其實我在出版朱子一書以後，基本思想並無改易，然而針對新觀點新視域新資料的提出，還是有必要作出回應，解消來自各方面的疑慮。

　　我一向認為朱子學是聖學的一支，自幼就關心「為己之學」。不像希臘哲學的源頭由宇宙論的玄想開始，注重邏輯思辨，建立通則，亞氏以理論為先，然後才應用到人生，落

----

3 劉述先：《朱子哲學思想的發展與完成》（臺北：臺灣學生書局，1982 年初版，1984 年修訂再版，1995 年增訂三版）。此後，我應邀以英文撰寫百科全書的英文朱子條目，例如："Chu Hsi," *Encyclopedia of Ethics*, edited by Lawrence C. Becker (New York: Garland Published Inc., 1992), vol. 1, pp.158-160; "Zhu Xi (Chu Hsi)," *Encyclopedia of Chinese Philosophy* (New York: Routledge, 2003), pp.895-902.

4 余英時：《朱熹的歷史世界——宋代士大夫政治文化的研究》（臺北：允晨，2003 年）二大卷；我曾寫長文加以評論，英時兄也詳加回應，往復數回。相關文獻見：《九州學林》，第 1 卷，第 2 期（2003 年冬季號）、第 2 卷，第 1 期（2004 年春季號）、第 2 卷，第 2 期（2004 年夏季號）。

5 大陸方面以我為現代新儒家研究朱子的代表之一。陳代湘：《現代新儒學與朱子學》（長沙：湖南人民出版社，2003 年），以馮友蘭、錢穆、牟宗三、劉述先四人為中心。方克立〈序〉說我的朱子一書「總結了前輩新儒家的朱子學研究成果，並在此基礎上提出了『理一分殊』的睿見。」如果前輩新儒家指的是港台新儒家的話，這樣的說法是不錯的。因為我無取於馮友蘭以新實在論的「共相」釋朱子的「理」的說法，但結合了錢穆先生的考據與牟宗三先生的哲學反思，加以融貫然後提出了我自己的統觀。

實到道德倫理。但朱子師從李延平，得授「理一分殊」之旨，長年參究中和，最後才回歸伊川的「涵養需用敬，進學則在致知」，兼顧涵養、省察，近四十歲才找到自己成熟的思路，建立了一個心、性、情的三分架構，以及理、氣二元不離不雜的形上學，其詳請參閱拙著，此處不贅。

二、朱子對於道統的建構

朱子所以為後儒所宗，一個重要的原因在他建構了道統，在哲學上提出了一整套東西與二氏（老、釋）抗衡。唐代的韓愈早就提出了道統的觀念，回歸孟氏，但他只能在文化的層面闢佛，所以朱子並沒有把他歸入道統的統緒，而跳過漢唐，直接回到先秦。在〈中庸章句序〉中，他說：[6]

> 道統之傳有自來矣。其見於經，則「允執厥中」者，堯之所以授舜也；「人心惟危，道心惟微，惟精惟一，允執厥中」者，舜之所以授禹也。〔……〕自是以來，聖聖相承〔……〕若吾夫子，則雖不得其位，而所以繼往聖、開來學，其功反有賢於堯舜者。然當是時，見而知之者，惟顏氏、曾氏之傳得其宗。及曾氏之再傳，而復得夫子之孫子思〔……〕又再傳以得孟氏〔……〕及其沒而遂失其傳焉。〔……〕故程夫子兄弟者出，得有所考，以續乎千載不傳之緒〔……〕。

---

6 〔宋〕朱熹：《朱子文集》，卷76。

　　朱子根據程子，引十六字心傳：「人心惟危，道心惟微，惟精惟一，允執厥中」，源出古文尚書〈大禹謨〉，清初閻若璩考證為偽作，似乎動搖了道統的基礎。但我曾借田立克（Paul Tillich）的說法，分別「耶穌學」（Jesusology）的考據與「基督學」（Christology）的信仰，指出朱子建立道統屬於「信仰」的層面，不是「考證」可以推翻的。有關耶穌其人的考證缺少確定性，但耶穌基督釘十字架為人類贖罪之後復活的信仰都是絕對的。同樣，古聖王的傳說雖缺少確定性，「危、微、精、一」的心傳對道學者而言卻是絕對的。[7]

　　宋明理學的共識，據牟宗三先生的說法，是「天道性命相貫通」。[8]宋明新儒學等同《易》的生生與孔孟的仁，突破了先秦儒學的故域，發展了規模宏大、思入精微的天道論與心性論，這才可以面對二氏，特別是佛家的挑戰。朱熹精心地建構了我們如今熟悉的濂（周濂溪，1017～1073）、洛（程明道，1032～1085；程伊川，1033～1107）、關（張橫渠，1020～1077）、閩（朱子本人）之統。他和呂東萊合編《近思錄》共十四卷，由「道體」到「觀聖賢」，選錄了北宋四子的文字，正如宋代葉采（平巖）《集思錄集解》原序曰：[9]

　　嘗聞朱子曰：四子，六經之階梯；《近思錄》，四子之階梯。蓋時有遠近，言有詳約不同，學者必自近而詳者，

7　參見拙著：《朱子哲學思想的發展與完成》，頁 426-427。
8　牟宗三：《心體與性體》，第 1 冊，頁 417。
9　引自〔宋〕朱熹（編）：《近思錄》（臺北：臺灣商務印書館，1967 年）。

推求遠且約者，斯可矣。

與朱子同輩的學者如張南軒（1133～1180）、呂東萊（1137～1181）均已早逝，竟讓朱子這樣一個僻處福建的窮儒，成為眾所敬仰的一代儒宗，可謂異數！[10]

朱子建構濂、洛、關、閩的線索深具卓識。他把藉藉無名的濂溪推尊為宋明理學的開祖，因為他激賞濂溪的〈太極圖說〉，然而這篇文章的第一句話：「無極而太極」就引起了巨大的爭議，由於「無極」一詞出自《老子》，非儒家用語。朱子以「無形而有理」解釋這一句話，在哲學上可以言之成理。而濂溪只是二程的家庭教師，明道「天理」二字乃是自家體貼出來，是理學真正的開創者，對於濂溪並不特別推崇。但後世卻接受了朱子建構的這一條線索，牟宗三先生即肯定濂溪第一個通過《易傳》與〈中庸〉接上孔子的睿識，把漢儒的宇宙論轉化成為宋儒生生的創造論，由「誠」去把握天道，開啟了內聖之學的規模，不再像漢易把注意力集中在外在象數的那一套。接著應該講橫渠，但因門弟子謂他自認聞道遲於兩個表姪，所以才先述洛學，其實伊川明白否認橫渠從學的說法，只因橫渠的興趣廣泛，思想駁雜，難以掌握，才加以移後。他是個極富有原創性的思想家。他的〈西銘〉與〈太極圖說〉一樣，有巨大的影響力。文章講

10　朱子不似南軒早慧、東萊駁雜，一心向道，殫探力索，結合舊學新知，完成程朱理學的哲學系統，所以成其大。而余英時兄另闢蹊徑，爬梳史料，恢復了慶元黨禁在歷史上失落的一頁，發現朱子雖長年在野，卻不懈努力，希望能夠「得君行道」，為道學一派宗奉的政治領袖，實足令人驚異，參見余英時：《朱熹的歷史世界》。

「民胞物與」，歸結於「存吾順事，歿吾寧也。」楊龜山懷疑此文講墨家兼愛之旨，伊川給與回應，首次提到「理一分殊」的說法，以後成為宋明儒的共法。伊川以此文為孟子以後未見的大手筆，但二程都批評橫渠《正蒙》講「清、虛、一、大」，表達未醇，雖然是基於誤解，然而橫渠有些滯詞，也是無可否認的事實。牟宗三先生特別稱道他的〈誠明篇〉，揭示了「天道性命相貫通」的睿識。他又劃分德性之知、見聞之知，天地之性與氣質之性，也大有功於聖門。朱子更突出「心統性情」一語（引入《近思錄》卷一），認為遠超過胡五峰（1105～1161）心性對揚的說法，後來即以此為指引，建構了他的心、性、情三分架局。

　　至於二程，朱子一向學宗程子。而二程兄弟年齡只差一歲，雖然個性春陽秋殺，差別很大，但對道學的擔負卻完全一致。兩兄弟之間也不覺得彼此有什麼差異，所以二程語錄，有很大一部分並未分別明道語、伊川語。馮友蘭自詡他的哲學史的一個成就是指出明道的思想是主觀唯心論、伊川的思想是客觀唯心論。且不說這些只是浮辭，並無實義，一直要到牟宗三先生在他的大著：《心體與性體》才逐條分別語錄，確定明道為一本之論，伊川則是理氣二元不離不雜的架局，這才可以看到他的深湛的功力。朱子所繼承並進一步大肆拓展的正是伊川的思路，全面建構了一整套理氣二元不離不雜的形上學，而成為程朱理學的功臣。深入一層探究，朱子並不契於明道的思想，故《近思錄》未收錄明道的〈識仁篇〉，以之為渾淪、難看（不好懂）。當然朱子對明道還是保住表面的尊崇與敬仰，稱讚〈定性書〉突顯了性的超越

性。而二程的「論性不論氣，不備；論氣不論性，不明」的論斷，《近思錄》也歸之於明道（卷二）。但牟宗三先生指出，北宋三家（濂溪、橫渠、明道）的「理」既存有而活動，是一種直貫的思路。伊川與朱子卻以「理」只存有不活動，理要掛搭在氣上才能運作，而成就了一種歧出於正統直貫思想即體即用的橫攝思路，通過〈大學〉格物、致知、窮理的汎認知主義的思想，而造成了「別子為宗」的奇特的現象。牟先生以道德「自律」、「他律」分判兩宗思路不免引起爭議，但二者確有重大的差別則是不容爭辯的。孟子「盡心、知性以知天」的思想為陸、王心學所繼承，朱子卻以〈大學〉解《孟子》，逆轉成為「知性（理）、盡心（氣）以知天」，明顯不符合孟子直貫的思路。[11]但朱子的學問博大精深，無有匹敵者，在世時已有眾多生徒景從，身後更被奉為正統，良有以也。

三、陽明與蕺山對於朱子道統的 繼承與修正

象山（1139～1193）雖在朱子生時就提出挑戰，造成朱陸異同的學術公案。但他直承孟子、格局不夠宏大，且英年早逝，根本不足與朱子抗衡，到了明代，已經湮沒無聞，王

---

11 〔清〕黃宗羲：《孟子師說》，根據劉蕺山的說法駁斥朱子的觀點，參見拙著：〈論黃宗羲對於孟子的理解〉，《黃宗羲心學的定位》（杭州：浙江古籍出版社，2006年），頁133-147；原刊於《鵝湖月刊》，總295期（2001年1月），頁2-17。

陽明（1472～1529）才為他刻文集鳴冤，不能因為他曾與朱子爭辯，就被誣為禪。陽明年輕時格竹子雖是基於對朱子的誤解，但他一直對流行的朱學不契，到龍場頓悟，才開始了自己的思路，而歸結於「致良知」。[12]我曾著文說明，陽明的精神雖繼承孟子、象山，提問題的方式卻通過朱子的轉折，他之恢復〈大學〉古本即是明顯的例子。由此可以清楚看到陽明哲學之朱子思想淵源。[13]總之，陽明意存調停，故在晚年編印：《朱子晚年定論》，不想未能平息爭論，反而引起更大的爭議。總結來說，陽明接受了朱子建構的道統，回歸濂溪、明道，旁置朱陸，各有所取，各有所棄。陽明絕無意也不可能切割與朱子的關聯。

至於劉蕺山（1578～1645），是王學的修正派。蕺山與陽明一樣接受朱子所建議的道統，但因他主靜，更突出濂溪、明道的地位，但他也無意貶抑朱子對聖學的貢獻。現行本《宋元學案》即引述了蕺山對朱子思想的闡釋。由現在的理解著眼，無論由哲學（牟宗三）的觀點，或者由思想史（錢穆）的觀點來看，都顯得一無是處。但無疑朱子被肯認為聖學的一個極重要的環節。而蕺山的思想由陽明轉手，也對〈大學〉提出了一種不同的闡釋。蓋蕺山之學乘王學之弊

<hr />

12 參見拙著：〈論王陽明的最後定見〉，《儒家思想意涵之現代闡釋論集》（臺北：中央研究院中國文哲研究所，2000 年）；原刊於《中國文哲研究集刊》，第 11 期（1997 年 9 月），頁 165-188。梨洲《明儒學案》不把「致良知」當作陽明的最後定見其實是別有用心，本文曾詳加辨正。

13 參見拙著：〈論陽明哲學之朱子思想淵源〉，《朱子哲學思想的發展與完成》（增訂版附錄）；原刊於《香港中文大學中國文化研究所學報》，第 15 期（1984）。

而起，反對浙中龍溪的虛玄而蕩、泰州心齋的情識而肆，拒絕講見成良知，免致滿街皆聖人的泛濫，而「歸顯於密」，建立「誠意慎獨教」，所謂「意根最微，誠體本天」，突顯意的主宰，不與念的遷流變革混為一談。他的弟子黃宗羲（1610～1695）繼承乃師的思緒，乃以陽明的致良知教為權法，期盼蕺山的終教引領天下。不幸時代精神有了根本的變化，明末清初發生典範轉移（paradigm shift），學者群趨「文獻考據」、「經世致用」、「達情遂欲」之學，梨洲都有分與波助瀾，導致宋明理學自此急遽衰微，淪為朝廷利用的意理。正因為梨洲不期而然成為宋明儒學的殿軍，終結了一個時代，又下開了另一個時代，故我以之為一位悲劇性的人物。[14]

四、現代新儒學有關道統的闡述與拓展

1912 年清廷覆亡，民國肇建，制度的儒家（institutional Confucianism）劃下句點。1919 年五四運動成為一個象徵，揭櫫「全盤西化」的旗號，引進德先生（民主）、賽先生（科學），打倒孔家店，把一切反動、落後、腐敗的根據歸之於儒家。反傳統成為廿世紀中國思想的主流，激進主義當道，1949 年大陸易幟，創建中華人民共和國，把國民政府趕到臺灣，僻處海隅，因韓戰的爆發而獲得苟安，成為海峽

---

14 參見拙著：《黃宗羲心學的定位》。

兩岸長期對峙之局。1966 至 1976 大陸文革，在毛澤東與四人幫的倒行逆施之下，批林批孔，務求徹底剷除儒家傳統文化的根源。一直要到毛死後，鄧小平撥亂反正，採取開放政策，大陸經濟才得逐漸復甦。到了今日，外匯存底僅次於日本，在近年來引發了「大國崛起」的討論和爭辯。大陸雖仍堅持共產黨的統治，意理也相對地開放，孔子與儒學也均得到平反。我一貫認為，「儒家」是一個複雜的概念，不加分疏，難以作出有意義的討論。我習慣採取一種三分法：[15]

一、精神的儒家（spiritual Confucianism），這是指孔孟、程朱、陸王的大傳統。

二、政治化的儒家（politicized Confucianism），這是指由漢代董仲舒、班固以來發展成為朝廷意理的傳統。

三、民間的儒家（popular Confucianism），這是在草根層面依然發生作用的信仰與習慣，重視家庭、教育的價值，勤勞節儉，雜以流俗的信仰。

三者如今都表現強大的活力。亞洲四小龍（港、臺、星、韓）與日本、中國都有儒家傳統的背景。新加坡的李光耀，大陸的江澤民（以德治國），胡錦濤（和諧社會）都是政治化儒家的顯例。精神的儒家才是我們關注的重點所在。有趣的是，很少人注意到現代新儒學如鳳鳥浴火重生的契機正在 1919 年五四運動發生的同時。1917 年梁漱溟進北大教

---

15 參見拙著：〈儒學的理想與實際——近世東亞發展之成就與限制之反省〉，《儒家思想意涵之現代闡釋論集》；原刊於《中國文哲研究通訊》，第 8 卷，第 3 期（1998 年 9 月）。

書見校長蔡元培，就說要為孔子、釋迦說話。他構思和寫作
《東西文化及其哲學》可以溯回到 1919 年 6 月。新儒家為
何那麼快就能由灰燼中復生？很明顯，梁所恢復的正是我所
謂「精神的儒家」，與魯迅〈狂人日記〉所譴責的「吃人的
禮教」完全不是同一回事。美國學者艾愷（Guy S. Alitto）
曾著書稱梁漱溟為「最後的儒家」，[16]後來才發現他只是現
代新儒學這個思潮的一位先驅人物。大陸於 1986 年國家教
委七五規劃，確定「現代新儒學思潮」為國家重點研究項目
之一，由方克立、李錦全主持，為期 10 年。[17]1993 年，臺
灣中央研究院中國文哲研究所也開始做以 3 年為一期的「當
代新儒家」研究，到現在還在延續。最初大家根本不知道誰
應該包括在這個思潮裡面，後來經過廣泛討論，大陸方面才
提出了一個十五人的名單。這個名單雖不很理想，但勉可接
受。我綜合了各家的說法，提出了一個「三代四群」的架構
如下：

第一代第一群：

梁漱溟（1893～1988）、熊十力（1885～1968）、馬一浮
（1883～1967）、張君勱（1887～1969）。

第一代第二群：

馮友蘭（1895～1990）、賀麟（1902～1992）、錢穆
（1895～1990）、方東美（1899～1977）。

16 Guy S. Alitto, *The Last Confucian: Liang Shu-ming and the Chinese Dilemma of Modernity* (Berkeley: University of California Press, 1979).

17 參見方克立：《現代新儒學與中國現代化》（天津：天津人民出版社，1997年）。

第二代第三群：

唐君毅（1909～1978）、牟宗三（1909～1995）、徐復觀（1903～1982）。

第三代第四群：

余英時（1930～）、劉述先（1934～）、成中英（1935～）、杜維明（1940～）。

「現代新儒家」（Contemporary New Confucianism）是廣義的大陸流行的說法，臺灣則流行狹義的「當代新儒家」（Contemporary Neo-Confucianism）的說法，開祖為熊十力，第二代為唐、牟、徐，第三代為杜維明、劉述先。這裡自不能詳細加以討論，有興趣的讀者可以參閱拙著：《論儒家哲學的三個大時代》，有關現代新儒學的部分。

馮友蘭聲稱他以現代西方的觀念闡釋朱子的理學，把「理」解釋成為新實在論（Neo-Realism）的「共相」（universals）。他的《新理學》只談理、氣，不談心、性，明顯偏離了宋明儒「為己之學」的思緒，不能說是善繼朱子的睿識。熊十力則由唯識論翻出來，著《新唯識論》，回歸大《易》生生之旨，分別「性智」（良知）與「量智」（見聞），接上陽明心學的線索。在哲學上，第二代的唐、牟給與充量的發展，成為當代新儒家的主流。尤其牟宗三可以說是當代新儒家最富有原創性的思想家。他判朱子為「繼別為宗」，發前人所未發。但他激賞象山直貫的思路，又盛讚龍溪四無教為儒家思想中相當於佛家圓教思想的完成，不免偏向一邊，未能正視王學末流衍生的弊病。我對牟先生的深刻透闢十分佩服，但卻不是照著講，而是接著講。我認為象山

是宋明理儒學內的頓教，朱子是漸教，分別有其定位，不可
偏向一邊。到了今天，第二代新儒家承繼道統，肯定由孟子
以迄陽明突顯的良知，又由學統的擴大以吸納西方的科學，
政統的拓展以吸納西方的民主，這個大方向無疑是正確的。

五、結語

　　進入新的世紀與新的千禧，正如孔漢思（Hans Küng）所
指出的，又面臨一個新的「典範轉移」的時代，必須大聲疾
呼推動全球意識的覺醒。[18]孔漢思提出警告，沒有宗教之間
的和平，即沒有世界的和平，信然。史威德勒（Leonard
Swidler）更戲劇化地宣稱，「不對話，即死亡」。今天我們
不能只講多元主義（pluralism），那樣不免分崩離析，解決
不了不同的宗教信仰、族群、國家和平共處於一個狹小的地
球村的大問題。我們必須由每一個精神傳統內部去找根源，
存異求同，才能覓得彼此之間契合的機緣。譬如學者發現，
由古至今，每一個精神傳統都可以找到「金律」（golden
rule，己所不欲，勿施於人，或己立立人，己達達人）的不
同的表達。我指出，由方法論上講「歸納」（induction）的
「取同略異」是不行的，必須給與「理一分殊」以嶄新的闡
釋，才能「存異求同」，找到交流互動的實效。[19]而朱子的

----

18 Hans Küng and Karl-Josef Kuschel (eds.), *A Global Ethic, The Declaration of
World's Religions* (London: SCM Press, 1993); Leonard Swidler (ed.), *For All
Life: Toward a Declaration of a Global Ethic: An Interreligious Dialogue*
(Ashland, Oregon: White Cloud Press, 1999).
19 參見拙著：《全球倫理與宗教對話》（臺北：立緒文化，2001 年）；簡體字版

睿識到今日還有其時代的意義。[20]

※原刊於臺灣東亞文明研究學刊，第 5 卷第 2 期（總第 10 期），2008 年 12 月，頁 1-11。

（石家莊：河北人民出版社，2006 年）。

[20] 本文為宣讀於「臺灣朱子學研究協會成立大會」（臺北：2008 年 10 月 12 日）之專題演講。

評余英時《朱熹的歷史世界：宋代士大夫政治文化的研究》

　　英時兄的大著終於千呼萬喚始出來。正如他自己所說的，本來只是要為新點校的《朱子文集》作一序言，不想因史料、文獻的閱讀觸發了問題意識，由 1999 年秋天開始一直到 2002 年 7 月，對朱熹的歷史世界作越來越深入的研究，最後完成了上下兩篇、字數總共超越了五十多萬字的巨著，可謂異數。書到手之後，一開卷就放不下來，深深為內容所吸引，只得把所有其他事都放下來，看完全書之後才透了一口氣。趁著現在印象猶新，略寫自己的觀感和回應，並不求全，只對我自己最關心的幾個面相落墨，以就正於英時兄和讀者。

　　我覺得英時兄此書最大的貢獻在，由大量文獻、史料的徵引和解讀，推陳出新，一方面把我們原來多少知道的歷史文化的輪廓，實以血肉，清楚地凸顯了出來，另一方面把歷經孝、光、寧三朝十幾年間激烈的黨爭那個遺失的環節重構了出來，讓我們得以了解慶元黨禁所以發生的原委。這的確把朱熹研究帶進了一個新境界。這一部由偶發因緣不期而然完成的偉構，成為英時兄近年來的扛鼎之作，實不待言。此書有許多關於細節的小論述，這是熟悉考據的史家的專長，

非我可以置喙；但也有一些關於儒家以至三教的大論述。這正是我最關心的論域，我的觀感與回應大概都集中在這一方面，也該是意料中事罷！

照英時兄說，全書本論完成以後，才寫上篇的〈緒說〉。這是有必要的，因為必須了解道學興起的原委，才能了解朱熹與他的同道的定位。英時兄上溯古文運動、新學與道學的形成，他指出從現代的觀點說，古文運動屬於文學史，改革運動屬於政治史，道學則屬於哲學史，範圍各別，時間分段，似乎可以分別處理，不相牽涉。但深一層觀察，這三者之間卻貫穿著一條主線，即儒家要求重建一個合理的人間秩序（上篇頁 29）。我完全同意這樣的見解。我的不同是在精微處強調的面相有異，後面會有說明。如所周知，韓愈闢佛是在文化層面立論，不及心性，故雖提倡道統卻被後儒視為粗淺。宋初三先生同樣具有強烈的文化意識，而胡瑗特別標舉出對「道德」的重視。但道德心性內轉由史的脈絡來看，並不立即跳到二程。王安石的道德心性學在時間上尚略先發於理學。王安石個人品德無問題，他也篤信內聖外王之道，認為三代之治可以復現於當代。只不過特別的是，他說動了神宗。神宗尊他為師，相信人主與宰輔共治天下。這就使「得君行道」的理想有了實現的機會。由此可見，新學與道學建立的內聖外王的模型並無二致，只不過對內聖的理解有根本的差別罷了！熙寧變法伊始，二程曾支持新政，後來才分道揚鑣。明道雖為荊公下屬，談到內聖之學則彼此互相嘲諷，即便明道為人和易，也絕不退讓一步，譏荊公為「對塔說相輪」。基本的差別在，二程以荊公心性論雜有釋

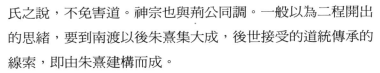

氏之說，不免害道。神宗也與荊公同調。一般以為二程開出
的思緒，要到南渡以後朱熹集大成，後世接受的道統傳承的
線索，即由朱熹建構而成。

英時兄對思想史的重構是有啟發性的，他特別注意到學
僧如智圓、契嵩的貢獻。這些僧人與士大夫往來，先肯定儒
家的秩序，而後闡揚釋氏的睿識。他們比儒者更先注意到
〈中庸〉的重要性。由史料來看，宋儒之重視〈中庸〉，最
早只能追溯到胡瑗。宋儒對孟子特別尊崇也並不限於道學
家，這是學界早就注意到的。周予同與其徒從早就有宋代
「孟子升格」的說法，並指出王安石父子的提倡，曾經發生
了重大的影響力。這些從歷史的脈絡看來都是不錯的。但二
程卻強調道喪千載，「天理」二字乃由明道自家體貼出來，
表面上看來似乎有一矛盾，其實不然。我曾經作出「因」和
「緣」之間的差別。如果沒有二氏的刺激，是絕不會有宋明
理學的，但這樣的緣只是必要條件，並非充足條件。二程也
坦承出入老佛幾十年，返求諸六經而後得之。英時兄說，宋
儒由古典中翻檢出〈中庸〉一類的文獻是神話，信然。但閱
讀古典反覆咀嚼最後終於得到自己中心的體證有異於二氏則
不是神話。故英時兄也說，由異學回歸，理學家給與古典完
全不同的解讀，開創了另一個新的境界，乃是不朽的貢獻。

但理學的綱維一旦建立，英時兄指出，現代哲學史家研
究道學，正如金岳霖為馮友蘭《中國哲學史》所寫的審查報
告說的，首先「是把歐洲哲學的問題當作普通的哲學問
題」，其次則是將道學「當作發現於中國的哲學」。這樣，英
時兄乃謂：「哲學史家的研究必然集中在道學家關於『道

體』的種種論辯，因為這是唯一通得過『哲學』尺度檢查的部分。我們不妨說，『道體』的現代詮釋雖然加深了我們對於中國哲學傳統的理解，但就宋代儒學的全體而言，至少經歷了兩度抽離的過程；首先是將道學從儒學中抽離出來，其次再將『道體』從道學中抽離出來。至於道學家與他們的實際生活方式之間的關聯則自始便未曾進入哲學史家的視野。」（上篇，頁33）

英時兄的觀察是有一定根據的，他要重構朱熹的歷史世界的努力是彌足珍貴的。但需要指出的是，英時兄並無意將他做的政治文化史研究取代在過去一向為主流的思想觀念史研究。那樣的做法不免走向另一極端，絕非英時兄的初衷。我要進一步指出的是，凡學問不可能不作某種程度的「抽象」（abstraction），沒有抽象就沒有學問。自然科學抽象的程度自遠超過「人文學」（Humanities），但不可以說人文學如歷史只是研究「殊相」的學問。此所以我最欣賞卡西勒（Ernst Cassirer）。他指出，做歷史研究一樣要碰到「歸類」（subsumption of the particular under the universal）的問題，只不過歷史的抽象要對付的不是自然與因果的問題，而是文化與風格、形式的問題。[1]在這裡我們關涉到三門彼此不同而互相關聯的學問。哲學無分古今中外，唯一的判準是真理。思想觀念史，也即英時兄所謂哲學史，則要探究哲學發生的脈絡，凸顯其本質，追溯其因緣，評估其影響。這一向是思想史的主流，這一條線索一枝獨秀，則其他線索受到忽

---

[1] 參拙作：〈卡西勒論人文學與科學方法之異同〉，《當代中國哲學論：問題篇》（River Edge, NJ: Global Pub. Co., 1996), pp.69-79。

略。英時兄自訟以往治思想史也囿於此一線索，近來才致力開拓政治、文化的線索。但他絕無意取代哲學或思想觀念史的線索，造成另一極端的偏向。舉一個例便可以明白，如明道與荊公都相信過去有三代之治，也都相信得君行道的理想，在政治文化上是同路人。但在道體的理解上則不容許混同，所謂差之毫釐，謬以千里，絕不可以取化約主義的態度，以為兩方面的差別無足輕重。若然，則明道與荊公之間針鋒相對的辯論就變得沒有意義了。這個領域不深入探究，也就難知其底蘊。當然我們也不能孤懸在道體的辯論上，儒家傳統自孔子以來一向是「內聖外王」之道，雖則此一辭語出於莊子，英時兄把視域轉向外王面，的確是極有意義的開拓。把理想和實際結合，就可以看到許多以往被忽視的東西。

　　由政治文化的視域看，英時兄指出，在朱熹的歷史世界中，士大夫的政治文化經歷了三個發展階段（上篇，頁18）。第一階段的高潮出現在仁宗之世，可稱之為「建立期」。仁宗朝儒學領袖人物都主張超越漢唐，回到三代的理想，甚至獲得皇帝的正式承認。唐代的門第制度至此已不存在，取士的範圍打開，進士科主要為「寒士」而設，范仲淹倡導的士大夫應當「以天下為己任」的呼聲乃獲得了普遍而熱烈的迴響。第二階段的結晶是熙寧變法，可稱之為「定型期」，回向三代的運動從「坐而行」轉入「起而行」的階段。在神宗與王安石之間出現了一個具有突破性的大原則：皇帝必須與士大夫「共定國是」。這樣文彥博才可以當面向神宗說：「為與士大夫治天下」，程頤才可以道出「天下治亂

繫宰相」那句名言。治天下的權源仍握在皇帝手上，治權的
行使乃完全劃歸以宰相為首的士大夫執政集團了。第三階段
可謂之為「轉型期」。士大夫的政治文化在熙寧時期建立的
基本型範在以後發生變異，但並未脫離原型的範圍。王安石
變法雖是一次徹底失敗的政治實驗，但神宗時代的政治文化
在南宋的延續是顯而易見的。終其一生，朱熹都在深受著
「國是」與黨爭的困擾。而南渡以後最有代表性的理學家如
朱熹與陸九淵，他們對儒學的不朽貢獻雖然毫無疑問是在
「內聖」方面，但他們生前念茲在茲仍然是追求「外王」的
實現。他們深信「外王」必須建立在「內聖」的基礎之上。
這一特殊論點確使第三階段政治文化不同於第二階段，因而
是一項重大的變異（上篇，頁 22）。最後「得君行道」的美
夢終於破滅，而朱熹的時代不妨理解為「後王安石時代」。

　　由英時兄的解讀，我們得到了一幅與一般印象十分不同
的朱熹的圖像。他雖不過立朝四十日，也把巨大的精力放在
經典的研究與講學上，但絕不只是一個遊心玄遠僻處邊陲的
窮儒而已！事實上他對當朝的政事事事關心，消息靈通，乃
是一股政治力量的領袖。這才能夠解釋何以他會不斷被捲入
政治風暴，最後終於導致慶元黨禁的結果。他在地方建立社
倉，放糧賑濟災民，彈劾唐仲友的案子是眾所周知的，但很
少人明白這後面的政治文化意涵，一直要到英時兄的深入探
究才得大明於世。我一向知道朱陸對道體的理解有異，但對
唐仲友案，象山完全站在朱元晦那一邊。有一次我和牟宗三
先生聊天，他還說朱子的態度是否過分嚴厲了一點；不知他
是否受到全祖望的誤導。唐背後的靠山是宰相王淮，很少人

知道他的底細。表面上看來他超脫於黨派之爭，對雙方的爭執只輕描淡寫說了一句：「朱，程學；唐，蘇學」，就放了過去。由於出自同一地域的關係，全祖望極力為唐仲友、王淮開脫。其實王淮乃是一個關鍵性的人物，他是一個官僚集團的領袖，主政八年，長期與道學集團鬥爭，其影響力一直持續到他下台以後。這些都由英時兄揭露出來，他對當時的政治文化有一通盤的了解，不是以往可以想像的情況。

由英時兄的視域，可以讀出許多以前未曾受到足夠重視的涵義。以道統為例，他細緻地分析出，在朱熹，「道統」與「道學」是兩個相關而不同的概念。「道統」指的是羲、農、二帝三王之統，夫子既不得其位，未能繼統，於是才有「道學」的伊始。到了朱熹的大弟子黃榦，才不再作二者的分疏，而後傳下來的即是後世對於道統混淪的理解。這兩個階段的劃分並不是宋儒杜撰的，回到孟子，他就為夫子之不得其位，發表了長篇的議論。但由聖學脈絡來看，所繼承的道既是同條共貫的，這樣的分疏並沒有那樣的重要性，所以黃榦也就合在一起講，應該是可以容許的。我對〈中庸章句序〉感到震動的是，朱熹竟然說：「若吾夫子雖不得其位，而所以繼往聖開來學，其功反有賢於堯舜者。」這說明對朱子來說，道統還高於政統，正是儒者藉以壓抑君權的根據。至於所謂十六字心傳，後儒雖考據源出偽古文尚書，但我曾借田立克（Paul Tillich）之說，分別「基督學」（Christology）的信仰，與「耶穌學」（Jesusology）的考據兩個不同的層次

為之辯解，故文獻之偽其實對理學並未造成致命的打擊。[2]
英時兄也說：「我完全承認，『仁體』、『天理』都是理學家的
真實信仰，他們並沒有任何『天道設教』的企圖。」（上
篇，頁 177）「朱熹早在 12 世紀便能如此明確地劃分真信仰
與假意識〔意識形態〕之間的界線，其思路之曲折幽深是很
可驚異的。」（同上，頁 211～212）

英時兄承認，道學家確以建立儒家「道德性命」之學為
他們的主要使命，而且也基本上達成了這一使命，在佛教之
外另開闢了一個精神的世界。道學（或理學）與「內聖之
學」之間的認同便是在這一根據上面建立起來。英時兄感到
不滿意的是，以此為出發點，後世逐漸形成一種相當普遍的
看法，即宋代儒學便是道學，專講「道德性命」。不但如
此，「道德性命」之學雖自孟子以後中斷了一千多年，但
「道德性命」本身則自有其獨立的生命。因此通過宋代道學
家重續絕學的努力，它又獲得了更明確的呈現方式，基本上
不受外在事象的干擾。因為它是一種含有宗教成分的信仰，
所以今天仍有種種現代化身。（上篇，頁 155～156）說穿
了，這裡所指涉的明顯地是指狹義當代新儒家的統緒。[3]

英時兄所作的努力正是要由這條線索翻出來。他引黃震
根據朱熹的種種論述，對道學起源問題作一次極其明確的總

....

2 參拙作：《朱子哲學思想的發展與完成》，增訂三版（臺北：學生書局，
 1995 年），頁 425-427。
3 所謂狹義「當代新儒家」指由熊十力先生開出，為牟宗三、唐君毅先生加
 以進一步發揚的統緒。大陸流行「現代新儒學」一詞，範圍要廣得多，主
 流意見把英時兄和錢穆先生也包括在裡面。參拙作，〈現代新儒學研究之省
 察〉，《中國文哲研究集刊》第 20 期（2002），頁 367-382。

結謂：「本朝理學雖至伊、洛而精，實自三先生而始，故晦庵有『伊川不敢忘三先生』之語。震既鈔讀伊、洛書，而終之以徂徠、安定篤實之學，以推其發源之自，以示歸根復命之意。」（上篇，頁 169）英時兄並引《朱子語類》曰：「如二程未出時，便有胡安定、孫泰山、石徂徠，他們說經雖有疏略處，觀其推明治道，真是凜凜可畏！」（卷 83〈春秋‧經〉）由此而英時兄推斷：

「推明治道」是「三先生」儒學的最精到的所在，也是其最主要的特徵。如果道學或理學的「發源之自」是「三先生」，那麼「推明治道」必然仍是道學的中心關懷。所以問題非常清楚，這裡需要我們在概念上進行一次「哥白尼式的迴轉」（"Copernican revolution"）。長期以來，在道統「大敘事」的浸潤之下，我們早已不知不覺地將道學或理學理解為專講心、性、理、氣之類的「內聖」之學。至於「推明治道」的「外王」之學，雖非全不相干，但在道學或理學中則處於非常邊緣的位置。這一理解在現代學術分類中呈現得更為明確，道學或理學已完全劃歸哲學的領域。……這是兩度抽離的結果……。這一抽離的過程也自有其歷史的原因……。我只強調一個歷史的論點，即道學或理學在朱熹、黃震的理解中還未曾經過這兩度抽離，所以他們雖使用了這兩個概念，其內涵與我們今天的認識絕不相同。否則「三先生」便不可能是道學或理學的「發源之自」了。我們必須在概念上作根本的調整，然後才能確切把握住「推

明治道」在宋代所謂「道學」或「理學」的中心意義。本書斷定宋代儒學的整體動向是秩序重建，而「治道」——政治秩序——則是其始點。道學雖然以「內聖」顯其特色，但「內聖」的終極目的不是人人都成聖成賢，而仍然是合理的人間秩序的重建。用原始儒家的語言來表達，便是變「天下無道」為「天下有道」。所以道學必須視為宋代儒學整體的一部分，不能抽離出來，劃入另類。」（頁170）

最後，英時兄在上篇緒說所達致的結論是：

我假定理學家上承宋初儒學的主流，要求改變現實，重建一個合理的人間秩序；整頓「治道」則構成了秩序重建的始點。只有如此看，我們才能解釋為甚麼熙寧初年北宋理學家曾一度參與變法運動，又為甚麼南宋各派理學之士那樣爭先恐後地響應孝宗末年的改革號召。實際行動也許更能說明他們的思想傾向。我並不否認理學家曾認真探求原始經典的「本義」，以期「上接孔孟」，我也不否認他們曾同樣認真地試建形上系統。但分析到最後，無論「上接孔孟」，或形上系統都不是理學家追求的終點，二者同是為秩序重建這一終極目的服務的。前者為這一秩序所提供的是經典依據，後者則是超越而永恆的保證。一言以蔽之，「上接孔孟」和建立形上世界顯然重要，但在整個理學系統中卻只能居於第二序（"second order"）的位置；第一序的身份則非秩序重建

莫屬。（頁 251）

　　由歷史的脈絡看，英時兄如果只說，道學是宋代儒學不可分割的一環，共同的一項中心關懷是重建秩序，則吾無間然。但英時兄所發的議論與抽引的結論遠遠逾越了範圍，恕我難以苟同，不能不提出一些異議以就正於英時兄。所謂「第一序」「第二序」一類的詞是有歧義的。譬如直接研究對象的學問如物理是第一序的，反省的學問如哲學是第二序的。英時兄當然並非這樣的用法。他說到終極目的，那就是說就終極性而言，外王的重建秩序更根本，故是第一序，經典詮釋與形上建構既為此目的服務，故是第二序的。但這樣的解讀恰恰好遺漏了內聖之學的根本目的在於一己的安身立命，必由此切入才能把握「為己之學」的精義。正如英時兄指出的，象山對於第一次獲得「輪對」的機會十分重視，他有信給朱元晦，曰：「某對班或尚在冬間，未知能得此對否？亦當居易以俟命耳。」（《象山全集》卷 7）事後象山在〈與詹子南〉第二書中說：「去臘面對，頗得盡所懷。天語甚詳，反復之間，不敢不自盡。至於遇合，所不敢必。是有天命，非人所能與也。」（同上）象山懷抱著希望留在京城等待第二次輪對，終因「小人闚伺」得逞，失去了再向孝宗進言的機會。他在〈與朱子淵〉第一書中說及被逐的感想乃曰：「吾人之遇不遇，道之行不行，固有天命。」（《全集》卷 13）這些文獻都是英時兄所引，並謂被逐之後，「他便回到江西故鄉，重過講學生活去了。」（下篇，頁 66～70）英時兄所強調的是：「『君子』在任何困難的情形下都不應該放

棄『行道』的努力，這確是原始儒家的真精神之所在。」
（頁 72）這當然是沒有問題的。但我的解讀所強調的與英
時兄完全不同。象山書函中講到命或天命，明顯地是指不能
由吾人左右的運命之命。一個人的壽、夭，禍、福，都不是
我們自己所能控制的，所謂謀事在人，成事在天。而儒者的
襟懷是窮則獨善其身，富則兼善天下。然無論外在的境遇如
何，都不會減損我自己生命的意義與價值一分一毫。由這個
角度看，內聖的修養工夫必定是核心，在這方面努力可謂責
無旁貸，外王的事功則有待於際遇，而天命既不可測，君子
所能做的便只能是象山所謂的「居易以俟命」，不能有非分
之想，更不要說不切實際的空想或幻想了。由此可見，吾人
的終極關懷（Ultimate Concern）只能是體現上天稟賦給我
們的心即理，所謂「斯人千古不磨心」，這必定是第一序
的，外王的郅治當然是吾人所嚮往的理想目標，仍然只能是
第二序的。故〈大學〉講修齊治平，明言自天子以至於庶
人，壹是皆以修身為本。而物有本末，事有終始，絕不容許
把內聖、外王之序顛倒過來。這在朱熹也不能違逆這樣的次
序。

　　這一問題轉回到程明道，就更清楚了。他說：「『天理』
云者。這一個道理更有甚窮已？不為堯存，不為桀亡。人得
之者，故大行不加，窮居不損。這上頭來更怎生說得存亡加
減？是他原無少欠，百理俱備。」（《二程全書》、遺書第二
上，二先生語二上。呂與叔見二先生語。未註明誰語。牟宗
三先生以為係明道語無疑。）他又說：「太山為高矣，然太
山頂上已不屬太山。雖堯舜之事亦只是如太虛中一點浮雲過

評余英時《朱熹的歷史世界：宋代士大夫政治文化的研究》 269

目。」（同上，遺書第三，二先生語三。謝顯道記憶平日
語：明道先生語。）依牟先生的疏解：

> 此言凡有限存在或現實事業無論如何高、大，皆總是有
> 限者，不是絕對的，最後的。惟天理是絕對的最後的。
> 此是一切價值之標準，是最後的價值，是價值自己，一
> 切事業因它而可能，亦因它而有價值。……自事言，皆
> 是浮雲過目，桀紂之事與堯舜之事同樣是浮雲過目。然
> 自意義言，堯舜之事畢竟是堯舜之事，畢竟不可與桀紂
> 之事同日而語。……明道豈不知耶？然天理篇各條則唯
> 在顯天理之自己以及天理之尊嚴與崇高。[4]

　　所謂過化存神，明道這些話凸顯出天理的超越，是典型
的「內在的超越」的表達。以英時兄的博學，焉能不知道明
道思想的這一面相。但他為甚麼不加徵引呢？這印證了我在
前面說的，英時兄要把道學還原到宋代儒學的歷史脈絡正是
另一視域的抽象的結果，所抽離的恰正是理學的內聖之學或
哲學的脈絡。英時兄有充分的理由建構一政治文化外王的脈
絡，但不能以此取代哲學或思想觀念內聖的脈絡，否則便是
由一個偏向轉移到另一個偏向，一樣失去了均衡。故一味趨
新與一味守成都有問題，還是朱熹說得好：「舊學商量加邃
密，新知培養轉深沈」，那才是最合理的態度。
　　有了以上的討論做背景，就可以對問題作進一步的探

4　牟宗三：《心體與性體》（臺北：正中書局，三冊），1968-69，第二冊，頁
　　70。

索。英時兄說要「在概念上進行一次『哥白尼式的迴轉』」。
很坦白說，把 "revolution" 一字譯為「迴轉」乃是誤譯，這
字不折不扣是「革命」的意思。哥白尼倡地動，是天翻地覆
的變動。康德說他在哲學上作了哥白尼式的革命，因為依照
他的說法，外在世界乃是心靈建構的成果，同樣是天翻地覆
的變動。那英時兄為甚麼不也翻譯成「革命」呢？他似乎是
有意的誤譯，一方面他意識到他建構的脈絡取徑截然不同於
一向居於主流地位的思想觀念史而造成了巨大的變動，但另
一方面他又取一謙抑的態度，乃把「革命」變成了「迴
轉」。但迴轉一詞的意思只不過是轉個圈而已，有甚麼意義
和重要性呢？我琢磨英時兄的意思，大概他是想把重心由內
聖轉移到外王，故他由政治文化的視域把外王的秩序重建變
成了第一序，而把經典詮釋與形上建構變成了第二序。由外
王的脈絡看，這二者是為秩序重建的終極目的服務的。但如
前所說，由內聖的脈絡看，外王的理想嚮往雖是儒者的一個
中心關懷，但不能滑轉成為終極關懷。故這樣的迴轉是轉不
過來的，內聖仍是第一序的，不是第二序的，光在文字上變
戲法是過不了關的。英時兄說他無意把所有問題都化約為政
治問題，這我是相信的。他也嘗試對理學家的內聖之學作同
情了解而譽之為不朽的貢獻，這也是真心的。但問題在他似
乎沒有把理學家的終極關懷或終極托付（Commitment）當
作他自己的終極關懷或終極託付，故他不承認自己是現代新
儒家，儘管別人把他歸入此一陣營。既然他拒絕「入乎其
內」，那就只能留在外面，則千言萬語依然是「對塔說相
輪」，因為沒有一個以內聖之學為終極關懷的人會同意英時

兄倡導的那種迴轉的。正如英時兄自己也說，這牽涉到信仰
的問題。那就不是口舌可以辨明的範圍了。

　　還有一點我要說的是，有人把他的建構與傅柯（M.
Foucault）相比，我覺得二者之間只有少分相似。除了以權
力結構為研究對象之外，並沒有很多共同的地方，氣味也不
相投。傅柯是尼采（F. Nietzsche）的流亞，尼采顛覆傳統價
值，所謂 transvaluation of values，由理性轉往權力意志
（Will-to-power），又反基督（Anti-Christ）。傅柯是後現代
主義的代表人物，英時兄一向對後現代近乎隨意性的闡釋文
本極不以為然，他仍相信根據史料可以多少重構出歷史客觀
的真相，此所以他才會撰寫長文嚴批錢新祖（Edward
Chien）對焦竑的詮釋。他遵守傳統的規範，史家的詮釋不能
超越史料文本所容許的限度以外。故在貝提（Emilio Betti）
與高達美（Hans-George Gadamer）的論爭上，他完全站在
貝提的一方。[5]對於傳統，英時兄從來不取顛覆的態度，強
調中國文化的特色，在超越世界與現實世界之間並未劃下一
道不可踰越的鴻溝，走內在超越的路，和西方外在超越兩個
世界分裂和緊張的情況，恰成一鮮明的對比。[6]而他的結論
是，中國價值「這個系統面臨著現代變遷必須有所調整與適
應。我並且毫不諱言在某些方面中國必須『西化』。但是整
體地看，中國的價值系統是禁得起現代化以至『現代以後』

5　有關這方面的背景，參我和英時兄討論錢穆是否新儒家一文，〈對於當代新
　　儒家的超越反省〉，現收入拙著：《當代中國哲學論：問題篇》，特別是第二
　　節，頁2-10。
6　參余英時：《從價值系統看中國文化的現代意義》（臺北：時報出版公司，
　　1984年）。

（post-modern）的挑戰而不致失去它的存在根據的。」[7]

　　由此可見，英時兄所強調的是中國文化傳統的連續性而不是斷裂性，這也正是大陸主流意見仍把他當作現代新儒家的主要理由或依據之所在。他只是不願意只停留在他所謂哲學史的雙重抽離的視域來看這一傳統罷了！事實上，他對傳統的考據、詞章、義理都有很深的造詣，在這樣的基礎上努力作出調適乃至進一步的發揚。或者正是因此他有意避開「革命」一詞，而用「迴轉」一詞。可惜的是，這樣的煞費苦心的誤譯還是通不過嚴格的學術判準的驗證。但我雖不接受英時兄的迴轉說，對於他在外王視域作出的拓展，則是全幅肯定的。通過這個視域，幫助我們看到許多以往看不到的東西，在學術上大大拓展了我們的眼界，開闢了新的研究的途徑。

　　由英時兄的研究，我們可以清楚地看到，漢唐以來中國的政治文化，絕不只是改朝換代而已，宋代的政治文化的確有了石破天驚的變化。由這一視域看，王安石的確是一個關鍵性的人物。熙寧變法的實驗雖然失敗，其影響卻是深遠的。神宗以君權配合安石相權之應用，在此四年間台諫官已逐漸變成聽命於宰相的僚屬。後世權相正是因為這一轉變才能操縱全局的。高宗、秦檜之權力關係及運作方式與此是一脈相承的；韓侂冑排擠趙汝愚也是利用台諫；南宋權相正是從安石的非常相權中移步換影而來的。這是研究宋代政治史的人所一向忽略的。

　　　　　　　　　　　　　　　　　　　

7　同上，頁114。

英時兄指出，道學之興在校正新學之失，道德心性要入
正途，故特重內聖之學。一直到朱熹和象山，道學與理學二
詞可以互用，連心學也無宗派義，故理學與心學的對立係出
於後世之構畫。這些理學家對道體的體證有異同，這不在話
下，但在政治上他們卻是同道，漸漸變成一股政治力量。而
理學家雖志不在科舉，但為行道，到了南宋，越來越多以科
舉為晉身之階，成為士大夫階層的一份子，結為朋黨，不免
引起側目。由此而「道學」一詞漸漸得到一種新的涵義，被
視為一政治集團，受到敵對者的攻擊。以至有些人如葉適，
在哲學上本不同於理學家，故牟宗三先生曾用很長的篇幅駁
斥他的講學宗旨，[8]對於敵對者而言，他卻被劃入道學的集
團。而有趣的是，歸根究柢，所謂道學集團最初乃是由反對
者構畫出來的一個團體，後來才演變成為一個自覺組合的群
體。雙方互相攻擊，彼此激盪，而構成了士大夫階層內在的
分化。

由政治文化的視域可以看到一些以往沒有注意到的面
相。譬如由朱熹與林栗（黃中）關於〈西銘〉的辯論，就可
以明白，「理一而分殊」不只是一個形上學的命題，也有秩
序重建的重要政治涵義。而伊川《易傳》充斥了時義，此所
以由學術的觀點朱熹要另撰《周易本義》。而朱熹無疑是一
位偉大的理（哲）學家，但他雖不在朝，卻非高蹈避世，在
政治上乃是道學集團的領袖人物，而且明目張膽地提倡成群
結黨，希望能夠努力推動政治改革，得君明道，救世濟民。

....

8　參牟宗三：《心體與性體》，第 1 冊，頁 235-319。

他的意圖完全不是為了個人的仕進，但竭盡一切力量促成秩序重建，那也就無可避免地捲入了政治風暴之中。而英時兄絕非憑空臆想，他是通過大量文獻的爬梳、引證，加以新的解讀，來重構南宋政治史上這一遺失的環節。

從某方面也可以說英時兄有考據癖。譬如我們一般都接受朱子立朝四十日的說法，但他偏偏就在這裡懷疑王懋竑的年譜有疏漏。他想得既深且細，在臨安進見寧宗之前朱熹必先有地方歇腳。一般都接受了六和塔的說法，但朱熹年邁又病足疾，怎可能登六和塔？後來他居然找到資料證明六和塔是指地名，並不專指那座塔而言。在見寧宗之前，他和同道包括陳傅良（永嘉學派）等多人先熱烈討論了一番，雖意見紛紜沒有結論，但朱熹見皇帝仍是代表一個集團說話，並不只是他一人的私見。他的被逐也代表整個集團的挫敗。而他在臨安地區前後總共停留五十六日，乃由「拜命」算起才得四十一日，如只計整數乃曰四十日。罷黜的原因一般歸咎於韓侂冑也不合乎實情。其實是年輕的皇帝本來對他的一套就沒大興趣，而嫌他不過是侍講，竟然事事干預，才把他逐走。而支持道學集團的宰相趙汝愚在完全沒有預警的情形下被趕下台，則慶元黨禁之來，亦意料中事耳。

歷來對於孝宗、光宗、寧宗三個皇帝扮演的角色也未給予充分的注視。英時兄嘗試借用艾理克遜（E. Erickson）以心理分析的進路來解釋他們的行為也頗有啟發性。孝宗因受抑於高宗太上皇，難以在抗金採取強硬的態度。故張浚符離一敗即不再北伐之計。他在位十多年只是守成，不想在禪位前兩年忽然發心要大事改革。他作出精心的設計，要大力培

植理學集團，盼望光宗繼位後有了新的羽翼，可以大有作為。但他沒有估計到，光宗繼位之後有強烈心理上的抗拒，陽奉陰違，乃導致了激烈的黨爭。寧宗實不足道，根本不關心改革。道學集團自然煙消雲散，反對集團也跟著消失。歷史上缺乏詳細的記載，於是構成了一個遺失的環節。

照英時兄的研究，反對集團有三波進攻，王淮是一波，林栗是一波，最後終於慶元黨禁。但兩個集團的鬥爭並不能化約為君子、小人、大臣、近倖的鬥爭。不但道學集團中有異質的成分，反道學集團一樣有異質的成分。像林栗是有學術上的差異，也有些獨立人士不直道學集團之所為。後者一部分成員是有強烈的宗派意識，而且肩擔道義，氣勢懾人，不可一世。朱熹的弟子詹體仁即是一例。難道道學集團所有成員所有作為都合乎公義嗎？有些行為不是為了集團的利益嗎？如此則不只是英時兄以前講「良知的傲慢」的問題，「道學的自負」早就是一個問題，官僚集團自行分化為兩大壁壘，其實孝宗皇帝一向偏袒理學集團。而韓侂冑（韓琦後人）與理學集團並無宿怨。這一集團被打下來，也並未趕盡殺絕。而朱熹還可以講學終其餘生，也是他有幸生活在宋代的好運了。至此有宋一代知識分子得君行道的美夢終於畫下了句號。

由以上所說，可見英時兄是對宋代士人作為一個「群體」了解得最為透徹的一個人，雖然他自謙他的研究還在開拓的階段，有許多尚未能作成定論。順著他這樣的線索，其實還有一些其他相關的脈絡可以開拓。譬如說，我注意到近

時呂妙芬君對陽明後學講學活動的研究就是一個例證。[9]她
也是由思想觀念史開始，而轉向做社會文化史研究，通過方
志與文集大量文獻的徵引，來建構陽明後學的歷史世界。她
注意到陽明學之盛與他平定宸濠所得到的威望有關，而陽明
學在江右的發展還超過在他的故鄉浙江並不是偶然的，並且
江右的確發生了抗衡江左的力量。明代的政治文化在朱元璋
以後自大異於宋代，與宋代強調孟子之大有為相反，陽明建
構的道統強調顏子、程顥，可謂相映成趣。[10]這樣切入的角
度自與哲學的進路有很大的區隔。牟宗三先生深入探究聶豹
歸寂之說與陽明思想不合[11]，中心的關注在陽明學說正宗傳
承的價值判斷，而呂妙芬的關注在，江右的聶豹與羅洪先對
王畿的浙中學派以及泰州派的批判與抗拒所產生的影響，其
實也隱涵了另一角度的價值判斷。由此可見不同的視域把握
到的是不同的脈絡，呈現了不同的面相，各有其不同的定
位。我們了解這樣的情況，就無謂做一些不必要的爭論了。

　　英時兄的書也引發了我一些哲學的反思。他指出希臘哲
學傳統如柏拉圖把哲學當作玄思默想，中國是重視實踐的傳
統，這當然是不錯的。但有些哲學問題是普世性的。柏拉圖
受到蘇格拉底之死的刺激乃脫離現實政治，集中心力作哲學
的探究。但到了晚年思想成熟，受到好友狄昂（Dion）的慫
恿，到敘拉古斯（Syracuse）去輔佐他的外甥大安尼索斯二

9　呂妙芬：《陽明學士人社群──歷史、思想與實踐》（臺北：中央研究院近
　　代史研究所，2003年）。

10　同上，頁269-294。

11　牟宗三：《從陸象山到劉蕺山》（臺北：學生書局，1979年），頁298-395。

世（Dionysius II），以為可以得君行道。不想少主根本不成
材，柏拉圖為了履行承諾，二次去敘拉古斯，竟然被賣為
奴。幸被贖回，而後建立學院（Academy），課徒講學以終
老。[12]則東聖西哲遭遇何其相似！如若柏拉圖果真可以行
道，情形又會怎麼樣呢？在《理想國》之中，[13]柏拉圖疾於
邪說暴行作而不惜倡議焚書坑儒，他雖明白區分哲王與暴君
的天淵之別，在現實世界中，哪一個暴君不自以為是哲王
呢？柏拉圖雖然無法解決這樣的問題，而只能嚮往一個理想
的烏托邦。但他反對「權力即正義」（Might is right），卻是
一個我們到今天還必須正視的大問題。難道除了權力結構之
外，就真的沒有真理、正義嗎？民主在柏拉圖看來也只不過
是另一種權力結構罷了！到了現代，我們只能說，民主絕非
一個好的制度，只不過我們還找不到比它更好的制度罷了！
而且要它能夠有效運作，必須與人權法治、公民社會配套才
行，否則實際結果還不是被有權有勢者宰制！如果所謂先進
民主國家尚且問題叢生，這樣的制度移植到缺乏民主傳統的
東方，怎麼可能立竿見影，變成驅除百病的萬靈丹呢？我們
只能就自己文化與時代的脈絡作出調適與開創，至於成敗如
何，仍只能委之於命了！

　　英時兄的書主要不是講「究天人之際」，但「通古今之
變，成一家之言」，是沒有疑問的。我衷心佩服英時兄的博
學深思。但讀完全書掩卷之餘，我不禁告訴內人，我的感想

12　F. Frederick Copleston, *A History of Philosophy*, vol.1, Greece & Rome, part 1
　　(New York: Doubleday & Co., 1962), pp.151-156.

13　Ibid., pp.249-260.

和著《哲學家旅行記》的凱薩林（Herman Keyserling）訪華
離開時的感想一樣。[14]他盛讚中國文明，書法之美冠於全
球，也只有中文能以三個字：「致中和」，就表達了一整套的
哲學思想。但離開中國，他卻有一種解脫之感，因為這個文
明是人性化，「過分地人性化」（all-too-human）了。[15]中國
人被牢牢地捲在一個複雜的人文網絡之中，無所逃於天地之
間，不只宋代如此，到今天還是如此。大陸姑不論，臺灣為
泛政治主義所籠罩，天天是無窮無盡的黨爭，令人煩厭。要
沒有超越層面內心信仰的支撐，在如此低沉的現實中知其不
可而為，要如何才能自求多福，挺拔起來安身立命啊！

※原刊於《九州學林》2003．冬季一卷二期

14　參拙作：〈凱薩林論中國〉，現收入拙著，《生命情調的抉擇（新版）》（臺
　　北：學生書局，1985 年），頁 141-147，以及拙譯：〈凱薩林論中國文化〉，
　　《儒學在世界論文集》（香港：東方人文學會，1969 年），頁 287-313。
15　這是尼采的片語。

附：對於余英時教授的回應

　　由英時兄對我的答覆（2004 春季號）可以看到他有一套複雜而融貫的思想作為背景，不可以把問題作簡單化的處理。誠如他指出的，我們之間的差別並不那麼大。但因學養的不同，彼此的偏重難免有所不同。今日的學術絕無可能定於一，而各尊所聞、多元互濟是大家的共識。看了英時兄對我的答覆，還是要略作回應，把我由哲學的視域所看到的再說明白一點，想英時兄不會以我為多事罷！

　　哲學無疑是一門高度「抽象」的學問，企圖要對付一些有普遍性的問題。譬如說「權力即正義」在古希臘是個大問題，到今日還是一個大問題。雖然思想的表達受到時代、地域、文化差別等脈絡的限制，哲學問題的提出與其可能的答覆卻可以有其萬古常新的意義。脈絡的重視是有必要的，但絕不可以把一切化約成為脈絡的考慮，那樣就會墜入相對主義的陷阱。因此中國經（常道）史（變道）並重的傳統的確有其深刻的睿識，這樣的看法想必也是英時兄所首肯的。「抽離」釋作「斷章取義」由字面上看即含貶義，但當代新儒家提出的一些哲學見解是企圖作出努力去捕捉一些萬古常新的睿識，需要通過批評性的反省才能作出適當的褒貶，一樣不可以作簡單化的處理。英時兄的本意自不可能是從一開始就貶斥哲學的抽象，但讀者可能產生不當的聯想、作出過分的推論卻是必須避免的。

中西哲學均有源遠流長的傳統。讀哲學的人一聽到「哥白尼的革命」就會想到康德在哲學上所作的顛覆性的改變，而不會去問這一詞語「迴環」的原義。而學邏輯的人一聽到「第一序」這樣的字眼就會想到符號邏輯的初階，故勞思光先生的直接反應就說英時兄用字不是邏輯上慣常的用法。學者當然有自由重新界定一個詞語，但往往難以斬斷一些與之而來的聯想乃至無謂的纏夾。英時兄的澄清可以解消部分的疑慮，但不能解消所有的疑慮。

　　其中一個中心概念是「內聖外王」。誠如英時兄所指出的，宋儒把內聖外王當作整體來看，這是沒有問題的。但孰主孰從呢？這才是我的質疑核心之所在。英時兄以秩序重建為主，所以才有了他的迴轉，而我認為，如進入宋儒的解釋學之環，就不容許有這樣的主從逆轉的迴環。由於我引明道語說得不夠清楚，以致引起了英時兄的反質疑，此處不能細論，只能作一粗略的回應。宋代人重自己親身的體驗，明道引告子「生之謂性」，絕不是告子的原義，同樣他引荀子的天論，絕不是荀子的原義。所謂「天理」二字卻是自家體貼出來，意思是說，只有通過內聖的體證才能把握天理（所謂「道體」）。而朱熹建立道統，把漢儒講宇宙論的，包括董仲舒在內，都擯棄在道統以外。象山更不用說，他直承孟子，以心即理，乃斥朱子往外窮理為支離。因此在辯論中，他理直氣壯地宣稱：「不知所以尊德性，如何可以道問學？」讓朱子處於一不利的地位。象山之學有其流弊是另一回事，必須正視這樣的流弊；這是我和英時兄一致的看法。但即使在朱子，仍然是內聖的心性修養為主，外王的事功成就為從，

這由朱子和陳亮的辯論可以看得出來。在編《近思錄》時，雖然是呂東萊堅持收入高度抽象的有關「道體」的議論，但一旦收入，「道體」就是卷一，二人並無異議。在閱讀時則可以由後面的「聖賢氣象」比較容易理解的篇章入手，比較合乎實際情況。

宋儒兼重內聖外王，英時兄這樣的強調無問題，尤其他用大量的史料證明，宋儒絕非只是偏向內聖一邊的仕人，校正了我們一般流行的印象，的確是很大的貢獻，吾無間然。而我們學術上有異同，不許混漫過去，而這樣的討論並不會影響我們之間的友誼，這也是我們在今日可以感到幸運的地方。

※原刊於《九州學林》2004‧夏季二卷二期。

評狄百瑞《高尚與禮儀：亞洲的領導理想與公益》

　　狄百瑞（Wm. Theodore de Bary）教授，哥倫比亞大學東亞研究泰斗，又在哈佛大學出版社出版了一部新著，[1]書名或者可以譯為：《高尚與禮儀（文明）：亞洲的領導理想與公益》。他在序中說明，這是 2002～2003 年在哥倫比亞大學研討（包括 workshops and colloquia）的主題，於 2003 年冬天在夏威夷的「東西中心」完成的，翌年由哈佛大學出版。

　　狄百瑞的問題意識是，時至今日，以西方的觀點看世界文明的發展已完全不合時宜。隨著多文化主義的流行，我們必須正視一件事實，亞洲文明的發展不會走上西方期盼的道路。亞洲有自己的傳統，源遠流長，而且不只一個，其實有多個傳統，既有共同處，也有差異處，到今天還在各地發生正面或者負面的作用，必須仔細加以認取，不可以隨著主觀的愛憎任意地簡單化。哥倫比亞大學曾經費了好大的心力編了印度傳統的資料書（1958）、日本傳統的資料書（1958）、

1　狄百瑞數年前在哈佛出版的一部書是：Wm. Theodore de Bary, *Asian Values and Human Rights: A Confucian Communitarian Perspective* (Cambridge: Harvard University Press, 1998)。此書已有中譯本，見陳立勝譯：《亞洲價值與人權》（臺北：正中書局，2003 年）。我曾為此書作「專文導讀」：〈狄百瑞對儒家傳統的理解與嚮往〉。寫作本文有些日本學者的中文姓名請林慶彰教授查出，陳瑋芬教授則改正了若干詞語，謹此致謝。

中國傳統的資料書（1960）。晚近還出了韓國傳統的資料書
（1997～2000），並出了中、日傳統資料書的修訂新版[2]。狄
百瑞對於這些資料可以說是瞭如指掌，信手拈來，莫不切中
肯綮，舉重若輕，完成這一計劃，委實不作第二人想。最難
能的是，他深刻了解各傳統的「理想」，卻又透徹明白「現
實」並不一定跟著理想走。在各不同地區、各不同時代二者
之間有著錯綜複雜的組合，展示了高度的辯證關係，言簡而
意賅，這書篇幅不大，卻可以讓我們學到許多東西。

全書共分九章。第一章講儒家君子（Noble Person）的
理想。四書（〈大學〉、《論語》、《孟子》、〈中庸〉）是東亞共
同的資源。《論語》記錄了孔子的言行與思想。孔子強調
「德」（virtue）、「智」（intellect），致力文化的提升
（cultural refinement），深刻地影響了後世東亞的文明。他
指出：「道之以政，齊之以刑，民免而無恥。道之以德，齊
之以禮，有恥且格。」（《論語・為政第二》）他回答子貢問
政，

> 曰：「足食，足兵，民信之矣。」子貢曰：「必不得已而
> 去，於斯三者，何先？」曰：「去兵。」子貢曰：「必不

2 Ainslie Thomas Embree, Stephen N. Hay, and Wm. Theodore de Bary, comp.,
Sources of Indian Tradition (New York: Columbia University Press, 1958);
Ryūsaku Tsunoda, Wm. Theodore de Bary, and Donald Keene, comp., *Sources of
Japanese Tradition* (1958); Wm. Theodore de Bary, Wing-tsit Chan, Burton
Watson, comp., *Sources of Chinese Tradition* (1960); Peter H. Lee, Wm.
Theodore de Bary, Yongho Ch'oe and Hugh H. W. Kang, comp., *Sources of
Korean Tradition* (1997-2000).

得已而去，於斯二者，何先？」曰：「去食。自古皆有
死，民無信不立。」（《論語・顏淵第十二》）

士的培養，文武兼備，但畢竟重點在「文」（civil arts）。作
為人民的領導者，士的責任重大，正如曾子所說：「士不可
以不弘毅，任重而道遠，仁以為己任，不亦重乎！死而後
已，不亦遠乎！」（《論語・泰伯第八》）

　　這樣的理想為孟、荀所秉持。孟子分別「天爵」（仁義
忠信）與「人爵（公卿大夫）（《孟子・告子上》）。荀子雖主
性惡，把重點移到後天的人為，而更強調禮義，但一樣堅持
士君子的理想。儒家相信民眾需要精英的領導，但孟子明
言：「民為貴，社稷次之，君為輕。」（《孟子・盡心下》）儒
家相信：天視自我民視，天聽自我民聽。士君子與老百姓一
起發表輿論，引起統治者的側目，而暴秦李斯乃有焚書〔坑
儒〕之議。極權專制與儒家理想不相容，該是很明白的了。

　　第二章狄百瑞轉向印度，講佛陀和羅摩王子（Rama）
的理想，與儒家頗有若合符節之處。很少人由這個角度立
論，也頗值得吾人注意。佛陀生為淨飯國王子，名為悉達
多・喬達摩，身份地位自遠高於一般民眾。但生老病死卻普
及所有人類，釋迦牟尼在菩提樹下悟道，有其普世性的意
義。原始佛教在中土被稱為「小乘」（Hinayana），在錫蘭（今
斯里蘭卡）則被稱為「上座部」（長者之教）（Theravada）。
釋尊最早的追隨者努力修行，出家避世，得證阿羅漢果。但
信奉佛教的孔雀王朝（The Maurya Dynasty, 321～184 B.C.）
卻以武力征服了印度，本意終結所有戰爭，不幸事與願違。

然而阿育王（Asoka，在位時間 304～232 B.C.E.）作為佛教
統治者的理想——轉輪王（chakravartin）——卻影響了東南
亞地區如泰國、緬甸、柬埔寨，促成了佛教理想與現實王權
的結合。同樣的發展過程也見之於婆羅門教，這由兩大史
詩：《摩訶婆羅多》（Mahabharata）與《羅摩耶那》
（Ramayana）可以得到消息。前者有一部分抽出單行，即
著名的《薄伽梵歌》（Bhagavad Gita）。在戰爭中間，王子
Arjuna 突然懷疑，為何要殺戮敵人？這說明在婆羅門教之
內，剎帝利（kshatriya）王族一樣感受到了危機，但不取佛
教顛覆的道路，而借御者克里希那（Krishna），守護神毗濕
奴（Vishnu）的化身，提供了答覆。殺戮不會損傷敵人的真
實的自我，武士在戰場上必須履行自己保國衛民的責任，奮
勇戰鬥。這樣就在理想和現實之間取得了平衡。羅摩南下營
救妻子息妲，被捲入戰爭，闡發了同樣的道理。狄百瑞大段
徵引詩篇，說明羅摩為德之典範，很明顯地與儒家士的理想
旨意相通。高尚不可以化約為世俗的尊榮，但理想要落實，
又必須與現實作出妥協。這個傳統一直還持續到現代，甘地
被刺，臨終還唸羅摩的名字。甘地抵制西方的強權，無疑取
資於印度教傳統精神的泉源。但是否一定要回到手工業紡
織？卻是一個問題。而甘地崇高的德性也終無法阻止現實世
界中印、巴的分裂，新的文明（civility）還待建構起來。

　　第三章講儒、佛的融和。佛教傳入中土，主流是大乘佛
教，日益現世化，經歷了一個漫長的歷程。慧遠（334～
417）曾著文：〈沙門不敬王者論〉。他並無意挑戰君王的權
力。他的立場是，在家人當然要尊崇君王的權力，但出家人

既四大皆空，方外自無敬禮王者的責任。但大乘佛教在中土
進一步發展，《維摩詰經》獲致了更深遠的影響。有意思的
是，維摩詰是居士，無意出家尋求阿羅漢果。他以「涅槃」
（Nirvana）與「輪迴」（Samsara）並無差別。悲、智雙
運，要體現不二的奧旨，最後只有無言歸寂。中土流行的是
天台，宗奉《法華》，更展示平等精神的是禪宗的《六祖壇
經》。六祖惠能（638〜713）是不識字的獦獠，卻體認到佛
性無分南北，以心傳心，直指見性。偈曰：「菩提本無樹，
明鏡亦非臺。本來無一物，何處惹塵埃？」所傳的頓教不同
於神秀（606〜706）的漸教。中土的佛教富於現世性，很早
就與俗世的君王取得妥協。《仁王經》（*Sutra of the Humane
King*）闡揚君王、佛法互相衛護之旨，在外、內取得平衡。
華嚴則盛張真空妙有，僧伽很容易為君王所用，與孟子之求
明辨是非，不免有相當差距，以後在中、韓引起不斷的爭
辯。

第四章講日本聖德太子（574〜622）的融和儒、法、
道、佛諸家。日本則自成一個架局。聖德太子立憲法十七
條，在東亞為創舉。他在政治上效法中國與新羅。中土由唐
堯開始即兼顧道德的典範與血緣的延續。第一條標舉和的理
想。但聖德太子又崇信佛教，第二條以空來消解邪惡、自私
的傾向，然後崇尚禮教。但第十條卻指出，人既非聖賢，也
非愚蠢，是非似乎可以有相當彈性。下面的條文乃強調要用
賢能。這和孟子的自信有了相當差距，留下餘地容納本土的
多神信仰與價值。體整而言，建立了一個兼顧理想與實際的
階層秩序。大化革新（645）之後，八世紀平安朝建都奈

良。儒家的傳統平衡公私。佛家的傳統尊崇統治者為佛。日本流行的佛教為天台與密宗。天台發揮靖國的作用,而密宗則高揚佛、道,貶抑儒家。強調儀規的美感,高過道德、社會的規範。

　　第五章重訪「菊花與劍」。班乃迪克(Ruth Benedict, 1887～1948)於 1946 年出版《菊花與劍》(*The Chrysanthemum and the Sword*)。狄百瑞認為,作為一位文化人類學家,班乃迪克的直覺讓她抓到了兩個最重要的象徵,足以闡發日本文化的特色。就菊花一面來說,最有代表性的著作是《源氏物語》,這雖是虛構的小說,卻充分宣示了日本平安朝(794～1192)審美主義生活的情操。與菊花的柔成對比的是劍的剛,這反映在日本的武士道。而禪淨合流,日蓮宗興起,竟與神道結合。乃至二次大戰之後,三島由紀夫(Mishima Yukio, 1925～1970)的自殺的儀式結合了生命的美感與無常,光耀死亡。日本文化之特別處在,回到戰國三雄,織田信長(Oda Nobunaga, 1534～1582)、豐臣秀吉(Toyotomi Hideyoshi, 1537～1598)均佞佛,但完全不妨礙他們的無情殺戮。老成持重的德川家康(Tokugawa Ieyasu, 1543～1616)終於完成了統一大業,建立幕府,也作出重大的轉向。他宏揚中道,引進了朱熹(1130～1200)的理學。

　　第六章回敘宋代的新領導觀念與公民社會(civil society)。在中國,唐代的韓愈(768～824)首倡「道統」之說,他立腳於文化,排棄釋老二氏。這在北宋得到了進一步的發展,范仲淹(989～1052)、胡瑗(993～1059)均主張得君行道。二程兄弟明道(1032～1085)、伊川(1033～

1107）更強調士大夫的領導，推動新的教育（義利之別的傳
統），注重廣大民眾的教導（civil instruction）。這到南宋的
朱熹發展了整套的性理之學，編撰《近思錄》，追隨程子，
以四書代替五經，並由唐代的科舉轉向，重視學院教育。朱
子的指導原則是「理一分殊」，君子的培養在落實伊川的
「涵養須用敬，進學在致知」。從此「修己治人」成為東亞
共同的理想規模。〈大學〉講三綱領（明明德、親民〔新
民〕、止於至善）、八條目（格物、致知、誠意、正心、修
身、齊家、治國、平天下）。三綱（君臣、父子、夫婦）、五
常（仁、義、禮、智、信）被上揚為天理，必須存天理、滅
人欲（對治不正當的私欲）。大學之前則先有小學，涵養於
灑掃進退應對之間。朱子建立道統（見〈中庸章句序〉），有
深厚的哲學基礎，這才可以真正面對二氏的挑戰。他手訂的
「白鹿洞書院學規」，成為東亞書院教育的典範。朱子又提
倡建立社倉、遵守鄉約，均有深遠的影響。雖然朱子死時被
詆為偽學，但死後很快得到平反。到了元朝，他的《四書集
註》成為科舉的基礎。這形成了弔詭，他的出發點是「為己
之學」，分辨義利，後世卻要利用他的一套學問作為仕途晉
身之階。到了明代，朝廷腐敗，許多讀書人選擇終身不仕。
陽明心學雖不同於朱子理學，但聖學的宗旨是一致的。並更
進一步推動民間的講學。明太祖朱元璋（1328～1398）出身
微賤，長年征戰，統一天下，利用儒術教民。清代異族入主
中原，也以程朱性理之學為正統，「聖諭廣訓」發生了廣大
的影響。由於中央權力遠大過地方力量，在中國，社群主義
（communitarianism）失敗，在韓國卻成功了，也值得吾人

關注。由此可見朱子的理想有普世性，並不為國界所阻隔。

　　第七章講德川時代（1603～1867）的日本。在日本，由於封建階層秩序勢力深厚，鄉約也不似在韓國那樣成功。但在日本流行「六諭」（Six Precepts）。正好像在中國，真德秀（1178～1235）的《大學衍義》更進一步推廣朱子所教一樣，德川時代的日本，室鳩巢（Muro Myūsō, 1658～1734）不只翻譯由中土傳來的六諭為通俗的日文，並進一步加以推廣。這六諭乃是：

　　　1. 孝順父母

　　　2. 尊敬長上

　　　3. 和睦鄉里

　　　4. 教育子孫

　　　5. 各安生理

　　　6. 毋作非為

這在精神上完全忠於朱子的原意。此六諭一直流行到明治時代（1868～1912），但武士以忠君而非孝順父母為先，中日兩方面並非完全一樣。狄百瑞還注意到，德川家康曾有意與越南通商，他的侍講藤原惺窩（Fujiwara Seika, 1561～1619）有信給安南的統治者，大家相通處正在新儒家的文化，四書為共同的資源，行為準則有一些普世的面相。但日本情況與中國其實並不一樣，君臣關係中，藩屬必須為主君效死。四十七浪人（rōnin）為主君復仇的故事引發了激烈的爭辯。從幕府的觀點看，這種行為是不可以容許的。從武士道的傳統看，他們的行為卻是直接反應，不容思慮，根本無視後果，乃以自己的生命為代價。到了美國打開日本海禁

之後，又有了新的變化。橫井小楠（Yokoi Shōnan, 1809～1869）熱中改革，要以西方的模式取代中國的模式。雖然他講國家公眾利益所用的語言和聖德太子沒有很大的差異，但他強烈不滿中國清朝和日本德川的積弱無力，反倒以西方更近於堯、舜、禹等聖王有行動的力量，美國的華盛頓（George Washington, 1732～1799）反而近於傳統的理想。同時也覺得基督宗教在道德和社會上更有力量，而不似佛教之耽於虛無。這樣他倒轉了治國和修身的次序，相信重新回歸武士道才能找到領導的力量。

第八章講日本的現代化。明治維新（1868～1911），幕府還政於日皇。福澤諭吉（Fukuzawa Yukichi, 1835～1901）暢論文明，取開放架構。早年雖痛批傳統，卻認為西方文明並不壟斷所有智慧，東方也不缺少有學養與德性的人物。要在必須提升輿情（public opinion），故重點不在參政，而在公眾教育的推廣。與福澤相反，中村正直（Nakamura Masanao, 1832～1891）肯定傳統的資源。他認為西方的富強有道德的基礎，這與孔、孟、朱子所教是相同的。自由意指自律（self-governance），道德是新啟蒙的基礎。差不多就在這個時期，1890 年明治發表教育敕語（Imperial Prescript），教育制度雖已採取西方的學校方式，卻仍維持了一些傳統的道德價值，並與皇權、愛國主義揉合在一起。井上哲次郎（Inoue Tetsujirō, 1855～1944）更將之扭曲為一種極端的愛國主義思想，在列強環伺之下，小國寡民必須強調武勇精神，敢與世界為敵，隨時準備犧牲一己的生命，來捍衛國家利益。哲學家和辻哲郎（Watsuji Tetsurō, 1889～1960）著文論「日本臣民

之道」（The Way of the Japanese Subject），武士作為臣（shin）民（min），絕對效忠君王。孔孟之道受到日本禪佛與武士道之轉化，強調武士自我犧牲之精神。同時代的吉野作造（Yoshino Sakuzō, 1878～1933）則力主自由民主，推行憲政主義（constitutionalism）。他一樣忠君，但強調聖德太子到明治天皇的傳統，由賢能之士扶佐聖王。他自己是基督徒，毫不遲疑地趨新，取西方民主與議會制度（parliamentarism），主張 1) 衛護自由（civil liberties），2) 三權分立，3) 選舉立法（a popularly elected legislature）。但他也堅持兩個前提，即 1) 精英領導，2) 以身教提升國民道德。他結合了基督教的人道關懷，武士道的人格託付（personal commitment），以及儒家為公眾服務的使命。然而他的目的不是持續精英的特權，而是教育民眾，通過選舉參與政治。傳統的大名轉型成為了「財閥」，強調國家利益為先，而責任政府則必須採取國會制度。1920 年代憲政主義雖有寸進，但日本的政黨政治卻不免貪腐的侵襲。1931 年和 1936 年政變，乃改由軍國主義當道，終於導致 1930 與 1940 年代的戰爭，造成災難。1945 年二次大戰結束，日本全面潰敗。戰後由麥克阿瑟（Douglas MacArthur, 1880～1964）統治，通過外力干預實施憲政。這一套東西之所以能夠持續下去，乃是因為承繼了聖德太子以來一向強調「協調與共識」（consultation and consensus）的傳統。三島由紀夫的自殺儀式戲劇化地結束了「菊花與劍」的審美主義以及英雄主義結合在一起的典型。日本的現實政治則照常維持，無光無色，經濟文化力量雖強，迄今為止在國際上並未能扮演一個舉足輕重的重大角

色。

第九章講二十世紀中國的「新民」。二十世紀初年中國的一位代表人物是梁啟超（1873～1929），約與吉野作造同時。他傾向西化，但仍取資於傳統，朱子講「新民」，梁給予新的闡釋，盼培養新公民，建造新國家。「國家」（nation）是一個新觀念，梁視之為一有機整體。他受黃宗羲（1610～1695）《明夷待訪錄》的啟發，強調制度的改革，同時注重興論的散布。他不十分重視家庭和鄉村，而這是梁漱溟（1893～1988）努力的方向。梁漱溟認為朱熹的鄉約仍有其現代意義，但時代精神顯然不在他這一邊。革命派孫中山（1866～1925）以中國為一盤散沙，有淪為次殖民地的危險。李大釗（1889～1927）看到俄國布爾雪維克組織力量的成功，乃確信在中國也有必要成立共產黨。受到李大釗的啟發，毛澤東（1893～1976）投入革命，但他相信在中國必須由城市轉入農村，強調階級鬥爭而獲得了成功。李澤厚指出毛早年受儒家教育的影響，但不是受惠於朱熹，而是王陽明（1472～1528）的心學，強調心的主觀能動性。革命成功之後，不意形成了對毛澤東的個人崇拜。他的副手劉少奇（1898～1969）著文〈論共產黨員的修養〉（1939），文章的內容與架構取資於儒家。文化大革命時期毛卻整肅劉少奇，以之為黨內最大的走資派。而毛號召破私立公，同樣有儒家的氣息。毛死後四人幫垮臺，鄧小平（1904～1997）對外開放，引進資本主義，以之為社會主義初階，而堅持共產黨的領導。嗣後江澤民「以德治國」，新上任的胡錦濤則提倡「和諧社會」，這都是政治化儒家的變型，利用這一傳統壓

抑極左，整肅貪腐，鞏固中央領導。但是否真能奏效，尚在未定之天。由以上討論，東亞（韓、日、越南、海峽兩岸）有共同的儒家傳統，展示了相當活力。但能否能脫胎換骨面對新世紀與新千禧的挑戰？則還有待未來的努力。而本書注視高尚與文明這一側面，顯然有其重要性。必須導致心態的改變、教育的普及才有可能面對恐怖主義的衝擊。這裡面既有危機，也有契機。而文明的衝突，雖無必然性，但在當前確有必要面對環境污染、無限制的經濟競爭、邪惡的政治沙文主義、深刻的道德與文化的崩潰與絕望等等各個方面對於世界文明的威脅，到頭來究竟能否克服這些困難？且讓我們拭目以待罷！

在書尾的後記（Epilogue），狄百瑞回敘全書的重點在對於「文」的闡發。這不是說「武」不重要，而是有必要更深入地探察文化的深層。全書並無預設觀點，乃是開放性的探究。儒家以孔子為楷模，很可惜印度傳統與中國傳統在過去互動不多。日本揉合儒家、佛教、武士道、西化（特別是自由主義）的潮流，值得我們深切注視。進入新的千禧，我們又得面對新的樞軸時代的挑戰。多文化主義的流行要我們在異中求同。如何不讓邪惡的力量肆虐？教育是一個關鍵，文明間的對話也有其必要，傳統與現代乃至後現代互濟，彰顯人權與公民社會（civil society），同時肯定個體與社群兩方面。「克己復禮」、「理一分殊」仍是我們的指導原則。不要輕忽日用常行，仁以為己任，我們對未來寄以無窮的厚望。

由於狄百瑞並未提出整套的理論，我們在這一方面自不

可能給予批評的回應。但他由豐富的東亞傳統取資，自由徵引，有一統一的視域。在普遍與特殊、傳統與現代、一元與多元、理想與現實、善良與邪惡之間，向我們展現了一個多彩多姿的生成變化的歷程，隱涵了深刻的辯證的理解與智慧。故樂為之介。

※ Nobility and Civility: *Asian Ideals of Leadership and the Common Good.* By Wm. Theodore de Bary. (Cambridge: Harvard University Press, 2004).

原刊於《中國文哲研究集刊》，第二十九期（2006.9）.

方東美的生命哲學與文化理想

　　方東美先生（Thomé H. Fang, 1899～1977），名珣，以字行。出生於安徽桐城，為方苞十六世孫。幼穎悟，家學淵源，飽讀詩書。青年時期醉心西方哲學，就讀於金陵大學，然後留學美國威斯康辛大學。碩士論文寫柏格森（Bergson）的生命哲學，博士論文比較英美的新實在論（Neo-Realism），通過答辯之後，未及將論文付梓，即束裝歸國。在武漢任教一年之後，即轉任南京東南大學（中央大學前身）教授，並曾任教中央政治學校（政治大學前身）。由民國 18 年起，擔任中央大學哲學教授，一直到民國 37 年為止。民國 36 年渡海到臺灣，翌年起在臺灣大學哲學系執教，到民國 62 年退休為止。同年開始任輔仁大學講座教授。民國 66 年因肺癌逝世，享年七十八歲。[1]先生思想體大思精，一生從事哲學教育，桃李滿天下，作育英才無數。下面略述先生思想發展之軌跡。

　　先生青年時期加入少年中國學會，深感過分熱中現實政治只能造成分崩離析的結果，故一生絕意仕途，潛心哲學文化問題之深入思考與研究。先生返國之後出版的第一部專書為：《科學哲學與人生》（1936），比論古希臘與近代歐洲的

1　先生之生平簡述，參拙作：〈方東美傳〉，《國史擬傳，第十輯》（臺北：國史館，2001 年），頁 87-113。

世界觀與人生觀，頗驚心於西方現代文明背後的虛無主義，
而迴心嚮往古典希臘理性和諧的境界。下年初在中國哲學會
第三屆年會宣讀論文：〈哲學三慧〉。此篇言簡意賅，一生思
想規模俱在，比論希臘、歐洲、中國之哲學智慧，暢發三慧
互補之旨，架局恢宏，嚮往完美境界，以寄望於哲學發展的
未來。

抗戰軍興，日寇迅速席捲華東，中央大學由南京遷沙坪
壩，藏書、存稿盡失，生命進入另一階段。民國 26 年春，
應教育部之邀，透過中央廣播電台，向全國青年宣講中國先
哲的人生哲學，仿費希德（Fichte）在法軍兵臨城下之際發
表〈告德意志人民書〉，揭發文化根源，砥礪民族氣節。而
七七事變發生，全民共赴國難矣。先生寄情佛廟之內，潛心
佛教經論，作深入之研究，並由佛學回溯印度哲學根源。在
重慶時期適逢印度大哲拉達克里希南（S. Radhakrishnan）
率團訪華，問及先生是否滿意西方對中國哲學的著作與翻
譯。先生以此受到極大刺激，乃誓言以英文闡述中國哲學智
慧，此後竟成為其終身職志。

民國 34 年，抗戰勝利，先生遷回南京。然內戰不止，
國事日非，先生洞燭機先，渡海來台。曾短期任系主任，改
革課程，充實圖書。此後即專職教學之事，曾兩度獲得教育
部頒發之傑出教師獎。先生東西哲學造詣深湛，自抗戰以
來，即惜墨如金。到民國 45 年才出版〈黑格爾哲學之當前
難題與歷史背景〉長文，意在借題發揮，論「系統建立」，
暫使我國數十年來科學與玄學、實徵論與唯心論之爭告一結
束。這是先生晚年親筆所寫唯一有份量的中文著作。民國

46 年，先生在香港友聯（Union Press）出版第一本英文書：
The Chinese View of Life（《中國人的人生觀》）。此書文字典
雅，闡揚中國人的智慧，在體現生生而和諧之旨，不似近代
西方心靈每每陷入二元對立之絕境。惜曲高和寡，少有解
人。但卻促成了先生出國訪問的機緣，曾兩度赴美講學，並
應邀參加在夏威夷舉行之第四、五屆東西哲學家會議
（1964、1969），以及王陽明五百週年紀念會（1972），發表
了份量很重的論文。1976 年以英文撰寫之巨著：*Chinese
Philosophy: Its Spirit and Its Development*（《中國哲學之精神
及其發展》）終於完稿。[2]惜尚在接洽出版之中，先生即遽爾
仙逝。抑且先生龐大的寫作計畫還遠不止此，他擬寫一部
《比較人生哲學導論》，內容遍及宇宙人生問題，通貫希
臘、近代歐洲、印度、中國文化，歷年積蓄思緒，已有相當
眉目，可惜只餘存目，[3]空餘悵茫之情，令人感到遺憾。先
生著作全集，中文部分由黎明文化公司出版，除本人著作
外，包括在輔仁大學授課，根據錄音整理出來的《原始儒家
道家哲學》、《中國大乘佛教》、《華嚴宗哲學》《新儒家十八
講》四部講錄，英文著作除前述兩書外，包括論文集，由
Linking（聯經）出版。由這些著述大致可以見到先生思想
之全貌。[4]

....

2 此書上冊有孫智燊譯本（臺北：成均出版社，1984 年），現改由聯經出全
　書（2006 年）。
3 Appendix Ⅲ: Outline of "Prolegomena to a Comparative Philosophy of Life",
　in *Chinese Philosophy: Its Spirit and Its Development* (Taipei: Linking pub. co.
　1981), pp.535-538.
4 先生的論著輯要在大陸出版，參蔣國保、周亞洲主編：《生命理想與文化類

　　由以上的簡述就可以明白，先生絕不是一位把興趣侷限在一個小小的專題做細緻分析的專技哲學家。他的學問博極古今，興趣流注到中外各家各派的哲學，再加上豐富的才情，思緒如天馬行空，難以湊泊。他所表現的是一個極端複雜的矛盾統一體。一方面他有濃厚的理論興趣，譬如他處理易之邏輯問題，在批評各家之後，用現代的符號邏輯的方法把六十四卦有條不紊地依次演繹出來。但在另一方面，他又表現一種熱情奔放、忘其所以地陶醉在一種美的形相與高超的境界之間的詩人的氣質與情調。他寫的文字自成一種風格，旁徵博引，信手拈來，皆成妙諦，如神龍之見首不見尾，絕非拘泥於繩墨者所能望其項背。但對不熟悉先生思路與文字表達風格的人來說，卻不免造成在理解上的障礙。因此我對於他的哲學思想的介紹，第一步就是要把他思想中潛隱的方法次第和預設的哲學原理顯發出來，這樣方能使讀者得以充分體察先生哲學思想的層層理論效果，而進一步對於他所宣說的奧義有更深一層的了解和證會。我曾經把他哲學思想之大旨約歸成為下列數項：[5]

　　1. 洪濛宇宙，生生運轉，產生萬類，只有人才能蘊發智

型：方東美新儒學論著輯要》（北京：中國廣播電視出版社，1992 年）。當前在大陸主流的意見把先生當作現代新儒家的代表人物之一，原因在先生思想雖東西兼顧，兼容並蓄，但以原始儒家為最健康之生命情調，並主張在今日更應具有廣大的心胸，汲取各家思想的精神，把中華文化弘揚光大。而現在流行的這種觀點最早是出於受業劉述先的倡導，參所作：〈當代新儒家的探索〉，原刊於美國出刊的《知識份子》1985 年秋季號，現收入所著《文化與哲學的探索》（臺北：學生書局，1986 年），頁 279-307。

5 參拙作：〈方東美先生哲學思想概述〉，1982 年刊於《中國論壇》，現收入拙著《中西哲學論文集》（臺北：學生書局，1987 年），頁 3-40。

慧，創造文化。智與慧原非二事，理與情本來一貫。大智度
大慧解為哲學家所託命。而人之大患端在喪失智慧，墮於無
明。

2. 哲學智慧生於各個人之聞、思、修，自成系統，名自
證慧。哲學智慧寄於全民族之文化精神，互相攝受，名共命
慧。共命慧依民族天才，自證慧仗個人天才。個人天才乃從
民族天才劃分，民族天才復由個人天才集積。共命慧為根
底，自證慧是枝幹。

3. 人可以成就各種不同型態，研究這樣不同型態的人則
可以成立「哲學的人類學」。而有怎樣的人物即有怎樣的境
界，人境之間自有一種互相呼應的關係。不同的人生觀世界
觀使人得以生存在不同的意義系絡之內。

4. 而存在與價值問題也一樣不可以互相切斷，分開來考
慮。人對價值的觀念不能脫離他對存在的觀念。對於存在境
界的選擇決定了一個文化發展的前途。

5. 各種不同文化蘊含了各種不同的智慧，開展出不同的
人生觀、世界觀、價值觀。首先我們不能不對之有一如實的
了解，而後又不能不在價值上明分軒輊。由哲學的觀點著
眼，世界有四個偉大的傳統：希臘、近代歐洲、印度、中
國。這些文化傳統各有所長，各有所短。而最健康的生命情
調畢竟是中國哲學所展現的生生（creative creativity）而和
諧（comprehensive harmony）的精神。

6. 既能燭照各文化所開展的環境之是非短長，則又必依
生態學的觀念嚮往，開創一更博大高明的綜合境界。在這一
慧識的指導之下，人對真理的追求、道德的實踐、政治的抱

負、藝術的理想，各各得到其適當的定位，始能真正建立一情理交融的真實世界。

總之，先生的哲學頗似一闋規模宏大、冠絕古今的交響樂。它的主題曲在各個不同樂章之內一次又一次地以不同的形式表現出來，卻又萬變不離其宗，在極端複雜的旋律中顯示了它統一的基調。可惜的是，由於印度方面資料搜集不足，這闋奇麗恢宏的交響樂終未能譜成，令人深深感到遺憾。但由先生已出版的著作中，已可找到足夠的線索，為之指點一個確定的指向。在這篇短文之中，自不可能將這一偉構的全貌呈現在讀者面前，所幸先生早年留下〈哲學三慧〉之奇文，除印度方面未加涉獵之外，對於先生思入精微的義理有一重要撮述而不見於其他論著，此處特加徵引，即可見其比較哲學之綱領，以及實際運用時所衍生之理論效果：[6]

甲、釋名言

1. 太初有指，指本無名，熏生力用，顯情與理。

1.1 情理為哲學名言系統中之原始意象。情緣理有，理依情生，妙如連環，彼是相因，其界繫統會可以直觀，難以詮表。

2. 衡情度理，遊心於現實及可能境界，妙有深造者謂之哲學家。

4.1 哲學智慧生於各個人之聞、思、修，自成系統，名自證慧。哲學智慧寄於全民族之文化精神，互相攝受，名共命慧。本篇詮釋依共命慧，所論列

---

6 〈哲學三慧〉，現收入全集中之《生生之德》（臺北：黎明文化事業公司，1979 年），頁 137-158。

者，據時標名哲學三慧：一曰希臘，二曰歐洲，
三曰中國。

乙、建議例

一、標總義

1. 觀摩哲學可分兩途：一、智慧本義；二、智慧申
義。共命慧屬本義，自證慧屬申義，共命慧統攝
種種自證慧，自證慧分受一種或多種共命慧。

2.1 希臘人以實智照理，起如實慧。

2.2 歐洲人以方便應機，生方便慧。形之於業力，又
稱方便巧。

2.3 中國人以妙性知化，依如實慧，運方便巧，成平
等慧。

4.1 希臘如實慧演為契理文化，要在援理證真。

4.2 歐洲方便巧演為尚能文化，要在馳情入幻。

4.3 中國平等慧演為妙性文化，要在契幻歸真。

二、立別義

1. 哲學生於智慧，智慧現行又基於智慧種子，故為
哲學立義諦，必須窮源返本，以智慧種子為發
端。希臘人之「名理探」，歐洲人之權能欲，中
國人之覺悟心，皆為甚深甚奧之哲學源泉。

13. 中國人悟道之妙，體易之元，兼墨之愛，會通統
貫，原可轟轟烈烈，啟發偉大思想，保真持久，
光耀民族。但一考諸史乘，則四千年來智慧照明
之時少，闇昧錮蔽之日多。遂致文化隳墮，生命
沓泄。

丙、判效果

4.　希臘思想實慧紛披，歐洲學術善巧迭出，中國哲
理妙性流露，然均不能無弊。希臘之失在違情輕
生，歐洲之失在馳慮逞幻，中國之失在乖方數
理。矯正諸失，約分兩途。一者自救，二者他
助。希臘人應據實智照理而不輕生，歐洲人當以
方便應機而不誕妄，中國人合依妙悟知化而不膚
淺，是為自救之道。……希臘人之輕率棄世，可
救之以歐洲之靈幻生奇，歐洲之誕妄行權，可救
之以中國之厚重善生，中國之膚淺蹈空，又可救
之以希臘之質實妥帖與歐洲之善巧多方，是為他
益之助。

7.　尼采之超人理想真切不虛，但據其臆斷，超人應
鄙棄一切過去人類，毋乃誣妄特甚。……超人空
洞理想更當以希臘歐洲中國三人合德所成就之哲
學智慧充實之，乃能負荷宇宙內新價值，擔當文
化大責任。

　　這樣的概括與論斷不免容易引起爭議，但這些都是深入
研究的結果，並非隨意發表的意見。近代西方文明外面表現
得轟轟烈烈，內部卻含藏著虛無的種子。對於近代西方文明
發展的軌跡，先生主要是依據佛銳德諾（E. Friedell）的研
究。[7] 對於先生來說，哲學不可能不是文化哲學，而理想與

....
7　參《科學哲學與人生》（臺北：黎明，1978 年），頁 229-230。

現實有著巨大的差距，有賴於哲學家的智慧的反省與凝聚在民族生命力的造命。很明顯，在文化型態學方面，先生受到史賓格勒（O. Spengler）深刻的影響，但拒絕其定命論。在生命哲學方面，先生激賞尼采的大地福音，但拒絕其非理性主義，以及徹底否定傳統的態度。超人空洞理想既必須要實之以傳統的哲學智慧，先生即身體力行，後期（1966～1976）即傾全力以英文著述，闡釋傳統中國哲學智慧而完成其扛鼎之作：《中國哲學之精神及其發展》。

全書除導論介紹全書節次並在第一章縱論中國哲學之特質以外，共分四部：(一) 原始儒家。(二) 道家及其影響。(三) 佛家哲學之充量發展。(四) 新儒家之三種型態。最後終結以書尾之讚辭。依先生之見，原始儒家成就了一種境界上的「時間人」型態，道家則是「太空人」型態，佛家為「時空人」型態（兼空而迭遺），新儒家乃是一種雜揉的同時為「時空人」的型態（兼綜時空而不遺）。而貫通四家表現為中國哲學的通性有三個方面。(一) 旁通統貫論。儒釋道三教均主「一以貫之」，不會落到分崩離析的境地。(二) 道論。對於「道」的理解，則各家有所不同。儒家是天地人三極之道，道家是超脫解救之道，佛家是菩提道。(三) 人格超昇論。人能夠變化氣質，超凡入聖，轉識成智，這不能訴之於科學的平面心理學，也不能訴之於心理分析的深層心理學，而必須訴之於嚮往成聖成賢成仙成佛的高層心理學。[8]

就分論而言，先生盛讚原始儒家之智慧。其根源可以上

8　高層心理學（Height Psychology）觀念乃首次在 1969 年第五屆東西哲學家會議論「疏離」（Alienation）一文提出，參《生生之德》，頁 350。

溯到上古，第一個重要的文獻即《尚書》之〈洪範〉篇。箕子的啟示來自夏禹，加以推衍以成是篇，最可以注意的是「五行」和「皇極」觀念。五行本來只是五種材質，但《管子》一書論水土，以其為萬物之根源，則推想古代中國可能有一種萬物有生論之思想，五行之論也可以是上古時代神話宗教之遺留，後來才加以理性化，人性化。這樣的思想逐漸與陰陽家、《易傳》的思想合流。「皇極」的符號更值得我們注意。「皇極」應訓作「大中」。最初它顯然有宗教的意思，然後才慢慢取得哲學的含義，為真實之標準與價值之典範，而有其深遠的意義。中國自古即「天」（生源）「人」（現世）不隔，特缺「原罪」觀念。

另一部極為重要的典籍為《易經》。易的六十四卦可以通過一系統方式演繹出來，但其符號之意義則待解釋而定。先生提議，釋詩所用的「賦」、「比」、「興」觀念也可用來解析《易經》。先生斷定，孔子的思想絕不能侷限於《論語》，由太史公的證詞知道他晚而好易，從孔子到商瞿，另有一條傳易的線索。《易傳》大體上有四個方面的發展：首先是發展了一套生生不已的自然觀，其次是肯定人性內在的道德價值，再次則發展了一套普汎的價值論，最後完成一套天人合一、以價值為中心的存有論。生生，廣生，普遍和諧，孔子以後，孟荀雖各有所偏，也進一步發展了人文主義的理想，獲致了輝煌的成就。

道家則走上了一條不同的道路。「太空人」居高臨下，汎觀萬有，把握一種猶如夢境的理想境界。玄之又玄，眾妙之門，道家突破了凡俗的世界，獨自與天地精神相往來，表

達了一種超脫、自由的境界。後世註釋家轉往黃老治術，道教練丹，不免墮落。但道家哲學影響深遠，以後通過王弼、向、郭，影響到僧肇、道生，經歷「格義」階段，在長期消化的過程之後，中國佛學才有成熟的發展。

佛家的「時空人」，有時候忘記時的觀念，有時忘記空的觀念，互相輪替，循環不已。中國佛學不只祖述印度思想而另有開創。印度的空宗開啟了三論、天台，有宗則開啟了法相、唯識，進一步發展了華嚴之圓教。此外禪宗頓教，不立文字。彼曾盛極一時，但末流氾濫，不可收拾，故良莠互見。除禪宗之外，先生均詳加疏釋，對於華嚴用力猶深，此處不及深論。

先生對於宋明清新儒學不無微辭，格局轉隘，互相攻訐，觀念雜揉，不免陷於矛盾。宋儒受二氏影響，在孔子時間人的體驗之外雜入了道家空間人的體證。宋代還能繼承原始儒家生生之旨，這是其超卓處。但宋儒能道性善，而劃分人心、道心；氣質之性、天地之性；陽為孟子信徒，其實是荀子的追隨者，架局褊小，排他性強，易啟事端，自亦意料中事。新儒家表現為三種型態：朱子繼承北宋周、張、二程，倡唯實論，企圖作成一大綜合，結果不免破綻百出，不能自圓其說。陽明繼承象山，倡唯心論，返歸孟子本心，心理合一，知行合一。惜王門後學議論紛紜，引起許多事端。清儒如船山、習齋、東原乃轉歸自然主義。此數派者希望由天上轉回人間，求人性之充分發展，使至善之理想得以完成實現於世間。現代西方自然主義者競相呼號，謹守價值之中立性。反觀中國哲人則於宇宙觀與人性論必繫之以價值之樞

紐。蓋違此理想，即成智障，殊不足以遊心慧境也矣。

　　由此可見，先生論中國哲學各派，也有一宏闊之比較哲學架構作為背景，這一架構由〈哲學三慧〉提出雛型。論集諸文不斷加以繁衍，條分縷析，最後作成藍圖，可惜未能建造成為包羅萬象有之大觀園，先生邊歸道山，如今只空留存目，令人悵惘。[9]

　　以上我們把先生的學術略說了一個梗概。究竟我們要怎麼了解他這樣一個人呢？好像不容易說得清楚。幸虧他自己給與我們一個簡單的描述：在教養上，他是儒家；在氣質上，他是道家；在宗教嚮往上，他是佛家；在訓練上，他是西方人；可謂得其神髓。先生思想貫通東西，博採眾家，本難歸於一門一派。當前大陸流行觀點把他歸入廣義現代新儒家行列，如前註四所述，也可以言之成理。但他以詩哲的身份，表現成為一種十分特殊的型態。民國 20 年，先生在中央大學《文藝叢刊》創刊號發表：〈生命情調與美感〉文，[10]所謂「乾坤一戲場」，俞曲園嘗曰：「一部廿四史衍成古今傳奇，英雄事業，兒女情懷。都付與紅牙檀板。」深入的中西

....

9　存目與〈哲學三慧〉不同，在以一種四分法為基準，論智慧時又在四分法之下再作三分以作進一步的分析與檢討，其分目如下：
　　希臘：1. 愛波羅，2. 大安尼索斯，3. 奧林坪。
　　歐洲：1. 文藝復興，2. 巴縷刻，3. 羅考課。
　　印度：1. 奧義書，2. 佛，3. 薄伽梵歌。
　　中國：1. 道，2. 儒，3. 道。
　　先把這些不同精神面貌如實地展示出來，入乎其內，欣賞其智慧，卻又出乎其外，指陳其得失。分析、綜合迭用，得其榮要，最後歸結於人生之不朽、精神之超昇與自由。

10　此文現收入《生生之德》，頁 111-136。

文化研究，結合了絢麗多彩的美感欣趣，正宣洩了一代詩哲的生命情調，借戲場所見為喻，以見其特殊美感之所託。此雖似遊戲筆墨，實涵至理，受業劉述先，曾補上印度人之戲情，一併傳抄在這裡，以供參考、玩味，作為本文之結尾：[11]

　　燈彩流翠，滿場坐客屏息傾聽台前序幕人語：

　　戲中人物：希臘人；近代西洋人；印度人；中國人。

　　背景：有限乾坤；無窮宇宙；輪迴世界、冥證超越；荒遠雲野，沖虛綿邈。

　　場合：雅典萬聖廟；歌德式教堂；恆河聖地；深山古寺。

　　綴景：裸體雕刻；油畫與樂器；神靈造象；山水畫與香花。

　　主角：愛波羅；浮士德；苦行聖者；詩人詞客。

　　表演：謳歌；舞蹈；頌讚；吟詠。

　　音樂：七弦琴；提琴、鋼琴；梵唄；鐘磬簫管。

　　境況：雨過天青；晴天霹靂；長夜漫漫，一線天開；明月簫聲。

　　景象：逼真；似真而幻；幻幻真真；似幻而真。

　　時令：清秋；長夏與嚴冬；炎夏與早春之間；和春。

　　情韻：色在眉頭，素雅朗麗；急雷過耳，震盪感激；頂禮膜拜，莊嚴肅穆；花香入夢，紆餘蘊藉。

※原刊於《二十世紀人文大師的風範與思想——中葉》黃兆強主編，（臺北，學生書局，2007.1）

----

11 參拙作：〈方東美先生哲學思想概述〉《中西哲學論文集》，頁 20-21，同註5。

中大儒者與我在學術上的淵源

　　幼承庭訓，由父親靜窗公那裡明白儒釋之學如日月經天，不可輕詆。長有師承，在臺大讀哲學系，受教於方東美、陳康教授，主攻西方哲學，特別是由方老師處繼承了一個宏闊的文化哲學架局。但在中國哲學方面，有比較深入的了解，卻是受到中大儒者錢穆、唐君毅、牟宗三、徐復觀教授深刻的影響。我把他們四位分為兩個陣營：香港的新儒家與東海的新儒家。[1]錢先生和唐先生在香港創辦新亞書院，無疑是當代新儒學的一個中心；牟先生和徐先生在東海執教，又開闢了當代新儒家的第二個中心。但新亞書院後來成為香港中文大學的一個成員書院，牟、徐二位先生也先後來香港加入新亞任教，四位先生都成為中大儒者。我由 1981 年至 1999 年擔任中大的哲學講座教授，在一個意義之下接下了他們交下的棒子。這一主題演講無意寫成一篇客觀的學術論文，而是從實存的感受上說明中大儒者與我在學術上的淵源。我就順著錢、唐、牟、徐的次序來講我的觀感。

　　錢先生大名鼎鼎，我唸中學時就知道他，並閱讀他在雜誌上發表的文章，如〈人生十論〉等。他影響最大的是《國

---

[1] 我是在 1997 年在東海大學作「吳德耀人文講座」時第一次提出這樣的看法。參拙著：《新儒學的開展》（臺中：東海大學通識教育中心，1997），頁 55-57。

史大綱》。這書提出所謂的民族史觀，不趨時流，對國史抱溫情與敬意，認定中國過去絕非黑暗一片，不肖的是我們後代子孫，不能一切怪罪祖先。而不明國史真相，不能對症下藥，肆意破壞，輕言改革，乃自有其應食之惡果也。令人感動的是，此書完成於國難方殷、日寇入侵之際，錢先生常常要抱著書稿跑防空洞。此書終於在 1940 年出版。中國知識分子並不因現實之低沉而喪失對於自己學術文化傳統之自信心，此其象徵。而錢先生以一人之力完成整部通史，也打破了當時史學界主流意見史學家只能著斷代史的迷思。

除了錢先生通論性的作品之外，我一向喜愛翻閱與宋明理學相關的書籍，而瀏覽了錢先生論《王守仁》（1930）的小冊子，《中國近三百年學術史》（1937），《宋明理學概述》（1953）諸書，都給予我很大的啟發。當然錢先生對我影響最大的是他晚年的扛鼎之作：《朱子新學案》五巨冊（1970）。我出國留學，流隔海外，研究興趣轉為中國哲學，特別集中在朱子哲學思想的研究上面。無可諱言，我更受到牟宗三先生的指引，但哲學家往往不精考據，有必要參閱史學家的論著。錢先生校正了王懋竑年譜的重大闕失，功不可沒。然而我受惠於錢先生的，絕不止於考據方面。錢先生是通儒，《朱子新學案》的提綱主要內容是講朱子的哲學思想。錢先生指出，一般所謂理學、心學的分別，如果望文生義，不免誤導。朱子的理學絕非不重心，象山的心學絕非不重理。這是真知灼見。我以英文發表有關朱子哲學思想的論文最早的一篇即論心在朱子哲學中之功能，實佔一樞紐性

的地位，[2]而為狄百瑞（Wm. Theodore de Bary）所引述。
1982 年我的書《朱子哲學思想的發展與完成》由臺灣學生
書局出版。在自序中，我指出：

> 近年來，關於朱子的研究有了突破性的成就。牟宗三先
> 生出版三大卷的《心體與性體》，錢穆先生出版《朱子
> 新學案》，都是卷帙浩繁的偉構。錢先生考證精詳，牟
> 先生義理精透，但兩方面似平行而不相交，有些地方則
> 又互相刺謬，有不可調停者。……錢先生顯然比較同情
> 朱子，故不時而致其傾慕讚歎之辭。牟先生則以朱子歧
> 出於孔、孟、周、張、明道的思想，獨繼承伊川，加以
> 發揚光大，而有所謂「別子為宗」的說法。這兩個論點
> 分別言之成理，持之有效，在今日研究朱子自不能不致
> 意於錢先生的考據，牟先生的哲學思考，分析其短長，
> 探討其得失，則其不能夠停止於二家之說，事至顯然。
> 然也不能輕為調停折衷之論，必須取嚴格批評的態度，
> 有一徹底融攝，然後可以對於朱子產生一全新的視野。
> 本書之作，正是由這樣的角度出發所得到的一個成
> 果。[3]

1982 年我應邀參加在夏威夷舉行的國際朱熹會議，並

---

2 Shu-hsien Liu. "The Function of the Mind in Chu Hsi's Philosophy," *The Journal of Chinese Philosophy*, vol.5, No.2 (June 1978), pp.195-208.

3 劉述先：《朱子哲學思想的發展與完成》（臺北：臺灣學生書局，1982 年初版），頁 1-2。此書增訂再版，出版於 1984 年，增訂三版則出版於 1995年。

遵從陳榮捷先生的建議，把此書贈送給與會學者，可惜因郵誤而未能及時寄達檀島。然而我因此書而躋身於世界朱熹專家之林。2003 年陳代湘的博士論文《現代新儒學與朱子學》出版，導師方克立為之作序，指出現代儒學在朱子學研究方面的四大家，除大陸的馮友蘭之外，即為港、臺的錢、牟、劉三家。[4]他說：

> 錢穆系統地梳理了朱子龐大的思想體系，認為他已超越理學、心學之門戶，成為孔子之後儒學的正宗和集大成者。牟宗三則持完全相反的觀點，認為朱子不是宋明理學的正宗，而實為濂溪、橫渠、明道之學的「歧出」，只能說是「別子為宗」。劉述先的《朱子哲學思想的發展與完成》一書總結了前輩新儒家的朱子學研究成果，並在此基礎上提出了「理一分殊」的睿見。[5]

這一段話不只肯定了錢、牟二位先生在朱子學上的成就，並把我之受惠於兩位前輩當作客觀的史實來陳述。1995年我曾發表長文回應余英時兄以錢穆不是新儒家的說法。[6]我同意英時兄謂錢先生不是狹義「當代新儒家」──由熊十

4 陳代湘：《現代新儒學與朱子學》（長沙：湖南人民出版社，2003），頁 1-4。
5 同上，頁 2。
6 參余英時：〈錢穆與新儒家〉，收入氏著：《猶記風吹水上麟》（臺北：三民書局，1991），頁 31-98。劉述先：〈對於當代新儒家的超越內省〉，現收入拙著：《當代中國哲學論：問題篇》（紐澤西：八方文化企業公司，1996），頁 1-67。

力到唐、牟的統緒——的一員，但斷定錢先生與英時兄仍屬
於廣義「現代新儒學」的範圍，這樣的看法差不多已成為現
時海內外的公論。[7]在此就不多贅了。

在我年輕時候，除了錢先生的《國史大綱》之外，也受
到唐君毅先生《中國文化之精神價值》（1953）巨大的影
響。記得那時唐先生經常在《民主評論》與《人生》上面發
表文章，在中西比論的基礎上，闡發中國文化之精神價值。
唐先生較早期的作品富於文采，像《人生之體驗》（1944）、
《道德自我之建立》（1944），有實存的涵義，對年青人有較
大的吸引力。1949 年他流隅香港以後，最初寫的多是通論
式的作品。而我在 1951 年考進臺大哲學系，受業於方東美
先生的教誨，有一個宏闊的文化哲學的視野。在中央大學讀
書時，唐先生也曾受業於方先生。他在《中國文化之精神傳
統》的自序中說：

> 至對中國文化問題，則十年來見諸師友之作，如熊十力
> 先生牟宗三先生之論中國哲學，……方東美宗白華先生
> 論中國人生命情調與美感，……及其他時賢之著，皆以
> 為可助吾民族精神之自覺。[8]

雖然他特別指明，「十年來與牟先生論學甚相得，互啟

7　See Umberto Bresciani, *Reinventing Confucianism: The New Confucian Movement* (Taipei: Ricci Institute for Chinese Studies, 2001).

8　唐君毅：《中國文化之精神價值》（臺北：正中書局，1953），頁 3。

發印證之處最多。」[9]但論中國文化所表達之生命情調與美感，則與東美師合轍之處也不少。特別是他喜歡談中西文化精神之比較，人類精神之行程，[10]頗可以引起我的共鳴。在《新時代哲學的信念與方法》（1966）一書中，我有兩章分論東西哲學的形而上學意境、東西差異心態的比較與評價，很明顯是受到方、唐二位先生的啟發。

但我在進一步對中國哲學，特別是宋明理學，作更深入的探討時，就走上了一個與唐先生不很相同的方向。一方面我很佩服唐先生的博學，他能夠盡量為各家思想設身處地，為之找到適當的定位。譬如唐先生論周濂溪之〈太極圖說〉與《通書》可以相互發明，就講得入情入理。[11]但唐先生喜歡把歷史的進路和理論的進路合在一起講，這樣一方面可以給人很大的啟發，另一方面也因為引發的頭緒太多，思想繚繞，不易追隨，以致造成困擾。一個典型的例是《中國哲學原論：導論篇》的第一篇大文章〈原理〉。[12]文中提出了理之六義：文理、名理（或玄理）、空理、性理、事理、物理，由先秦、魏晉、隋唐、宋明、清一直講到現代。由「理」字的文義了解開始，清儒戴震的考據不無道理。回到先秦，理並不是一個重要的哲學概念，原來只是玉的紋理而已！但唐先生指出，治玉已經是一種文化活動，荀子就能充分把握這一面相。孟子講理義著墨雖不多，已將重心移往道

....

9　同上。

10　唐君毅：《人文精神之重建》（香港：新亞研究所，1955）。

11　唐君毅：《中國哲學原論：導論篇》（香港：人生出版社，1966），頁 412-418。

12　同上，頁 1-69。

德方面，荀子也重道德，只不過更重禮義，而要建立儒家的人文秩序，這才是「文理」的正解。而儒家由孔子以來都講「正名」。對於名言的辨析在戰國時代乃發展了名家思想。惠施合同異，公孫龍離堅白，比較接近希臘的辯士，並沒有發展出形式邏輯的系統。而先秦道家如老、莊，則主張超越名相。到了魏晉，《易》、《老》、《莊》三玄流行，乃有「名理」與「玄理」合流之勢。佛教自漢末傳入中土，經過格義階段，成為中國文化重要傳統之一，所謂儒、釋、道三教是也。佛家主張緣起性空，不立本體。凡夫逐有，小乘躭空，中國流行的是不落兩邊的大乘佛教，並創造了中國式的佛學思想，如華嚴、天台與禪，所彰顯的是「空理」。特別像華嚴倡理事無礙法界觀，對於中國思想的發展造成了巨大的衝擊。宋明理學正是針對玄學與佛學的挑戰而興起的新儒學。「理」的確立是一個新觀念，但宋儒雖吸收了佛學的一些概念，卻已作出了根本的改造，而發展了所謂的「性理」之學。表面上看來，宋明儒「天道性命相貫通」的思想與先秦儒有很大的區隔與距離。但其實宋明理學，無論程、朱、陸、王，都是孔子「踐仁以知天」與孟子「盡心、知性、知天」一脈相承應有之發展。自此心性之學成為中國文化的根本所在，殆無疑義。然而唐先生每煞費苦心，企圖證明新儒家可以兼容並包不同形態的思路，彼此可以不必互相衝突，而可以相反相成。但這樣的思路把銳角化成了鈍角，故我在寫朱子一書，取唐先生處不多。到了明末，王學末流虛玄而蕩，情識而肆，造成了巨大的流弊。顧、黃、王莫不注重實事。船山以史為鑑，特別強調「理寓於事」，而彰顯了「事

理」的觀念。最後到了現代，西方挾其船堅炮利，逼迫我們
改變了傳統的方式，不得不努力學習西方的「物理」，所謂
聲、光、電、化，這是廣義的由西方輸入的自然科學的代名
詞。唐先生的照顧十分全面，英文《中國哲學百科全書》邀
請我寫「理」的長條目，我即以唐先生的說法為底本，參照
以牟先生的修訂，整理成條理清明、不難了解的說法，在此
書尚未出版之前，即為主編柯雄文教授所引用。[13]

唐先生最後一部大著《生命存在與心靈境界》建立了一
個心通九境的大系統。他的弟子李杜有一撮述如下：

> 此書以人的整個生命存在為先在，由此去了解人的種種
> 不同的心靈活動。於不同的心靈活動中分別出不同的觀
> 法。此即橫觀、順觀與縱觀。又相應於不同的觀法以說
> 不同的所觀。此即心靈所觀的對象。此所觀或對象可或
> 為體或為相或為用的不同表現。此不同的體、相、用並
> 可為心靈所對的客觀存在事物，亦可為心靈自身的主觀
> 活動，亦可為超主客境界的心靈的嚮往。因此以不同的
> 體、相、用三觀相應於客、主與超主客三界即發展出心
> 靈活動的九境：(1)萬物散殊境，(2)依類成化境，(3)功能
> 序運境，(4)感覺互攝境，(5)觀照凌虛境，(6)道德實踐
> 境，(7)歸向一神境，(8)我法二空境，(9)天德流行境。[14]

....

13 Shu-hsien Liu, "Li: Principle, Pattern, Reason," in *Encyclopedia of Chinese Philosophy*, ed. Antonio S. Cua (New York and London, Routledge, 2003), pp.364-370.
14 李杜：《唐君毅先生的哲學》（臺北：臺灣學生書局，1982），頁 59。

　　唐先生思想的表達顯然受到黑格爾辯證法的影響，但他並不取黑格爾演繹的方式而不會有削足就履的毛病。他到最後歸宗於儒家的天德流行境，可見其哲學之最後歸趨之所在。

　　唐、牟二位先生在年輕時均反潮流。唐先生在北京只讀了一年大學就受不了當時左傾的氣氛而轉學到南京，受教於方東美、宗白華、湯用彤，並曾上過熊十力先生的課。牟先生讀北大卻與主流派胡適格格不入，偏偏受到熊先生的感召而成為了他的弟子。據牟先生的回憶，在二十世紀 40 年代：

　　當吾由對於邏輯之解析而至知性主體，深契於康德之精神路向時，吾正朝夕過從於熊師十力先生處。時先生正從事於《新唯識論》之重寫。辨章華梵，弘揚儒道。聲光四溢，學究天人。吾遊息於先生之門十餘年，薰習沾溉，得知華族文化生命之圓融通透，與夫聖學之大中至正，其蘊藏之富，造理之實，蓋有非任何歧出者之所能企及也。吾由此而漸浸潤於「道德主體」之全體大用矣。時友人唐君毅先生正抒發其《道德自我之建立》以及《人生之體驗》。精誠惻怛，仁智雙彰。一是皆實理之流露，卓然絕虛浮之玄談。蓋並世無兩者也。吾由此對於道德主體之認識乃漸確定，不可搖動。如是，上窺《易》、孟，下通宋明儒。確知聖教之不同於佛老者，乃在直承主體而開出，而華族文化生命之主流確有其獨特之意義與夫照體獨立之實理。不可謗也。良師益友，

助我實多。撫今追昔，永懷難忘。[15]

　　由此可以看到所謂狹義當代新儒家的統緒，由熊而唐牟。但唐、牟在精神上雖繼承熊先生，學問的開展卻走了與熊先生《新唯識論》完全不同的道路。唐、牟均以闡發主體為職志。主體有二：道德主體與認識主體。唐先生以闡發道德主體為主，而牟先生以闡發認識主體為主，二人論學可謂水乳交融，精神上互相支持長達二十多年之久。弔詭的是，在牟先生離開東海到港大，兩人都在香港的時候，牟先生在二十世紀 60 年代尾出版了《心體與性體》的皇皇巨著，以朱子乃「別子為宗」，反而在學術上出現了裂痕。以後牟先生由港大轉到中文大學，二人同事，反倒歧見日深，不如昔日論學之相得矣！其實牟先生在東海時已在《民主評論》上發表有關宋明儒學的文章，年輕時候的我不很能夠接受他對朱子的苛評，但後來自己也一頭鑽進這一研究領域，這才知道牟先生思想之深切。朱子的「理」的確是只存有而不活動，他苦心竭力編織了一個亘古未有的大系統，而且元代以來科舉把他的《四書集註》當作考試的基礎，支配仕人的思想長達七百年之久，而取得了正統的地位。但他的睿識的確與北宋三家 —— 濂溪、橫渠、明道 —— 有間，故我不得不支持牟先生的論斷。然而我也對牟先生的說法作出了一些調整。首先，我不像牟先生那樣無保留地支持象山心學直貫的思路，而主張平章朱陸。因為象山的規模狹窄，開拓不去，

....
15 牟宗三：《認識心之批判》（香港：友聯出版社，1956），上冊，頁 5。

故無法與朱子抗衡；同時其流弊也的確可以引生余英時兄指出的「良知的傲慢」的問題，而不能輕視朱子漸教在做修養工夫過程上的重要性。牟先生直承道統，力抗時流之無體、無理、無力，故顯示了超特的魅力，但排他性不免過強。我則引用了田立克（Paul Tillich）分辨「耶穌學」（歷史）與「基督學」（宗教）的睿識而闡明了道統可能成立在「信仰」（faith）的基礎之上，而預設了現代文明在「終極關懷」上的多元架構。最後我斷定朱學為聖學的一個分支。他的「格物致知」正如其〈大學補傳〉所說的「豁然貫通」實指向一異質的跳躍，主要目的並不在經驗科學知識的建立，而在對於道的整體的體悟。由此可見牟先生所謂「曲通」實有其必要性。傳統中國文化本身絕不能產生科學、民主。不幸的是，牟先生的「開出說」每為人望文生義而引起誤解。其實牟先生的意思正是要往西方取經才能在傳統的故域之外，拓展學統（科學）與政統（民主）。只不過我們不能輕易放棄自己的道統，又倒往西方的偏向，以致陷入現代文明的弊害。由此可以看到牟先生思想深切之所在。

事實上牟先生所論自始即有一中西哲學比論的背景。在闡發傳統中國哲學智慧的同時，牟先生即出版了《智的直覺與中國哲學》（1971）與《現象與物自身》（1975）二書。牟先生指出，康德囿於其基督教之背景，認為只有上帝才能有「智的直覺」（intellectual intuition）。但中國傳統三教，無論儒、釋、道，均肯定人有智的直覺。牟先生又順著海德格對康德的疏解而暢論現象與物自身。海德格有其睿識，但只能成就一現象之存有論，不能建立超絕的形上學。牟先生乃

提出「無執的存有論」來消融東方哲學的智慧,「有執的存有論」來消融西方哲學的知解。「自由無限心」(知體明覺)之「自我坎陷」乃成就認知主體。這步開顯,牟先生名之曰「知性之辯證的開顯」。識心之執與自由無限心之體證,二者實為一根而發,此處乃有一融通之基礎。牟先生最後一部著作《圓善論》(1985),由天台之圓教問題引出,以康德並未能真正解決「圓善」(summum bonum)問題,儒家由孟子到王龍溪之線索才能得到圓滿而真實之解決。

牟先生經過深思熟慮提出的許多說法極富創意,也接觸到問題之核心,但並非不可質疑。舉例來說,康德的圓善論的本意是要解決外在客觀的「德福一致」的保證問題,故必須設定(postulate)個體的靈魂不朽以及全知全能的上帝存在才能保證「善有善報、惡有惡報」的結果。現世主義的儒家根本只關注義之所在,與道合妙即是圓善,不問禍福,更不會去問死後之回報,這根本是另一條思路,並不能解決康德的問題。牟先生把康德的三大批判由英文轉譯為中文,著眼點不是做客觀的康德研究,而是由中國哲學的立足點去消融康德哲學的睿識。這樣自成一家言說,但德國學者並不認為牟先生能夠如其所是地掌握康德哲學本身的涵義。而牟先生以康德為唯一融通中西哲學的橋樑,似乎也沒有必然性。不同的世代可以通過不同的脈絡去融通中西哲學的智慧。而牟先生過分強調只有中國哲學能夠把握「常道」乃不免會引起強烈的抗拒,而未能在態度上平等互待,促成溝通,以收到多元互濟的效果。今日全球意識的覺醒實需要我們在意識上作更進一步的轉變。當然我們還是必須立足本位,放眼世

界，但態度上的謙抑和開放才能把我們帶進一個以往無法夢想的境界。

但牟先生對「理性」的終極託付（ultimate commitment）是不可委棄的。今日我們不再由先驗的理性原則（principle）由上往下講下來，這不是因為我們要反理性，非理性，而是因為我們要採取一種更為「合理的」（reasonable）態度。照我的全新的理解，所謂「理一而分殊」，超越的理一不為任何傳統所獨佔，我們所掌握的已經是分殊的表現（manifestation）。這樣一元與多元，絕對與相對才能得到適當的平衡。

事實上在牟先生的思想裡已經含有一個相當開放的思想架構，只是需要進一步將之顯發出來罷了！牟先生把唐先生所論理之六義略加調整就形成了他自己的架構。他放棄了「文理」的概念，因為它缺少清楚的涵義。他把理之六義重新安排如下：「名理」、「物理」、「玄理」、「空理」、「性理」與「事理」。[16] 這樣的安排乾淨俐落，完全不講「發生」（genetic）次序，只顯發「構造」（structural）意義。「名理」涵蓋邏輯、數學等形式科學；「物理」涵蓋自然科學；「玄理」、「空理」、「性理」指向道、釋、儒三家的形上學；「事理」則涵蓋歷史文化等人文學科（humanities）的內容。我在英文書中把「事理」移到「物理」後面，[17] 就更富

⋯⋯⋯⋯⋯⋯⋯⋯⋯⋯⋯⋯⋯⋯⋯⋯⋯

16 牟宗三：《心體與性體》（臺北：正中書局，1968～1969），第一冊，頁 3-4。

17 Shu-hsien Liu, *Essentials of Contemporary Neo-Confucian Philosophy* (Westport, CN and London: Praeger Publishers, 2003), pp.121-122.

於系統性，在自然科學與人文學探究之後，最後才歸宗於三
教對於智的直覺之肯定。

最後要談一談徐復觀先生。由於我的專業是哲學，與徐
先生專擅的經學與思想史有區隔，故此我寫的文章和英文大
都只講熊十力、方東美、唐、牟等四位，而不及於徐先
生。[18]但徐先生把我引進東海，開始我的學術生涯，這是我
終生感念的。而我在東海六年，也受到徐先生深刻的影響，
從此關注中國思想史的研究。而我在這方面與他一拍即合的
原因在我唸哲學的過程中花了很多工夫攻讀哲學史。特別是
我受到陳康師的影響，由發展的觀點去理解亞里士多德的哲
學。徐先生則由發展的觀點去理解古代中國哲學，譬如他論
陰陽五行思想的發展由《書經》〈洪範篇〉、《易經》、《左
傳》、《國語》一直下溯到戰國時代的鄒衍以至《呂氏春秋》
和《淮南子》，給予我重大的啟示。由於他做學問起步較
遲，來臺灣以後在政治上失意才專注學術，故此他年歲雖較
長，在儒學的闡發上反而較唐、牟為後進。不甘於追隨唐、
牟，他乃立意另闢蹊徑，兼顧考據和義理，而開創了他自己
的道路。不只如此，徐先生論文學與藝術也富卓見，論集在
日本有相當影響。又由於徐先生關注時事，寫了不少文字，
乃又游移於學術與政治之間。他的思想銳利，文字自成一
格，發為時論，對讀者有巨大的吸引力。他以前追隨老蔣，
到臺灣以後，不滿改造後的國民黨，乃脫離政治，嚮往民
主，對政府取批評態度。在威權政治的統治之下，心境每感

18 同上。

到壓抑；學術則不滿意胡適一派主宰的中央研究院正統。由
這樣的敏感回到古時治漢代思想，注意到太史公受宮刑以後
才完成《史記》，編纂《淮南子》的淮南王劉安也因謀反而
伏誅。徐先生每在字裡行間讀出一般學者讀不出來的涵義。
徐先生一生最大的遺憾在天不假以年，他完成了三大卷《漢
代思想史》，還要寫東漢的一卷，材料已搜集齊備，卻身罹
癌症，未能成卷，含恨以終。

　　徐先生到香港以後，除在新亞教課，同時每週在《華僑
日報》寫政論。香港左派《大公報》的羅孚是統戰高手，他
投徐先生之所好，只談文史，不談左派的政治八股。他懷疑
以徐先生的背景必有特殊管道取得幕後消息以論海峽兩岸的
政治。後來才發現徐先生所依靠的只不過是剪報，徐先生過
人的洞察力由此可見。徐先生在香港接觸大陸逃出來的紅衛
兵；以前在東海時與臺灣的文學家如楊逵來往，讚譽陳映真
的小說，牟先生每批評他八字駁雜，並沒有察覺到徐先生每
得風氣之先，注意到在當時好像沒有甚麼重要性的動向。在
新儒家之中只有徐先生肯費心去培養與臺灣人之間的友誼。
而徐先生的獨立批判的品格竟影響到《九十年代》的李怡對
大陸也逐漸採取了獨立批判的立場。在香港他很重視我在當
時對年輕學生發生的影響，而我每隔一段時間就要找徐先生
長談而由他那裡得到許多教益。而他在 1982 年向國際朱子
會議提交的論文即由我節譯為英文，並由我在檀島代為宣讀
出來。

　　徐先生才氣橫溢，也充滿了自信，表現有時不免失去平
衡。譬如 1961 年胡適之發表演講，以纏足和種姓制度攻擊

東方文明沒有靈性。徐先生在《民主評論》發表「中國人的恥辱，東方人的恥辱」加以痛斥，又在《文星》53 期發表〈過分廉價的中西問題〉長文反駁黃富三君對他的批評，不想胡適突然在 1962 年逝世，此期《文星》乃變成了「胡適逝世」專號，徐先生趕寫了一篇短文〈一個偉大書生的悲劇〉作為追悼。兩篇文章在同一期發表自不免引起人強烈的情緒上的反應。我曾經寫長文〈文化論爭的回顧與批評〉在香港《大學生活》（1963.4.16）發表，[19]對徐先生的動意氣、過火的言辭不無微辭。而徐先生一向把我當忘年的小友看待，每每對我加以優容，這是我所特別感念的。而我經常對他直言無諱，他不只不以為忤，竟還稱讚我對他的〈程朱異同〉一文的批評為知言。總之，我相信人與人之間個人的情誼是一回事，學術著作一旦公諸於世就必須訴之於學術的公論，那是另一回事。徐先生是一位富於爭議性的學者，這是不在話下的。他的大著《漢代思想史》也不例外。他每每提出一些論點逼使人作深一層的反省，但未必就是全無滲漏的定論，特別是考據方面絕無「鐵案如山」其事。譬如他以《周官》為王莽、劉歆所偽造，就是很有問題的論斷。[20]而把當代經驗與古代經驗相關聯乃是他的進路的特色，這有它的優點，也有它的限制。

最後我要談一談在 1958 年元旦同時在《民主評論》與

---

19 現收入拙著：《文化與哲學的探索》（臺北：臺灣學生書局，1986），頁 13-42。

20 徐先生這一論斷受到學者的質疑，參金春峰：《周官之成書及其反映的文化與時代新考》（臺北：東大，1993），余英時序也對徐先生的說法提出異議，參頁 1-26。

《再生》發表的〈中國文化與世界宣言〉。[21]它被公認為是當代新儒家的一份最重要的文獻，但卻引發了不少討論和質疑。簽名的共四人；張君勱、唐君毅、牟宗三、徐復觀，沒有錢穆。宣言由張君勱倡議，唐君毅起草，經過牟、徐的修訂而後定稿。我曾經通過張、錢的通信證明，錢不簽名並非由於學術上的分歧，而是他不願讓外界因此而有門戶之想。[22]日後果然這一宣言被認為當代新儒家的標誌，但其然豈其然哉？不只牟對前輩張君勱的哲學觀點一向不滿意，難以歸入同一門派，而且同為第二代的新儒家，徐雖簽了名，同意心性之學為中國文化之基礎，但明白地拒絕玄學，與唐、牟在哲學上之肯定所謂超絕的形上學的立場並不同調。而唐、牟到晚年也有分歧，前已提及，此處不再贅述。由此可見，澳洲學者梅約翰（John Makeham）以當代新儒家作為一個門派而言，是 1986 年大陸把現代新儒學當作國家重點研究計劃（為期 10 年）之後倒溯回去的建構（retrospective creation），不無他的見地。[23]我自己現在折衷諸家，提出廣義「現代新儒家」三代四群的看法，張君勱屬第一代第一群，錢穆屬第一代第二群，唐、牟、徐屬第二代第三群，也代表了由熊十力開出的「當代新儒家」的統緒，唐、牟、徐都是他的弟子，他們的弟子杜維明則是第三代新儒家的表

....

21 現收入唐君毅：《中華人文與當今世界》（臺北：台灣學生書局，1975），下冊，頁 865-929。

22 參拙作：〈對於當代新儒家的超越反省〉，見註 6。

23 John Makeham, ed., *New Confucianism: A Critical Examination* (New York: Palgrave Macmillan, 2003), pp.25-53.

率。[24]

　　在這篇文章之中，我表達了一些自己的意見。薪火相傳，我是建築在前輩的努力之下，作出了自己的取捨，繼續往前探索。這就是我對前輩能夠表達出來的最高的崇敬，希望讀者能夠體察我此刻的心情。

※原刊於《香港中文大學的當代儒者》，鄭宗義主編（香港：中文大學新
　　亞書院，2006）。

---

24 三代四群是：
　　第一代第一群：梁漱溟、熊十力、馬一浮、張君勱。
　　第二群：馮友蘭、賀麟、錢穆、方東美。
　　第二代第三群：唐君毅、牟宗三、徐復觀。
　　第三代第四群：余英時、劉述先、成中英、杜維明。
　　見劉述先〈現代新儒學研究之省察〉，現收入拙著：《現代新儒學之省察論
　　集》（臺北：中央研究院中國文哲研究所，2004），頁 125-139。

香港中文大學哲學系與我

　　1950 年代初我在大學讀書的時候，最喜愛讀的雜誌是香港出版的《民主評論》與《人生》，上面有錢穆、唐君毅、牟宗三（在臺）諸位先生的文章。由 1950 年代中葉開始，我自己也不斷在上面發表文章，獲得新亞師友的信息。1957 年暑假，我們一批人到東海牟先生家打地鋪，聽他講《認識心之批判》。1958 年，我在臺大得到碩士學位，通過牟宗三與徐復觀兩位先生的引介，受聘東海大學擔任講師職位，講授邏輯與通識課程。那時的東海雖然是基督教辦的大學，卻氣氛開放，延聘各方面的人才。自由主義的張佛泉與徐道鄰（《自由中國》派），新儒家的徐復觀和牟宗三（《民主評論》派）都在校園。特別新儒家的表現卓越，吸收了像杜維明（第三屆）那樣的學生，儼然在新亞之外，形成了第二個新儒家中心，彼此互相呼應。1958 年元旦，由唐先生起草的〈中國文化與世界宣言〉經修改之後，得到四位學者簽署，包括海外的張君勱先生，與徐、牟兩位先生，同時在《民主評論》與《再生》發表。這在當時並未引起任何迴響，後來卻被視為當代新儒家最有代表性的一份文獻。我也認同這一宣言的理念。在東海時期，研究方面我的心力集中在當代西方哲學，以及文化哲學、比較哲學的探索。但我的興趣留注在中國哲學以及中國思想史方面，深刻受到牟、徐

二位先生的影響。可惜的是，牟先生在 1960 年代初就離開東海去了港大，未能得到進一步的教益。我在東海教學工作十分順利，1962 年升任副教授，但卻承受一種意想不到的壓力，逼使我找尋出國留學的機會。正好南伊大（Southern Illinois University）新辦哲學的博士班，為我提供全額獎學金。我就趁著方東美師推薦我去夏威夷參加第四屆東西哲學家會議之便，先去檀島，再去炭谷（Carbondale）就學。南伊大是一年三學期（quarters），加上暑期班，我因為有德文、傳統西方哲學的基礎，只需補修美國哲學，就以優秀成績通過了第二外國語和博士預試，兩年八個學期得到博士學位。不想推薦我去南伊大留學的海里士（William Henry Harris）教授臥病，要我留下來教東方哲學（Oriental Philosophy）的通識課程，包括印度哲學。臺大哲學系的訓練要讀中、西、印三個哲學史，我自己多年來廣泛閱讀形成的比較視野派上了用場。這樣，我在南伊大留下，把妻小接來，在海外弘揚新儒家，可謂異數。

我在南伊大留學不只拓寬了自己的眼界，學會了用英文撰寫學術論文的方法，更重要的是，我得到機會受學於由芝加哥大學退休到南伊大執教的魏曼（Henry Nelson Wieman）教授，成為他一生指導的最後一個博士生。魏曼凌越懷德海（A. N. Whitehead）與杜威（John Dewey），倡「經驗神學」（empirical theology），與他在芝加哥的同事赫桑（Charles Hartshorne）之倡「過程神學」（process theology）互相羽翼。魏曼的終極託付（ultimate commitment）是「創造的交流」（creative interchange），與東美師通過《周易》傳達的「生

生而和諧」（creative creativity and comprehensive harmony）的信息若合符節。我們師弟二人極為相得。我的博士論文寫田立克（Paul Tillich），「宗教」（religion）被重新界定為「終極關懷」（ultimate concern）。我的興趣也由卡西勒（Ernst Cassirer）的文化哲學轉接上田立克的文化神學。從此我致力於闡發儒家作為一個「精神傳統」（spiritual tradition）的宗教意涵，確定了自己一生努力的方向，為新儒家開拓了一個新的面相，並促使新儒家與其他精神傳統作更進一步的交流。我也以英文介紹了熊十力和牟、唐兩先生的睿識。

1970 年，我在南伊大升任副教授，並獲得永久長俸（tenure）的待遇。翌年我可以休假一年。我已離開遠東七年，最想去的就是新亞。那時書院地址還在九龍的農圃道，但已成為新成立的香港中文大學的一個基礎書院，另外兩個是在新界的崇基學院（有基督教背景）與在香港島的聯合書院。1972 年即將全部搬遷到新界的新校址。而牟先生也已由港大轉到中大任高級講師兼新亞哲學系主任，中大哲學系主任與講座教授則是唐先生。我是以講師職銜應聘，沒有房租津貼，在美孚新村租了一個寓所，坐公車到學校，備極辛勞，我也不以為意。安雲則帶了兩個小孩在家裡。我開課教西方哲學史，這不成問題。在南伊大，我也用英文教本科的西哲史，雖然我的研究興趣已轉往用英文闡發中國哲學的研究成果與睿識，我的研究院課程則是中國哲學與文化哲學、比較哲學的領域。在新亞教書，很受到學生的歡迎。哪知平靜的校園，到了 1972 年初突然發生了驚天動地的變化。美國與在臺灣的國民政府斷交，中華人民共和國取代了中華民

國在聯合國的席次。新亞書院一向以衛護中華文化傳統為職志，與共產意理勢不兩立，不免受到巨大的衝擊。一些左傾青年乘勢而起，多數學生則無所適從，惶惶終日，不知如何是好。由於國民黨一向墨守陳法，臺灣的青年人從來接觸不到左派的言論，根本無法應付這種突發的情勢。於是唐先生組織了一批文章，面對這樣的挑戰。我寫了一篇長文：〈海外中華知識分子的文化認同與再造〉在《明報月刊》第七卷第十期發表。我雖不反對中共進聯合國，因為這才反映這個地區的政治現實。但作為一個知識分子，我認同的是中國文化傳統，不是馬列史毛、共產黨的意理（ideology）。這篇文章後來被發行到海外的報刊登載，可能是我所有文章之中最廣泛為人所閱讀的一篇。我在香港時學生們組織座談會，都邀請我參加，由於真正的左派根本不參與這樣的座談會，左傾青年思想不成熟，常被弄得詞窮，一直要到我離開香港，他們才感覺如釋重負。但我和香港的學術文化界彼此都留下了深刻的印象。

　　1974 年，唐牟二位先生都到六十五歲的退休年齡，他們的學生還沒有人能夠承擔系務，於是徵召我回來做中大哲學系的系主任。我感覺責無旁貸，於是向南伊大請了兩年假，攜家帶眷，又回香港。我到中大接掌系務，立即殫思竭慮，著手課程與系務的改革。在過去，有唐牟二位大師坐鎮，學生在精神上有向心力，即使架構組織不怎麼健全合理，問題也不大。但大師隱退之後，我們沒有他們的長處，只保留他們的短處，不需要多少時間，整個系統就會垮下來。過去的課程安排，其實有很多地方並不合理，譬如說，

有一年的哲學史，又有兩年的哲學史，似乎沒有這個必要。又過去新亞、崇基分隔兩地，各授各課，不能不各自為政，故兩邊都必須麻雀雖小，肝膽俱全。如今大家搬到同一校園，沒有理由新亞的學生不能上崇基老師開的哲學史，或者崇基學生不能上新亞開的課。至少大家可以輪流教課，減去架床疊屋的毛病。多餘的人力可以另開選修課，新增的人力則可以向美學一類過去未受足夠重視的領域發展。同時哲學系的教師有好幾位在外國留學得到學位回來，沒有理由不好好利用他們在國外學到的經驗。我們著手加強研究院的碩士課程，開討論班（seminars）一類的新科目。記得我開「解釋學」（hermeneutics）的討論班，用帕瑪（Richard Palmer）在西北大學出的書做課本，大概是港、臺第一次開這一門新課。班上新亞選課的有陳榮灼、李瑞全、梁燕城、葉保強、文思慧等，崇基則有關子尹、張燦輝等。後來這些人都到外國去留學，取得博士學位。中大成為培育哲學方面人才的一種重要據點。

系務方面，我一個人身兼中大哲學系系務會主席、研究部主任、新亞哲學系主任三要職，可說權力幾乎完全集中在我一身。但我衷心相信民主的理念，而民主的實踐與道德的實踐一樣需要身體力行。我把系務完全公開，經過大家充分討論以後付諸實行，責任由我承擔。學生則可以追隨自己的興趣，自由選擇導師。這與以往的家長制大異其趣。問道的熱情遞降，求學的興趣遞增，漸漸轉化成為一個多元的體制，人人參與，和而不同，卻仍然具有推展哲學理想的共識。對內我努力培育凝聚向心的力量，對外則儘量衛護哲學

系的權益。我初次參與校政，由於資淺，小心謹慎，步步為營。另外一個機緣是，中大李卓敏校長，以前在北大經濟系曾經教過父親靜窗公，並且他在上海主持善後救濟總署時，父親還做過他的秘書。這次我去拜謁他，他知道我們有這樣一層關係，真是喜出望外，對我極為親熱。但他事務繁忙，見面機會不多。偶然單獨見面，若有不同意見，我也必秉直以告，他很快就明白我的拗性子，而予以曲諒。唐先生也因為我事事站穩新亞、中國文化立場，而對我頗為器重。由於有這些有利條件，上下暢通，很快就建立了聲譽。哲學系得到了成功的轉化，並順利取得進一步發展，有一種欣欣向榮的氣象。

1974 年 10 月，海德堡的文化交流研究所（Institute of Interculfural Research）在京都開一次國際哲學會議，主題是關於自然與對自然的理解。參加者有原屬德國象徵學會的好幾位世界級的名家。日本領銜的是西谷啟治。中國學者則有唐先生、杜維明和我。京都之後到香港停一站，接待由我負責。新亞傳統向來不注重外文，有許多不方便的地方。我在異域生活十年，雖然一點也不洋化，到底習慣了與西方人打交道的方式。唐先生那時看不到我的缺失，對我大為激賞，曾經一度推薦我擔任新亞校長，為我所婉辭。哪知後來因中大改制問題，我不肯依附他的立場行事，受到他的猜疑，對我嚴加譴責，我不能忍受人格受到懷疑，以致無法繼續來往，誠為憾事。由此可見，人與人之間的了解是多麼地困難啊！

我 1974 至 1976 年在中大，余英時也已因新亞之徵召而

先期返港。1973 年正輪到新亞校長做中大的副校長。他感覺到中大發展到現階段問題相當嚴重，於是向李校長進言，必須推動改制，向歷史有一交代。哪知李校長竟把這一責任套在英時兄頭上。我回中大之前，全校已選出精英，組織了一個研究改制的委員會，包括金耀基、陳方正等青年才俊，由英時兄擔任主席。無疑英時兄的用心一大部分正是為了新亞，舊的體制拖不下去，必須另覓前途。我剛到中大就已風聞一些有關改制的流言。改革方案公佈之後，引起軒然大波。方案提出了改組的好幾種可能性，幾經商討，最後終於採取折衷方案。三個成員書院雖然在名目上保留各系，教師也仍分隸屬各書院。但課程的設計、人力的安排，在權責上悉歸系務會。也就是說，在學術上，改制的施行是聯邦制的終結，統一制的開始。但各書院並不甘心就此放權，學校為了息事寧人，照顧到各書院不同的傳統，乃特別設計了一些「學生為本」的課程，交由書院負責。書院也管部分通識課程，以及學生的輔導工作、獎學金與宿舍分配等事宜。英時兄代表新亞與大學辦交涉，已竭盡所能保護新亞的權益。新亞研究所由中大分出去，仍留在農圃道舊址，善本書也均留所。新亞書院遷出舊址，原址另辦新亞中學。但唐先生還是感受到，這樣的安排絕對不能接受。他和舊新亞一班人認為，聯邦制的終結就是新亞的死亡，而不惜一切代價負隅頑抗，並發動學生在輿論上猛烈攻擊改制，英時兄頓時變成了靶子，被譴責為出賣新亞的叛徒。

在這種情勢之下，我保持冷靜，與哲學系同人不斷商討，謀求因應之道。唐先生一心要我領導哲學系堅決反對改

制。有一天清晨，他打電話給我說，要不堅拒改制，新亞就不能成為反共壁壘了。我聽了以後感覺莫名其妙。新亞如果始終是一間私立學校，自可以繼續懸掛中華民國國旗，做其反共壁壘。但加入中大，接受政府資助，就得轉型成為一間現代學府，政治的考慮不能再成為一個因素。三間書院既搬在一起，統一是不可抗拒的趨勢。從學術本身的觀點以及人力資源的調配，這都是合理發展的方向，絕不只是屈從於現勢所逼的委屈求全而已。新亞所聘的國際知名學者如鄭德坤、李田意等曾經訪問大陸，在校園演講時即對大陸有過一些美言。我們聘請他們是基於學術成就，沒考慮他們的政治立場。我個人堅決反共，也和唐先生一樣本著知識分子的良知在歷史的大時刻發言，在輿論上發生影響。但我可不能把學府弄成反共壁壘。哲學系的職責是培養學生獨立思考的能力，而不是要灌輸一套意識形態。更明白的是，改制是通過全校參與、討論、表決的結果，絕不是一個系可以反對得了的。要是哲學系堅決反對而提不出有說服力的理據，就會把自己放進一個不可能的地位，而受到嚴重的損害。抱殘守缺既不可能，不如全心全意打入中大，辦好中大哲學系與研究所，使得新亞護衛中國文化的理想與精神轉換成為客觀學術的形式，反倒會有利於進一步的發展。而這恰正是哲學系同仁經過理性的思考與辯論之後所得到的共識。但唐先生卻只作玉碎的打算，他現在懷疑我有私心，又譴責新亞的同仁——多半是他的學生——不能以去就爭，寧願向現實屈膝低頭，而大加撻伐，他在晚年顯然失去了心理的平衡。

　　由於哲學系決定支持改制，老新亞的態度立變，把英時

兄當作大叛徒，把我當作小叛徒，全力發動輿論攻勢，加以口誅筆伐。但我們仍念香火之情，處處顧全大局，只是逆來順受，從未加以還擊。1975 年，又因哲學系聘任美學教師的人事問題，唐先生要新亞向中大告發我任用私人。我對李校長表示，一切公事公辦，不妨組織委員會調查，則清者自清，濁者自濁。不久調查報告出來，自然而然杜絕了悠悠之口。1976 年，我離開中大，回到南伊大，覺得心灰意懶，絕無意再回香港。

哪知我走了一年之後，不只中大改組，新亞董事會也改組，聘任了非嫡系的金耀基兄為院長。據說他第一天上班時被鎖在外面，連辦公室都進不去。但慢慢以他的魅力和學術行政領導的能力，終於把新亞搞得有聲有色。在他手裡，建立了錢穆講座、龔氏學人與明裕基金。耀基兄能夠扭轉形勢，一個最重要的關鍵是把新亞創校最主要的人物錢先生請回到新亞演講，肯定了改組以後新亞的法統。耀基兄在新亞開出一個新的局面，英時兄和我被洗脫了出賣新亞的污名。而耀基兄要做弘揚中華文化的事業，亟需要人輔佐。不想哲學系又遭遇新的危機，必須要我回去處理，於是 1978 至 1980 年，我只得再向南伊大請假，連帶放棄了美國公民權的申請，一個人回到中大，這次受聘為教授（reader）兼系主任。

當時文學院長為鄭德坤教授，他與我為忘年交，但對統一有特別的偏好，大力推動宗教與哲學合併。1976 年我返美，大家同意哲學系的系務由崇基的陳特兄負責。他為人大而化之，看公文不仔細，漏看一段，沒有把有關統一的重要信息傳遞給新亞的同仁，引起他們猜疑崇基方面有吞併的陰

謀。李杜兄還組織了新亞同仁反對，見校長陳情，同時發信
給英時兄和我，一定要阻止宗教與哲學的合併。後來合併雖
未成事，然而兩邊隙嫌已成，凡事鉅細必爭，難以繼續下
去。我當然不願看到新的中大哲學系走上分崩離析的道路，
思之再四，終於決定再回香港。哲學系同仁其實都不想再爭
吵下去，我一回去，有了下臺階，問題很快就得到了結。這
兩年我一個人在香港一點也沒浪費時間，十年來我研究朱
子，如今思想才慢慢成熟，專心一志寫成我的《朱子哲學思
想的發展與完成》書稿，得到牟先生的首肯。這書於 1982
年由學生書局出版，贏得一座金鼎獎。這書結合錢先生的考
據與牟先生的哲學思考，融貫成為一個整體。日後學者論及
港臺新儒學的朱熹研究，即以錢穆《朱子新學案》、牟宗三
《心體與性體》以及此書為有代表性的著作。1980 年我返
美，南伊大因經濟緊縮，前景黯淡，尤其和我振興儒學的抱
負難以融合。1981 年，中大聘我做哲學系講座教授兼管系
務，我終於決定辭去南伊大的職務，回歸遠東，義無反顧。
而所以能夠作出這樣的決定，當然與外在大形勢的改變脫離
不了關係。1977 年文革結束，四人幫徹底倒臺，鄧小平撥
亂反正，結束鎖國政策，大陸對外開放。我必須就近觀察，
乃至引領海內外學術交流的風向，而新新亞恰正可以擔承這
一重要階段的任務，為我們提供一顯身手的舞台。

　　1978 年，我在美國拿到大陸的簽證回去探親，還沒法
與國內的哲學界取得聯繫。但 1979 年各大學已全面恢復。
1981 年，我收到廣州中山大學哲學系丁寶蘭教授的信，因
他的老師謝扶雅教授之介，邀請我去參加 10 月間在杭州舉

行的宋明理學學術研討會。這是以往無法想像的突破。宋明
理學向來是大陸官方視為最反動的東西，如今卻邀請海外學
者去開會，真令人感到興奮莫名。暑假我把家搬到香港，10
月就去開會。海外一共到了六位學者，美國的陳榮捷、狄百
瑞（Wm. Theodore de Bary），加拿大的秦家懿，日本的山井
湧，德國的余蓓荷（Monika Übelhör）和我。關於這次會
議，我曾寫長文〈中國大陸哲學界的兩難局面——杭州宋明
理學會議觀感〉在香港《七十年代》（後更名為《九十年
代》）總第 143 期發表，引起了巨大的震盪。我見到了老一
輩的馮友蘭和賀麟，也見到了同年輩的張立文和方克立等。
陳老先生與狄百瑞利用機會和大陸方面談妥了翌年在檀島開
國際朱熹會議的事宜。這一會議也如期舉行，邀請了臺灣的
學者參加，是海峽兩岸第一次學術交流，意義不同凡響。因
陳老的建議，我把剛出版的朱子一書贈送給與會的學者，不
期而然令我躋身於國際知名的朱熹研究的專學者之列。與大
陸學者的交往讓我清楚地認識到，學者本身無罪，有問題的
是日益僵固的共產意理。如果大陸學者有機會外訪交流，自
然會開拓視野，受到潛移默化的影響。而新亞書院和中大哲
學系在這方面恰正可以扮演一個重要的角色。在杭州，我就
口頭邀約了賀麟來新亞作龔氏訪問學人，後來又邀約了張立
文，發生了一定的作用。

　　但新亞做得最成功的無疑是錢穆講座。一開始我們邀請
到李約瑟（Joseph Needham）揭開序幕，第一炮就在國際上
打響了知名度。歷年來，在新亞辦得最轟動的一場學術交流
是美學名家朱光潛應邀來作講座。錢先生與朱先生數十年的

老友，特別由臺灣飛過來，與睽隔多年的老友一敘。朱先生是純學者，大陸變色以後，受到很大的壓力。他研究馬克思的美學，曾與其他學者發生論戰。他反對把馬克思作機械唯物論的解釋，並著手翻譯馬克思早年的作品。他又翻譯維柯（Vico），這次即以維柯的新史學與文化哲學為講題。朱先生一向不善言辭，一口濃濃的安徽鄉音，很難理解他講些甚麼。但大家能夠親眼目睹早已心儀的偶像出現在面前，就已心滿意足，沒有更多的奢望了。

我們做學術交流，絕對與政治問題分隔開來。賀麟初來香港，提到一國兩制，我即把自己歷來反共的政論影印了幾份給他，言明我們不是沒有鮮明的政治立場，但交流限於學術，無關政治主張的宣揚。明裕基金則提供經費資助同仁外訪。在學術上我們弘揚新儒家，站在自己的本位上，與海內外作交流。新亞在我們這一代仍然被廣泛承認為當代新儒學的中心。1992 年底在臺北開完第二屆當代儒家會議，去唐先生墓園致哀。同仁公推我主祭。我才得以告白唐先生在天之靈，現在當可以證明，我沒有做任何違背或損害新亞精神的事。當代新儒學經過幾代人的努力，其貢獻已日益得到各方承認。當年由於對情勢判斷的差異，採取了不同的做法，現在當可得到唐先生的曲諒。

據我的理解，上一代的新儒家如唐、牟，被迫離開故土，忍受花果飄零之苦，作為孤臣孽子，身當扶危繼傾之際，不免發為激越之辭，強調儒家為天壤間唯一的常道，也就容易引起反激。到我們這一代如杜維明和我，廁身學府，在異域謀求一枝之棲，因韓戰越戰的影響，海峽兩岸形成長

久對峙之局。我們預設了現代文明的多元架構，沒有必要證明儒家比其他精神傳統更為優越，只要充分說明我們有自己的立腳點，就已經足夠了。而大陸的轉變，也不再像毛與四人幫肆虐的時代強調階級鬥爭的意理殘害異己，承認西方的自由主義和新儒家在 20 世紀發展的過程中曾經發揮積極正面的作用。反過來，鄧小平的摸著石頭過河雖不盡理想，但大陸不再搞持續革命，共產黨的統治看來會持續下去，美國正式承認大陸政權，臺灣反攻大陸的夢想破滅。通過不斷的交流，海內外的知識分子逐漸形成一種共識，要在馬列、西方自由主義與新儒家的互動之下，找尋未來的前途。1986年大陸國家教委七五規劃，確定「現代新儒家思潮」為國家重點研究項目之一，由方克立、李錦全主持，為期十年。最初根本不知道哪些人屬於這一範圍。後來經過廣泛討論之後，終於確定了一個十五人的名單，雖然不盡理想，卻是迄今為止，為海內外多數學者接受的一份名單。我將之整理成為一個「三代四群」的架構如下：

第一代第一群：梁漱溟（1895～1988）、熊十力（1885～1968）、馬一浮（1883～1967）、張君勱（1887～1969）。

第一代第二群：馮友蘭（1895～1990）、賀麟（1902～1992）、錢穆（1895～1990）、方東美（1899～1977）。

第二代第三群：唐君毅（1909～1978）、牟宗三（1909～1995）、徐復觀（1903～1982）。

第三代第四群：余英時（1930～ ）、劉述先（1934～ ）、成中英（1935～ ）、杜維明（1940～ ）。

第四代還在發展之中，尚無定論。把這個架構與現代新

儒家思潮由 1920 年開始每二十年為一波，總共四波，就可以把握到這一思潮的脈動。1993 年，中文大學哲學系在我的推動下與臺灣中央研究院中國文哲研究所合作做「當代儒學主題研究計劃」，每三年為一期，後來改易計劃的名稱，現在正在做第五個三年計劃。海峽兩岸有良好的學術交流與互動。

　　但現實上的考慮卻是另一個層次的問題。1989 年的天安門事件讓我們難以對未來存在任何幻想。當時我看淡「一國兩制」，很難相信大陸對香港的事務完全不加干預。九七之後，我無意在香港繼續居住下去。但我把返美的橋樑燒斷了，必須另謀出路。1986 年我到新加坡休假一個學期，發現那裡不是一個知識分子可以長久居留的地方。正好臺灣中央研究院成立中國文學與哲學研究所，邀請我擔任創所的諮議委員，這樣我決定在兜了一個大圈子之後回到臺灣去。香港中大的退休年齡是六十歲，但還可以延長到六十五歲退休。我先延長三年到九七，眼看一時無事，才決定再延長兩年到 1999 年，親眼目睹香港易幟。由 1999 年開始，在文哲所擔任特聘研究員五年，到了七十歲，才又二度退休。其後改聘兼任研究員，以迄於今。現在我還在外兼兩門課，擔任東吳大學和政治大學的講座教授。

　　總結中大哲學系和我的關係，從 1974 年，我正式受聘中大開始，到 1993 年卸下系務為止，除了休假期間之外都是我負責行政，前後跨越了二十個年頭，時間不可謂不長。如前所述，我完成了哲學系轉型的任務。我們既有興革，也有傳承，其中牽涉到一些未能預見的因素。在哲學系的何秀

煌被連續三屆選為文學院長的期間，哲學系不期而然得到了大事擴充的機會。原來大學以每個系開課選修的人數為指標，決定該系授課教師的人員的數額。哲學系開辦以來，無論新亞崇基，與其他系最大的不同在，我們開大量通識課程，承擔了大量通識教育的重任，而且充分體認到通識教育的重要性，絕對不像一般科系之開少數幾門課應付通識的需要。我們開「邏輯」、「思考方法」、「哲學概論」（以倫理學為主）、「中國文化要義」等核心課程。每位教員，包括資深教師，都一半教通識，一半教專業。這樣我們得以聘新師資，把課程擴充到「政治社會哲學」、「現象學」、「詮釋學」等前所未及的領域。但我們雖儘量多元化，仍堅持中西哲學史為必修課程，這形成我們與港大最大的差別所在。而港大實行雙主修，只需唸四門課就卒業，哲學訓練未能兼顧傳統與現代的全面性，不能與中大相比。而我們也終於成立了博士班。

如前所述，在發展的過程中，出現了一些難以預見的因素，也為我們造成了問題。在一段時期之內，我們去歐洲留學回流的學生人數特別多，以致造成了現象學一枝獨秀的局面。國際現象學會在中大召開，盛況空前，其他方面不免相形見絀。分析哲學固然停滯不前，中國哲學方面尤其問題嚴重。舊的教師漸到退休年齡，新人還難以為繼，不免造成青黃不接的情況。其實問題的徵兆早已存在。回溯到唐牟中國哲學極盛的時代，雖然培育了講授中國哲學一般的人才，卻沒有措意培養專家學者，以致 1974 年退休接班成為問題。一個清楚的例證是，1958 年的宣言明白肯定心性之學的重

要性，自然而然宋明理學成為重鎮。然而歷年來並沒有在這方面培養出有足夠分量的人才。這一個擔子由我回來而接了過去。誠如前所述，我在的時候還可以打開一個局面，到我退休時就不免窘態畢露，捉襟見肘了。

現在回過頭來看，在老一輩的時代香港靠流亡學者；到政治情勢穩定之後，香港也可以用高薪去挖留寓在臺灣的學者。到我的時代，留學成為時尚，西方式的訓練和學位成為必要條件。我所面臨的困境是，在西方已謀得一枝之棲者回流的意願不高，而漢學的訓練並不符合哲學專業的訓練，我自己僅只是諸多條件輻輳之下產生的一個例外的情況而已！我也不能向臺灣去請人，因為我們出國留學得到學位回來的學生，正是我們介紹到臺灣的新血輪。譬如東海大學哲學系一度曾經請了十位出身中大的教師，後來他們又回流到香港。我們要新的中國哲學方面的人才，也只有靠自己來訓練。只不過我們的博士學位太新。我已經很幸運，在退休之前收到鄭宗義這樣的學生，他身兼思想史和哲學的訓練，專攻明清儒學轉型的探析，而且博士論文贏得大獎，修改以後即由中文大學出版社出版。他不只接替了我交下來宋明理學的重擔，還進一步擴大到整個中國哲學史的領域。但他畢竟只是本系培養出來的年輕助理教授，不免實力單薄。不覺數年過去，漸漸熬出頭。哲學系也網羅了如大陸出身、留學外國、道家哲學做得非常出色的劉笑敢等學者。這兩年又得到三千萬港幣的資助，成立現象學研究、中國哲學與文化研究等中心。並邀請曾任加州大學柏克萊分校文學院長與多倫多大學副校長信廣來擔任我遺下來的講座教授職務，他專攻孟

子與朱子。今後應可進入一個新局。我們必須清楚地認識到，無論我們西方哲學做得多麼好，必定有一比較的視域。而中國哲學畢竟是本根，立足本位，放眼世界，這恰正是我多年來一貫嚮往的目標。我對未來哲學系的前景有厚望焉。

※原刊於《修遠之路：香港中文大學哲學系六十周年系慶論文集，同寅卷》劉國英、張燦輝主編（香港：中文大學出版社，2009）。

附　　錄

七十感言

　　不知不覺我已經七十歲了。父親逝世時還不到五十歲，我年輕時思慮多，睡眠不好，身體不壯實，像祖母那樣活到七十二歲是不敢想像的事。但現代人壽算大增，七十歲不過是少老，還有十年事好做。現在到了七十歲，感覺上不過又是一個年頭罷了，似乎並沒有特別的重要性。然而一年以前，我在香港的學生就籌劃要為我開一個祝壽的學術會議，中研院的同事也積極支持。不想由於我也是東吳大學的端木愷講座教授，劉源俊校長特別熱心，撥下經費，要哲學系的葉海煙主任主辦這一次會議，我的母校臺大東亞文明研究中心也參與一份。結果由中大哲學系、文哲所、臺大、東吳哲學系合辦了一個〈儒學、文化、宗教與比較哲學的探索──賀劉述先教授七秩壽慶〉學術研討會，由 2004 年 6 月 23 日至 25 日，前兩天在東吳，最後一天在中研院，規模遠超過預期，實非意料所及。

　　在開幕日，由我作學思歷程報告。我說明幼承庭訓，由父親靜窗先生處知道儒、釋之學如日月經天，湖海才情不足恃，質僅中資，勤以補拙，才能不辜負一生。1949 年與堂兄離滬赴臺，為了追求生命的意義與文化的前途，1951 年考入臺大哲學系，決定與現實的行動世界隔離，專心一志研討、反省哲學與文化的問題。從此數十年如一日，緊守自己

的崗位，習慣坐冷板凳，努力不懈，順著師友開出的途徑繼續往前探索，寫出自己的心得，所謂做一天和尚撞一天鐘，日積月累，有了一些成績，如是而已！絕談不上有什麼超卓的成就。

我的學思過程依時地的不同自然地劃分成為幾個階段。1949～64 年我在臺灣，以攻讀西方哲學與介紹當代西方哲學為主，並指點了中西綜合的方向。1964～81 年我在南伊大取得博士學位並留校執教，興趣由文化哲學轉到宗教哲學，主要以英文在比較哲學的省察之下介紹中國哲學——特別是儒家——傳統的睿慧。1981～99 年在中文大學擔任講座教授，我的研究集中在宋明理學，出書論朱熹與黃宗羲，並出英文書論先秦與宋明儒學。1999 我由香港中文大學退休到臺灣定居，在文哲所做研究，與李明輝共同主持當代儒學主題計劃，在 2003 年底以英文出版《現代新儒家哲學要義》一書，並響應孔漢思的呼籲推動全球倫理與宗教對話。今年再度由文哲所退休，往未來看，我們的時代不利於作建構哲學系統一類的大論述。但我還是希望出一部書對我的思想作一系統論述，或者可以說是非大論述的大論述罷！

會議總共發表了 21 篇論文，除了港、臺學者外，還包括了大陸研究現代新儒學的精英如陳來、郭齊勇、景海峰等的文章。最特別的是，大會還邀請了我的弟弟劉任先來講父親〈劉靜窗先生的精神境界和獨立人格〉，可以清楚地看出我們的思想淵源之所自。任先對父親晚年的體證遠比我熟悉，又親炙於華嚴座主應慈，以及熊十力與蔣維喬兩位老先生。他是機械工程教授，在文哲所報告了他自己的三元架

構，既可解決工程實際的問題，也和我重新闡釋的「理一分殊」旨意相通，委實出人意表。會議論文質素甚高，有充分的討論和辯難。最難得的是，有許多年輕人來聽講，有研究生竟遠道來自花蓮與彰化。文哲所晚宴致辭充滿了真摯的感情。圖書館並將我三十年來發表的英文著述影印了一千多頁，注明出處，裝訂成兩厚冊，以免散失。這真是最好的禮物。最後一天結束的綜合討論還煩請勞思光、戴璉璋、黃俊傑三位教授作引言，小兒子杰夫代讀了大兒子豁夫剛電傳回來的英文獻辭，為會議畫下了完美的句點。

緊接著在 6 月 26 日，一個以「中」道思想為「宗」旨的學術社團「中宗社」，在圓山大飯店主辦「新世紀人文再造——生命價值的崩解與重建」研討會，合辦單位為《中國時報》，在 6 月 28 日對會議專題有兩版的篇幅加以報導。會議有四位引言人，勞思光教授、惟覺大和尚、馬天賜神父和我。中宗社的會員主要是大專教師的中生代，憂心於當前政治的失衡，發表宣言，揭櫫中道理想，希望植根於教育與社會，造成風氣的轉移。他們曾和我作過兩次訪談，把記錄做出，發給了這次與會的五六百位聽眾。四位引言人的發言互相配合。我強調民主不是民粹，不能一味用過激的言辭煽動情緒去爭取選票。臺灣在文化上絕不能「去中國化」。我指出當代新儒家隨國府遷臺，是臺灣儒學拓展的一個重要環節。新儒家一貫主張立足本位，放眼世界。面對當前本土化和全球化的浪潮，秉持中道，所謂「理一而分殊」，由下而上尋求會通，存異求同，各宗教平等互待，聯合對抗非理性、反理性，以面對當前的困境。

現代新儒家經過三四代人的努力，漸漸得到海峽兩岸的重視以及國際的肯認，這是值得欣慰的。然而反對的聲浪仍強，五四的餘緒不斷，譬如大陸在晚近展開了關於中國哲學所謂「合法性」的辯論。然而只要在世界資源有限的情況之下，種族、宗教、國家之間的紛爭不斷，儒家中和的理想就永遠有它的吸引力，而不斷在尋求新的表達。最重要在儒家的追隨者的動力是在生命的內核，不在外在的榮辱，永遠知其不可而為，努力不懈，追求對自己以及群體生命有意義和價值的東西。

※2004 年 7 月 11 日於中央研究院中國文哲研究所。

哲學角度的觀察與省思
——中華人民共和國成立五十周年感言

1949 年 5 月共軍的炮火已經打到上海，我坐飛機南下，後來到臺灣讀高中，沒做人民共和國的公民。哪知九七香港回歸，我是特區的永久居民，卻不期而然在一種被動的方式下變成了人民共和國的子民。但我沒領特區護照，也和多數香港居民一樣，並沒有感受殖民地回歸祖國的歡欣鼓舞之情，只是接受了一件無可抵擋、也不容選擇的事實罷了！

在這半個世紀之中，中國和世界的變化都太大了，回顧前塵真有五味雜陳之感，而再過幾個月便要進入另一個千禧。通過我個人的經歷作出回敘，由大陸而臺灣、美國、香港，各個階段，色彩鮮明。如今漸漸步入老境，依然拒絕放棄希望，乃不辭一抒所見，以指向於未來。

毛是真小人，蔣是偽君子
臺灣有讀書人的空間

我離開大陸那年才十五歲，但對於時代的問題已經不是全然無知。那時的知識分子流行看《觀察》雜誌，輿論普遍憎厭國民黨貪污腐敗。課後跟著堂哥，聽高班同學討論國

是，總不免群情激憤。我的級任導師曾經跟蔣經國在上海打老虎擔任第九小隊長，結果慘淡收場。而金元券改革失敗，通貨膨漲不可收拾，我們在廣州時，郵局竟然拒絕用國幣，每日要賣美鈔或銀元渡日，其惡劣之情況可以想見。

後來有人看到國民黨在臺灣搞得不錯，就說不必改朝換代走激進的道路，這是昧於當時的情勢作出的論斷——國民政府已經喪失民心，所謂長江天險，共軍竟然不費一兵一卒，安然渡江；四川也一樣守不住。要不是撤退到臺灣，隨後韓戰爆發，才得以維持一個偏安的局面，終於演變成為兩岸分治的事實。也正因為我自己內心對生命意義感到困惑，國家文化前途茫茫，這才使我痛下決心，暫時與現實世界徹底隔離，而走上了哲學探索的道路。

在臺灣讀了兩年高中之後考進臺大哲學系，就專心一志讀書，窮究西方、中國、印度哲學之源，廣涉當代世界哲學，希望能夠在思想上找到一條出路。由於到大二那年才禁書，抗戰時出的那些書籍，甚至艾思奇的《大眾哲學》，我都可以看到，在精神上與過去並沒有切斷。我是通過自己的選擇，在政治、經濟、文化的層面肯定自由主義，堅決反共；內在的精神境界，則因受到家學淵源的影響而歸宗新儒家。自此以後，中心沒再動搖過。年少氣盛，我頗睥睨周遭的一切，從不向低沉的現實妥協，很早就自樹一格。後來我對國共的總結是：毛澤東是真小人，為目的不擇手段，終於弄出文革一類的慘劇，可見空談高遠的理想，不建立制度之不足持；而老蔣是偽君子，既要宣揚三民主義，講科學、民主、倫理，故鬥爭異己固然絕不留情，造成所謂「白色恐

怖」，但畢竟留下了空間，讓經濟、文化、政治有所發展，後來到小蔣晚年，終於「弄假成真」，臺灣走上了民主的道路，這絕不是偶然的發展。至少臺灣不摧殘讀書種子，我還是十分珍惜這一片使我得以成長的土地。

1964 年我有機會去美國留學，並到夏威夷參加第四屆東西哲學家會議。有一次和曾在政府做高官的麥克穆林教授聊天，我說大陸人心不穩，如果支持臺灣反攻大陸，或許會有成效。他說，要我們支持「入侵」（invasion）嗎？絕對沒有這樣的可能性。由此可以看到雙方思想模式的殊異。而我雖自命能獨立思考，仍不知不覺為臺灣之主導意理所支配，而昧於國際形勢的現實，而臺灣的閉鎖，對年輕人的灌輸觀念，雖然可以收到一定的效果，也要付出沉重的代價。後來留學人數日眾，美國與大陸的關係改善，臺灣的留學生突然發現彼岸的情況與宣傳的面貌頗不一樣，一時左傾乃成為風尚，只有我們這些對共產黨的本質有所理解的人才能不為所動。

美國的好處是富強、開放；缺點在頭腦簡單：有時做了帝國主義式的宰制行為也茫然無覺，有時則支持一些根本不了解的激進理想而義無反顧。自由與保守之間的張力，經歷韓戰，到了越戰期間，乃被拉到了頂點。美國的知識分子至此才如夢初醒，作出了前所未有的反省。而我在美國做納稅人，生活了十幾年，清楚地知道這並不是個人間天堂。而我躲在異鄉的象牙之塔裡，儘管已經得到永久教職，可以避開許多麻煩，仍不能視為安身立命之地。不想就在這種情況之下，我又有了回返遠東的機緣。

美國非天堂，毅然返香港
大陸變化大，面對現代新儒學

　　1971 年我由南伊大休假，首次來香港，到中文大學新亞書院教一年書，那知 72 年正好碰上了人民共和國進聯合國的大事。就在這一關鍵性的時刻，我發表〈海外中華知識份子的文化認同與再造〉的長文，為全世界各地區的華文報刊所轉載。在這篇文章裡，我肯定與中華文化的認同，而否定與任何現實政權的認同，強烈譴責毛只看到傳統的糟粕，而不見其精華，到 74 年，老一輩的學者退休，我被徵召回中大哲學系主持系務，把它改造成為一個比較有現代性與多元性的學系。81 年擔任講座教授職務以後即在香港長期定居。有趣的是，在思想和意識型態上，我和大陸是互相對立的兩極；然而在現實上，香港的命運卻與大陸息息相關，任何在大陸上輕微的震動，也會被敏感的香港人覺察到。

　　然而這種對立的情況到了毛澤東逝世、文革結束以後逐漸有了根本的變化，86 年宣佈「現代新儒學」為國家重點研究項目。大陸一度並曾流行所謂「文化熱」的潮流。不幸的是，89 年天安門事件攔腰一棒，造成了嚴重的頓挫。但「現代新儒學輯要叢書」第一批六冊卻於 92 年在北京由中國廣播電視出版社出版，成為當時知識界流行的禮物。叢書序言指出，這套書絕不是為了編一套供批判用的「反面教材」，而應該看作是「中國人的現代智慧的一部分，是一套

中國現代思想文化的名著。」或許大陸近年來由於信心危機深重，新儒家思想被借用來對抗「河殤」系列背後的西化思想。晚近則「後學」如後現代主義一類的新潮流泛濫，又出現了一種奇詭的新景觀，值得我們由一個不同的角度來重新加以探索與省思。

五十年來，中共變化之大絕不是任何人可以預料的，為方便起見，我們可以將之分為四個時期：建國肇始的蜜月時期，以及毛澤東、鄧小平與後鄧時期。蜜月期只不過短短五年時間，指導的原則是新民主主義，五種經濟成分包括資產階級在內共同建國，知識份子大多對新政權心誠悅服，後望無窮。那知好景不常，臨時修憲之後，中共真面目漸露，毛要以激進手段，締造一個社會主義乃至共產主義的烏托邦。梁漱溟對毛的抗爭只是一個早期的徵象而已，五七反右，對於知識份子來說，已是一場災禍，六六文革，十年浩劫，動搖國本。幸好毛於 76 年逝世，四人幫迅速被黜，撥亂反正，鄧小平取開放政策，農村經濟復甦，政治改革呼聲轉劇，不想受到 89 年的天安門事件之重挫。而鄧終於過去，在江澤民為核心的集體領導之下，拒絕走俄式急劇改革的道路，國內問題雖多，暫時得以維持一個安定的局面，香港也於 97 回歸，這就是我們目前所要面對的現狀。

回首前塵，中共主政，根本仍是一個「馬上可以得天下，不能治天下」的老問題。毛的理想主義固然使他得以席捲大陸，開創人民共和國，但中共既是列寧式的革命政黨，排他性強，又繼承了斯大林極權專制的體制，再加上中國帝王的傳統，終於造成毛的獨夫統治，以至遺害無窮，令人浩

嘆！而中共內部既不乏忠義愛民之士，卻不能力抗狂瀾，盧山實錄不期而然指出問題根本癥結之所在，即在政治上缺乏健全之體制，沒有可以制衡之力量，始造成如此巨大之災禍。而鄧小平留心實際，扭轉形勢，功不可沒。但在根本體制方面全無會心，仍緊緊抓住四大堅持，以至激發八九事變，晚年還難免白璧之玷，令人遺憾！但我這樣說並無意要中國完全放棄自己的傳統，徹底否定馬克思，走上全盤西化的道路。我所要倡導的是新儒家、馬克思主義、西方式自由主義三方面的健康互動，此處只能點撥一二，在思想上指出一個在未來努力的方向。

民主之成功有賴於精神重建
兩岸因分歧開戰將退回中世紀

在世紀之交展望世界情勢，市場經濟無疑是一個不可阻擋的潮流，即中共資本主義為社會主義初階的說法，也正是為引進市場的經濟所提出的理論上的根據。而經濟必須與政治改革配套才能收到進一步的效果，在修辭上中共也沒法不承認民主是未來的趨勢，抑且民主未必一定要採取西方的方式。當然我反對掛羊頭賣狗肉式的偽裝，要堅持民主有一定的實質內容，不容許文過飾非，我想要指出的是，缺乏對人權法治的尊重固然不是民主，而事事訴之於投票的形式主義也一樣不是民主。民主實行之成功要依賴背後的精神與心態，西方自由主義傳統對於民主制度的確立有其不可磨滅的

貢獻，此不在話下。但近日西方知識分子也察覺到自身文化
的預設與侷限，其背後的個體主義並無普遍必然性，晚近流
行的社群主義即對之提出根本的質疑。而東方的確有不同的
傳統，即大陸之馬克思主義作為主導已經歷半個世紀，不可
能說去掉就去掉。

　　但如今既明白馬克思是十九世紀的產物，不可能用來解
決今日所有的問題，也明白由後期的列寧到斯大林，走的乃
是一條歧路，就不妨可以作出自我調整，由西方的馬克思主
義去汲取營養。像批判理論對於資本主義的弊害就有深刻的
反省與批評，並可以接上哈柏瑪斯的溝通理論，甚至後現代
主義對於啟蒙以來建制霸權的批判也未始不可以有其參考的
價值。而世紀末過分往多元主義傾斜，對於道德淪喪，超越
祈嚮之欠缺均未能充分正視，新儒家乃倡導以「理一分殊」
的方式，重建全球倫理、世界秩序，希望人與人、人與自然
能和平相處，也應該可以作出一定的貢獻。這些哲學層次的
深入思考與探究，均可以從長計議。

　　回到實際層面，對法輪功這樣嚴厲的處置是否有其必
要？是可以質疑的，至少不要因此影響到近年來重新逐漸開
放的學術與思想的自由。至於最近李登輝提出兩國論，大陸
方面迅速而強硬的反應也是可以理解的。兩國論如果入憲的
確會造成根本變化，大陸的強烈反對不為無理。但臺灣官方
已明白宣告，兩國論只是說明現狀，並不涉國策的改變，那
麼大陸大可以不必作出過分的反應。現狀的確是中華民國在
臺灣是一個獨立的政治實體，不受大陸管治。而李登輝為了
抗拒大陸逼迫作政治談判而使出這樣的絕招，引發當前的緊

張情勢，在策略上當然可以質疑，但兩國論所言的實際絕非李登輝一人之私見，而為臺灣人民的共識，這由民意調查達七成同意這一說法就可以看得出來。這是未來談判必須清楚認識的起點，亟盼兩岸有足夠的政治智慧為我們帶來一個雙贏的局面。我今年由中文大學退休，已決定定居臺北。我當然希望能夠度過一個安樂的晚年，在此馨香祝禱，兩岸絕不可因意識型態的僵固以至擦槍走火，引爆熱戰，令中國倒退到中世紀，並逼迫我到垂老之年，還要第二度逃難流浪異域。這便是我對中華人民共和國成立五十周年的感言。

※原刊於《開放雜誌》（1999 年 10 月號）

民主轉型的回顧與前瞻

　　1982 年 7 月底《中國時報》邀請學者在宜蘭棲蘭山莊開會，主題討論「近代中國的變遷與發展：人文及社會科學的探索」。那幾日正好遇上颱風，對外交通一度斷絕，白天專心一志開會，晚上沒電，點上蠟燭，繼續嚴肅問題的討論。這樣的經驗畢生難再，回想當時情景，好像就在眼前，轉瞬 20 年過去，卻是記憶猶新。記得有一晚我和一群年輕人在一起，那時還在所謂的威權體制統治之下。在黯淡的燭光下，我卻忍不住大放厥辭，講了一些他們聞所未聞之事。我先提了一個修辭式的問題，問他們知不知道，為什麼我們會丟掉大陸，退到臺灣來？他們熱切地期盼著我的答覆。我說原因在於國府在大陸實行的不是中山先生的三民主義，而是「二民主義」。當然他們從來沒有聽過這種奇譚怪論。原來當時的國府聽任豪門肆虐，搜刮「民」脂「民」膏，以致徹底喪失「民」心。民國 38 年時的青年學子，連中學生都在倡言革命，國府除了一敗塗地，還有別的可能嗎？我也正是因此被逼得走上了哲學的道路，因為我堅持在訴之於激進的實際行動之前，先要明白什麼是國家民族文化應走的方向，要怎樣才能在這樣的亂世中體證自己生命的意義，而不可以人云亦云，被人牽著鼻子走。我一生做抽象的哲學思考，正是為了要回答個體的安心立命，與國家民族、社會文化、政治經

濟發展的方向，這一類與自己休戚相關的實際的大問題。

在會議中我提出的論文是：〈從民本到民主——為陶百川先生八十壽慶而作〉。我對陶先生僅有一面之緣，絕無深知。但在我的印象之中，數十年來念茲在茲，他所關心的只是國家民族自由民主法治的前途，為人權得到充分的保障而奮鬥，故不能不對他表示最高的敬意。但在當時已有人懷疑他言行的動機，警總甚至有一批人乃認為他「其心可誅」、「罪無可逭」。如今威權體制結束，阿扁總統當選，政黨輪替民主轉型成功。陶先生對臺灣走上民主道路的功績人所共知，卻與實際利益的分霑沒有半點關係，尤其令人感佩。如今又值陶先生百歲壽慶，《中國時報》余範英小姐邀約我們寫篇文章重新檢討當時的思緒，就我來說，當然是義不容辭，這便是我寫這篇短文的緣起。

這 20 年來的發展幾乎完全印證了我文章裡的說法。全文分為兩個部分：前半是歷史的回敘，後半論未來的開展。在回敘傳統方面，我作了一個重要的區分，也就是說，我明白斷言，我們過去只有「民本」的傳統，絕沒有西方式的「民主」的傳統。這樣就可以避免許多由於魚目混珠而引起的不必要的論辯。一句話，我們是孟子「民」貴「君」輕的傳統。儒家所嚮往的是，「人君為人民服務」的理想，這是一種 government for the people（民享的政府），但絕不是「民治」（by the people）、「民有」（of the people）的政府。孟子的思想不論多麼開放，仍然清楚明白地肯定了上下尊卑的秩序。他所不能忍受的是楊墨無父無君的思想。他要的是聖君賢相為人民謀福利的「君主制」（monarchy），絕不是西方的

「民主制」（democracy），無論是希臘雅典直議的方式，或者近代英美代議的方式。所謂「選賢與能」也絕不可以誤解為投票選舉的制度，而是堯選拔了舜，舜選拔了禹來掌管天下事務的措施。只不過歷史的偶然讓禹傳位給啟，而下開了家天下的規模。但先秦儒者如孟子心目中嚮往的，還是堯舜的禪讓，並不是三代的世襲。然而漢代建立了大一統的帝國，確立了尊君卑臣的制度，雖然好的君主憂慮天變、民變，並不敢胡作非為。而考試制度的建立，形成了君、仕、民的三層架構，自有其內部的均衡，從無一日真正實行過政教合一的構想。而皇帝太壞，秩序崩潰，那就不免改朝換代，一直到滿清遜位，民國替興，這樣的「超穩定結構」才終於告一段落。而明清專制，每下愈況，很明白的是「主權」（sovereignty）確定在「君」，絕不在「民」。受到進步的近代西方文明的衝擊，晚清知識分子為了救亡圖存，莫不勇於衝決網羅，變法圖強，最後終於導致帝制的崩潰。而五四運動標舉出德先生、賽先生的旗幟，為未來的開展指出了一個大方向。轉眼 80 年過去，民主轉型仍不能完成，箇中癥結何在？正需要我們仔細考量。

史家余英時指出，清代的洋務派莫不對科學民主取開放與贊許的態度。這表示中國文化傳統雖未發展出這二方面的成就，卻有內在的資源促成文化的轉化。不幸的是，國難方殷，不免有亡國滅種的危險，於是激進主義當道，所謂「救亡壓倒啟蒙」。神州陸沉，毛澤東真正做到了政教合一，卻造成了文革的巨大災禍。所幸四人幫倒臺，鄧小平取開放政策，情況大為改善，卻又不幸發生天安門事件的頓挫。如今

在軍事上大陸是個擁有核武的強國，但在四個堅持之下，政權牢牢地掌控在共產黨手裡。近時大陸與臺灣同時加入世貿組織，經濟上要進一步開放，外資湧入，造成一個新的變局。民主改革則遙遙無期，應該不是我們這一代人可見的未來了。

而在馬列毛思之外的兩個思想潮流，西方的自由主義與現代新儒學，則被流放到港臺與海外，忍受花果飄零之苦。在國際情勢的改變之下，經歷了韓戰、越戰，海峽兩岸形成一長期對峙的局面。在思想上，全盤西化之論，既不可能，也不可欲。而且正如信奉自由主義的林毓生所指出的，反傳統主義者常常不自覺地受到傳統心習的宰制，故只有寄望於「創造的轉化」。反過來，現代新儒學雖常被劃歸保守主義的陣營，其實莫不堅信，必須站在本土的基礎上，吸收西方的科學與民主，以造成自我的擴大。而儒家也沒有像李文遜（Joseph Levenson）在 60 年代尾所預料的，變成只有在博物館裡才能找到的東西。70 年代亞洲經濟起飛，日本與四小龍造成的經濟奇蹟，讓全世界對儒家傳統在民間的活力刮目相看。《時代周刊》（1993.6.14）乃以孔子為封面，引述日裔美人福山（Francis Fukuyama）的說法，認為自蘇聯解體以後，能夠向西方自由民主的意理提出挑戰的，不是伊斯蘭的原教旨主義，而是東亞式柔性的威權主義，像新加坡那樣，正是他心目中東亞模式的代表。

但在中西交流的過程中，我們不必因受到貶抑而沮喪，也不必因得到贊許而色喜。福山著《歷史之終結》，一向認定歷史發展到西方的民主，已經到了至善的地步，落後國家一時還接不上西方的民主，故還不如先走東方柔性的威權主

義的道路。而臺灣由威權體制到民主的轉型也並非一帆風順，一樣出現問題，正如我在 20 年前所說的，會經歷到有如脫胎換骨那樣的困難。我一貫認為傳統的資源與負擔一根而發，不能單純只由正面或者負面立論。國府遷臺之初適當危急存亡之際，在老蔣總統治下採取威權體制，是完全可以理解的。而政府銳意推行三七五減租，建立財經內閣，為 70 年代的經濟起飛打下了基礎，這是不容加以抹殺的史實。當然在這一段時間之內壓抑黨外的發展，炮製了雷震的冤獄，也確留下了一些黑暗的污點。到小蔣總統繼位，刻意提拔本地人才，當然中間也曾經歷美麗島事件的頓挫，但終究他明白歷史的趨勢不可違逆，決定不再傳子。此後臺灣人出頭天，由李登輝而陳水扁，完成了政黨輪替的歷史使命，不能不說是一項超特的成就。然而令人遺憾的是，迄今為止，成就的只不過是選舉投票的形式民主，並沒有學到西方民主的神髓。這由兩方面的比較立刻可以看得出來。民主的難處在，一方面是一個開放自由多元的社會，另一方面又凝聚了高度的共識。就美國來說，由對九一一恐怖襲擊事件的回應就可以看到全民的向心力。而民主的施行必須有杜威所謂民主的心態配套才行，這恰恰正好是我們最缺乏的東西。如果美國真的只是好萊塢電影讓我們看到的美國，充滿了暴力、性、藥物、個人享樂主義，再富強的美國到時也會像羅馬一樣衰亡。事實上美國不只幅員遼闊，有豐富的自然資源，有勤奮的工作倫理，還有愛人的宗教情懷。而民主政治的運作要靠理性的思維與妥協的技巧，政府架構之立法、司法、行政三元分立加上民主、共和兩黨的對立，卻還能夠運用自如，就

是依賴這樣的奧秘。反觀阿扁上台，受到臺獨與反核意理的牽制，明明是少數政府，卻偏要強勢運作。結果是兩岸關係倒退，核四停建，剛好碰上世界經濟不景氣，股市崩盤，再加上地震天災，大家日子難過。卻又為了爭取選票，不惜挑動族群間的矛盾。政策東搖西擺，口是心非，根本不能建立誠信。結果大家口頭上在拚經濟，實際上在拚政治，立院的肢體、語言暴力都是負面的示範。民調青年人對前途全無信心，再不改弦更張，只是在口頭上呼籲人民要有信心，那就只能更加彰顯出信心危機，不免教人憂忡忡。本來李遠哲等清流登高一呼，促成政黨輪替，不願看到黑金污染，繼續沉淪下去，這樣的想法自無可厚非。但令人感嘆的是，如今黑金污染不止，社會風氣進一步敗壞下去。每日報導的是璩美鳳一類的醜聞，而樂透上市，全民皆賭。這樣是在走精神上升的道路嗎？20 年前我在文章中指出，民主不是萬靈藥，必須政教分離，兩隻腳走路才行。弔詭的是，70 年代報禁未開，民眾普遍關注兩大報刊登的知識分子的讜論。如今大家只講享樂，傳播八卦新聞，看政治秀，知識分子更邊緣化，這就是我們所嚮往的開放社會嗎？當然我並不知道要怎樣才能解決問題，也並不完全悲觀絕望。我只是要利用這個機會講一些不合時宜的話，把問題拋出來，讓大家想一想。每個人由自己做起，不隨波逐流，先做出一些小小的改變，或許就是未來希望之所繫罷！總之一句話，我們走的大方向是對的，但還有遙遠的路要走，尚盼大家努力好自為之。

※原刊於《近代中國的變遷與發展》，朱賜麟、袁世敏主編（臺北：時報出版社，2002）。

廈門閩北的豐盛之旅

一、廈門

　　87 年底我到廈門大學去開國際朱熹會議，就和廈大哲學系商定了一個粗略的學術交流計劃。但因經費問題未能落實，一直拖延到 88 年底我才到廈大去報聘。孩子們離家遠遊，耶誕節日對我們已失去特別意義，不是一個味道。安雲和我決定換換胃口，在旅行中度過假日。舒伯特《冬之旅》的歌聲不時縈繞耳際，可是由 12 月中出發，到 12 底回來，一路上多見到耀目的陽光，也算是一種幸運。

　　由香港到廈門坐港龍航機不到一個小時便已抵埠。我們被安置在靠近廈大門口的招待所（所謂的專家樓），一日三餐小菜清淡可口，除了正式交流節目以外，時間可以由我們自己支配，突然之間，教學、研究、行政的責任都卸下了，一生難得有如此輕鬆的時刻。我們當日下午就信步去逛廈大附近的名勝南普陀寺。這廟據說始建於晉朝，現在的廟是清朝修建的，文革時有些破壞，但我們見到分列兩廂的十八尊金身羅漢卻是煥然一新，廟裡設置有佛學院。中央的千手觀音殿香火鼎盛，殿內玻璃箱中盛滿了鈔票，倒和我在日月潭文武廟所看到的情況差不多。這廟最大的吸引力在它的後山，依山勢開出無數石級，亭臺樓閣的佈置，隱顯林間，傳統的一套自有法度，非後世所及。

每天晚上不到六點就吃飯；訪客辭去之後，十點多鐘安
憩，蓋一床厚厚方方的被子；早晚氣候比較涼，天未明就聽
到寺廟的鐘聲，這不是居住在香港這樣的現代大都會的人所
可以想像的生活。廈門城裡只有三十多萬居民，沒有那麼吵
鬧，常使我想起 40 年前的臺北。主街只有一條中山路，似
乎還比不上當年臺北的衡陽街。新的市招已有很多是用繁體
字寫的，大概是為了迎接對海來訪的臺胞，街上最新式的一
家百貨商店，有明顯的招牌，提供對臺胞的服務。

鼓浪嶼——小佛羅倫斯

這次我們坐輪渡到鼓浪嶼去逛了差不多一整天。輪渡去
的時候無需付錢，回程時才需要買票。鼓浪嶼的特色是，全
島沒有車，連自行車都沒有。高高低低的石板路結成連環，
相當整潔。到日光岩頂向下望，多是橘黃色的建築，活像是
個小佛羅倫斯。原來這曾經是十國的租借地，這是個洋化很
深的地區，現在變成了一個大公園，目標是發展旅遊。我們
想找一家教堂看看，附近有一家天主堂，卻不得其門而入，
當地人告訴我們，它已被改成一間旅館，是國家的財產。但
另有一間三一堂，星期天可以做禮拜。

以前聽過中文大學的同事現已退休考古人類學的前輩鄭
德坤教授與他的夫人黃文宗女士戀愛的故事，他們兩家都做
醬油，互相敵對，後來卻因二人結婚而合併成為淘化大同，
現在還在香港、新加坡有很大的生意。我們決定去追訪這一
段佳話的遺跡。多方探詢之下，才找到醬油廠的故址，現在
鄰近只有一家製玻璃廠，原來鄭黃兩家並不住在鼓浪嶼，難
怪我們找不到他們的住宅。

　　鼓浪嶼上有一個亞熱帶植物研究所，位置就在日光岩入口的對面，設了一個茶座，我們進去泡了一壺茶，看園子裡的花多已殘敗，也無異種，不免大失所望。後來作進一步的打聽，才知道附近有一個引種園。我們找到管理人帶我們去參觀，原來裡面範圍很大，有好幾個溫室。引種園的意思是華僑把港、臺、南洋的種帶進來，在此地試種，已有一些花卉種植成功，少量賣回到海外去。但研究所畢竟是以學術為主，包裝運送問題未能解決，不能大量外銷，迄今為止，仍然入不敷出。但我們在廈門已遇到一些商人做轉口生意，把臺灣的貨品賣過來，又把廈門的土產像壽山石刻一類的東西賣到臺灣去。我們又去逛了海邊的菽莊花園，別具匠心的一個園子，向海借景。看石壁上的題字，才知道這在以前是臺灣林爾嘉的私家花園，那時的有錢人真懂得享受，略加一些人工的添置，如亭、橋之類，就把海灣的自然美景據為己有，只不知道能有多少閒暇的日子能夠聆聽海濤拍岸，仰觀明月，享受這樣隔離的靜趣罷了！

　　到廈門的人大概沒有不去集美一遊的，那是陳嘉庚的發源地，現在有橋與廈門相連，把廈門變成了一個半島。陳嘉庚的墓地鰲園有浮雕講述與他有關的事蹟，以及他所喜愛的歷史故事，還有高聳的紀念碑迎風巍然而立。但最令人印象深刻的是看他的居停簡樸得像個辦公室，他以橡膠發財，一生卻以興學為己任。他不把資財留給兒子，理由是兒子如果有能力，給他大量錢財會使他發揮不出自己的長處，兒子不才的話，有錢更只能讓他做壞事。

與廈大師生交流

廈大也是他創辦的，後來才移交給政府。他選的大片土地面向海洋，由禮堂望出去真是氣勢非凡，可惜的是現在靠海邊造了兩棟矮樓，破壞了觀瞻，據說老人有生之年是絕不會容許這樣的事發生的。廈大現在不斷在造新樓，但只是洋灰的建築，缺乏風格，不似舊的建築有味道。最令人難受的是，有些舊的建築極為堅固，材料像印第安納的石灰石，但是窗戶殘破，油漆剝落，據說無錢維修，將來會破敗成怎樣，令人難以想像！

這次在廈大最有價值的收穫是與廈大師生非正式的交流。我在系裡正式演講兩次，講題是：「中西文化與哲學思想的比較」、「傳統與現代化問題的反思」。這些都是我思想了多年的問題，自能講得深入淺出。聽講的是哲學系高班的同學與部分教員，每次都有一百多人。據說如果變成全校性的演講，一定會吸引好幾倍的聽眾。

最有意思的是有一群研究生和負責系刊編輯的本科生約我在學生的咖啡廳去講當前大陸有活力的思潮的批評檢討，聽眾也有幾十個人。我先趁熱喝了一杯黑咖啡，馬上又給我添了一杯加奶的咖啡，最後竟然還給了我一杯滲有白蘭地的咖啡。由於我的說話沒遮攔，引起很熱烈的反響。他們感覺廈門不免偏遠閉塞，我的談話好像給他們打開一道門戶吹進一股清風。這是極為惶惑的一代。整個的社會向錢看，他們的前途沒有一點保障。官方的意識型態已經籠罩不住他們的思想，現在畢竟自由得多，他們渴望由各種不同的來源吸取養分，客觀環境的限制卻令他們難以饜足，有好多表現出鮮

明的逆反心理。他們聽許多臺灣翻版過來的帶子，有些說齊秦的歌可以唱出他們的心聲。後來還有人想約我們晚上去卡拉 OK 歌廳，被我們婉拒了。

遙望大担島上的旗幟

我們喜愛的是自然。他們週末帶我們由廈大後面翻過五老山逛萬石公園。他們又借了腳踏車，讓我騎一輛，讓安雲坐在另一輛的車尾，使我們得以重溫大學生的生活情調，去尋訪很少遊人的美麗的沙灘，漫談過去、現在與未來的一切，而沒有一點隔閡。

有人不肯去教中學，認為這是待遇少而社會地位低的職業；但也有一些出身特殊地區如銅礦區的同學卻願意回去教中小學，據說工作量不重而有特別加給。有家庭背景的人盡量運用影響力為兒女找一份比較理想的職業，分發在比較好的地區；沒有家庭幫助的人就只有聽天由命了。他們希望與外面的年輕人做筆友，我答應為他們作中介。

我們又發現，海灘附近有好幾座炮台，面對著大担島，望遠鏡可以看到對方的行動，也可以眺望小金門。以前這裡是軍事禁區，現在卻成為旅遊點，收門票任人參觀。據說廈門以前未曾發展，就是因為懼怕敵方的炮轟。這幾年卻在拚命發展，建設了湖里新區，連海邊都造起高樓，一個單位賣十多萬人民幣，希望吸引華僑去購買。看來海峽兩岸的戰爭機會並不大。我們在臺灣讀書長大的人現在居然跑到對面，看大担島上的旗幟飄揚，心裡真有說不出來的感觸——誰知道時間能夠造成多麼大的變化！

教員方面，大多在文革時期受過勞改或下放的遭遇。現

在正醞釀著對毛澤東思想的重新評價。比較引起注目的一種觀點指出，毛澤東較早期還比較尊重客觀的規律，新民主主義採取比較緩進的步驟；到了晚年由於受到種種刺激，乃完全一憑主觀的意志行事，平時看的只限於中國古老的線裝書，吸收的竟都是權謀術數的一套。毛澤東的胡作非為，顯然有斯大林主義的成分，也有中國傳統的成分，還有他自己個人的情意結，糾結成為一個複雜的網絡。看來大陸全面批毛乃是遲早的事。如今毛去了，鄧的威信日降，趙更站不起來。據說這次全國的理論大會，趙的題目就曾受到與會者的批評。現在已經根本沒有了思想的準繩和權威，無論被認為思想激進或僵化的知識分子，都異口同聲說，未來必定走上「民主」的道路，無論他們心目中所想像的民主是怎麼樣的含意！

二、閩北

我這次到廈大來，主要的接觸是高令印教授。我在 81 年杭州開宋明理學會時就認識他，聽他講福建朱子的遺跡，留下了很深的印象，現在他的書《福建朱子學》（與陳其芳合著）早已經出版了。我自己是研究朱熹哲學思想的，一直想找一個機會去尋訪朱子的遺跡。高令印答應陪我去閩北，為我連絡了光澤縣的楊青。楊青在國際朱子會見過面，那時他正起念籌設「武夷山朱熹研究中心」，如今中心已經正式成立，我應邀擔任中心的顧問，也變成了中心成立以後由海外來訪的第一位客人。沿途我們受到行政公署以及縣級的禮

遇接待，奉為貴賓。我們很不習慣這樣的角色，但聽說以往只接待政要商賈，現在才開始注意到學術文化，也就只有釋然了。

閩學發祥地——南平

　　由廈門到南平要坐十幾個鐘點的火車，頭一天黃昏上車，第二天清晨快六時才抵埠。南平是閩北第一大埠，人口僅略次於廈門，密度卻幾乎與上海相垺。

　　南平有一家師專，是閩北的教育重鎮，校長和楊青、陳其芳來接我們。南平有一個文化宮，樓底下是電子遊戲，六樓是博物館，倒是收藏了鄭和的銅鐘，以及一些外面較少見的宋代銅雕和明器。我的演講在三樓的舞廳，因為有較好的擴音設備，聽眾接近百人，是負責教育文化的幹部與教師。我講：「傳統中國文化與現代化」，闡明傳統的資源與負擔一根而發的論旨。我特別強調各個地區固有的文化資源，這裡是閩學的發祥地，應該好好加以利用。

　　南平的名勝是九峰山，走過九峰索橋，下面造了個兒童遊樂場，似乎乏人問津，上面卻有個四賢堂，是紀念楊龜山、羅豫章、李延平與朱晦翁四代四位學者的。使我驚奇的是看到朱熹所寫王維詩句：「行到水窮處，坐看雲起時」二聯書法的拓本，新亞書院的雲起軒就是以此詩句命名的。

　　閩學的流風雖然因受到反傳統的時潮與文革的破壞而有所頓挫，但慢慢已經有復甦的跡象，文化界已經感到有重新向自己文化的泉源去尋根的必要。沿途都聽到爆竹聲，問人才知道老百姓在過冬至，在農村裡大概也不是那麼容易剷除掉古老相傳的風俗習慣。

朱子遺跡的損毀

離開南平，先去建甌。此地有不少朱子的後人，但遺跡就少得可憐了。朱子祠、博士府（應該是清朝的東西）大部分都拆了，連一口朱子井都填了，井底據說有八卦的符號，只剩下一棵榕樹和樟樹共生的大樹，當該可能有七百年的歷史。又去看了剛收回來整修的孔廟，是州級規模最大的一間，如今正準備作文物展覽用。最令人痛惜的是，清代根據朱子攬鏡自畫所製的雕像竟然在大火之中燒得只剩下一小塊頭像，雖然根據以往的拓像又請藝術家重雕了一塊，究竟遠比不上原版的珍貴。要再不搶救保護，這一類的國寶不消多久就會蕩然無存了。

由建甌我們再去建陽，與縣裡的文化人士交流。他們先講了當地調查朱熹古蹟的情況，我們則作出了一些具體的建議。然後出去作實地考查，現在還留下「考亭書院」的石牌坊，這四個字據說是宋理宗的筆跡，牌坊上有龍、麟等浮雕，是嘉慶十年所立的。本來的位置在下面的稻田裡，因設立電站，建溪的水位高漲而移過來的，建得相當牢固，可惜把正反面顛倒過來了。牌坊正面所對的稻田就是舊時的滄洲，朱子曾在此課徒，並將竹林精舍更名為滄洲精舍。如今朱子後人還在，但明以後建陽地區就沒出什麼傑出人物。閩北二百萬人口只得一個師專，一個農校。而臺灣近數十年來的成功，其中一個重要的因素就是教育程度的普遍提高，而大陸卻還有億萬文盲，此中癥結應可以思過半矣。

紫陽流風，藉溪勝境

由建陽再到五夫里。五夫里的大姓是劉氏。朱子少年時

父親早逝，把他託孤給劉氏，朱子在這裡結婚，待了一段時間，但現在卻已沒有後人在附近。我們看到光緒時修建的社倉的一個側面，旁邊還有一口官倉井，以防失火灌救之需，古人的設想倒很周到，現在的水還很清澈。主街叫做興賢街，至多不過一丈寬，據說是宋朝遺留下來的街道。街中間遙遙相對有二橫額，這邊的一塊寫著「紫陽流風」，那邊的一塊寫著「藉溪勝境」（胡藉溪是朱子少年時的老師之一），又有過化門、節孝坊，還有宋儒劉氏宗祠。我們進興賢書院看了一下，只剩下前面的廳堂，後面已經變成農地。我們穿過一條叫朱子巷的羊腸小徑越過潭溪，就看到紫陽樓僅存的一垛牆，溪邊有朱子手植的一棵大樟樹，可以想見當日學者耕讀的情況。紫陽樓是在紗帽山麓，山的命名是因為劉家出了不少戴紗帽的官。此山又名屏山（朱子師之號），上面有屏山書院的故址。

我們在武夷遊覽了兩天，時間還嫌不夠。頭一天坐竹筏沿著九曲順流而下，撐筏子的年輕人為我們講解不斷映入眼簾的風景以及流傳下來的民間故事。剛好碰到風和日麗，水流清澈，時緩時急，遠看岩石壁上的摩崖石刻，真是賞心樂事。我們還得到特許停下來看朱子與友人同遊刻留下來的筆跡。第二天我們穿過雲谷一路爬上去，從上面看昨日所遊之地，又是另外一番景象。難怪武夷人要自誇自讚：「桂林山水甲天下，不如武夷一小丘。」這雖不免誇大，但桂林風景雖美，只能坐在汽船之內看漓江雙岸的山景，而且遊人眾多，雅興也就減少了一半。武夷勝在清幽，一年如今也有五十萬遊客，但不在旺季來，就有意想不到的收穫。水上看

山，山上看水，其味無窮。

據說崇安因為無霧，要把軍用機場改建為民用機場。武
夷本是道教名山，但與佛教融和，朱子晚年又在武夷宣教，
乃成為三教的聖地。摩崖石刻，各式字體都有；而親臨自然
妙景，才知道圖畫本是寫真；特別是它的文化資源豐富，確
不是其他地方可以比擬的。如今政府竟斥巨資，收購朱子在
五曲的紫陽書院故地，打算拆毀現有的建築物，重建書院，
不可以不說是大手筆。現已先修復了朱子領乾薪主管的紫雲
宮，很有一點規模。據武夷山管理局的副局長書畫名家蔣步
榮告訴我們，現在已造好的賓館如武夷山莊，餐廳如碧丹酒
家之類，設計都是經過名家指點的。山莊的建築外觀完全是
傳統式的，有竹有石，深得幽閒之趣，房內卻有現代的衛生
設備。碧丹酒家的樓臺借景，正對向玉女峰。政府的確是有
一些規劃的，但是否能夠把既定的政策貫徹下去呢？那卻又
是一言難盡！

我們在途中曾停留在一家矮胡賓館小憩，這是私人經營
的旅館，因主人的矮小而得名。他出身農民，會搞園林、草
藥，說是會治癌治肝，他專做臺灣來的遊客生意，賺了不少
錢，如今也當上了當地的政協委員。他把管理局的人罵得狗
血噴頭，譴責他們帶頭破壞生態，卻又干預人民發展的努
力。楊青說服他旅遊事業應該要和文化結合，他當即答應捐
一萬元人民幣給武夷山朱熹研究中心。

後來我們在武夷山遇到管理局的一位副科長陳建霖，他
被譽為愛惜山上一草一木的奇人，一生專為保衛武夷山的自
然環境而奮鬥。他說矮胡的賓館是違章建築，按規劃旅館都

應該建在溪水的另一邊。但是官吏們卻只顧吃吃喝喝，得了些好處就聽任違章建築如雨後春筍般勃生。個別農民無知盜伐山林還則罷了，武夷山水源頭的樹木竟整片都被砍光，怎麼會不發大水！但官吏和外國專家調查卻說到處樹林茂密，不明白為何會發水患。以前因劉賓雁來訪查而緊張過一陣子，現在因劉下馬又若無其事了。雖然官卑職微，他發誓要繼續奮鬥下去。

我們去水濂洞就因無水聽不到水的聲音而感到大為掃興，這是不是因自然生態破壞所產生的結果呢？武夷九曲的水將來會不會乾涸呢？沒有了九曲的水還能不能保持武夷的勝境呢？如何在環保與發展之間求取平衡，這是武夷在刻下所面臨的一個尖銳的實際的大問題，處理不好就會造成千古遺憾。

尋訪朱子墓園

由武夷我們坐麵包車盤山路到黃坑去尋訪朱子的墓園。穿過田舍後面的小徑，有一條路直上朱子墓，明顯地看得出來是有修過的痕跡。但兩旁植的小樹卻有好多已經枯黃了。圓圓的墓是新用鵝卵石堆成的，碑上寫了「宋先賢朱子、劉氏夫人墓」，算得是十分簡陋的了。由墓向下望，氣勢不凡，可以說得是個佳城，據說是朱子生前由弟子蔡元定選定的，夫人早逝先葬此地，朱子死後隔了好些時候才合葬在此。

我們在閩北的最後一站是邵武。邵武有個民俗館，有蠟像重構清代的傳統生活方式，中間有由朱子書法拓本重製的二聯：「存忠孝心、行仁義事」。邵武的名人是以抗金著稱的

李綱，有李綱祠，整修得很像一個樣子。朱子曾譽李綱為一代偉人，並為他的全集作序。與之相比，影響遠更巨大的朱子竟沒有一個紀念館，無怪乎一向不喜歡儒家的蔡尚思在參觀了朱子的墓園之後也為他大鳴不平了。現在可能是個適當的時機必須做一點事了。

　　高令印說他開始調查朱子遺跡是在批林批孔的時代，他到五夫里去找一些批朱的材料而開始了他的研究。但他是外地（山東）人，到現在還不會說福建話。他找到師大的陳其芳合作，研究福建朱子學，由談話中可以看出陳對地方的情況確是瞭如指掌。但學者能做的畢竟仍是有限的，楊青現在想結合學者、官府、民間的力量來做一番事業，而現在需要往各地募款，才能夠做一點事。他們辦了《閩學通訊》，已出了十一期，其間未經錢穆先生同意，就聘他擔任名譽顧問。我不客氣地批評，這給人一種統戰印象。但大陸這批人做事確是出自他們自身內在的要求，不能完全從統戰的角度來了解。問題在海外經濟、學術的資源有限，如何才能集中，幫忙來做一兩件真正有意義的文化工作，而真正要做成任何事業，還是只有依賴在大陸的人本身的努力來推動。我給「中心」最早的題詞是：「武夷名山，閩學重鎮」，當時我心目中只想到朱子在武夷推展閩學的情況，如今「中心」的研究成果未著，這樣寫來不免引人誤解，反為不美，故又二次題詞曰：「武夷勝境、紫陽流風」，大概比較更能切合目前的境況罷。1990 年他們有計劃在武夷山另開一次國際朱熹會議。

閩北民風與民情

　　早就聽說閩北的人好客，這次我們算是真正親身經歷其事了。福建菜自成一個系統，水碗最多。比較特別的有兩樣東西。一是石蛉，逄耀東兄說就是石雞，生長在陰涼的石壁上，像蛙類，肉很嫩，比一般田雞更好吃，小孩子吃了一個暑季都不會長痱子，如果真能夠成功地仿造自然環境加以人工培植，外銷應當可以賺大錢。另一是紅菇，比冬菇更珍貴，吃了可以補血，也是煲湯用的。這次發覺福建的物資供應很豐富，比上海、北京的情形要好得多。但是不是需要這樣豐盛地款待外賓呢？理查‧索羅門說中國是口腔的文化，食不厭精，膾不厭細，消費驚人，有沒有可能改變這樣的習慣呢？

　　我們也了解到不少民間的問題。各個城鎮的銀行都在辦抽獎，提高利率，鼓勵儲蓄，這是讓鈔票回籠之一法。在縣級工作的人員說，現在最嚴重的問題還不是「放褲」，指導農村的婦女做節制生育，現在最大的問題是徵糧「入庫」。徵收官糧的價格與自由市場的價格相差過巨，農民根本不願意交糧，竟要用拿走他們的電視機這樣威逼的手段，還難以使他們就範。現在鴨子的價格最便宜，因飼料比鴨還貴，到明年恐怕就無鴨可食了。

　　由行署和縣的幫忙，幾經辛苦，才給我們買到三張由邵武到廈門的硬臥車票，讓我們得以順利回到廈門。但上車之後，就使我們倒抽一口涼氣。硬臥一邊三個鋪，不只沒有半點隱私，而且先在車上的人到處呼朋引類，喝酒玩牌，煙霧迷茫，佔了別人的鋪位不讓位，還在上鋪抽菸把煙灰從上面彈到坐在下面的人頭上，垃圾就由窗口拋下去，實在難以令

人忍受，而這就是我們同胞的德性。在車上去辦交涉，明明
軟臥有空位，卻還是要大費唇舌，最後才讓我們補償搬過
去。這回幸好碰到與兩個知識分子同一間房，從他們處才知
道原來這是由合肥開出到廈門的列車，好多人在跑單幫，這
些人教育程度低，人人抓一大把鈔票，賭博打架，無所不
為。這趟火車又是十多個鐘頭的旅程。在廈門休息了一晚，
第二天才又乘港龍航機回返香港。

始料不及的豐盛之旅

　　這次廈門與閩北之旅，尋訪朱子遺跡，固然一償夙願，
但對於我在抽象層次的哲學思考並無太大裨益，而我因不擅
考據，對於他們所作的考察工作，也不能提供什麼具體的幫
助。然而卻令我深切地體認到，抽象的哲學觀念與具體的自
然、人文、地理等等的條件結合，可以產生多麼巨大的效
果。一個長期游離在外的知識分子忽然有機會那麼樣接近草
根的基層，就會極明顯地感覺到，整個社會在動，而觸處都
是問題，有許多給人希望的種子，也有許多令人憂慮的因
素。總之，這是一次豐盛之旅，絕不是行前所可以預料得到
的，是為記。

※原刊於《90 年代月刊》總 229 期（1989 年 2 月）

西馬的學術文化交流之旅

96 年 7 月第二個禮拜我們在台北舉行「儒學與現代世界」研究會，杜維明忽然對我說，馬來西亞在 8 月初要做一次回儒對話（英語），問我有沒有興趣參加？我一向支持宗教之間的對話活動，耶儒對話已參加過多次，卻從未作過回儒對話。但近來因讀了納塞（Seyyed Hossein Nasr）的著作，也對回教在馬來西亞——晚近被譽為第五條小龍——的發展有興趣，乃欣然接受了他的提議。維明又建議，既然我是初度訪馬，不妨多留一段時間，由主辦單位馬來西亞的《星洲日報》安排幾次巡迴演講，順便觀光。我乃決定 8 月 3 日至 13 日訪馬。收到邀請之後，由於時間緊迫，必須馬不停蹄趕著辦手續，先拿了身份證，再辦了旅遊證件，卻又碰到颱風肆虐，停止辦公兩日。一直到 8 月 2 日傍晚才取得簽證與機票，得以順利成行。

首次民間舉辦的儒回對話

8 月 3 日下午兩點多，我和內人安雲女士抵達吉隆坡，負責與我連絡的副總編輯兼文教主任蕭依釗女士與同事來接機，帶著歡迎的橫額照相，才使我們感覺到當地對這一次活動的重視。原來第一次回儒對話（95 年）是官辦的，這一次

才開放給民間主辦，副首相安華親臨主持開幕禮。回教方面
參加對談的兩位學者是馬大的署理校長奧士曼・巴卡教授
（Osman Bakar）與公正世界基金會主席詹德拉博士（Chandra
Muzaffar）——基金會也是主辦單位之一。主持人是新加坡
國立大學馬來研究系主任譚尚志教授。住進市郊八打靈的晶
冠酒店，對談就在酒店舉行，倒也方便。略事休息之後就有
記者來訪問，包括由新加坡專程來採訪的記者。維明稍後才
到，這次他由大陸來，對談後即回北美去，我則繼續留下來
作學術文化交流活動。晚上主辦單位請我們吃素餐，不想卻
碰上停電。全國性的停電是 92 年以後第一遭，恰好被我們
撞上了。我們在露天吃燭光晚餐，倒是別有風味。大家談興
正濃，並沒有造成任何不便。而且才領略到，吉隆坡不像台
北香港那樣燠熱，當天最高溫度不過攝氏三十二度，夜裡降
到二十五度，晚風吹拂，並不感覺到熱。

　　4 日上午沒有排節目，對談在下午舉行是為了遷就副首
相的時間。大家都在擔心，不知電力何時恢復。酒店自己雖
然有發電機，但只能維持必須要的服務。上次停電四十八小
時才修復。幸運的是，這次不到十一點鐘，突然大放光明，
大家都為之歡呼。下午二時聽眾已絡繹入場，大堂座無虛
席。這次要憑請柬入座，有好些位部長、議員參加。等副首
相與夫人蒞臨，節目就正式開始。先有一個簡短的儀式，把
我們的著作致送給他作為紀念。由他的開幕詞，我們可以看
到，他對文化的確有一宏觀的視野。他指出，由於西方的強
勢，我們的注意力幾乎完全放在與西方的交流之上，忽略了
伊斯蘭與儒家兩個古老文明之間的對話。他不只熟悉一些新

儒家的用語，還說了幾句簡單的中文。華人自然擁護他這種開放的態度，但也有人說，他這樣做會流失一些巫人的選票。

對談正式開始，四位講者每人先講十五分鐘，然後互相問問題，最後才開放給聽眾參與討論。杜維明先講儒家在當今世界文明的意義。奧士曼接著講，現在有了宗教復興的契機，他強調自古以來並無單一的伊斯蘭，今後更應加強與其他宗教的交流。我說明新儒家的雙面性，既繼承傳統的睿識，也批判其保守性；既肯定西方科學與民主的成就，也不盲目追隨他們的道路。最後詹德拉更把話題帶到眼前的問題上。他強調族群間的和諧相處，應取緩進改革的步驟，不要訴之於激進暴力的手段。他一向關注人權問題，坐著輪椅，說話間流露出對下層民眾的關懷。據說在學生時代，他和安華都因為熱心改革活動，曾經坐過牢。這次也是他們在熱心推動回儒對談。安華一直在下面凝神聽講，還做筆記，一直到我們的對談告一段落為止。小息之間略為聊天，還與我們照了相才離去。我們回到會場，聽眾發問踴躍，到六點多鐘，主席不得不強行宣告結束。因為晚上還安排了一場我與維明的華語對談。

具有重大象徵意義

有人質疑這樣浮表的回儒對談究竟能夠成就什麼？很明顯，時間這樣緊迫，不可能有很深入的交流。但這樣活動的象徵意義是巨大的。不消說，翌日傳媒報導的焦點集中在安

華，而上行下效，馬上就會有深遠的效果。我們所接觸到文教界的華人咸認為這是跨出了重大的一步，以後民間會不斷舉辦文化活動，其意義是不容忽視的。據告，馬來西亞9月初將舉辦回教、日本與西方的對談，杭廷頓應邀參加，此地新聞界已準備了許多問題質疑他的回儒（中國）威脅論。

當我們匆匆吃了晚餐，就到《星洲日報》作「花蹤講座」，由維明與我對談「從多元世界看儒家人文精神」。這一場吸引了更多群眾，據說超過千人，有些年輕朋友在後面站了一晚，令人感動。在我的經驗中，二十多年前在台北由《中國時報》舉辦演講會有這樣的規模，但臺灣如今只熱心政治活動，學術文化活動竟在此地得到如此熱烈的回應，真是異數！致歡迎辭的是《星洲日報》社長張曉卿先生，我到馬來西亞之後才發覺，原來正是他收購了香港的《明報》。報館同人告訴我，是在《星洲日報》發生財政困難的時候，他收購了報紙，後來經過同人的努力，才把它辦成馬來西亞首屈一指的華文報紙，也是在他的大力支持之下才能舉辦像這一類的學術文化活動。

我們晚上的發言都超過了半小時，事先並未協調。由我先發言，通過我自己親身的經歷作出一些觀察，儒學在二十世紀中國絕非主流思想，由西化而馬列，一直是批判的對象。但大陸在文革以後卻有了戲劇性的轉變，86年竟然把現代新儒家列為國家的重點研究項目。這是因為新儒家思想能夠肯定傳統的價值，拒絕接受民族虛無主義，率先面對現代化的問題作出回應，大陸要進一步發展馬列，也得參考這一系的思路。維明乃進一步說明，儒家傳統有哪一些資源可

以運用來面對現代乃至後現代的挑戰。我們的發言被認為配合得天衣無縫。由聽眾的熱烈發問可以看出儒家的睿識還是廣泛受到誤解,必須通過全新的闡釋才能回應各方對於儒家傳統的譴責如權威主義、壓抑女性、自私自利、過分忍讓、不能落實之類。

回應對儒家的質疑

我留在馬來西亞作巡迴演講,主題即:「儒家思想與現代化」。我的演講內容大同小異,由各個不同的角度對儒家的質疑作出回應。我認為在概念上必須作出分疏,才能明白「贊同」或「批判」儒家的確定意涵,而不致陷於混淆或籠統,作出許多不相干或缺乏根據的論辯。我認為必須區分出下列三個層面,各有其資源與限制,才能得到對於儒家傳統的比較全面的了解:

一、精神的儒家,此指孔孟、程朱、陸王的大傳統;

二、政治化的儒家,此指漢代以來支持王朝統治的意理;

三、通俗的儒家,此指民間雜糅的信仰與價值的小傳統。

儒家精神大傳統的核心在孔子提倡的「為己之學」,外在的禮儀有內在仁心的根據,而人天不隔,與自然有和諧的關係,己立立人,己達達人,有強烈的社會關懷,更有勇氣面對強權為民請命。這樣的傳統絕不只提供一套世俗倫理,而是可以令人安身立命的終極關懷,有其宗教意涵,在現代

多元社會的眾多信仰之中必可以佔一席地，其限制則在崇高的理想每每難以落實。漢代政治化的儒家使儒家的傳統價值如忠孝普遍落實於中國文化之內，有其巨大的成就與貢獻，但也要付出沉重的代價。

漢代的三綱實出自韓非，強調君臣父子夫婦之間的單向關係。董生昌言天不變道也不變，雜糅陰陽五行之說。而漢代的統治陽儒陰法，到明代宰相制度徹底破壞；清代異族統治，專制的毒害暴露無遺。西風東漸，傳統崩壞，五四時代反對的「吃人的禮教」大體皆是針對此一層次而發。最後一個層面是通俗的儒家，中國人勤勞，重視家庭、教育的價值，至今仍受傳統之惠，但也可墮落而為愚昧無知、自私自利，以至在現代受到嚴厲的批判。由此可見儒家傳統有其萬古常新的成分，也有必須與時推移的成分。

西方以其強勢席捲古舊的東方，新儒家經深思熟慮之後，認為必須吸收西方的科學與民主，而在「道統」之外，建立客觀的「學統」與「政統」。但民主的落實可以有不同的方式，西方現代過分的個人主義與享樂文化已經產生嚴重的負面效果，我們不能盲目跟隨其道路，重複其錯誤。在世界變成一個地球村的當兒，人類如何學習和諧相處，凝聚共識，發展世界倫理，儒家實可提出豐富的精神資源作出一定的貢獻。

我在馬來西亞作了四次報告。除了在馬來亞大學中文系的一次以外，在檳州、芙蓉、新山的演講都有超過二百名聽眾參加，傳媒也作了顯眼的報導。由於我涉及的題材廣泛，細節的轉述或者不那麼精確，然大意不失，通過演講以後的

問答以及私底下的交談，頗收到交流之效。

令內人和我感到驚異的是，馬來西亞雖然不大，各地風俗、民情、飲食都有些不同，其間曾到馬六甲觀光，也自有其特色。這次我們的旅行主要是在了解華人的文教狀況，無暇遊覽自然風景，沒有去東海岸，更沒有去東馬。但汽車馳騁在高速公路上，兩邊青翠，已是賞心樂事。而馬來西亞沒有颱風地震，真是一塊福地，人口只一千七百萬，幅員比臺灣大一倍，人口還少幾百萬，實在是個非常有潛力的地區。

熱心文化兼具憂患意識

在回儒對談中我們接觸到的回教高級知識分子都是開明人士，此不待言。統治階層也深諳族群和諧的重要性，這是好事。然而馬來西亞建國（1957）之時，華人缺乏政治意識，未能爭取到合理的權益，以至淪為二等公民。如今雖然情況有所改善，仍然受到壓抑，巫人也不放心華人進一步的發展。就我們在各地接觸到文教界的華人來說，他們都勤勞節儉，熱誠待人，熱心文化教育事業，而且深具憂患意識，這是他們共同的特色。

檳州是馬來西亞表現最好的一州，人口百分之八十是華人，負責州務是政府高官中唯一的華人，精通巫、華、英三語，能力很強，但還是有被巫人以輪流執政藉口取代的隱憂。檳州有一間理科大學，其實裡面也有文科，詹德拉博士就是理大政策研究中心的高級研究員。邀請我演講的華人大會堂有相當規模，專設有文教組，舉辦各種文化活動吸引華

人，華文圖書有三萬多冊，流通量不差。感覺上現在的華人有能力有信心，遠非吳下阿蒙可比，當然還是不免有年輕人流失出去之虞。

芙蓉只是個二三十萬人的小城，雖然號稱城，其實只是音譯，並無芙蓉。令我感動的是，在芙蓉推動文化活動的華人是真正的有心人。他們要求任何國外來訪的學者都到芙蓉來演講。緊接著我的演講之後，他們還獨資邀請大陸學者社科院的何光滬來作一系列的演講。演講地點在中華中學，這是一間有相當規模的「獨立」中學，顯示出它不同於以營利為目的的「私立」中學。政府壓抑華教不果，如今全國反而有三萬巫童學習華語。這雖然是一項了不起的成就，卻又引起將來熟悉華語的巫人取代華人的隱憂。

新山與新加坡只是一水之隔，聽的廣播節目與新加坡一樣而不同於吉隆坡。我們有幸參觀剛剛落成將於 9 月啟用的南方學院大廈，一磚一瓦都由華人集資建成。學院一直寄居在有超過六千學生的寬柔中學之內。華人到現在為止還不許興辦大學，但他們不斷努力辦小學、中學以至學院，鍥而不舍，實在令人感動。

回到吉隆坡，上塔頂繞一圈，俯覽市景，到處是高樓大廈，有些地方已有交通阻塞的現象。尤其 98 年馬來西亞要主辦英聯邦運動會，各項建設都在加速進行。有識之士已在開始憂慮對自然環境造成的害處而提出了警告。

我在西馬作學術文化之旅乃是因緣際會的結果，恰好因為有政府高層提倡回儒對話的空間，華人乃順水推舟舉辦闡釋儒家思想的文化活動，使我得以略盡棉薄，說明海外華人

文化其實有深厚的精神資源，也不必一定妨礙現代化的進展。其實最大的得益者是我自己，一向浸潤在抽象的觀念領域中，如今才活生生地親身體會到：中華文化傳播海外，由華工的胼手胝足開始，具體落實於異域，在經濟文教方面擁有這樣雄厚的力量，而且繼續表現其活力，在尋根熱與本土化的世界潮流中應可扮演一定的角色。這是對我的一次非常有意義的教育之旅。

※原刊於《明報月刊》總369期（96年9月號）。

法德學術文化之旅

一、歐遊與機緣

　　這個學年度（96 至 97）我由中文大學休假在臺北中央研究院文哲所做研究，主持「當代儒學研究」主題計劃。平時深居簡出，跡近隱居狀態，專心一志由當代新儒家觀點以英文寫一部《儒家哲學》的書，由先秦到宋明，以填補這一方面的空缺。在去臺北之前，我早已答應在 4 月（8 日至 12 日）到特里爾（Trier）大學開比較文化會議。到臺北之後，通過李明輝教授的聯絡，文哲所要與萊比錫大學漢學系合辦一次中國哲學會議，時間在 4 月 18 日、19 日兩日，我當然義不容辭，必須以半個主人的身份參加這一會議。那知在 2 月間忽然接到越洋電話，邀請我 3 月底（26 至 28 日）到巴黎參加聯合國文教組織（UNESCO）起草「世界倫理宣言」的預備會議——全世界只有十二位哲學家應邀參與這一會議。由於會議的重要性，我不得不把其他事情擱下，3 月 24 日晚就搭機經香港與內人安雲女士會合逕去巴黎，4 月 20 日由萊比錫起踏上回程，21 日回臺北。這樣在歐洲前後逗留了近一個月，作法德的學術文化之旅，獲益非淺。而 4 月底即返港，好在一年的計劃大體如期完成，現在抽暇略談此行的印象與大家分享。

二、起草「世界倫理宣言」的
預備會議

其實我與聯合國打交通，這並不是第一遭。89 年 2 月我應邀到巴黎對孔漢思（Han Küng）的論文〈沒有宗教和平也就沒有世界和平〉由儒家觀點作出回應，另外參加討論的還有猶太教、基督教、回教、印度教與佛教的代表。孔漢思籲請每個傳統先作出自我反省的批評，而後努力尋求共識。使我驚奇的是，他並不認為對於上帝的信仰是宗教的特質，反而指出對於「人道」（Humanum）的嚮往乃是通於各大宗教傳統的共識。他由天主教的立場出發，卻宣揚與儒家仁道理想極為相近的理想，當然引起我強烈的共鳴。更令人驚奇的是，93 年在芝加哥舉行「世界宗教會議」（Parliament of World Religions），有六千五百位宗教界的領袖人物參加，由他起草的「世界倫理」（Global Ethic）宣言，竟然得到多數宗教團體與個人簽署，簡直是個奇蹟。由於儒家不是組織宗教並沒有代表與會，但孔子的「金律」多次被引用，與其他宗教信仰所教若合符節，被認為是通貫於全人類世界倫理的基石。我應邀對於「宣言」作出回應，另外應邀撰文的有德國前德總理施密特、南非的圖圖主教、緬甸的翁山蘇姬等三十餘人。文集的德文版已於 95 年底出版，作為對於聯合國成立五十周年的紀念文集。不想聯合國如今正式成立了「世界倫理計劃」（Project of Universal Ethics），這次在巴黎

首次開會討論起草「世界倫理宣言」相關事宜，孔漢思的推動功不可沒。參加這一籌備會議的十二位學者，有四位有這方面的專著，除孔漢思外，是德國的阿培爾（Karl-Otto Apel），美國普林斯頓的華爾澤（Michael Walzer），與哈佛的波克（Sissela Bok）。在聯合國的公開論壇上，他們四位作主講，另外八位學者分為四組作評論，他們分別來自土耳其、敘利亞、非洲、南美、印度、中國、美國，以及地主國（法國）等不同的傳統。

　　有趣的是，聯合國世界倫理計劃的主持人，韓國的金麗壽博士寫了一篇報告，在事前即分發給各位學者。文章對於西方觀念的演變由古至今條分縷析如數家珍，對於東方的傳統卻不甚了了。印度代表首先發難，認為報告必須重新改寫，因為，信徒眾多的佛教傳統竟然一語未及。我也指出，文章雖然提及亞洲價值的自主性，卻是由曼谷會議一類的政治活動帶出，未在精神儒家與政治化儒家作出分疏，對於東方的視域睽隔過甚，必須加以改善。孔漢思乃提議，至少要另外多寫一節，對於東方的角度要適當地照顧到才行。內人從頭到尾聽了幾天的爭辯與討論，覺得十分過癮。這就像一場小型的聯合國會議，每個傳統的觀念不同、問題不同、利益不同，不免撞擊出火花來。譬如多數學者都主張由傳統中汲取資源，只土耳其的女代表力持異議。後來在午餐時聊天，我們才理解到，他們如提倡恢復傳統，等於為原教旨主義張目，如何可行。其間又有潛隱的回猶衝突，隨時可以爆發出來。由此可見，幾天的討論簡直是步步荊棘，起草之議隨時有夭折的可能。最後大家還是努力捐棄成見，獲得一個

暫時性的協議。基本上大家同意「世界人權宣言」儘管不能
解決所有的問題，現在甚至受到嚴峻的挑戰，但仍是一個十
分有力量的文件，多少有其作用與影響力。現在世界已經發
展到一個階段，光注重外在的人權已不足，必須進一步注重
內在心理態度的改變。如果能夠起草一份「世界倫理宣
言」，不只各宗教團體，乃至無神論的追隨者也可以簽署，
那就會促進未來地球村居民和平相處、追求共同價值
（common value）的趨勢而有莫大的裨益。最後大家議決由
各人自由組合起草宣言底本，在意大利拿波里（Naples）續
會，除這次與會的核心成員之外，另約二十多位學者，一同
批評反省，集思廣益，共襄盛舉。我回遠東之後已由電子函
件收到孔漢思傳過來他起草宣言的底本，我已提供了自己的
意見，希望 9 月開會時至少有一份文件作為基礎，才不至於
在原地踏步，而往一個新的階段走去。

三、柏林的文化之旅

　　由於 92 年我曾應邀在巴黎訪問了六個星期，這次不想
留在巴黎，乃決定去柏林。我們對於柏林可謂一無所知，3
月 30 日飛抵柏林，住了一晚假日酒店，第二天就搬進所謂
「住家旅館」（Pension Hotel），收費較廉而一樣安靜舒服。
迄今為止柏林還不是一個旅遊城市，在酒店都找不到需要的
旅遊資訊。好在這一次我們的運氣特別好，隨處問人都得到
幫助，更難得的是撞到好天氣，雖然很冷，我們卻可以一路
吹噓，把陽光帶來了德國。31 日晚我們就到音樂廳

（Philharmonia）去聽阿殊克納西指揮德意志交響樂團演奏馬勒第六號交響樂。由於地點不熟，早就先到附近遊蕩。原來柏林圍牆離開這裡不遠，如今卻一絲痕跡也找不到，可見德國人是有意要忘記這人工隔離東西德的標記。令我們感覺詫異的是，分隔兩邊的水道那麼窄，如何可能跳水逃生？由此可見共產政權之令人憎恨真可謂「所惡有甚於死者」，如今卻要處罰那些執行命令開槍擊斃逃亡者的士兵！音樂廳的外觀並不起眼，有點後現代的味道，裡面的設計曲折離奇，音響效果一流。馬勒的音樂氣氛凝重，壓得心頭有沉重的感覺。後來我們又回去聽了一場由阿斯特（Emmanuel Ast）演奏的布拉姆斯第二號鋼琴協奏曲以及貝多芬的田園交響曲。古典音樂還是要熟悉才能引起更大的共鳴。我們在柏林學會買便宜歌劇票的辦法，當晚的節目上午去買票可以得到半價優待。我們買次佳票坐在十二排中間，兩張票只花七十個馬克。如此我們利用機會看了三場歌劇：華格納的《漂泊的荷蘭人》、普西尼的《托斯卡》，與李察‧史特勞斯的《玫瑰騎士》。前二齣有一點悶，《玫瑰騎士》卻是亦莊亦諧，鬼影幢幢，真叫人大開眼界，賞心悅目。看歌劇就像看京戲一樣，多看會上癮。柏林有三間歌劇院，每晚都可以上九成座，真不愧為愛樂人的城市。而中國兩岸三邊如今已找不到一間全年演出京戲的劇院，實在令人浩嘆！

白天我們往博物館跑。柏林不很集中，但我們學會用捷運；地鐵、輕鐵、巴士聯營，簡直毋遠勿屆。用輕鐵的人數少，行李、腳踏車、狗都可以上車。長期票相當廉價，購票完全靠自律，偶爾碰到查票，一車廂人個個都有票，可見德

國人之守規矩。我們跑了近十個博物館，體力消耗巨大，卻是非常有價值的學習經驗。最特別的是市中心島上的帕格蒙（Pergamon）博物館。柏格蒙是後起羅馬時代的神話，據說他是海克力士與公主私生的孩子，神話本身並無特色。但仿希臘的神廟規模宏大，一半是古蹟，整個重建起來，令人嘆為觀止。希臘神像栩栩欲生，乃「力」與「美」之象徵。上層連續的壁緣雕刻（frieze）完整地表達了帕格蒙的傳奇故事（saga）。我們以為這就是博物館的全部，那知還有另一半，給與我們完全出乎意料的驚喜。巴比倫的馬車道完整地重建在裡面，金碧的色彩，楔形建築的圖案，從來沒在他處見過這樣的景象。

位居郊外大連（Darlem）的民族博物館則在飄雪之日讓我們在裡面流連一整天。有印度館、伊朗館與中日館。這次特別展出明末張宏的園畫二十多幅，乃是對於中國傳統亭園最完整的寫實的記錄。但中國文人畫的傳統輕視這一類的匠藝，不想卻在現代西方受到了重視。然而我們更感興趣的是另一邊收藏了豐富的非洲以及印第安人的雕刻，數量之多，素質之佳，也是生平所僅見。後來又在柏林西區的一個專門收藏埃及藝術館看到經歷戰亂幾乎流失的納法娣娣女皇（Nerfetiti）頭像，這是數千年前故物，只少了一個眼珠，仍然光彩奪目，鮮艷如新，實在太難得了。

繪畫方面，如果喜歡印象派的話，當然柏林的收藏遠不能與巴黎相比。但這次也看了好幾個有特色的展覽。「畢加索與他的時代」展出了很多他早期的作品，明顯地可以看出他是受到非洲的影響。而由米開朗基羅以至畢加索的雕像並

不比古代的雕像更完美，藝術品是不能用進步的觀念來衡量的。凱西·柯爾維茨（Kathy Kollwitz）的畫讓我們了解到，連鉛筆與炭畫都可以有那麼強大的震撼力。她同情社會主義，兒子和孫子都叫彼得，分別死於兩次大戰。她的世界中只有黑暗、貧窮、疾病，幾乎缺少笑容。這是已過去的世界觀，但還是動人心弦。亞爾多夫·曼察爾（Aldolph Metzer）堪稱大家，他擅工筆、寫實，一直畫到 89 歲，作品之豐富精美，不能加以漠視。由此可見我們一般人對德國畫之無知。他與印象派約同時代，但只德加（Dega）與他打過交道。壁上掛著他以工筆畫的一張大幅的舞會景象，邊上配有小幅德加的臨摹僅只留下粗筆的印象，可謂相映成趣。我們也看了不少德國浪漫派如麥克斯·李伯曼、卡斯柏·菲特烈的作品，也多少填補了我們對近代歐洲繪畫發展漠視德國那一環的貢獻在認知上的缺口。

柏林到處在建造中，市容可謂醜陋。但從來看不到像紐約、芝加哥那種大都會的貧民窟，基本上是整潔乾淨。當然德國也有它的問題。從知識分子到開旅館的店東以至餐廳的服務員都認為，一方面社會福利太好，使有些人寧願領救濟金度日，另一方面貧富懸殊加劇，缺少公平，將成為未來社會的亂源。當然這樣的問題要怎樣解決，還有待於人的智慧。照他們的觀察，科爾在國外的聲譽雖高，下一次的選舉他未必一定取得勝利，新的變局也許快要來臨。

四、特里爾的比較文化會議

　　在柏林玩得盡興。旅館主人並主動提議要我們把放冬衣
的大箱子留下，只帶輕便的行李上路，這對我們是莫大的方
便。由柏林出發，要轉好幾次火車才能到特里爾。原來這是
個古羅馬城市，又是馬克思的出生地。以前我沒注意到，它
就在盧森堡附近，風景十分秀麗。卜松山教授（Karl-Heinz
Pohl）早就計劃開這一個會議，但一直到最後才爭取到經
費。參加的學者中國人與德國人各佔一半，哲學、思想史與
文學的專長也各佔一半。海外華裔者來的有余英時、林毓
生、成中英、葉維廉、張隆溪，大陸也有李慎之、洪漢鼎、
王柯平等人，龍應台則以作家的身份參加。大家都肯定，這
個時代有文化間的對話的必要。但到德國之後，才發現所謂
「普世論者」（universalist）與「後現代論者」（post-
modernist）之間矛盾之深重。前者以哈柏瑪斯為代表，後者
則攻擊前者堅持啟蒙理性的霸權，以致形成水火不容的局
面。但中國學者並不能單純地劃歸入那一派，近年來我盛張
「理一分殊」之旨，由理一的角度可以與普世論的旨意相
通，由分殊的角度也可以吸納後現代的部分論旨。啟蒙理性
確不免過分單純化，背後預設西方中心觀點，以致引起後現
代論者的批評與反擊。但他們又不免擺向另一極端，有相對
主義之嫌，難以令人滿意。我認為鬆開啟蒙理性之綁是有必
要的，但完全鄙棄理性之規約原則（regulative principle）卻
遺害無窮。即使吾人未能如古人那樣自信，掌握到最後真

理，但如對有普遍性的真理的嚮往都沒有，各是其是，各非其非，解決問題之道不得不訴之於力量之強弱，豈非重新墮入「權力即正義」的窠臼！由此可見，傳統過分歸一固然有其害處，今日漫無歸止也不是很好的辦法，故我倡議要由「解放」解放出來（liberated from liberations），因分殊而求理一，卻也得到了一些後現代論者的共鳴。

今日思想界最嚴重也最中心的問題即涉及普遍與特殊，絕對與相對、一元與多元、個體主義與社團主義（communitarianism）的爭論。我發現海內外中國學者大多拋棄極端相對主義的思想。余英時近年因猛批激進主義與民族主義而惹起不少爭議。我當面告訴他有人因他似乎主張「民族」與「民主」的對立而把他歸入了杭廷頓（Samuel Hungtington）的陣營之內。他笑說他曾多次為文批評杭廷頓的觀點，奈何世人總喜歡把他的思想作簡單化的理解，他也沒有辦法。這次他講中國思想中的個體觀念與民族觀念，引經據典，態度和平，引得與會學者一致的讚賞。在加州大學河畔校區執教的張隆溪則曾任錢鍾書助手，專攻文學批評，這次提的論文吸納了不少後現代的論點。但當有人問到他關於德里達的問題，他坦言德里達引發了許多麻煩，其睿識並未超越老莊，故不擬介入這些爭辯。在閒談中，他還批評《東西哲學》的主編安樂哲（Roger Ames）那種後現代的傾向走過了頭，不足取法。我自己宣讀有關中國思想中惡的根源的論文，試圖校正世人以中國傳統不正視幽暗意識之錯誤闡釋。我認為傳統中國的主流思想無論儒家道家，均承認惡之事實，並未發展出西方式萊布尼茲「辯神論」或「神義學」

（Theodicy）的理論，殫思竭慮企圖解釋何以在全能全善的上帝創造的宇宙中有惡之存在，而以之為光或善之缺乏（privation），或走向更高善之階梯。對儒家思想來說，過猶不及，偏離中庸之道，就有過惡出現。而「一故神，兩故化」，分陰分陽，自然而然惡就出來了。重要的不是去否定惡的存在，而是在實踐上如何通過修養工夫，變化氣質，克服固著的心習，提升到超逾善惡、無善無惡的「至善」境界。中國雖無「罪」之傳統，然而劉宗周在《人譜》中對過惡的觀察之細膩以及對治之嚴厲，絕不下於清教倫理。在討論中，我強調傳統儒家那種由上而下的一元心習早已是過時的東西，當代新儒家只是多元中之一元，但人必須由草根出發，通過自己的傳統，與其他傳統取得交流乃至共識，地球村上的不同族群，文化始能和平相處。大家都感覺到，現在出現了文化之間交流互動的新契機，必須加以珍視，努力推動不遺餘力，才能克服威脅到人類繼續持存下去的危機。

　　開會之餘，主辦單位也安排了一些遊覽節目，就近參觀周圍的名勝古蹟。一般來說，德國的王宮不能與法國相比，但歐洲的教堂則各地有不同的特色，如果知道一些歷史背景，去探索不斷擴建增益的建築風格，真是一門大學問，也包含了很多感人的故事。譬如一個屠夫的遺孀竟然獨資建造了一個高塔，為黎民請命，得到居民的讚賞，主教不忿，在隔鄰造了一個更高的塔，卻被稱為妒忌之塔。市中心的噴水池上四面各有一座女神像，分別象徵節制、勇氣、智慧、正義四達德。但特別處在，女神後面還有小猴子，以及反光鏡，讓人看到的不是冠冕堂皇的正面，而是隱蔽在後面的屁

股，乃是著名教堂建築師對於主教的諷刺。到歐洲才強烈感覺到那種批判精神之世代相傳，深入民間，而政教分離才促使歐洲成為民主的溫床，這絕不是偶然發生的情況。晚上還安排了到酒窖嚐酒的節目，我雖不飲酒，也不肯錯失這個難得的機會。一晚上品嚐了六種酒，女主講解釋了如何品嚐的方法，還說，最先來嚐酒的是國王，然後是拿破崙，現在就是你們各位，令大家盡歡而散。而這樣一個古城不想竟是馬克思的出生地，還有大陸學者向他認祖歸宗。但自東歐變色之後，馬克思的光環迅速消褪，這是無可挽回之勢。

12 日午會議結束，下午卜松山開車帶葉維廉夫婦與我們兩對沿莫塞河到附近的城鎮去遊覽。河的兩岸削壁上到處是棚架，原來種的是葡萄藤，可以想像收割的辛勞的情況。後來到了一個名叫 Kues 的小鎮，造訪一個外觀毫不起眼的小博物館，叫了半天才有人應門。它紀念的是 Nicolai von Kues（德文），櫃台上有各種不同的文字（包括日文）的書籍討論這一位思想家。我先摸不著頭腦，不信自己孤陋寡聞如此，後來上了樓，才知道他就是 Nicholaus Cusanus（拉丁文），正是我在大學時代最喜愛的文藝復興時期的哲學家之一。他的思想充滿了生氣，富於辯證性，照卜松山的說法與中國的陰陽思想相通，極富有啟發性。我有時覺得開會純粹是浪費時間，但有的會卻促成了人與人的接觸，抽象的觀念通過了具體的表達與往返的討論而增加了複雜性（sophistic-ation）與親和性。這個會促進了中德學者之間的交流，可以說是達成了它的目標。我就在這個會上初識一位現在浸會教書的德籍教授，彼此交換了論文，並盼在未來作進一步的交

流。

五、火車之旅

　　在特里爾開完會，離開萊比錫開會還有好幾天時間。正好我的朋友格里哥‧保羅（Gregor Paul）約我 16 日到卡爾之樂邑（Karlsruhe）交流。我們乃趁機搭火車南下一遊。在離開遠東之前，我們已先買了在德國境內五日車船旅行的優待票。這樣的票可以由旅客任選五天，搭火車坐船，都不用另外付錢。92 年遊歐，我們就曾用這一種票，作竟日的萊茵之遊。這一次雖未能充分發揮票的作用，也還是比在歐洲臨時購票要划算。如今經濟不景，旅遊客人數銳減，多數班次都是空蕩蕩的，難怪經營要大蝕其本。

　　13 日是個星期天，我們先去法蘭克福，就在火車站邊上一家小旅館住下，立刻就出去逛。我們先到河邊，但因時間不夠，沒往博物館裡鑽。我們又找到現代藝術博物館，那是一座非常後現代的建築，在那裡留影作為紀念。附近就是遊人會集的羅塞區，流連到晚才歸。第二天是星期一，照德國的規矩，公立博物館都在這一天關門，每個月的第一個禮拜天則可以免費參觀。我們乃決定去找私營的歌德屋，給這一位大文豪敬禮。原來這是歌德少年時代的住所。《少年維特之煩惱》就是在這裡寫的，當時曾經風靡一世，年輕人組織了維特會，現在還可以看到會員的飾帶。由於法蘭克福是全德國交通的樞紐點，市容較亂，我們乃決定提早一日去史圖特加，而這是一個十分正確的決定。史圖特加火車站附近

沒有適當旅館可住，我們乃拖著輕便行李到市中心的大公園內略事休息，由我一個人先去探察。我在一家中國餐館得到資訊，原來就在市的心臟地帶就有價錢適中的旅館可住。外面看來是個龍蝦排屋，裡面卻內有乾坤，把百葉窗簾放下與外面隔開，一點也不喧鬧。我們安頓好立即出去遊逛。這個城不大，卻充滿了文化氣息，人物也不那麼品流混雜。兩步路就有桂冠詩人席勒的立像，再兩步路就是規模宏大的新舊王宮，與綴滿了鮮花──特別是各種顏色的鬱金香──的公園毗連，正中間有巨大的威廉王像。王宮之側有天鵝湖，邊上就是皇家劇院與芭蕾劇場。過一條馬路即著名的博物館。我們一早就入館，一側舉行數展覽，很多年輕人去參觀；另一側收藏了大量德國近代以及意大利、荷蘭的繪畫、雕刻珍品，正好就是我們想看的那一個時期的作品。經過這番惡補，我們現在才對於德國在近代歐洲藝術的貢獻有了一個輪廓的印象。館內也看到畢加索、馬提斯、高更的作品；荷蘭館只有兩幅蘭勃朗，都是他處未見的精品──一幅畫的是老教士在黯淡的陋室中讀經，頭上卻有一線光明通往超越的另一世界，既寫實而又富有宗教象徵意味。

　　16 日晚無事，偶然看到海報招貼，小劇院演混合舞蹈與戲劇的《亞瑟王》（König Artur）。安雲雖提出警告，德國流行後現代潮流不知會碰上什麼東西，我們仍臨場購票進去觀賞。雖然我們對於亞瑟王的傳說故事相當熟悉，一開幕便因聽不懂德語，跟不上劇情發展而感到莫名其妙。亞瑟王與圓桌武士也不是什麼英勇的騎士，膽怯畏縮，簡直如墮入五里霧中摸不到頭腦。但音樂雖單調，卻十分悅耳。到中間休

息，我們看到德國觀眾人手一冊書，乃借來一閱。原來音樂
是十七世紀亨利‧浦賽爾（Henry Purcell）作曲，香港這兩
年一直在介紹他的音樂，難怪聽來耳熟。劇本諷刺幽默，好
像後現代，其實是十七世紀德來敦（John Dryden）的作
品。我讀英國文學史早就知道他的名字，卻從來不知道他有
這樣一部作品，如今竟在德語劇場中復活，也真是個異數！
我們還抽空去看了黑格爾屋，他如今是個毀譽參半的人物。
一整幅牆壁展示了對他的讚語與彈語，叔本華斥他為大言不
慚的江湖騙子，托爾斯泰讚他為不可不讀的大思想家。有一
幅相片照了二十多根香腸，原來每根香腸代表他的一部著
作。由此又可看到德國傳統中批判與幽默的成分，而這恰正
是我們傳統缺少的東西。

　　17 日下午我們坐火車到卡爾之樂邑，格里哥‧保羅安
排我們住在他家中，讓我們也見識一下德國教授的家居生
活。這是一個安謐的小城，歷史並不久。據說卡爾大公有一
次策奔馳，倦極休息，醒來張目看到這塊土地，感覺這是可
以供他安歇之所，乃在此興建王宮。王宮本身是傲法式建
築，並無特色。但城內建築式樣古樸，都市計劃取中國摺扇
形，在市中心每走幾條街望出去，就是卡爾的王宮。大學與
王宮的花園連接，德國校園永遠放在風光秀麗之地。世界上
很上少有德國那樣尊重學術文化的國家。街道多以哲學家、
文人命名，但過幾個街口，同一條街便換了一個街名，旅遊
客找路常常是個大問題。保羅四十多歲，還不是資深教授。
他住在房子的底層，後院另有一個單位，平時他不用回學校
上班，就在這裡做學問，有遠客到，就用這個單位做客房。

我們發現德國保護自然環境真正是不遺餘力，在超市購物用
塑膠袋也得另外付錢；文化環境更遠勝新大陸，到處都是優
美的建築，小型城市也有博物館、歌劇院，弦歌不輟。德國
教授待遇雖不如香港，房價更低，但生活素質卻遠非我們可
及。這次我們在德國，更發現德國的飲食有很大的進步，不
油、不鹹，卻入味。一般餐館菜牌，價目公布在外面，付賬
已包括15%小費在內，算起來比香港還便宜，這又是我們在
德國旅行頗為意外的發現。

　　保羅是 85 年來中文大學開「和諧與鬥爭」哲學會時初
識的。他的背景頗為特殊，專攻邏輯與名家思想，也擅因
明。本來他對儒家傳統持強烈批評的態度。他自承是受到我
們的影響而改變了態度。他現在又研究人權問題，探索在中
國古代是否有這方面的資源，並特別邀請我南下與他的同事
座談，彼此交換意見。我告以中國學者在這方面最新的研究
成果，個人認為中國古代雖無狹義的人權思想，但從來就肯
定人性尊嚴，只不過每每把重點放在責任意識上面，以致人
權觀念不彰，但在本質上並沒有什麼與之根本矛盾衝突的地
方。當然人權的實現在不同地區、時代應有不同的方式，這
是不成問題的，然而絕不能容許一些現實的當權派訴之於種
種藉口來阻撓人權的衛護與落實。在邏輯上，保羅是一個普
世論者，他並不認為東西邏輯有什麼根本的差別。他很樂意
聽到我告訴他，新儒學大師牟宗三先生也持這樣的見解。但
他在另一方面又激賞《紅樓夢》，推崇之有過於德國的文
學。他告訴我自己並沒有捲入與後現代論者的爭論之中，並
且與他們也有來往。這次他是在特里爾聽到我說起萊比錫開

會的消息，即積極與主事者聯絡，並先返校做了種種準備下星期開學之前的安排，在百忙中摒擋一切，偕同我們去萊比錫開會。

六、萊比錫的中國哲學會議

萊比錫是文哲所與地主合辦的會議，主其事者是莫里茲（Ralf Moritz）教授，主題是討論儒學之淵源、發展與前景。有趣的是，東西德合併之後，東德的大學反而得到更多的資源幫助其發展與復興，這便是我們能夠在此地開會的背景。文哲所的參與者除了李明輝與我之外，還有諮議會召集人杜維明，以及參加我們當代儒學主題計劃研究的黃俊傑與吳展良。明輝曾著書比論孟子與康德的倫理思想，力主孟子實隱涵意志自由與自律倫理學之思想，俊傑則曾著文論中國思想隱涵之人權觀念。這些都是促使保羅下決心來開會的原因。保羅告訴我這邊來開會的有後現代論的傾向的學者居多。情況或者如此，卻也未必盡然。我就遇到舊識瑪堡的余蓓荷（Monika Übolhör），瑞士伯爾尼的耿寧（Iso Kern）；還有生徒最多、剛剛在慕尼黑過世的鮑爾（Bauer）的大弟子菲特烈（Michael Friedrich），他現在漢堡執教。由特里爾過來的，除了保羅之外，只有波昂的顧彬（Wolfgang Kubin），卜松山因為太累而不來了。把參加兩地的德國學者加起來差強可以網羅德國當前的漢學界。好幾位德西學者還是第一回來德東，談論起來，我們跑過歐洲的地方往往比他們還多，世界真正是顛倒過來了！此外，中大以前的同事杜瑞樂

（Jöel Thoraval）也由法國過來開會，這也是一件值得高興的事。他現在主持一個基金會，極力推動中法學者之間的交流與理解。

論文平均分佈在先秦、宋明與當代三個時期，方法學的討論也是一個重點。我原來的計劃準備寫有關當代儒學的爭論。但因要到巴黎開會來不及撰稿，乃徵得莫里茲教授同意，代以剛剛完成的英文書稿的最後一章：「宋明理學殿軍：黃宗羲」，這是以前從沒有發表過的東西。

會議結合了老中青的學者，討論得很熱烈，但也出現了一個奇怪的現象。中國學者都在開會前交了文章，德國學者大多只交一頁提要，有的連提要都沒有交。我忍不住問顧彬，以前中國人是「差不多先生」，德國人是最準時的，現在怎麼倒了過來？顧彬說老一代的德國人的確如此，如今的確有了很大的變化。但多數德國學者做學問的態度還是相當認真，而令我們感到欣慰的是，當代新儒學在德國已不是那麼陌生的東西。與會有四位博士或教授候選人，計劃中的四篇博士論文：一篇寫熊十力、一篇寫唐君毅，兩篇寫牟宗三。他們都到海峽兩岸留過學，能說、能讀、能寫，實在很了不起。這些年輕人目前雖不得其位，但學問興趣盎然，將來前途是未可限量的。世界到處在肯認、追求儒家傳統內含的智慧，奈何我們自己卻棄如敝屣。有之也只是一些空洞的口號！

開完會討論出版論文事，我堅主多數論文沒有看到，有些後現代的宣說「有論斷，缺少論證，不可照單全收，必須經過嚴格評審，方可談出版事；而且中國人、德國人的英文

都不夠好,雖然開會語言用英語,出文集卻不一定要用英文」。最後通過明輝的斡旋,我和莫里茲達成了三項協議:一、出版經費六千馬克由我方籌措。二、論文集決定出德文,由明輝與莫里茲主編,四篇英文論文由德方負責譯為德文。三、稿收齊後由文哲所作最後審稿,決定去留標準,保持論文素質。最後大家祝酒、盡歡而散。令我感到欣慰的是,通過這次交流,德國的漢學界已大體打通,漢堡並已預約我們下次去他們那裡開會。

七、結語

這次歐遊前後近一個月的時間,於公於私,收穫甚豐。實際上只要一個人保持心智開放,永遠會學到老,學不了。作為一個哲學家,我深感抽象的觀念固然重要,具體的文化表現也一樣不可忽視。在學術交流方面,人人必須立足於本身的傳統,一方面對自己有所批判,另一方面對異己有所吸納,才能收穫最大的效果。我們常常發現,自己不經意的東西往往在異域被奉為至寶,故此自己千萬不要妄自菲薄。只要學問基礎紮實,不趨時務虛,對外交流充滿善意而不失立場,到適當機緣來臨時說不定就會發生意想不到的巨大的作用!

※原刊於《信報財經月刊》總 244、245 期(1997 年 7 月號、8 月號)。

悠遊與焦慮之旅

人生偶爾有一些奇怪的際遇，發生之前無法想像會有這樣的事發生，發生之後還是無法想像怎麼會有這樣的事發生，然而這樣的事偏偏就發生了，只有記錄下來以作談助罷了！

倉促成行　如上賊船

在酷熱的天氣下，我剛完成了一部有關現代新儒學的英文書稿，身心都感到疲乏，需要避地休息。正好安雲與連襟夫婦打算到外地旅遊，這次想去俄羅斯、波羅的海三小國以及波蘭，問我要不要參加。我從來沒去過這些地方，也就欣然同意了，但同時卻聽到傳聞說有人去俄國旅遊被搶，經解釋說這是個人脫隊行為，隨身又無身份證明，才發生了意外。連襟夫婦去參加了昂齊旅行社的說明會，經不起蔡經理如簧之舌的鼓吹，乃決定參加。我們也就盲從，在最後一秒鐘決定同行。命運像是注定了要我們登上賊船，作兩個禮拜的悠遊而焦慮之旅。

頭一個禮拜開心暢遊，第二個禮拜陷入焦慮與恐懼之中。最後總算逃脫苦海，全身而退。好不容易恢復過來之後，才得以屬筆寫這一段不平常的經歷。

我們一行十四人（「幸運」數字？）在機場集合，由王
領隊率領。臺北和莫斯科還不能直航，得由香港轉機，飛了
十小時才到莫斯科。那裡竟然還沒有一個像樣的國際機場，
出關緩慢。等到我們出來，一位俄國女導遊等在那裡，講一
口普通話，卻與我們的領隊缺少溝通。等到同機另一團走了
以後，才確定瑪莉娜是我們這個團的當地導遊。由於要配合
節目的安排，立即就要趕去看著名的馬戲，好在大家不餓，
也就沒有問題。七點開場，還是遲到了二十分鐘。有狗戲、
馬戲、熊戲，並沒有獅子、老虎，另外當然還少不了小丑、
雜耍與空中飛人。要馬戲還是要有一些真功夫才行，倒是一
點也沒有冷場。九點多出來吃飯，下面還有一場演出，很多
人在外面排隊等候。莫斯科的氣溫不過攝氏二十多度，十分
舒服。一宿無話。

　　次日暢遊莫斯科。莫斯科畢竟是個大城市，有頗具規模
的交通運輸系統。比較有特色的是，大路上到處有名人的雕
像，如普希金、陀思妥也夫斯基、高爾基、馬雅可夫斯基
等。我們這一代從小是看舊俄文學長大的，頗有親切之感。
導遊帶我們去逛捷運（地下鐵）。可能因緯度偏高、天氣寒
冷的關係，不需空調，即有自然的通風系統。每一個站有不
同款式的吊燈，美侖美奐，堪稱世界之最。有的站有鑲嵌
畫，但主要不是為了宣揚宗教，而是在歌頌革命成就，基輔
站就是一例。基輔如今是烏克蘭的首都，已經獨立，但和俄
羅斯彼此間有千絲萬縷的關聯，怎麼切得斷呢？如今傳出有
白俄羅斯回返俄羅斯聯邦之議，還在激烈爭辯，尚未確定。
我們發現瑪莉娜是莫斯科大學遠東學院的高材生，有碩士學

位，似乎是中級的高幹子弟，繼承了父親在鬧區附近的寓所，穿著一身薄的皮衣褲，腳蹬皮靴，頗有品味，談吐也不俗。她頗驕傲蘇俄的傳統，故樂於當導遊，把當地的美景展示在大家面前；但她也不諱言政府的農業政策失敗，現在根本沒有農人願種地。而俄國不像中國，根本沒有外人來投資，惟有靠自力更生。俄國如今還是個大的武器輸出國，但食物、日常消費品則需要輸入。下午參觀克里姆林宮與紅場，才明白這並不是專門名詞，只是指皇帝的居處與光明的場所而已！這裡有普京總統辦公的地方，大教堂與大商場，還有列寧遺體的展示館。列寧雖是個無神論者，卻搞仿聖的排場，實在是個十分古怪矛盾的組合。

用教堂內教士遺骨匣祈福

接著兩天，我們參觀附近的金鎮。原來莫斯科是鑽石，附近圍繞著九個金鎮，如今開放旅遊的只不過三鎮而已！這裡吸引人的主要是教堂與行宮。舊俄的信仰是東正教。教堂裡不容許雕刻，卻在每一塊牆壁上密密麻麻畫滿了像。聖母升天教堂最為典型。教堂內有遺骨匣，埋葬著重要的教士與貴族，偶然有信眾來親吻祈福，多是婦孺之輩。在革命時代，這些教堂改成了博物館，甚至不惜改作飯堂，如今為了開放觀光，才又恢復過來。我們正好碰上了歌詠讚頌，還有上百鐘聲齊鳴合奏的景象。這才讓我們可以感受到宗教崇拜的氣氛，想起了索忍尼辛短篇小說描寫復活節信眾在敵視的環境下崇拜的動人景況。回到莫斯科，看到彼得大帝在兵艦

上的巨像，倒是有點像虎克船長。附近露天的現代藝術雕刻園簡直是亂七八糟，裸女的邊上是甘地、愛因斯坦，乏善可陳。

這次旅遊新增的點是諾夫格勒。我們坐火車睡臥鋪一夜抵埠，清晨有彼得堡的旅遊車來接我們。導遊湊巧又是另一位瑪莉娜，是個菸不離手、一口山東國語、身材嬌小的女人，她倒是充滿了幽默感。諾夫格勒意思是新城，但因拿破崙沒有打到這裡，因此反而保留了俄國境內最古老的教堂等遺跡。

在彼得堡兩天。彼得堡驕傲的是文化，不像莫斯科的實際，建築盡量保持舊觀。我們先參觀夏宮，此處曾遭嚴重破壞。俄國最喜歡彰顯的是他們不斷受到瑞典、立陶宛、波蘭、拿破崙、希特勒等外來侵略還屹立不倒的史蹟。夏宮著名的是噴泉。而我們到尼古拉宮吃宮廷餐，有豎琴伴奏，俄國風味的食物也好。

晚上，看民族音樂舞蹈，演奏者眉目傳情，用傳統樂器彈奏，也別具風味。散場後到一家中國餐館吃飯，地方既髒，食物也不新鮮，我們一直抗議，卻還未意味到這即是我們好運的終結。次日午逛冬宮，應我們的要求多看了印象派的畫廊，大家都感覺意猶未盡，但行程安排如此，只有徒呼負負而已！彼得堡號稱俄國的水都，彼得大帝欽慕西方文化，建立海軍。他本人頭小身長，天生異相，是個有為之君，也是個獨夫，子孫不肖，後來執政的是好幾個女皇。由我們自己要求，每個人另付六十美元，購票看芭蕾歌劇，這就為我們的悠遊之旅畫下了句點。

　　導遊告訴我們，聖彼得堡一年只有三十個晴天，卻被我們碰上了；而德國、奧地利、捷克到處都在鬧水災，卻與我們的行程無關。我們正在慶幸好運，不想噩夢已經近在眉睫！那晚看的芭蕾舞劇正好是《吉賽兒》。我以前看過以此劇為背景的電影，卻從來沒看過在舞台上表演的全本。故事是貴公子愛上村姑，結果還是娶了原來的未婚妻，以致造成村姑的死亡。多年後貴公子舊情難忘，到吉賽兒墳前獻花，不想闖進死亡森林，要舞到精疲力竭而死。吉賽兒的幽魂卻極力衛護情郎，勉力支持到旭日東升，才挽救了情郎一命。聖彼得堡的舞蹈團雖多數在暑間外訪，留下來的舞蹈團還是水準超卓，謝幕時掌聲不斷。第二幕的《死亡森林》令人印象深刻，不想次日我們就闖進了幽暗的森林，接連數日勞累奔波，甚至被死亡的陰影籠罩，委實令人匪夷所思。

捷克司機的玩命遊戲

　　翌日上午九點，捷克方面應該有車到酒店來接我們，不想通關出了事，未能準時抵達。我們被迫去逛街，大家都感到無聊。哪知吃完中飯，車子還沒有來，團友鼓噪，結果仍要坐回原車。開了兩個多小時，到了愛沙尼亞邊境的一個加油站等候，哪知車子還是過不來。我們在邊防這邊的古堡眺望對岸的古堡，雖有槍孔，但並無槍炮，也無重兵駐守，只有河流湖泊間隔，看得到對面卻過不去，奈何！到了夜晚九點，車子才到了俄國這邊。據說車子是一架富豪旅遊車，可兩次進加油站，我們的領隊衝過去向司機打招呼，他根本就

愛理不理，最後果真是這輛車。捷克司機滿臉鬍鬚、衣衫不整，只會說捷克語，不會說英語、華語，俄文也懂得有限，根本無法與任何人溝通。

我們上了車，他就往彼得堡方向開。領隊要他掉頭，俄國邊防又不准他過關，於是陷入了進退兩難的荒謬境地。溝通要依靠手機向臺北、捷克兩方面求救，簡直無計可施。我們要求人和行李先過關，那邊另派車來接。領隊表面上聽我們的意見，其實他只是推、拖、拉，臺北的總公司也一樣，一點辦法也拿不出來，只推說那邊派不出車。這個司機由捷克開車到俄國，一連開了三天，超時工作，要公司交罰款才准放行。領隊強調這個司機知道另一關卡管得較鬆，可以通關，而且就是要換車、交罰款，也都要先回彼得堡才能做。我們別無選擇，只得重新上車，往彼得堡方向去。哪知回到彼得堡近郊，司機竟然迷了路，而且體力也已經支持不住，好幾次車輪碰到人行道，真危險！到了一處荒郊野外，馬路寬闊，他竟然就停在馬路中間，扭開警號燈，死人不管酣睡了三小時。引擎熄火，車中沒有冷氣，也不能開門窗。半夜，車外有些青少年猛敲門窗，或許並無惡意，但有位太太以為他們將不利於我們，而在精神上受到驚駭，也有位太太體質較弱，有發燒的跡象。第二天開了一陣子，車子竟然拋錨，司機要領隊和他下車步行二十分鐘，到附近的加油站去提水加機油，才能繼續開下去。

好不容易在途中碰到一家德國餐廳，吃了一頓，體力才略為恢復。但溝通無門，換不了車，還是只有上這輛老牛破車，繼續玩命下去。車子開了半天，總算找到邊關，竟然就

是昨夜同一個關卡。還好，我們團員發現，就在加油站便可以付款買票通關。等到了愛沙尼亞那邊，由於簽證有效期只到午夜，不夠時間去拉脫維亞，竟然將我們遣返俄國。我們又只能在車上再過一夜。次晨，即使要回市區換車，也還是只能仍乘原車。哪知一上了車，司機竟然劫持我們直駛拉脫維亞。原來俄國方面也把我們連車帶人驅逐出境，讓我們變成國際遊民，飽嘗做人蛇、被踢皮球的滋味。這樣，我們當然還是一籌莫展，只有聽其擺布了。

團員發現，如果我們穿越拉脫維亞，直奔立陶宛，就可以和後面的行程接上。但我們卻被迫走彎路去拉脫維亞首府里諾觀光。那裡有另一個捷克司機等著，他可以和原來的司機暢談，卻仍然不能與我們或當地人溝通。要是有當地導遊在引路，問題還不大，但一通關進入立陶宛，問題又來了。在立陶宛郊區，我們像盲頭蒼蠅一樣轉了好幾個圈。中途下車誤向光頭黨問路，還被咒罵和吐口水。好不容易幾經周折找到飯館，晚餐後，終於找到酒店，到午夜才得休息。

我們在體力不濟、心情不暢的情況之下，勉強遊覽了波羅的海兩小國。愛沙尼亞據說並不足觀。里諾有小巴黎之稱，有一半是移民，主要經濟是經商貿易為主。立陶宛卻民風強悍，八成是立陶宛人。俄羅斯眾多加盟國中，第一個獨立的就是立陶宛，導遊是個中年婦女，也叫瑪莉娜，為我們講述了一些可歌可泣的故事。首都維爾紐斯分新舊二城，當地有一些輕工業。俄羅斯被逐後，一切都要另起爐灶。他們緊記著二戰末期俄軍背棄諾言，聽任德軍在撤離前大肆屠殺立陶宛軍民，以利於蘇聯統治的不光彩的歷史教訓。

旅遊要慎防黑洞

立陶宛與波蘭一向是盟友，但通關還是花費了不少時間。我們折騰了一整天，到華沙與導遊會合已是午夜一點多。吃宵夜時，導遊說因教宗來訪，今夜就得開車四五個小時趕到克拉克，才有機會趕上上午去參觀，然後再開車回華沙。看不到鹽城的奇景固然令人遺憾，但我們多數人拒絕作通宵趕路的安排。事實上我們已受不了再折騰一夜去擠車，更不可能有精力翌日去走行程，乃決定留宿華沙。哪知捷克方面竟罔顧司機與我們的實際狀況，居然拒絕為我們安排酒店，但我們現在可不再聽由他們擺布了。我們終於恍然大悟，自從那晚上了捷克的車以後，我們的命運就和那輛車與司機綁在一起，根本分不開，完全沒有其他選擇的餘地。這像是被囚禁在卡夫卡的城堡裡，叫天不應，呼地不靈，和外界切斷了一切關係，被一股無名的力量牽引著往前衝。但現在已到了華沙，我們就不怕了。由餐館的主人相助，我們找到了一家便宜的旅館住宿，這樣才得以由鬼域回返人間，恢復了我們自由人的身份。次日，我們決定就在華沙市內與附近遊覽，而後由波蘭搭飛機經莫斯科回香港、台北。

現代人休閒，旅遊業興盛是必然的，但要慎防黑洞，必須好好選擇旅行社與行程，以免遭逢不測。

※原刊於《明報月刊》總 445 期（2003 年 1 月號）。

《儒學的復興》後記

2006 年意外收到香港科技大學的邀請，要我去擔任包玉剛傑出訪問講座教授一個學期。這樣春季我和內人劉安雲女士去科大待了半年，又回到已經闊別了 6 年的香江。我只需教一門研究院課程：「由比較視域看現代新儒學」，並作三場公開演講。每天面對燦爛的海景，遠離塵囂，暫別臺灣烏煙瘴氣的政局，沉浸在自己學術研究的世界中，真是一種難得的福氣。很快一個學期過去，6 月中回到臺北的酷熱和盛暑。一力促成我訪港的科大人文社會科學院長鄭樹森教授提議我編一本文集，留下一些痕跡，以免辜負生命之中突然出現的某種特殊機緣與際遇。這正對上我的心思，立即翻箱倒篋，把十年來積累的文稿，分門別類，挑選了一些，編成一個集子。書名：《儒學的復興》，由香港天地圖書公司出版。我的感覺是，清末廢科舉，民國肇始，儒學由中心到邊緣，1919 年五四運動打倒孔家店，一直到大陸文革（1966～76）為止，儒學在現實上的命運已沉淪到最低點。但制度的儒家雖死，精神的儒家不滅。恰正與五四同時，梁漱溟宣講「東西文化及其哲學」，他進北大時即明言要為孔子和釋迦說幾句話。而且他絕不是如西方學者艾愷所謂「最後的儒家」，反倒是現代新儒學的先驅人物。1949 年大陸易手，好幾位當代新儒家學者流寓港、臺、海外，薪火相傳，不絕如縷。不想近年來忽開新局，大陸甚至假借孔子名義，在世界

各地開設孔子學院，講授漢語。2006 年 6 月 26 日《時代》周刊即以「學漢語」為封面故事。儒家傳統可謂「浴火重生」，獲致了新生命。

關鍵在鄧小平終止了毛的鎖國政策。1986 年「現代新儒學」成為大陸的國家重點研究計劃，為期十年。如今大陸主流的意見認為，新儒家、西方哲學、與馬列思想是當代中國最有活力的三個思潮，在互相碰撞中成長；中國哲學的未來有賴於三方面健康的互動。而西方由現代走向後現代，也不再把儒家傳統看作反動落後的朝廷意理，或者保守封建的俗世倫理。孔孟之道既可以當作終極託付，提供安心（身）立命之道，就是一種可以和猶太教、伊斯蘭教，或者印度教、佛教分庭抗禮的偉大精神傳統。近年來英、美分別出版了「Confucianism」（儒家）的百科全書。而波士頓儒家的興起更印證了儒家有可以向現代乃至後現代開放的資源，在新的世紀與千禧有其意義和重要性。

在我還在香港科技大學訪問的時候，便收到韓國中國學會的邀請，要我在第二十六屆中國學國際學術大會作一場基調講演。會議於 2006 年 8 月 18 至 19 日在漢城（首爾）市的漢陽大學舉行，主題為：「衝突與調和於中國學」。這個主題對我來說並不是一個陌生的題目。1985 年我還是香港中文大學哲學系的講座教授兼系主任時就曾召開「和諧與衝突」（Harmony and Strife）的國際會議，英文的論文集已於 1988 年由中大出版社出版。但近二十年過去，進入新的世紀和千禧，問題出現了以前想像不到的全新的面相。孔漢思（Hans Küng）認為，在文藝復興以後，到了今天，又經歷

一次「典範的轉移」（paradigm shift），即全球意識的覺醒。
他起草的「世界（全球）倫理宣言」在 1993 年芝加哥舉行
的世界宗教會（Parliantent of the World's Religions）奇蹟似
地獲得通過。他的天主教盟友斯維德勒（Leonard Swidler，
又譯史威德勒）強力支持他提倡的世界倫理與宗教對話，並
戲劇化地宣稱：「不對話，即死亡！」2001 年紐約雙子塔受
到恐怖襲擊，讓我們體現到，這絕不是知識分子的危言聳聽
或杞人憂天。最近斯維德勒的新著：《全球對話的時代》由
人民大學的劉利華譯為中文，剛在北京的中國社會科學出版
社出版。源出西亞的亞伯拉罕傳統的三大宗教：猶太教、基
督教、與伊斯蘭教，一向有「排他主義」（exclusivism）的
傾向，斯維德勒卻捐棄成見，秉承二十世紀 60 年代梵蒂岡
第二次大會的精神，強調不必信仰基督也可以得救，並作進
一步的拓展，尋求與源出南亞的印度教（婆羅門教）、佛
教，以及源出東亞的儒家、道家彼此互動，深層溝通。他提
議回返各精神傳統的聖典，作出全新的詮釋，卻又不停留在
抽象的理論層面思考，轉由耶穌、蘇格拉底、孔子、釋迦的
實際行誼著眼，看到「愛上帝（天）」（超越）與「愛鄰如
己」（內在）在實踐上的相契與必然性，而祈嚮存異求同，
期盼彼此之間有更進一步的對話。我的基調講演即在第一時
間在一個國際會議上對於《全球對話的時代》作出回應，在
精神上立足於宋儒「理一分殊」之旨，針對斯維德勒的論點
與呼籲，作出批評性的檢驗與精神上的呼應。在這個時代，
我們只有回到孔子「和而不同」的體證、「知其不可而為」
的精神，才能把握一線希望，打破當前的僵局，不被恐怖主

義綁架與帝國主義宰制，而祈嚮在瀰漫的仇恨與偏見的扭曲之下開創新局，不要讓人類與地球加速度地奔向毀滅的邊緣。這便是我站在新儒家的立場對於會議主題的回應。

這是我第三次到韓國訪問。過去我一向有深刻的印象，韓國保持儒家傳統遠勝過臺灣海峽兩岸。大陸文革時代批林批孔，臺灣近年來去中國化，都因為政治原因與短見，絲毫不知道珍惜自己寶貴的精神遺產。這次很幸運有機會在會後留在韓國作實地考察。中國學會的前任會長金炳采與現任會長高在旭竟然不辭辛勞在會後驅車，三天兩晚帶我們作文化之旅，讓我們的收穫遠遠超過了預期。

20 日一早動身。我們先去安東的屏山書院，是弟子們為柳成龍（李退溪弟子，曾任宰輔）建的書院。中間講堂，兩邊學生宿舍，最特別的是門口有晚對樓，面對洛東江與七屏山，可以飲酒論學，其樂無窮。韓國能保留這樣傳統的書院，看不到管理人，卻十分整潔，真令我們汗顏。接著去河回村，河作 S 形迂迴，也似太極。這是柳氏家族的地區，中央是仕族的瓦屋，四圍是農民的茅屋，詩禮傳家，信然。下午去儒教文化博物館，藏板閣保留了近五萬木板，舊書由此印出。博物館把修齊治平分區以具象展出，孩子們一按鈕，就可以看到生活、課讀的景象。最後一區並由傳統到未來，說明儒家的教化在現代與未來的意義。儒教與歷史文化生活打成一片。安雲說讓我們既感動又慚愧。下午去參觀李退溪的陶山書院，規模宏大。退溪辭官興學，成為朱（熹）學正宗，朝廷也選在這裡作為考試的場所。晚到慶州（新羅故都）休息。次日參觀佛國寺（古代建築）、海印寺（藏有

八方一千片木板），然後到光州，在（奇）高峰學術院休息一晚，沒有現代化設備，體驗一下傳統的書院生活的味道。在光州看了鎮壓學運的紀念館，炳采特別強調是道德力量的支持推動民主，終於讓不義的統治者全斗煥繫獄，令人印象深刻。最後看了炳采祖先金麟厚（西山）的筆巖書院，才回漢城。韓國文化之旅說明，科技商業必須現代化，但傳統與現代絕不能因此打成兩截。韓國有學生示威抗議的傳統，民主化的推行遠勝於我們。而貪腐的總統均繩之於法，貪瀆暴行不能沒有嚴重的後果。韓國的文化之旅告訴我們，即使環境艱困，絕不能讓好的傳統流失，道德的堅持決無礙科技商業的推展與民主法治的現代化。這是我們韓國文化之旅學到的最大的教訓。

9 月 5 日於中研院文哲所

※原刊於《鵝湖月刊》總 376 期（2006.10）

國家圖書館出版品預行編目資料

儒家哲學的典範重構與詮釋／劉述先著. -- 初

版. -- 臺北市：萬卷樓, 2010.04

面；　　公分

ISBN 978－957－739－674－7 (平裝)

1.儒家　2.新儒學　3.宋明理學　4.文集

121.207　　　　　　　　　　　99003891

儒家哲學的典範重構與詮釋

著　　　者：劉述先

發　行　人：陳滿銘

出　版　者：萬卷樓圖書股份有限公司

　　　　　　臺北市羅斯福路二段 41 號 6 樓之 3

　　　　　　電話(02)23216565‧23952992

　　　　　　傳真(02)23944113

　　　　　　劃撥帳號 15624015

出版登記證：新聞局局版臺業字第 5655 號

網　　　址：http://www.wanjuan.com.tw

E－mail ：wanjuan@seed.net.tw

承印廠商：中茂分色製版印刷事業股份有限公司

定　　　價：420 元

出版日期：2010 年 4 月初版

ISBN 978－957－739－674－7